国家社会科学基金一般项目“金代教育与科举研究”

（批准号：11BZS038）

金代教育与科举研究

兰 婷◎著

人民出版社

目　录

下　编　金代女真教育与女真科举研究

绪　论

　　金朝是 12 世纪初由北方少数民族女真人建立的政权。始于 1115 年，终于 1234 年，被蒙古所灭，历经九帝，国祚 120 年，曾与南宋形成了南北对峙局面。金朝尽管在历史的长河中存续时间短暂，但在中华民族发展史上却占有重要的一席之地，这与多种因素的共同作用密不可分。其中，被封建统治者作为"王政之大本"①的培养人才的教育制度和选拔人才的科举制度是影响金王朝兴衰的重要因素。因此，金代教育与科举研究成为金史研究中的重要课题。

一、国内外研究成果评述

　　金代是中国古代教育发展史的重要历史阶段。但在相当长的历史时期内，教育本身并非具有独立性，国家对教育的统筹部署，往往紧跟政治结构的调整；而相关教育思想的改变和整顿，又常在政治、经济、学术等方面的言论中得以渗透。这就导致记载中国教育制度发展的史料，往往混杂于其他史料之中，时代愈前，这种区分就愈难甄别。先秦时期，教育的相关记载主要源于儒家经典，如《周礼》和《礼记》尤为突出，一些子书也有所涉及。秦汉魏晋南北朝时期，教育内容的相关记载主要集中在正史中的《儒林传》、《职官志》、《艺文志》（或《经籍志》）、《礼志》及有关传记中。材料相对集中，

---

① （金）元好问：《遗山先生文集》卷 32《令旨重修真定庙学记》，四部丛刊初编本，商务印书馆 1919 年，第 322 页。

为后人研究提供了便利。但这类记载亦有弊端，即并未将教育、科举的事件与其他事件区分开来，使得教育发展史实的记载之间缺乏连贯性。隋唐到宋辽金元时期，由于在正史编撰方面出现《选举志》，使教育的记载开始趋于专门化。① 同时，流传下来典籍的增多，也为教育研究提供了更为丰富的材料。尤其是一些大型类书的出现，不仅提供了同时期或稍近时代教育变化的历史记载，而且收集、归纳了远古以来教育发展的史实，典型代表即是宋马端临的《文献通考·学校考》。除此之外，地方志、家谱、族谱的编撰和数量不断增加的时人文集和疏奏，也保留了很多有关教育的资料，为该时期教育的研究提供了大量的史料基础。金代教育文献记载主要在《金史》中的《选举志》《百官志》和《文艺传》。《选举志》记有金代学校教育制度和科举制度情况；《百官志》记有金代学官品秩等情况；《文艺传》及其他列传记有私学教育等方面情况。刘祁著《归潜志》记录金代人物420多人，元好问著《中州集》收录各种体裁的文章，这两部著作直接或间接地记载了金代教育与科举的状况。金代士人文集，诸如元好问的《遗山先生文集》、赵秉文的《滏水集》、李俊民的《庄靖集》、王若虚的《滹南遗老集》、段克己和段成己的《二妙集》、王寂的《拙轩集》等，为我们进行金代私人办学、家学、专科教育及科举取士等方面研究提供了极为宝贵的资料。此外，清朝建立后，出于共同的族源关系和借鉴历史经验的现实需要，金史的研究出现了新高潮。但主要是针对《金史》的校勘和补正，如钱大昕著《廿二史考异》、赵翼著《廿二史札记》、施国祁著《金史详校》、李有棠著《金史纪事本末》等，而关于金代教育方面的研究却很少。清代庄仲方所编《金文雅》、张金吾所编《金文最》的问世，为当时金代教育研究注入了新的活力。其中，大量的金代汉族士人诗文序，国家发布的制诰、兴修庙学记、策问以及一些碑刻、墓铭等记载，为我们研究金代私学、地方各级儒学学校（庙学）、专科教育、科举取士、教材教法等方面提供了大量的史料。

20世纪，中国的金史研究领域初步涉足金代的政治、经济、文化、军

---

① 参见李国钧、王炳照总主编，乔卫平著：《中国教育制度通史》（第三卷 宋辽金元），山东教育出版社2000年，第4页。

事、外交等各个方面，并有一批成果问世，如金毓黻的《宋辽金史》、宋文炳的《女真汉化考略》等。但长期以来，受传统"华夷正闰之辨"的影响，人们一贯认为少数民族野蛮、落后，进入中原地区后，全面接受和吸收汉文化教育，无本民族教育可言的旧观念没有得到彻底肃清，加上金代史料匮乏，记载该时期教育方面的史料尤少等原因，限制了该方面的研究，致使其研究成为中国教育史研究和金史研究中最为薄弱的环节之一。

直至80年代，随着学术队伍的不断壮大，研究内容的不断拓展，一些学者开始逐渐关注金代教育与科举研究领域。如张博泉、都兴智、王崇时等开始对金代教育制度、金代科举考试制度等方面进行研究。此后，陆续有学者涉足该领域，并取得一些成果。具体研究状况如下。

1. 金代教育总体研究

在金代教育资料整理方面，有孟宪承等编《中国古代教育史资料》（北京：人民教育出版社，1961年版）和孟宪承编《中国古代教育文选》（北京：人民教育出版社，1979年版）；尹德新主编、蔡春编著《历代教育笔记资料》（第二册 宋辽金元部分）（北京：中国劳动出版社，1991年版）；裴兴荣著《金代科举与文学》（北京：中国社会科学出版社，2006年版）。这些资料汇编中关于金代教育方面的史料比较少，可见金代教育史料挖掘的重要性。

金代教育研究方面专著有一部，兰婷著《金代教育研究》（长春：吉林大学出版社，2010年版）。此外，该方面的研究在一些通史和断代史的著作中有所论述。如顾树森著《中国历代教育制度》（南京：江苏教育出版社，1981年版）；张鸣岐主编《辽金元教育论著选》（北京：人民教育出版社，1991年版）；程方平著《辽金元教育史》（重庆：重庆出版社，1993年版）；李国钧、王炳照总主编，乔卫平著《中国教育制度通史》（第三卷 宋辽金元）（济南：山东教育出版社，2000年版）；毛礼锐、沈灌群主编《中国教育通史》（济南：山东教育出版社，1985年版）；孙培青主编《中国教育史》（修订版）（上海：华东师范大学出版社，2000年版）；陶愚川著《中国教育史比较研究（古代部分）》（济南：山东教育出版社，1985年版）等，著作中有关金代教育问题仅作为其中的一个部分，且在涉及诸如中央官学、地方官学、女真学、私学等问题时只是简要、宏观地加以叙述，没有全面、系统、深入地研究。

关于金代教育研究的论文有都兴智的《金朝教育述论》（《辽宁师范大学学报（社会科学版）》，1988 年第 2 期）对金代教育类别、特点以及在封建社会教育史上的地位等问题进行简要论述，提出汉、女真分别设学是金代教育尤为突出的特点。张博泉的《金代教育史论》（《史学集刊》，1989 年第 1 期），对金代教育发展进程、教育思想、教育结构、教育制度、教育特点、教育对策等进行比较全面的论述，认为儒家思想是金代教育的核心，并通过汉、女真双轨并行的教育体制贯彻到社会各个层面，对女真社会迅速封建化起到至关重要的作用。吴凤霞的《金代兴学与教育发展》（《史学集刊》，2005 年第 1 期）论述了金代两次兴学：金世宗的第一次大规模兴学，使汉、女真两套学校教育系统建立并完备，成为金代教育史上官学最盛的时期；金章宗的第二次大规模兴学，增加地方官学、调整女真教育内容并且督促各州县兴办庙学。两次兴学促使金朝探索出金代教育发展颇具特色的新途径。

2. 金代科举总体研究

金代科举的基本情况主要记载于《金史》《续通典》《续通志》《续文献通考》等典籍的《选举志》中。《金史·选举志》详细记载了金代科举考试制度的产生、发展，包括会试、府试、乡试，进士考试的资格、命题、试官，进士的类别、选官等内容，还有女真进士、武举的记载。

20 世纪 50 年代，学术界对金代科举的研究关注度不高，比较重要的成果仅有方壮猷《辽金元科举年表》（《说文月刊》第三卷第十二期，1944 年 2 月 15 日），该文是从辽金元三史本纪列传中采摘历年科举资料，加以排比而成。1949 年至 20 世纪 90 年代初，该方面研究的成果也不多，张博泉编著的《金史简编》（沈阳：辽宁人民出版社，1984 年版）是较早的金代断代史，该著作按章论述了金代的教育与科举。此外，日本学者三上次男在其《金史研究》中对金代科举的时期等问题也有研究。20 世纪 90 年代以后，学术界对金代科举的关注度逐渐提高，主要包括金代科举文献、制度、历史作用以及对社会生活的影响，此外还有关于女真族科举等方面的研究。

关于金代科举文献的考订。杨寄林的《〈续文献通考·选举考·金登科总目〉订补》(《古籍整理研究学刊》,2003 年第 5 期)是利用《金史》相关史料加以检校核对,将《金登科总目》存在的遗漏、舛误和浑漫之处以按语形式,予以订补,共 18 处,便于研究者参考。进士及第的记载散见于《金史》本纪和列传中,方壮猷《辽金元科举年表》所列比较简略。周腊生《辽金元状元奇谈·辽金元状元谱》(北京:紫禁城出版社,2000 年版)下编有金代状元 61 人的小传,并有考证辨析。薛瑞兆《金代科举》(北京:中国社会科学出版社,2004 年版)利用《金史》和地方志统计出金代科举考试大约 47 次,辑录进士千余人,以朝代年份,做进士小传。

金代科举制度的研究相对比较充分。都兴智是较早开展该方面研究的学者,研究论文最早收录于张博泉等著《金史论稿》第二卷,后经修订收入《辽金史研究》(北京:人民出版社,2004 年版),通过金太宗、熙宗、海陵王、世宗、章宗等时期的变化对金代科举的产生、发展进行了详细论述。薛瑞兆著《金代科举》(北京:中国社会科学出版社,2004 年版)中论述了金代科举的百年历程,将其分为初创、发展和衰落三期,指出金代科举的特点是开创了女真进士科、选举考试平等和选举监检严厉,探讨了金代科举科目、程序、监检、授官等问题,其附录包括:金代进士题名、金代登科序跋、金代宏词程文、金代瞻学碑帖、金代教授题名、金代科举用书、金代状元传略、金代科举年表、金代历史年表等。李锡厚、白滨的《辽金西夏史》(上海:上海人民出版社,2003 年版)也提纲挈领地介绍了金代科举。李树的《中国科举史论》(济南:齐鲁书社,2004 年版)涉及金朝伊始即重科举、女真(策论)进士科、金代科举考试的一般程序、金代的科举世家等内容。李桂芝的《中国边疆民族地区历史与地理研究丛书:辽金科举研究》(北京:中央民族大学出版社,2012 年版)较系统地介绍了辽金科举制度的情况,分为辽朝篇和金朝篇,特别是对辽金科举制度的建立、条例、科次、等地、授官、人才培养与学校、进士世家、金朝进士杂考及进士在当时的影响等问题进行了深入研究。武玉环、高福顺、都兴智、吴志坚等著的《中国科举制度通史·辽金元卷》(上海:上海人民出版社,2015 年版)全面系统地阐述了中国科举制度产生、发展、演变的历史,深刻分析了科举制度对当时中国社会政治、经济、社会生活、文化风俗等方面产生的多重影响以及科举制度实施的情况和效果等内容。

金代科举的历史作用。都兴智认为其积极作用为：一是选拔了大量的政治人才；二是选拔了大批的文学硕士；三是扩大了儒家学说的影响，促进了女真族的汉化和封建化，加速了民族融合。其消极作用有：一是科举偏重词赋，选拔出来的进士不习其余，缺乏处理政事的能力；二是从金章宗开始准许猛安谋克举进士，导致女真民族失去了尚武精神，削弱了猛安谋克的战斗力。薛瑞兆的《金代科举》（北京：中国社会科学出版社，2004 年版），论述了金代科举的历史意义，即金代科举促进了民族融合、推动了中原文化的北移，对文化教育和文学艺术有相当的影响。

金代科举对社会生活的影响方面。薛瑞兆在《金代科举》（北京：中国社会科学出版社，2004 年版）中分析金代科举的社会影响时认为，金代极重科举，士人以之为理想，而朝廷则以之牢笼天下士人，士人一旦得中，名流与达官多择而嫁女，但名落孙山、老于考试者更多。刘达科的《金代科举与文学》（《社会科学辑刊》，2007 年第 3 期）认为，科举在金代文人生活中占有重要地位，科举对其生存方式、生活特点、人生道路和心理状态都有明显的影响。金代科举制度对文学的作用主要是为文学创作提供了丰富素材，提高了作家队伍的整体素质，影响了整个文坛的基本体貌，促使一朝文风的形成和转变。

3. 金代文教政策研究

现有成果极少，具有代表性的论文是吴凤霞的《金代文教政策探析》（《辽宁师范大学学报（社会科学版）》，2005 年第 2 期）。文章指出金代"尊孔崇儒"文教政策是在辽、宋文化的影响下形成的，但女真文化对儒学的认同也不容忽视。文章认为金代崇儒是有选择的，与辽、宋相比也较为彻底。从金代历史发展进程来看，金代"尊孔崇儒"文教政策实施效果、产生的历史作用应予以肯定。

研究论文还有杨世文的《金初两朝的文化政策》（《宋代文化研究》第 4辑，成都：四川大学出版社，1994 年版）和《金代文化政策的转变》（《宋代文化研究》第 5 辑，成都：巴蜀书社，1995 年版）。文化政策是文教政策的重要组成部分，是教育政策制定的重要依据。这两篇文章认为，金初太祖、太宗时期文化政策主要以掠夺为主，到熙宗、海陵时期实现了由重武到尚文的转变，文治思想形成。陈高华的《金元二代的衍圣公》（《文史》第 27 辑，1987 年）、范寿琨的《论金代的孔庙建置及其作用》（《社会科学辑刊》，1993 年第 2 期）、张敏杰的《金代孔庙的修建及其在民族融合中的作用》（《北方论丛》，1998 年第 6 期），这三篇文章从金代孔庙的新建、重建、扩建和修葺以及对孔子及其后人封爵和给予特殊待遇等方面论述金代对孔子及其儒学的尊崇。赵永春的《论金代的文化政策与思想控制》（《金史研究论丛》，哈尔滨：哈尔滨出版社，2000 年版）从倡导学习汉文化、适当发展女真本族文化、允许各种宗教存在和发展等三方面论述金代文化政策，认为金朝用武得国，但很快就由尚武转向重文，实行比较开放的文化政策。既大力倡导学习汉族文化，也注意学习其他少数民族的文化；既注意保留女真本族文化，又允许百家争鸣；既实行允许信仰各种宗教政策，又不限制科学的发明和创造。但同时对不利于统治的思想和文化传播也实行文化专制。文章指出金代文化就是在这种二重性政策的指导和控制下，逐步发展起来的。于学斌、孙雪坤的《金代孔庙的发展、成因及作用》（《北方论丛》，2003 年第 4 期）一文认为，金代孔庙的发展是由于统治者推崇儒学和文治的需要，是金朝尊孔崇儒、实行文治的重要手段。

4. 金代官学教育研究

金代官学教育包括中央官学、地方官学、庙学、女真官学等。自 20 世纪 90 年代，陆续有成果问世。张帆在《金代国子监钩沉》（《辽金史论集》第 5 辑，北京：文津出版社，1991 年版）一文中提出国子监是中国古代的中央教育管理机关和全国最高学府，一般就是中央官学的代称。女真人建立的金王朝也毫不例外地设置国子监，并从国子监设立的背景、演变过程、教育情况等方面进行阐述。张鸣岐在《金元之际的庙学考论》（《北京师范大学学报（社会科学版）》，1990 年第 6 期）一文中提出庙学就是儒学学校，并非如《中国教育通史》《中国教学思想史》等著作所认为是金元之际以祭奠为主的暂时性教育，类似今天的讲习班、讲座等形式。张帆的《金代地方官学略论》

（《社会科学辑刊》，1993 年第 1 期）论述了地方官学的发展历程，提出庙学是地方官学的观点。吴凤霞的《金代女真学的兴衰及其历史意义》（《社会科学辑刊》，2005 年第 4 期），从金太宗时期女真学的设立，到世宗、章宗时期女真学的发展，再到卫绍王、宣宗、哀宗时期女真学的衰落等方面论述了金代女真学的兴衰，认为女真学在提高女真人文化素质、塑造女真崇儒尚文的社会风气，以及对后世教育发展及供借鉴方面都起到积极的作用。兰婷的《金代女真官学》（《东北史地》，2006 年第 2 期），论述女真设学的历史背景、中央官学、地方官学及管理制度等，尤为详细地阐述了女真官学的管理制度，包括师生来源、教学管理机构、考试及学生管理制度及教学内容与教材使用等内容。

5. 金代科举与教育的关系研究

20 世纪 80 年代以来，学术界对金代科举制度的研究逐渐深入，成果较多，但论及科举与教育二者关系的成果很少。黄凤岐在《论金朝的教育与科举》（《北方文物》，2002 年第 2 期）一文中论述了金代各类学校、学校管理机构、师资、教材、经费和学生来源以及科举制度的确立与发展，科举考试的内容与科举制度的利弊。关于庙学，作者认为庙学是官学以外一种新的教育形式，类似佛教中俗讲，这有待进一步商榷。① 薛瑞兆在《金代科举》（北京：中国社会科学出版社，2004 年版）的第一章《绪论》中论述金代科举的历史意义时，论及金代科举与文化教育，认为金代普遍把"父兄渊源、师友讲习、国家教养"作为教育成才的重要途径和必要条件以及振兴家族的希望，即金代官学、私学教育为金代科举提供了重要的人才资源；同时还指出，金代登科第为官者，仍传道授业且卓有成效，亦代不乏人，说明金代科举又促进教育的发展，但该著作没有深入分析二者相辅相成的关系。兰婷、孙运来在《金代武举与武学教育》（《黑龙江民族丛刊》，2007 年第 5 期）一文中认为，金承唐宋，于金熙宗皇统年间向所有的女真人、汉人以及其他各族练

---

① 此观点采纳了程方平在《辽金元教育史》中的观点，这种观点已有人进行驳斥，如北京师范大学的张鸣岐教授等。

武之士，开设武举，并逐渐制度化；指出金代武举促进了民间武学教育的发展，对于培养和选拔军事人才，促进军事技术的发展，具有积极作用，是金代科举制度的重要组成部分。

其他关于科举方面的研究论文，如都兴智的《金代科举制度的特点》(《北方文物》,1988年第2期) 和《金代科举的女真进士科》(《黑龙江民族丛刊》,2004年第6期)；赵冬晖的《金代科举制度研究》(《辽金史论集》第4辑，北京：书目文献出版社，1989年版)、《金代科举年表考订》(《北方文物》,1989年第2期) 和《金代科举制度下的士人》(《东北地方史研究》,1990年第3期)；王利静、关玉华的《金代女真策选制度考》(《东北亚历史与文化》，沈阳：辽沈书社，1991年版)；宋德金的《金代的学校考试和铨选考试》(《社会科学战线》,1995年第2期)、周怀宇的《金王朝科举制考论》(《安庆师院学院学报 (社会科学版)》,1995年第4期)、周腊生的《金代贡举考略》(《四川大学学报 (哲学社会科学版)》,1997年第3期)、莫朝迈的《金朝的武举制度》(《中华武术》,1997年第5期)、李玉年的《金代科举沿革初探》(《东南文化》,1998年第1期)、李文泽的《金代女真族科举考试制度研究》(《四川大学学报 (哲学社会科学版)》,2003年第3期) 等，这些文章主要论述金代汉和女真科举制度的发展阶段、历史渊源、特点、考试科目、内容、中举的人数、开考的时间等方面内容，虽没有论及科举与教育的关系问题，但却为探究科举对教育发展所产生的积极作用及影响提供了一定的研究基础。杨军的《女真文字、女真科举与女真汉化》(《长春大学学报》,2006年第1期) 一文认为，女真文字、女真科举是女真人民族自树意识的体现，女真文字加速了女真人对汉文化的吸收，女真科举改变了女真人的教育模式，使女真人通过女真文字接受汉族传统文化的教育，最终走向汉化。

另外，20世纪30年代还有其他学者研究辽金元的科举与教育问题。如陈东原的《辽金元之科举与教育》(《学风》第2卷第1期，1932年)，方壮猷的《辽金元科举年表》(《说文月刊》第3卷第12期，1944年)。

6.金代私学和书院研究

私学，指家学和私人兴办的私塾、学堂等，主要是启蒙教育 (小学教育）；书院，指官方藏书、校书或私人读书治学的地方，后发展成为治学、讲学的地方（大学教育）。这两方面的研究成果比较匮乏。

私学方面的研究论文有冬阳的《完颜希尹的家学》（《东北地方史研究》，1990年第2期）和《赵秉文的教育论》（《东北地方史研究》，1991年第1期）、秋晖的《金代辽东教育家王遵石》（《东北地方史研究》，1990年第3期）、霍明琨的《宋代赴金使节对金代文化教育的影响》（《满语研究》，2006年第2期），这些文章论及金代家学、贵族官僚家塾、汉族学者私塾等类型的私学情况，但仅为简单提及，均没有深层次的研究。另外，齐心的《略论韩昉》（《辽金史论集》第3辑，北京：书目文献出版社，1987年版）、鲁任的《金代渤海族女政治家贞懿皇后》（《北方民族》，1993年第1期）等文章，为金代私学研究提供了一些线索。

金代书院研究，成果寥寥无几。王志超的《山西书院文化的历史流变》（《山西师范大学学报（社会科学版）》，2000年第3期），介绍了山西书院从辽金到明清的兴衰过程，并简要介绍了金代山西书院的情况。王金平、张莹莹的《山西省书院建筑初探》（《太原理工大学学报》，2007年第1期），从历史发展状况、选址、空间布局、建筑风格、装饰艺术等方面介绍山西书院建筑的特点，为金代山西书院建筑的规模和特点的研究提供了重要的线索。白新良的《中国古代书院发展史》（天津：天津大学出版社，1995年版），其第一章第三节和第四节中提到金代后期书院的设置，但仅提到书院名称、设置地点，其他内容没有涉及。

7. 金代专科教育研究

金代专科教育主要包括医学、数学、天文、历法等方面的教育，该方面史料记载很少。同时，由于长期以来教育史著述中对于专门学术之传授往往是存而不论，因此，笔者仅看到1篇相关研究论文，即周俊兵的《金代医学教育的主要成就》（《河南中医》，2003年第2期），从金代官方医学教育、私人医学传授、教材教具建设等方面进行论述，文章指出金代医事制度基本沿用隋唐及北宋的成法，以太医院总管当时的医学。金代医学教育中绝大多数是私人医学传授，包括师授、家传、自学三方面。金代医学教育官方规定的教材，除了历代医药经典、宋代官修大型医书，还采用歌赋形式编写了医学入门教科书。认为金代医学教育大大超过了前代，在我国医学发展史上占有重要地位。

金代医学方面研究成果较多，如高伟著《金元医史类存》（兰州：兰州大学出版社，1999 年版）、《金元医学人物》（兰州：兰州大学出版社，1994 年版）等，这些著作对金、元医学及医学家进行论述，但都没有涉及医学教育。管成学著《宋辽夏金元科学技术史》（长春：吉林科学技术出版社，1990 年版），从数学、天文、医药、地学与水利、矿冶与陶瓷、建筑、纺织与酿酒、农学等方面论述宋辽金元时期的科学技术情况。李涛的《金元时代的医学》（《中华医史杂志》，1954 年 2 号）、龚纯的《宋金元的卫生组织》（《医学史与保健组织》，1957 年 2 号）、于敏的《金代女真族医药卫生民俗史初探》（《东北地方史研究》，1989 年第 4 期）、梁峻和梁平的《金代医政概论》（《中国民族医药杂志》，1995 年第 2 期）、张焱的《谈张元素对药物的研究贡献》（《长春中医学院学报》，2003 年第 1 期）等文章，从不同角度论述金代医学，为金代医学教育研究提供重要的研究资料。梁峻、梁平的《金代医政概论》一文（《中国民族医药杂志》，1995 年第 2 期），论述了金代医官、医学机构等方面内容。

金代数学方面研究成果很少。管成学著《宋辽夏金元科学技术史》（长春：吉林科学技术出版社，1990 年版），对金代数学有所涉及，但较为简要。钱宝琮的《金元之际数学之传授》（《钱宝琮科学史论文选集》，北京：科学出版社，1983 年版），主要论述了金代天元术发展的情况。

8. 金代教材教法研究

迄今为止，鲜有学者对该方面进行专题研究，研究成果极少。

熊承涤著《中国古代学校教材研究》（北京：人民教育出版社，1996 年版）专门有一部分论述辽金两代学校教材，但只是简要论述教材内容，关于教材的种类、教材的印制发行等内容都没有阐述；程方平著《辽金元教育史》（重庆：重庆出版社，1993 年版）的第六章第一节论述了辽金元时期教材建设，但关于金代教材、教法的论述极其简略。

研究论文有，薛瑞兆的《论金代社会的藏书风尚》（《求是学刊》，2006年第 6 期），文章从皇家藏书、学校藏书、寺院藏书、道观藏书、私家藏书等方面论述金代藏书状况及其意义，反映金代文化教育事业的繁荣。李致忠的《金代的北京刻书》（《肩朴集》，北京：北京图书馆出版社，1998 年版）、冯方的《辽金刻书的发达及其成因》（《古籍整理研究学刊》，1994 年第 2 期）、杜成辉的《金末文坛领袖雷渊——兼论辽金时期西京的出版印刷业》（《雁北师范学院学报》，2000 年第 6 期）和《辽金时期西京的出版业》（《雁北师范学院学报》，2001 年第 3 期）等文章论述了金代书籍的刊刻、出版、印刷状况以及辽金时期刻书业发达的原因，为考察金代官学、私学教材的种类、数量、来源等内容提供了一定的线索。

金代教学方法研究，到目前为止，具有代表性的是程方平著《辽金元教育史》（重庆：重庆出版社，1993 年版）第一章第二节，简要地论述辽金元时期的主要教学方法，并总结归纳出金代采用的五种教学方法：讲授法、直观教学法、试验法、游学法及韵语教学和音乐辅助教学法等。

9. 金代女真教育研究

近年来已有一些金代女真教育研究成果问世。王崇时的《论金代女真族文化教育的发展》（《延边大学学报》，1995 年第 2 期）、宋馥香的《论金代女真族的"双化"教育》（《松辽学刊（社会科学版）》，1998 年第 3 期）两篇文章主要论述女真人在接受、吸收汉文化的同时，又注重发展本民族文化教育，进而建立了汉、女真并行的两套学校教育系统等内容。兰婷的《金代女真族教育特点、历史地位及影响》（《社会科学战线》，2005 年第 4 期）一文在对金代女真教育制度、女真科举考试制度、女真族私学及女真教学方法等分析基础上，总结了金代女真族教育呈现出阶段性、系统性发展及与同时期辽、西夏相比较所具有的独创性特点。兰婷、孙运来的《金代女真教育制度》（《黑龙江民族丛刊》，2005 年第 6 期）一文从金代女真族学校教育制度、私学、教学方法等方面对女真教育制度进行论述，指出女真教育制度仿汉制建立，且与金代汉族教育制度并行；文章还对女真私学类型进行分类，对女真族教育方法进行总结、归纳，并从女真中央官学（女真字学、女真国子学、女真太学）、女真地方官学（女真府州学）、学校教育管理等方面对女真学校教育进行全面、系统地论述。兰婷、孙运来的《金代宫廷教育》（《东北史地》，2007 年第 6 期）一文认为，金代在汉、女真两大学校教育体系外，还存在宫廷教育的非正规教育形式，主要包括统治者尤为重视的皇族宗室子弟教育、侍卫亲军教育及宫女教育；宫廷教育提高了皇族、宗室子弟及宫廷服务人员的整体素质；文章主要从教育方式、教育目的和教育内容等方面对宫廷教育加以论述。

相关研究成果还有王鸿宾、向南、孙孝恩主编《东北教育通史》（沈阳：辽宁教育出版社，1992 年版），其中提及女真私学，但主要是完颜希尹的家学，其他类型的女真私学均无提及。此外，还有李洪钧、刘兆伟主编《儒释道与东北教育史》（沈阳：辽宁教育出版社，1996 年版）等。

港台和国外学界涉足金代教育研究领域的成果较少。直接相关的文章有台湾学者陶晋生先生的《金代的官学》（《女真统治下的中国：金代思想文化史论集》，纽约：纽约州立大学出版社，1995 年版。Tao Jing-shen, "Public schools in the Chin Dynasty", Tillman, Hoyt Cleveland, and Stephen H. West, *China Under Jurchen Rule: Essays on Chin Intellectual and Cultural History*, State University of New York Press, 1995），文章对金代的官学教育进行了专题研究。另有日本学者吉垣光一先生《关于金代的教育——以中央的学校教育为中心》（《亚洲教育史研究》，1991 年第 3 期）一文，但这篇文章笔者尚未见到。

港台和国外学界关于金代科举的研究成果相对较多。日本学者三上次男先生对金代的科举进行了较为深入的研究，主要见于其所著《金史研究》第三卷《金代政治与社会研究》（东京：中央公论美术出版社，1973 年版）；陶晋生先生的众多金史研究论著中亦有一文涉及科举研究，即《金代的女真进士》（《第三届东亚阿尔泰学大会文集》，台湾大学，1970 年版，Tao Jing-shen, "The Jurchen Chin-shih Degree in the Chin Dynasty", East Asian Altaistic Conference, Jiexian Chen, and Jagchid Sechin, *Proceedings of the Third East Asian Altaistic Conference*, Taipei: Taiwan University, 1970）；台湾学者杨树藩先生 1974 年也发表了《辽金贡举制度》一文（《宋史研究集》第 7 辑，台北："国立"编译馆，1974 年版）。但这些文章较少论及科举与教育之间的关系。

综观上述国内外研究现状可知,金代教育与科举研究存在以下不足。

第一,研究尚不系统、全面和深入。仅限于文教政策、官学、科举制度等方面的研究,而关于金代汉族与女真教育体系、金代汉族与女真科举体系、金代汉族教育体系与汉科举体系的关系、金代女真教育体系与女真科举体系的关系等方面研究很少,成果比较匮乏。

第二,现有成果中史料运用尚不充分。如没有充分利用碑刻、考古、诗文、行程录以及地方志、宋人元人笔记、文集等资料;史籍中涉及金代教育与科举方面的史料,亦并未得到充分的发掘和利用。

第三,研究角度相对单一。大多数学者仅从史学角度,单纯对维护金代统治方面起作用的官学教育制度和科举制度进行研究,并未从历史学和教育学跨学科的角度,对教育指导思想、官学教育、私学教育、书院教育、武学教育、教材教法建设及教育的特点、历史作用、地位及影响,以及教育与科举相辅相成的关系等方面展开研究;亦未能充分探讨汉、女真两大教育体系和两大科举体系以及教育与科举之间的关系等问题。

综上所述,尽管近年来金史研究成果丰硕,但关于金代教育与科举的研究却相对薄弱。其主要原因是辽金两代流传下来的史料较少,同时"夷夏之别"的传统正统观念亦限制和影响着学者们对该领域的研究,从而使金代教育与科举的研究成为中国古代教育史和金史研究领域中相对薄弱环节。

二、主要研究内容及主要观点

鉴于金代教育研究目前尚属薄弱环节,研究中还存在某些不足,本书以历史唯物主义为指导,在借鉴前人研究成果的基础之上,充分挖掘和利用史料,力求突破研究史料匮乏的现状,从历史学和教育学角度对金代教育、金代科举以及二者之间的关系进行全面、系统、深入地研究。

本书分为上、下两编,共六章内容。上编由第一、二、三章构成,下编由第四、五、六章构成。

上编:金代汉族教育与汉科举研究。

第一章，主要阐述金代汉族教育体系。包括官学、私学、书院、武学及教材教法等。金代汉族教育体系具有特定的官学教育分类标准，即按照行政隶属关系分为中央官学和地方官学；按照人才培养的类型和教学内容分为传统儒学学校和专科学校。金代私学教育是金代教育的重要组成部分，是官学的一种补充或预备教育，是最为贴近社会普通民众需要的一种教育形式，没有统一的教学管理制度，但教育内容丰富，教育场所灵活，运行模式多样，主要分为家学、私塾、讲学教育和自学等四种类型。金代书院弥补了官学、私学教育的不足。研究认为金至少有 10 所书院，其中新建 6 所，修复和延续前朝书院 4 所。金代书院在我国古代少数民族政权书院发展史上占有重要地位，对后世元、清王朝书院的发展具有较大的影响和借鉴作用。金代教材教法建设，研究提出了按照教材内容和文字划分教材种类的标准，前者划分为经史子类教材、字韵教材、文学教材、专科教材、蒙学教材，后者划分为汉文教材、女真文教材、契丹文教材，并总结出讲授法、韵语教学和音乐辅助教学法、直观教学法、伴读法、讨论法、示范法等金代六大教学法。金代教材教法是中国教育史宝库中的瑰宝。

第二章，主要论述了金代汉科举体系。1123 年，金兵南下占领辽朝汉人居住的燕云地区，确定了对汉人依旧制而进行统治的新政策。由于新占领地区的官吏或死或逃，造成了统治真空与政局不稳。加之，女真人不谙政事、不解汉话，女真统治者出于统治的需要，不得不调整策略，从被占领地区的汉人士大夫中遴选官吏，科举取士由此应运而生。金代汉科举制度的实行，不仅说明女真人落后的奴隶制对先进的封建制无法克服，同时也表明女真人在政治上选定了将走上中原封建制的轨道上来。金代汉科举的发展阶段从金太宗天会年间（1123—1135）至哀宗正大年间（1224—1232）分为草创（太宗时期）、发展（熙宗、海陵时期）、鼎盛（世宗、章宗时期）、衰落（卫绍王、宣宗、哀宗时期）四个阶段，前后存延了一百多年。自太宗天会元年（1123）十一月设汉进士科始，科举便成为士人进入仕途的主要途径。汉进士科的设立，由乡试、府试、会试、殿试四级考试制度、应试对象与考试管理制度及考试监考搜检制度等形成的汉科举体系，促进了金代汉族官学教育的建立和发展，同时也促进了私学教育的兴盛。

第三章，主要论述了金代汉族教育体系与汉科举体系的关系。研究认为，金代汉科举已形成了由考试内容、考试时间、考试程序、应试对象、考试管理等方面构成的较为完善的体系，促进了汉族官学教育体系的形成。自金太宗天会元年（1123）十一月依汉制开设科举，从汉人士大夫中选拔官吏，使科举成为汉族士人入仕的主要途径始，科举就刺激了文化教育事业的发展，金初遭到战争严重破坏的原辽、宋地方学校开始恢复。随着科举制度的发展和完善，金于海陵天德三年（1151）始设国子监，至大定、明昌年间，金王朝在中央设立了国子学、太学，在地方设立了府、州、县学，并配有比较完备的教学管理制度、教育经费使用制度，教材教法建设也逐渐完善建立，一套自上而下完整的汉族官学教育体系由此形成。与此同时，私学教育也随之兴盛起来。研究认为，金代经童科的设立，提高了金代小学教育的普及程度，但因金仅在中央官学中设置小学，且学生数量有限，很难满足儿童就学的需求，故金代小学教育主要靠私学完成。总之，科举制度的发展带动了汉族官学教育的发展。反之，汉族官学教育体系的完备，又为金代培养了大批人才，为科举选士提供了良好的人才基础。

下编：金代女真教育与女真科举研究。

第四章，主要论述了金代女真教育体系。在"发展女真文化教育"的金代文教政策指导下，女真教育体系的建构、女真文化的建设和女真人才的培养都取得了重要成绩，尤其是金代建立的女真官学教育体系，开启了中国教育史上由少数民族政权创办本民族教育和科举之先河，为后世少数民族教育体系的建立提供借鉴。金太祖天辅、太宗天会年间，金设立了最早的女真官学——女真字学。世宗大定年间，国家政治、经济得到空前发展，国家广设女真学校，中央设有女真字学、女真国子学、女真太学，地方设有女真字学、女真府学、女真州学，同时在教师选拔、学生来源、教学制度、教学内容及考试、学生管理等方面制定了完备的管理制度。金代从中央到地方，建立了一套与汉族官学教育体系并行且较为完善的女真官学教育体系。研究提出金代女真地方官学设有女真州学的观点，同时对女真地方官学府、州学的设置、学生的来源和数量、学官（教授）的任职情况等进行考证，通过分析女真府、州学设学的特点及原因，总结出女真官学教育的特点、历史作用及相关影响。研究认为，女真官学教育体系的建立，对于女真族人才培养和女真民族文化素质的提高起到重要作用，同时也潜移默化地起到了在东北地区传播中原汉民族文化的作用。各民族文化的交流、融合，利于政局的稳定，促进了东北地区经济、文化的发展，在巩固古代中国疆域的完整、增强民族凝聚力方面产生了积极影响。

第五章，主要阐述金代女真科举体系。从女真科举的创立与历史沿革、考试程式与考试内容、应试对象与考试管理、录取与成就、特点及影响以及女真武举的设立、考试程式与考试内容、中试者授官、武举的特点等内容论述可知，金朝虽由少数民族女真人建立，但汉化程度较高，对儒家思想十分推崇，不但沿袭发展了唐、宋时期的科举制度，建立以汉字为基础的汉科举，还创设了以女真文字为基础的女真进士科和女真武举，形成了一代双元特点的科举制度。女真进士科的设立，既是我国古代少数民族政权在科举取士制度方面的一项创举，也是女真族对中国文化教育事业和选官制度作出的重要贡献，对后世产生了深远的影响。经女真科举选拔出的女真族人才，大多数被金朝统治者委以重任，在一定程度上确保了女真政权的长治久安。金代武学教育源于金代军政合一的猛安谋克制度，民间武学教育由家学和私学承担，金代在中央和地方没有设立武学学校。金代武学教育为国家培养大批文武兼备的有用之才提供了可能性。

第六章，主要阐述金代女真教育体系与女真科举体系的关系，包括女真官学教育与女真进士科、女真经童教育与女真经童科、宫廷教育与女真科举等内容。重点论述了女真科举体系的形成、完善及其与女真官学教育体系的关系，指出女真科举是在女真官学教育充分发展的基础上建立起来的。大定十三年（1173），金世宗正式创设了女真进士科后，为了保证女真科举有充足的人才资源，建立了一套与汉族官学教育体系并行的女真官学教育体系，并将女真科举选拔出的人才，安排到女真官学师资队伍中，不仅提高了女真官学的师资力量，而且促进了女真官学教育的空前大发展。女真教育体系为女真科举体系的发展与完善提供了人才保障，女真官学培养了众多女真子弟，是开科取士的前提条件；经科举考取进士及第授官，激发了女真子弟学习的积极性，女真进士被派往女真学任职又充实了学校的教师队伍，促进了学校教育的发展。金代女真官学教育体系与女真科举体系几乎同时设立，说明金统治者已经认识到教育与科举之间相辅相成的关系，促进了女真文化的发展，提升了少数民族文化地位。

结论部分，从科举与教育相互促进发展关系的角度，分析总结出金代汉族教育体系、金代汉科举体系及其二者的关系，金代女真教育体系、金代女真科举体系及其二者的关系以及金代武举与武学教育等问题。研究认为，学校教育是科举制度的前提条件，要保证科举制度的正常运转，必须发展学校教育。反之，科举制度又刺激了人们学习的积极性，充实了学校的教师队伍，为学校教育提供了良好的师资保障，促进了学校教育的发展，进而形成了一个养士与选士相配套的体系，共同为女真政权的巩固和发展发挥着重要作用。特别指出，女真进士科的创立，是金代教育一大特色，也是科举取士制度方面的一项创举。金代教育与科举丰富了中国教育史的内涵，在中国教育史上占有一席之地，对后世产生了深远历史影响。

上述问题在学界现有成果中或未引起注意，或未进行系统研究，有些甚至是研究空白。本书将为最终解决这些问题，进行一些有益探索。同时，笔者也希望研究得出的结论，能为关注该课题的学届同仁提供启示。

特此说明，本书主要侧重于金代汉人和女真人的教育制度与科举制度，不包括教育思想和金代契丹、渤海等民族教育与科举方面的研究。鉴于作者学识水平所限，研究中的错误和问题在所难免，敬请专家、学者批评指正。

上　编

金代汉族教育与汉科举研究

第一章　金代汉族教育体系

第一节　金代汉官学教育

金代汉族教育体系具有特定的官学教育分类标准，即按照行政隶属关系分为中央官学和地方官学；按照人才培养的类型和教学内容分为传统儒学学校和专科学校。由于熙宗以降金朝实行以文治国，逐渐确立了"尊孔崇儒"的文教政策，教育事业得到了快速地发展，要求到中央官学读书深造的士人日益增加。为此，金朝因袭前代，在招生对象上有严格限制，以皇亲国戚、上层的官僚子弟入国子学，以中下层的官僚子弟入太学。

一、中央官学

中央官学是我国古代设于京城的最高学府。西周时期就已经有太学之名。《大戴礼记·保傅》记载："帝入太学，承师问道。"直称太学。《礼记·王制》记载："王子命之教，然后为学。小学在公宫南之左，大学在郊，天子曰辟雍，诸侯曰泮宫。"这里的"辟雍"，即西周的太学，又称大学。武帝元朔五年（公元前 124），政府在长安设立太学，太学成为中央官学的最高学府，初建置博士祭酒，讲授儒家经典，有博士弟子 50 人。汉成帝时期增至三千人，王莽执政时期增至万余人。东汉太学继续发展，规模进一步扩大，顺帝时期,"乃更修黉宇,凡所造构二百四十房,千八百五十室"。① 质帝时期增至三万余人。《唐六典》引《汉官仪》云:"汉置博士祭酒一人,秩六百石。"② 三国时期,沿袭不改。西晋武帝咸宁四年(278),创立国子学,隶属于太学。置国子祭酒、国子博士各一员,以教导诸生。随着门阀士族在政治、经济领域特权的确立,明确了学生身份的限制,即"官品第五以上得入国学"。东晋在建康设立太学,南朝宋、齐、梁、陈又时废时立。北魏时期,道武帝设立学校,称国子太学。后别立太学。国子学一度改称中书学,后又改回。郡学也称太学。孝文帝、宣武帝在位期间,增设了四门小学,形成国子学、太学、四门小学三学并立的局面。南北朝后期至隋代,又逐渐形成了律学、书学、算学。北齐改为国子寺,祭酒一人。隋文帝开皇十三年(593)改国子寺为国子学,不再隶属于太常。炀帝大业三年(607),改为国子监,下设国子学、太学、四门学、书学、算学,有学生 620 人。③ 监内设祭酒一人,成为国家教育的主管机构。唐代基本沿袭隋代,在长安与洛阳设立国子监。国子监隶属于尚书省礼部,下设国子学、太学、四门学、书学、算学、律学六学,其中国子学地位最高。监内设祭酒一人,职掌"儒学训导之政",有学生 1410 人。④ 在国子监之外,又有教授皇族贵胄的两馆学(弘文馆与崇文馆),以及习学道教经典的崇玄馆学等。北宋时期,国子监是国家教育行政机构,下设大学性质的太学、国子学、四门学、广文馆,小学性质的京小学、内小学。国子学逐渐弱化,太学兴建后,取代国子监成为国家最高学府。太学实行三舍法,鼎盛时学生高达 3800 人。

(一)金代国子学与太学

1. 国子监(国子学)

天德三年(1151),海陵王仿照前代,在上京创立国子监。有金一代,

---

① 《后汉书》卷 79《儒林传序》,中华书局点校本 1965 年,第 2547 页。
② (唐)李林甫等撰,陈仲夫点校:《唐六典》卷 21《国子监》,中华书局 1992 年,第 557 页。
③ 《隋书》卷 28《百官志下》,中华书局点校本 1973 年,第 777 页。
④ (唐)李林甫等撰,陈仲夫点校:《唐六典》卷 21《国子监》,中华书局 1992 年,第 557 页。《新唐书》增有广成馆,加六学为七学。

国子监是国家教育行政机构，又是教育体系中的最高学府。国子监的入学资格有明确规定"以宗室及外戚皇后大功以上亲、诸功臣及三品以上官兄弟子孙"即宗室子孙、三服以内的外戚子孙、功臣子子孙以及三品以上的官僚兄弟子孙选充。[①] 学生按年龄划分两个阶段：15 岁以上者入大学，研修经义与词赋，故有经义生、词赋生之称；15 岁以下者入小学，称为小学生。大学生与小学生名额均为 100 人。

关于国子监与国子学人员设置。《金史·百官志》记载，国子监下设国子学、太学，最高行政长官为祭酒，1 人，正四品；国子监的副职为司业，1 人，正五品；正、副长官"掌学校"，即负责国家教育行政事务；丞 2 人，从六品，掌判监事，随着女真科举的设立，章宗明昌二年(1191)增加丞 1 人，"兼提控女直学"。[②]

国子学，又称国子监。《金史·百官志》记载国子学人员的设置情况：国子博士 2 人，正七品，"分掌教授生员、考艺业"。随着女真学的创立，明昌二年（1191）增加女真博士 1 人，泰和四年（1204）又省减，大安二年（1210）省罢国学博士。助教 2 人，正八品；教授 4 人，正八品。助教、教授"分掌教诲诸生"。明昌二年（1191），小学各添教授、助教 2 员，承安五年（1200）复罢。国子校勘 1 人，从八品，"掌校勘文字"。国子书写官，1 人，从八品，"掌书写实录"。[③]

国子学实行会课制，"凡学生会课，三日作策论一道，又三日作赋及诗各一篇，三月一私试，以季月初先试赋，间一日试策论，中选者以上五名申部。遇旬休、节辰皆有假，病则给假，省亲远行则给程。犯学规者罚，不率教者黜。遭丧百日后求入学者，不得与释奠礼。凡国子学生三年不能充贡，欲就诸局承应者，学官试，能粗通大小各一经者听"。[④] 关于会课，一种解释认为会课是集中授课的一种方式；[⑤] 另一种解释认为会课是一种考试制度。

---

① 《金史》卷 51《选举志一》，中华书局点校本 1975 年，第 31 页。

② 《金史》卷 56《百官志二》，中华书局点校本 1975 年，第 1271 页。

③ 《金史》卷 56《百官志二》，中华书局点校本 1975 年，第 1271 页。

④ 《金史》卷 51《选举志一》，中华书局点校本 1975 年，第 1132 页。

⑤ 李国钧、王炳照总主编，乔卫平著：《中国教育制度通史》（第三卷　宋辽金元），山东教育出版社 2000 年，第 441 页。

比如，宋代每年一次派遣官员主持的太学公试，"初场经义，次场策论"，[①]金代很可能因袭宋代的做法，但考试的内容是策论与诗。[②] 由此可知，金代国子监分经义生、词赋生两类，与此相对应的是，国子学的课程分为经义、词赋两种，国子学教学内容包括儒家经典与文学教育内容。由于中国古代就有将治经学史相结合的传统，因此，金代统治者为了博采历代经史之长，作为执政的借鉴，把经学与史学结合，对记录中原王朝历史兴衰以及反映中原王朝政治制度的书籍尤为重视，所以，在经义课程中增加了史学的教育内容。同时仿制唐代，国子学也习学道家经典。

综上可知，国子学的教学内容可概括为主学经史，兼备文学、道家经典。

2. 太学

金代太学始置于大定六年（1166），太学生初设时为 160 人，后来增加为 400 人。太学生的录取由礼部主持，其来源有两部分：一是"五品以上官兄弟子孙百五十人"，这一定程度上弥补了国子学招生的不足。二是"曾得府荐及终场人二百五十人"。由于这方面的史料较少，我们只能通过解读宋代的情况加以窥探。宋代太学"以解试终场人数为准，其荐贡不尽者，令百取六人赴太学，谓之'待补生'"。[③] 两相对比，金朝太学的招收办法与宋代的待补法很是接近。

《金史·百官志》记载太学人员的设置情况：太学博士 4 人，正七品，大安二年（1210）减少 2 人。助教 4 人，正八品，其职掌与国子博士一样，都是"分掌教授生员、考艺业"。明昌二年（1191），"增太学博士助教一员"，[④]大安二年（1210）减少 2 人。[⑤]

太学的教学内容、课程与考试和国子学相同。大定二十九年（1189）章

---

① 《宋史》卷 157《选举志二》，中华书局点校本 1977 年，第 3657 页。

② 宋德金：《金代的学校考试和铨选考试》，《社会科学战线》1995 年第 2 期。

③ 《宋史》卷 157《选举志三》，中华书局点校本 1977 年，第 3670 页。

④ 《金史》卷 9《章宗纪一》，中华书局点校本 1975 年，第 218 页。

⑤ 《金史》卷 56《百官志二》，中华书局点校本 1975 年，第 1271 页。

宗即位后，有人上书效仿北宋，推行三舍法。三舍法是北宋王安石变法时期改革太学而创立的制度。蔡京在宋徽宗崇宁兴学期间继续加以改造与推行。三舍法将太学分为外舍、内舍、上舍三个等级。太学生相应分为三部分，初入学者，经考试合格才能入外舍就读，是为外舍生；外舍生"月一私试，岁一公试，补内舍生"；内舍生则是"间岁又一试，补上舍生"，"而上舍则学官不与考校"。① 升舍考试由太学派遣学官主持，但是上舍生每两年举行一次考试，则由朝廷派遣官员主持，根据累积的考试成绩与平时学业品德最终评定为三等："凡内舍，行艺与所试之业俱优，为上舍上等，取旨授官；一优一平为中等，以俟殿试；俱平若一优一否为下等，以俟省试。"② 即上等者可以上报朝廷，直接授予官职；中等者可以免除礼部考试，直接参加殿试；下等者可以免除贡举，直接参加礼部考试。③ 章宗将上书交付尚书省百官集议。户部尚书邓俨等建言：

> 三舍之法起于宋熙宁间，王安石罢诗赋，专尚经术。太学生初补外舍，无定员。由外升内舍，限二百人。由内升上舍，限百人。各治一经，每月考试，或特免解，或保举补官。其法虽行，而多席势力、尚趋走之弊，故苏轼有"三舍既兴，货赂公行"之语，是以元祐间罢之，后虽复，而宣和三年竟废。臣等谓立法贵乎可久，彼三舍之法委之学官选试，启侥幸之门，不可为法。唐文皇养士至八千人，亡宋两学五千人，今策论、词赋、经义三科取士，而太学所养止百六十人，外京府或至十人，天下仅及千人。今若每州设学，专除教授，月加考试，每举所取数多者赏其学官。月试定为三等籍之，一岁中频在上等者优复之，不率教、行恶者黜之，庶几得人之道也。又成周乡举里选法卒不可复，设科取士各随其时。④

---

① （宋）李焘著，（清）黄以周等辑补：《续资治通鉴长编》卷301《神宗》，中华书局1979年，第1789页。

② 《宋史》卷157《选举志三》，中华书局点校本1977年，第3657页。

③ 孙培青主编：《中国教育史》（修订版），华东师范大学出版社2000年，第214页。

④ 《金史》卷51《选举志一》，中华书局点校本1975年，第1132—1133页。

三舍法虽然由于种种原因并没有在金朝付诸施行，但足以说明，金代太学因袭宋代的痕迹比较明显。

金代太学人才辈出，有的以身许国，有的卓行高标，有的才华横溢，成为国家栋梁之材。如《金史·冯璧传》记载："冯璧，字叔献，真定县人。幼颖悟不凡，弱冠补太学生。承安二年经义进士，制策复优等，调莒州军事判官，……泰和四年，调郿州录事。……五年，自东阿丞召补尚书省令史，用宗室承晖荐授应奉翰林文字，兼韩王府记室参军。俄转太学博士。至宁初，忽沙虎弑逆，遂去官。宣宗南迁，璧时避兵东方，由单父渡河诣汴梁，时相奏复前职。贞祐三年，迁翰林修撰。"之后历迁礼部员外郎、刑部郎中、同知保静军、集庆军节度使等职。①《金史·王渥传》记载："（王）渥字仲泽，后名仲泽，太原人。性明俊不羁，博学善谈论，工尺牍，字画清美，有晋人风。少游太学，长于词赋，登兴定二年进士第。为时帅奥屯邦献、完颜斜烈所知，故多在兵间。后辟宁陵令，有治迹，入为尚书省令史。因使宋至扬州，应对敏给，宋人重之。及还，为太学助教，转枢密院经历官，俄迁右司都事，稍见信用。及思烈往邓州，以渥为左右司员外郎，从行。"思烈败于三峰山，王渥亦战死。②《金史·雷渊传》记载："雷渊，字希颜，一字季默，应州浑源人。父思，名进士，仕至同知北京转运使，注《易》行于世。渊庶出，年最幼，诸兄不齿。父殁，不能安于家，乃发愤入太学。衣弊履穿，坐榻无席，自以跣露，恒兀坐读书，不迎送宾客，人皆以为倨。其友商衡每为辩之，且周恤焉。后从李之纯游，遂知名。登至宁元年词赋进士甲科。"历迁翰林应奉文字、监察御史、翰林修撰等职。③ 这些均说明太学在金代人才培养中所发挥的积极作用。

（二）金代专科学校

从三国两晋南北朝以来，开办培养书学、算学、律学人才的专科学校方兴未艾，经过隋唐时期的发展，到两宋则蔚然大观。唐代的中央官学置有律

① 《金史》卷110《冯璧传》，中华书局点校本1975年，第2430—2433页。
② 《金史》卷111《内族思烈传》，中华书局点校本1975年，第2455页。
③ 《金史》卷110《雷渊传》，中华书局点校本1975年，第2434—2435页。

学、兽医学、医学、司天台学、音律学、书学等专科学校；宋代的中央官学置有画学、医学、律学、算学、书学、武学6个专科学校。金代的中央官学中虽承袭唐宋，但只有医学与司天台学两所专科学校。

1. 国家医学教育

中国古代最早的国家医学机构出现在西周时期，《周礼》就有"医师上士、下士"之名。秦、汉、三国有太医令，隶属于少府。西晋设立医署，隶属于宗正。医署是医政管理兼医疗的官方机构，东晋时"省宗正，而太医以给门下省"。刘宋隶属于侍中，医署改名为太医署，以后历代沿袭不改。梁、陈又隶属于门下省，北魏、北齐隶属于太常寺。① 隋唐时期太医署职掌主管医政与医学教育。两宋时期设置翰林医官院，负责医政；太医署则改名为太医局，负责医学教育。金承前代，设太医院，掌管医政与医学教育，隶属于宣徽院。

"太医院"一词系金代首创，职掌医政、医学教育。《金史·百官志》记载了太医院的设置情况："提点，正五品。使，从五品。副使，从六品。判官，从八品，掌诸医药，总判院事。管勾，从九品。随科至十人设一员，以术精者充。如不至十人并至十人置。（不限资考。）正奉上太医（一百二十月升除），副奉上太医（不算月日），长行太医（不算月日），十科额五十人。"②

金代医学分十科，③ 十科的名目不详。每科学生满10人，则从中择1名医术精深者为管勾，若不足10人，则与其他科合为10人，仍然择1名医术精深者为管勾，十科太医学生总额为50人。④ 太医学生入学资格相当严格，录用那些掌握一定医学知识、热衷于医学从业者。《金史·食货志》载："终场举人、系籍学生、医学生，皆免一身之役。"意即医学学生享有免交个人租赋的待遇。⑤

---

① 《唐六典》卷14《太常寺》，中华书局1992年，第394页。
② 《金史》卷56《百官志二》，中华书局点校本1975年，第1260—1261页。
③ 《金史》卷51《选举志一》，中华书局点校本1975年，第1153页。
④ 《金史》卷56《百官志二》，中华书局点校本1975年，第1260页。
⑤ 《金史》卷47《食货志二》，中华书局点校本1975年，第1056页。

关于太医院考试的情况。《金史·选举志》记载："凡医学十科，大兴府学生三十人，余京府二十人，散府节镇十六人，防御州十人，每月试疑难，以所对优劣加惩劝，三年一次试诸太医，虽不系学生，亦听试补。"① 也就是说由府、州、镇各级地方政府每月主管对学生加以考核，采取奖优罚劣的方式。在籍学生可参加三年一次、由中央主持的太医考试。合格者录为太医，不合格者继续学习或者是在民间行医。录用为太医的生员，仍然面临新的考试，同样考试不合格的，则要继续学习。

熙宗天眷三年（1140），金朝在尚书省增有太医官。《金史·百官志》记载太医官的品秩情况："太医官，旧自从六品而下止七阶，天眷制，自从四品而下，立为十五阶：从四品上曰保宜大夫，中曰保康大夫，下曰保平大夫。正五品上曰保颐大夫，中曰保安大夫，下曰保和大夫。从五品上曰保善大夫，中曰保嘉大夫，下曰保顺大夫。正六品上曰保合大夫，下曰保冲大夫。从六品上曰保愈郎，下曰保全郎。正七品上曰成正郎，下曰成安郎。从七品上曰成顺郎，下曰成和郎。正八品上曰成愈郎，下曰成全郎。从八品上曰医全郎，下曰医正郎。正九品上曰医效郎，下曰医候郎。从九品上曰医痊郎，下曰医愈郎。"② 以上所载太医官品秩与金朝"司天、太医、内侍官皆至四品止"的官格大体吻合。③ 太医官至四品，如获特恩可以换授文资官序列。对于太医官的门荫情况，《金史·选举志》记载："旧制，司天、太医、内侍、长行虽至四品。如非特恩换授文武官资者，不许用荫，以本人见允承应，难使系班故也。泰和二年，定制，以年老六十以上退与患疾及身故者，虽至止官，拟令系班，除存习本业者听荫一名，止一子者则不须习即荫。"④

金代医学教学内容大体沿袭自宋，主要体现于医学理论和医疗实践两个方面。

医学理论方面，北宋徽宗政和年间（1111—1118）刊行的《政和本草》《圣济总录》等医学书籍在金朝刊印，且广泛流行，成为金朝医学理论教学的重

① 《金史》卷51《选举一》，中华书局点校本1975年，第1153页。
② 《金史》卷51《百官志一》，中华书局点校本1975年，第1225页。
③ 《金史》卷52《选举志二》，中华书局点校本1975年，第1159页。
④ 《金史》卷52《选举志二》，中华书局点校本1975年，第1160页。

要教科书。另外，金代医学学校还学习《素问》《难经》《本草》等历代医药典籍。比如，金代名医纪天锡就对《难经》有所研究。《金史·纪天锡传》记载："纪天锡，字齐卿，泰安人。早弃进士业，学医，精于其技，遂以医名世。集注《难经》五卷，大定十五年（1175）上其书，授医学博士。"①

医疗实践方面，出入于金代宫廷中的各职医官，大多由太医官来兼职，这些医官不但为皇帝与宫廷人员看病，而且还以医校教师的身份，有机地将实践与理论互相结合，并将相关医学知识传授给学生。

宣徽院之下的尚食局、御药院也与官方医学教育有关。

尚食局的地位类似于近侍集团，《金史·百官志》载"元光二年（1223），参用近侍、奉御、奉职"就说明了这一点。《金史·百官志》记载了尚食局的设置情况："提点，正五品。使，从五品。副使，从六品。掌总知御膳、进食先尝、兼管从官食。直长一员，正八品。（不限资考。）都监三员，正九品。（不限资考。）生料库都监、同监各一员，掌给受生料物色。收支库都监、同监各一员，掌给受金银裹诸色器皿。（以外路差除人内选充。）"②

御药院设立于章宗明昌五年（1194），《金史·百官志》记载了御药院的设置情况："提点，从五品。直长，正八品。掌进御汤药。（明昌五年设，以亲信内侍人充。）都监，正九品。（不限员，《泰和令》四员。）同监，从九品。（不常除，《泰和令》无。）"③

关于太医院、尚食局、御药院有关人员的俸给情况，《金史·百官志》记载："尚衣、奉御、捧案、擎执、奉辇、知把书画、随库本把、左右藏库本把、仪鸾局本把、尚辇局本把、妃奉事，八贯石，绢三匹，绵三十两。……太医长行，八贯石，正奉上太医，十贯石。副奉上，同。随位承应都监，未及十五岁者六贯石，从八品七贯石，从七品八贯石，从六品九贯石，从五品十贯石，从四品十二贯石。"④

另外，《金史·百官志》记载百官承应俸给时提到"尚厩兽医，秘书监

---

① 《金史》卷131《纪天锡传》，中华书局点校本1975年，第282页。

② 《金史》卷56《百官志二》，中华书局点校本1975年，第1260页。

③ 《金史》卷56《百官志二》，中华书局点校本1975年，第1261页。

④ 《金史》卷58《百官志四》，中华书局点校本1975年，第1347页。

楷书，六贯石"，^① 说明金代有兽医这个职业，其当属于医学十科之一。

2. 司天台学

唐代司天台，又名太史局、太史监，隶属于秘书省，主管"观察天文，稽定历数。凡日月星辰之变，风云气色之异，率其属而占候焉。……每季录所见灾祥送门下、中书省入起居注，岁终总录，封送史馆。每年预造来岁历，颁于天下"。^② 孙培青主编的《中国教育史》综合《唐六典》卷10《秘书省》与《新唐书·百官志》的记载，分析认为，唐代司天台开设天文、历数和漏刻三科，对外招收和培养学生。其中天文生名额90人，历生名额55人，漏刻生名额40人。^③ 从学生人数看，司天台学生以学习天文历法为主。

金代司天台基本承袭唐代，隶属于秘书监，主管"天文历数、风云气色，密以奏闻"。据《金史·百官志》记载司天台开设天文、算历、三式、测验、漏刻五科，对外招收和培养学生。"系籍学生七十六人，汉人五十人，女直二十六人。"^④ 从人数看，司天台学生以汉族学生为主，这一格局"打破了轻视专科教育的传统思想"，^⑤ 反映出金朝统治者对司天台学的重视。

不仅如此，金代司天台招收学生不限出身，"凡司天台学生，女直二十六人，汉人五十人，听官民家年十五以上，三十以下试补"。除此之外，金代政府"又三年一次，选草泽人试补"，^⑥ 使司天台生源趋于多样性。至于考试的内容，"以《宣明历》试推步，及《婚书》《地理新书》试合婚、安葬，并《易》筮法、六壬课、三命五星之术"。^⑦

关于司天台系统的品秩情况。《金史·百官志》记载："司天翰林官，旧制自从七品而下止五阶，至天眷定制，司天自从四品而下，立为十五阶：从

① 《金史》卷58《百官志四》，中华书局点校本1975年，第1347页。
② 《唐六典》卷10《秘书省》，中华书局1992年，第302页。
③ 孙培青主编：《中国教育史》（修订版），华东师范大学出版社2000年，第155页。
④ 《金史》卷56《百官志二》，中华书局点校本1975年，第1270页。
⑤ 兰婷：《金代教育研究》，吉林大学出版社2010年，第41页。
⑥ 《金史》卷51《选举志一》，中华书局点校本1975年，第1152页。
⑦ 《金史》卷51《选举志一》，中华书局点校本1975年，第1153页。

四品上曰钦象大夫，中曰正仪大夫，下曰钦授大夫。正五品上曰灵宪大夫，中曰明时大夫，下曰颁朔大夫。从五品上曰云纪大夫，中曰协纪大夫，下曰保章大夫。正六品上曰纪和大夫，下曰司玄大夫。从六品上曰探赜郎，下曰授时郎。正七品上曰究微郎，下曰灵台郎。从七品上曰明纬郎，下曰候仪郎。正八品上曰推策郎，下曰司正郎。从八品上曰校景郎，下曰平秩郎。正九品上曰正纪郎，下曰挈壶郎。从九品上曰司历郎，下曰司辰郎。"① 不同品秩领取不同的月俸，《金史·百官志》记载："司天四科人，九品六贯石，八品七贯石，六品九贯石，五品十贯石，四品十二贯石。"② 这里的"四科"当是"五科"之误。

关于司天台的机构设置情况。《金史·百官志》记载："提点，正五品。监，从五品。少监，从六品。判官，从八品。教授，旧设二员，正大初省一员。司天管勾，从九品。长行人五十人。天文科，女直、汉人各六人。算历科，八人。三式科，四人。测验科，八人。漏刻科，二十五人。"③ 司天台学生就读期间，还有"试补长行"。长行即长行人，为流外官，无品。肄业以后，通常会被司天台留用，在司天台内部迁转。《金史》有关司天台人员的记载比较少，仅有武祯的履历相对清晰。《金史·武祯传》记载："武祯，宿州临涣人。祖官太史，靖康后业农，后画界属金。祯深数学。贞祐间，行枢密院仆散安贞闻其名，召至徐州，以上客礼之，每出师必资焉。其占如响。正大初，征至汴京，待诏东华门。……寻除司天台管勾。"④ 武祯出身平民，精于术数，后累迁到司天台管勾。由此我们不难理解，所谓"征至汴京，待诏东华门"是指武祯通过相关考核，进入司天台系统进修，以长行人身份值于东华门。

3.其他机构司教人员设置

除医学、司天台等专科之外，金代其他政府机构也配置有形式各异的

① 《金史》卷55《百官志一》，中华书局点校本1975年，第1224—1225页。
② 《金史》卷58《百官志四》，中华书局点校本1975年，第1347页。
③ 《金史》卷56《百官志二》，中华书局点校本1975年，第1270页。
④ 《金史》卷131《武祯传》，中华书局点校本1975年，第2814页。

教职人员。如益政院，据《金史·百官志》记载：益政院"正大三年置于内庭，以学问该博、议论宏远者数人兼之。日以二人上直，备顾问，讲《尚书》《通鉴》《贞观政要》。名则经筵，实内相也。末帝出，遂罢"。[①] 益政院是临时增设的皇帝顾问机构，所谓的教职人员由朝中"学问该博、议论宏远"之官员担任，由于讲授对象是皇帝，益政院员又有"内相"的称谓。在后宫也设有若干司教人员，以教授宫人。据《金史·百官志》记载："尚仪二人，掌礼仪起居、管司籍、司乐、司宾、司赞事。司籍二人、典籍二人、掌籍二人、女史十人，掌经籍教学纸笔几案之事。"亲王府、东宫都设专门人员，教授与辅导亲王、太子。其中亲王府教职人员有傅、文学、记室参军等。据《金史·百官志》记载："傅，正四品。掌师范辅导、参议可否，若亲王在外，亦兼本京节镇同知。……文学二人，从七品。掌赞导礼义、资广学问。记室参军，正八品。掌表笺书启之事。大定七年八月始置。二十年，不专除，令文学兼之。"[②] 东宫教职有司经正、副正。《金史·百官志》记载："司经，正八品。副，正九品。掌经史图籍笔砚等事。……左谕德、右谕德，正五品。左赞善、右赞善，正六品。掌赞谕道德、侍从文章。"[③]

另外，太常寺下设机构——大乐署也设有教职人员，《金史·百官志》记载："大乐署。兼鼓吹署。乐工百人。令一员，从六品。丞，从七品。掌调和律吕，教习音声并施用之法。"[④] 这说明金代在上述专业均存在着教育活动，只是没有形成正规的学校教育，属于非正规的教学活动。

总体而言，金代专科教育无论从学科梯队建设、教职整体素质以及受众规模层面来说，都无法与传统教育比较。金代中央集权的政治体制导致帝国金字塔权力结构的形成，由此导致了教育资源的分配不公，直接影响专科教育和传统教育的格局。隋唐以降，贵族官员子弟到国子学、太学、四门学等官学学习，并且有良好的仕途前景。八品以下官员以及平民子弟不得不挤身于律学、医学、司天台等专科学校接受教育，面临着招收学生名额稀缺的局

---

① 《金史》卷 56《百官志二》，中华书局点校本 1975 年，第 1280 页。

② 《金史》卷 57《百官志三》，中华书局点校本 1975 年，第 1301 页。

③ 《金史》卷 57《百官志三》，中华书局点校本 1975 年，第 1300—1301 页。

④ 《金史》卷 55《百官志一》，中华书局点校本 1975 年，第 1249 页。

面，而且他们的仕途前景不够明朗。在这一思想影响下，金代专科教育颇不为时人所重视。

二、地方官学

（一）历史沿革

地方官学是指对应于中央官学，按照地方行政区划由地方政府主持创办的教育机构。[①] 西周时期就有"乡学"的称谓。《礼记·学记》记载："家有塾，党有庠，术有序，国有学。"这里的"塾""庠""序"均指地方学校。严格意义上的地方官学是始自西汉。一般认为，汉景帝末年，蜀郡太守文翁"选郡县小吏开敏有材者张叔等十余人亲自饬厉，遣诣京师，受业博士，或学律令。……又修起学官于成都市中，招下县子弟以为学官弟子，为除更徭，高者以补郡县吏，次为孝弟力田。常选学官僮子，使在便坐受事。……蜀地学于京师者比齐鲁焉。至汉武帝时，乃令天下郡国皆立学校官，自文翁为之始云"。[②] 文翁的办学事迹引起了西汉中央政府重视，先后三次颁布诏令天下郡国兴学，推行地方教育。从此以后，在各郡陆续出现学官，例如，汉昭帝时有的郡设置有"文学校官"，汉宣帝时期有的郡设"郡文学官"，到平帝元始三年（3）才正式建立地方学校制度。《汉书·平帝纪》记载："立官稷及学官：郡国曰学，县、道、邑、侯国曰校，校、学置经师一人；乡曰庠，聚曰序，序、庠置《孝经》师一人。"[③] 从诏令不难看出，郡、县、乡、聚开始建立起相对应的学校。郡学之外的县学、州学的出现，完善了汉代地方官学系统，办学呈现繁荣的趋势。东汉时期，由于地方官吏大多是读书出身，倡导教育，修整学府，所以，郡国学校在一定程度上得到普及，官学和私学并驾齐驱，出现了"学校如林，庠序盈门"的繁荣景象。东汉末年，曹操当权，

---

① 曾泽：《汉代地方官学研究》，陕西师范大学硕士学位论文2014年，第7页。
② 《汉书》卷89《文翁传》，中华书局点校本1988年，第3625—3626页。
③ 《汉书》卷12《平帝纪》，中华书局点校本1988年，第355页。

曾令郡国各修文学，选当地贵族子弟入学受教。魏、蜀、吴三国都设有地方官学，但是存在时间不长。西晋时，提倡创办地方官学，地方学校主要由镇守各地的长官自行兴办。十六国时期诸如后赵、前秦、前燕等统治者比较重视学校，设立学官，鼓励兴办地方学校。南朝分派专人到地方去办学，文献中有交、荆、晋平等地区兴办学校的记载。总体而言，北朝地方教育比南朝更为发达。如北魏为了适应汉化的需要，在建立郡国官学制度的同时，还在偏僻的县乡设立学校。《魏书·高祐传》这样记载："郡国虽有太学，县党宜有黉序，乃县立讲学，党立小学。"[①] 由此可见，北魏具有较为完备的地方学校组织体系，地方官学在此时期得到极大地普及。隋朝结束南北朝分裂的局面，但是由于国祚较短，其庠序郡县之学的建设"而无弘道之实"，所发挥的作用比较有限。唐代地方官学空前繁盛，全国以道作为地方行政区划，每道领若干个府州，每府或州统若干个县。根据府、州、县的等级不同，地方各学招收学生人数多少不等，同时配置博士、助教若干人教授学生。地方官学除正常招收习学儒家经典的学生之外，还在太医署直辖的府、州招收医学生，在祠部司直辖的府、州招收崇玄学学生。北宋的地方行政区划分路、州（府、军、监）、县三级，各路置提举学事司，职掌本路地方学政。地方官学只有州学和县学两级，州县各置教授以教授学生，由政府划拨学田，以保障地方官学的经费开支。

金代地方官学基本承袭前代。按照行政区划分为府、州、县学。太宗时期在原来辽朝、北宋发展基础上，恢复与重建地方官学，经过熙宗、海陵王时期逐渐经营，到世宗大定年间（1161—1189）才逐渐健全地方各级官学体系。宣宗南渡之后，金朝国力急转直下，地方官学随之没落。

（二）儒学学校

金代各级地方儒学学校分为府学、州学、县学三级，统称为庙学。实际上关于庙学的概念，学界一直争论不休：有的学者认为，庙学"是在孔庙中进行的……以祭奠为中心进行的一种暂时性的……面向地方群众的教育"，

---

① 《魏书》卷45《高祐传》，中华书局点校本1974年，第1261页。

这是广义上庙学的概念；① 也有的学者认为，金代庙学是金代官学（主要是地方官学）的代名词；② 还有的学者认为，庙学是中国古代教育发展中"庙"与"学"同地而建，祀孔与传儒活动密切结合的产物，是儒学的别称或通称，在士大夫论述学校的著作中将州、县学称为庙学，二者其实是一回事，只是从不同的角度称谓不同而已。③ 笔者认同第二种观点，本节的金代庙学即指金代地方各级儒学学校，即府、州、县学。从现有文献的记载来看，金代庙学"庙"与"学"相始终，即有学必有庙，有庙必有学，庙、学一地，相辅相成地传播儒学。

正如金人段成己所言："隋唐以来，学遍天下，虽荒服郡县皆有学，学必立庙，以祀孔子先圣先师。"④ 形成"州县莫不有学，则凡学莫不有先圣之庙"⑤ 的局面。金初，随着对辽朝、北宋战争的不断胜利，女真人占领了原来辽朝、北宋大片疆土。由于战争的破坏，导致这些地区的文教设施损毁严重，孔庙大多"年远浸成荒圮，殿宇倾漏，斋庑疏剥，殆不蔽风雨"。⑥ 金太宗时期为了适应统治的需要，开始"兴庠序，设选举"，⑦ 恢复原来辽朝、北宋时期的地方儒学学校。这一点，《金文最》卷30《赵州学记》的记载可以为疏证："赵州庙学初废于靖康（1126—1127）之兵，天会（1123—1135）以来，郡中赵公某始立庙殿，而任公某增筑学舍。泰安名臣陵川路公元为门、为廊庑、为讲堂，土木之功乃备。"⑧ 同样，《金史·赤盏晖传》也记载：天会年间（1123—1135），赤盏晖担任归德军节度使，"宋州旧无学，晖为营

---

① 毛礼锐、沈灌群主编：《中国教育通史》（第三卷），山东教育出版社1987年，第296—29页；程方平：《辽金元教育史》，重庆出版社1993年，第30—31页；黄凤岐：《论金朝的教育与科举》，《北方文物》2002年第2期。

② 张帆：《金代地方官学略论》，《社会科学辑刊》1993年第1期。

③ 张鸣岐：《金元之际的庙学考论》，《北京师范大学学报（社会科学版）》1990年第6期；范寿琨：《论金代的孔庙建置及其作用》，《社会科学辑刊》1993年第2期。

④ 《金文雅》卷8《河中府重修庙学碑》，吉林人民出版社1998年，第196页。

⑤ 《文献通考》卷43《学校考四》按语，中华书局1986年，第409页。

⑥ 《金文最》卷25《汾州重修庙学记》，中华书局1990年，第350页。

⑦ 《金史》卷76《太宗诸子传》，中华书局点校本1975年，第1742页。

⑧ 《金文最》卷30《赵州学记》，中华书局1990年，第421页。

建学舍，劝督生徒，肄业者复其身，人劝趋之"。①

金熙宗、海陵王时期，创建与修复礼庙，注重地方学校建设。比如，《金史·礼志》记载："皇统元年（1141）二月戊子，熙宗诣文宣王庙奠祭，北面再拜，顾儒臣曰：'为善不可不勉。孔子虽无位，以其道可尊，使万世高仰如此。'"②海陵王时期，尚书省牒下地方修葺孔庙，曰："谨按：尚书省批送礼部节文，应有宣圣庙去处，即便修整。"③朝廷对加强地方官学的重视可见一斑。在两代帝王的倡导下，推动了各地学校的建设。如《金石萃编》卷155《博州重修庙学记》记载：熙宗天眷年间（1138—1140），博州学正祁彪、学录尚戡和州教授赵愍"戮力规画"，修缮当地庙学。④同书卷154《京兆府重修府学记》记载：海陵王贞元三年（1153），诏令恢复京兆府学，京兆府尹完颜胡女"鸠工计役，拾堕瓦于废基，抡坚材于坏屋，新寝祠而重俨像，创修廊而绘列贤，师儒讲诵之有堂，生员居处之有庐，以至斋祭之室、庖湢之所，各有其序……乃延诸生入学肄业"。⑤以上地方学校的恢复与重建，固然渗透着地方官、乡绅等的个人因素，也是他们响应朝廷倡导教育之举。

以上得出两个结论：一是京兆、赵州、博州等地方官学虽然称之为庙学（正规的官学），但是它们与庠塾或私学的区别还是比较明显的，说明在世宗朝之前，金代已经存在着若干官办性质的地方儒学学校；二是海陵王时期，由尚书省颁行行政命令，要求各地恢复或建造孔庙。⑥

金代早期虽然存在着若干官办性质的地方儒学学校，但是这些学校基本是在原来辽朝、北宋基础上的恢复和重建，几乎没有新建的学校，加上当时

① 《金史》卷80《赤盏晖传》，中华书局点校本1975年，第1807页。
② 《金史》卷35《礼志八》，中华书局点校本1975年，第815页。
③ （清）王昶编：《金石萃编》卷154《京兆府重修府学记》，光绪癸巳年（1893）上海宝善石影印本。
④ （清）王昶编：《金石萃编》卷155《博州重修庙学记》，光绪癸巳年（1893）上海宝善石影印本。
⑤ （清）王昶编：《金石萃编》卷154《京兆府重修府学记》，光绪癸巳年（1893）上海宝善石影印本。
⑥ 李国钧、王炳照总主编，乔卫平著：《中国教育制度通史》（第三卷 宋辽金元），山东教育出版社2000年，第434页。

办学活动特别零散，还未能形成全国范围的办学规模。大定十六年（1176），金朝政府效仿前代，创建了三级的地方官学，其后又陆续加以扩建，大定二十九年（1169），大幅增加地方学校与养士数量。通过多次大规模的兴学活动，金代社会已经形成了相对完整的地方官学教育体系。金代地方官学主要有三个级别，即府学、州学、县学。

1. 府学

据《金史·选举志》记载："章宗大定二十九年（1169），上封事者乞兴学校，……遂计州府户口，增养士之数，于大定旧制京府十七处千人之外，置节镇、防御州学六十处，增养千人。各设教授一员，选五举终场或进士年五十以上者为之。府学二十有四，学生九百五人。（其中）大兴、开封、平阳、真定、东平府各六十人，太原、益都府各五十人，大定、河间、济南、大名、京兆府各四十人，辽阳、彰德府各三十人，河中、庆阳、临洮、河南府各二十五人，凤翔、平凉、延安、咸平、广宁、兴中府各二十人。"①

关于府学创建的时间，《金史·选举志》记载："府学亦大定十六年（1176）置，凡十七处，共千余人。"②《金史·世宗纪》记载得更为精确：世宗大定十六年（1176）"四月丙戌，诏京府设学养士"。③具体是哪17处府学，《金史》并未详载其名。金朝"袭辽制，建五京，置十四总管府路，是为十九路"，④这19路又称京府。《金史·地理志》记载，这些京府是上京路、咸平（府）路、东京路、北京路、西京路、中都路、河东北路、南京路、河北东路、河北西路、山东东路、山东西路、大名府路、河东南路、京兆府路、鹿延路、庆原路、临洮路、凤翔路。世宗大定十六年（1176）所置的17处府学，当与上述19路大体存在着对应关系，《金史·选举志》接着罗列了诸府的学生配额，当然诸府中既有京府，又杂有散府。其中京府共有17处，正好能够对应上。上京会宁府和西京大同府都不在设学的行列。据推测，"上

---

① 《金史》卷51《选举志一》，中华书局点校本1975年，第1132—1133页。

② 《金史》卷51《选举志一》，中华书局点校本1975年，第1331页。

③ 《金史》卷7《世宗纪中》，中华书局点校本1975年，第164页。

④ 《金史》卷24《地理志上》，中华书局点校本1975年，第549页。

京为女真故地，可能由于女真人文化水平较低，人数较少，以及为了满足战时兵员之需而未设学"。[①] 至于西京大同府未设的原因，有待新的文献给以佐证。大定二十九年（1189），金朝的府学进一步扩增，设置的范围由京府扩展至教育基础相对好的散府，也就是《金史·选举志》所列的7大散府，分别是平凉府、河中府、济南府、彰德府、兴中府、广宁府与河南府。根据《金史·地理志》的有关记载，金代设有9大散府，除了上述7个已设学以外，归德府和大名府2个散府此次没有设立府学，具体原因难以知晓。

府学所招收的学生有明确的出身限制，即《金史·选举志》所言的"与廷试及宗室皇家袒免以上亲、并得解举人"，[②] 换句话说，能够入府学进修的大致有两类人：一类是皇家、宗室的远亲子弟，一类是廷试或者是省试落第的举子。

上述文献记载的数字还有这样一个问题：各府学配额的统计数字为880人，与《金史·选举志》记载的府学配额905人，存在着25人的差额。考虑到西京大同府既是金代西京路的治所，又是辽朝五京中的西京，是文化、教育较为发达地区，辽朝曾经在此设立官学，[③] 综合来说，金代也在这里设学的可能性很大。据之前所言，大同府没有设立府学。如果《金史·选举志》是漏记，加上大同府学生25人，金代府学学生人数则正好为905人，恰好与《金史·选举志一》记载一致。如果推测不错，金代应有25处府学，而非24处府学。笔者根据上引《金史·选举志》的记载及有关论述，现将各府学生配额的情况制表如下：

金代各府学生配额一览表

府名	原属政权	今地名	学生配额
益都府	北宋	山东益都	60人
开封府	北宋	河南开封市	60人

---

① 兰婷：《金代教育研究》，吉林大学出版社2010年，第9页。
② 《金史》卷51《选举志一》，中华书局点校本1975年，第1131页。
③ 《辽史》卷48《百官志四》，中华书局点校本1974年，第807页。

续表

府名	原属政权	今地名	学生配额
平阳府	北宋	山西临汾市	60人
真定府	北宋	河北定正	60人
东平府	北宋	山东东平	60人
大兴府	辽朝	北京市	60人
太原府	北宋	山西太原市	50人
大定府	辽朝	内蒙古昭乌达盟宁城	40人
大名府	北宋	河北大名	40人
济南府	北宋	山东济南市	40人
河间府	北宋	河北河间	40人
京兆府	北宋	陕西西安市	40人
辽阳府	辽朝	辽宁辽阳市	30人
彰德府	北宋	河南安阳市	30人
河中府	北宋	山西运城蒲州镇	25人
河南府	北宋	河南洛阳市	25人
临洮府	北宋	甘肃临洮	25人
庆阳府	北宋	甘肃庆阳	25人
凤翔府	北宋	陕西凤翔	20人
咸平府	辽朝	辽宁开原县	20人
延安府	北宋	陕西延安市	20人
平凉府	北宋	甘肃平凉	20人
兴中府	辽朝	辽宁朝阳市	20人
广宁府	辽朝	辽宁北镇	20人
大同府	辽朝	山西大同市	25人
总 计			905人

从上表看，金代府学分布在原来的北宋、辽朝统治地区，相当于今天的河北、山东、河南、甘肃、辽宁、山西、陕西及内蒙古的东南部，这与北宋、辽朝统治文化相对比较发达有很大关系。金代府学学生配额也无一例外

都来自这些地区。相对而言，原来的北宋统治地区的配额最多，占总人数的七成多，原来的辽朝统治地区的配额相形见绌，占总人数的比例不足两成。而作为女真人发源地的上京会宁府并未设置有府学。这或许说明，金代府学的设置，是金代统治者意识到女真和汉族文化发展的差异，以及出于统治的需要，实施对汉人地区采取的统治策略，同时也有吸纳汉族士人加入到统治集团的目的。相对而言，对于女真故地以及其他女真人聚集区，金代统治者为了保持女真人习俗，维持其骑射旧风，同时也秉承着提高女真人文化素质的理念，通过设置女真府州学，来实现女真人培养与教育的重任。

2. 州学

"州学"概念中的"州"实际上包括节镇、防御州和刺史州3个不同级别。金代州学因此也包括了节镇学、防御州学以及刺史州学。关于金代州学的创建时间，《金史·选举志》在叙述府学之后称："后增州学，遂加以五品以上官、曾任随朝六品官之兄弟子孙，余官之兄弟子孙经府荐者，同境内举人试补三之一，阙里庙宅子孙年十三以上不限数，经府荐及终场免试者不得过二十人。"①

由此可知，州学的设置时间稍晚于府学，虽然州学对学生的出身要求比起府学宽松，但是仍然是有出身的限制，就州学而言，以安排中下级官员子弟的就学为主，与此同时，还招收孔子后裔，并且在一定程度上招收府荐或者是府试至终场免试的人员。

章宗大定二十九年（1189），"上封事者乞兴学校"，"遂计州府户口。增养士之数，于大定旧制京府十七处千人之外，置节镇、防御州学六十处，增养千人。各设教授一员，选五举终场或进士年五十以上者为之"。② 也就是说，金朝政府按照户籍比例，相应地扩增各地府学、州学的养士规模。在这种背景下，州学也随之得到迅速的发展。另外，我们注意到，大定二十九年（1189）的州学扩招只限于节镇和防御州，而没有刺史州。

① 《金史》卷51《选举志一》，中华书局点校本1975年，第1131页。
② 《金史》卷51《选举志一》，中华书局点校本1975年，第1132—1133页。

当时节镇与防御州设学共计 60 处，其中，节镇设学 39 处，防御州设学
21 处。每处设置教授 1 名。教授的资格须满足年龄在 50 岁以上的进士或者
是五举终场者。凡是试补州学学生，"太学则礼部主之，州府则以提举学校
学官主之，曾得府荐及终场举人，皆免试"。①

关于节镇设学的具体情况，《金史·选举志》记载："节镇学三十九，共
六百一十五人。"其中，"绛、定、卫、怀、沧州各三十人，莱、密、潞、
汾、冀、邢、兖州各二十五人，代、同、邠州各二十人，奉圣州十五人，余
二十三节镇皆十人"。②《金史·地理志》记载，有金一代，共设置节镇 45 个。
余下 23 节镇当为瑞、蔚、懿、徐、全、平、邓、兴、丰、雄、桓、抚、朔、
锦、应、保、许、泾、泰、巩、鄜、义、云内等州。另外，有 6 个节镇没有
设汉人州学，这 6 个节镇主要分布在中国东北地区，其中上京路有 5 个：恤
品路、蒲与路、胡里改路、曷苏馆路和隆州；东京路有 1 个：盖州。这些地
方均为女真内地及女真人聚集区。在"发展女真文化教育"思想指导下，金
朝在保持女真本俗的同时，又强调提高女真人的文化素养，所以在女真人集
中的地区设置女真州学，以区别汉人州学，来实现这些地区女真人培养与教
育的重任。③需要说明的是，上述史料记载的数字存在抵牾的情况。我们已
经知道，节镇学生员额 615 人。若是按绛、定、卫、怀、沧等州各为 30 人，
莱、密、潞、汾、冀、邢、兖等州各为 25 人，代、同、邠等州各为 20 人，
奉圣州为 15 人，余下 23 节镇各为 10 人来计算，则可以算出，节镇学实际
名额应为 630 人。我们认为，当时州学扩增学生（包括节镇）的前提视户籍
多少而定，余下 23 节镇未必能整齐划一，所以节镇为 615 人的数字应该没
有太大问题。所谓"余二十三节镇皆十人"表述的只是概数，不够精确而已。

防御州的地位略低于节镇。据《金史·地理志》记载，金代在统治区域
内所设防御州共计 21 个。防御州学共 21 处，两者恰好能对应得上。

据《金史·选举志》记载，防御州学生配额 235 人。其中，"博、德、洺、

① 《金史》卷 51《选举志一》，中华书局点校本 1975 年，第 1133 页。
② 《金史》卷 51《选举志一》，中华书局点校本 1975 年，第 1133 页。
③ 兰婷：《金代教育研究》，吉林大学出版社 2010 年，第 12 页。

棣、亳各十五人，余十六州各十人"。① 余下的 16 州分别是肇、陕、陈、蔡、郑、颖、宿、泗、清、沂、孟、华、秦、陇、河、浚等。② 这 16 个防御州基本都分布在今天的河南、山西、陕西、河北、甘肃等地区。只有隶属于上京路的肇州是个例外，肇州地处生女真故地的西部边缘，位于契丹人的聚居区之内。在金代，契丹人、渤海人等中下层官僚子弟大多是到汉人官学就读。因此，肇州州学主要解决契丹人中下级官员子弟接受教育的问题。

刺史州学是在刺史州所设置的学校。刺史的地位略低于节镇、防御州。根据《金史·地理志》统计，金代在其统治区域内共设有 73 个刺史州。金代州学在这些防御州不统一设学，也没有配置学生的员额。即便如此，金代政府颁布兴学的诏书，明令给予优惠的政策与少量的办学经费，以达到鼓励地方筹资、自发兴办学校的目的。从某种意义上说，金代刺史州办学，完全取决于地方政府的财政状况和地方官的个人意愿或者说重视与否。据《金史·章宗纪》记载：金章宗即位之后，随即颁布兴办州学的诏书："诏京、府、节镇、防御州设学养士。"③ 泰和四年（1204），金朝政府下令"刺史、州郡无宣圣庙学者并增修之"。④ 虽然金朝并未统一设置过刺史州学，但金代统治者对地方官员自发兴学的举措，仍然给予鼓励、表彰。如清人王昶编《金石萃编》卷 154《京兆府重修府学记》记载，世宗大定二十一年（1181），尚书省批复礼部督导各地方"应有宣圣庙去处，即便修整"。⑤

国家虽然没给这类刺史州学统一配置学生名额，但是出台有相关法令予以一定程度上的保障。刺史州学大多数是在地方政府与官员主持下兴建，所以，刺史州学的性质不同于一般的私学，它们仍然属于官学系统。如《金文最》收录的由赵秉文撰写《郏县文庙创建讲堂记》记载："皇朝自大定累洽重熙之后，政教修明，风俗臻美。及明昌改元，尝诏天下兴学。刺郡之上，

① 《金史》卷 51《选举志一》，中华书局点校本 1975 年，第 1133 页。
② 兰婷：《金代教育研究》，吉林大学出版社 2010 年，第 36 页。
③ 《金史》卷 9《章宗纪一》，中华书局点校本 1975 年，第 211 页。
④ 《金史》卷 12《章宗纪四》，中华书局点校本 1975 年，第 267 页。
⑤ 《金石萃编》卷 154《京兆府重修府学记》，光绪癸巳年（1893）上海宝善石影印本。

官为修建，诸县听从士庶自愿建立，著为定令。由是庙学在处兴起。"[1]类似的情况，《金文最》还能举出很多事例，这些事例有力地证明金代刺史州学属于官学序列。

3.县学

金代县也兴办学校，但是国家不为其出资，也不给予相对固定的学生配额，只是政策性鼓励地方政府自发筹措经费，自愿办学。比如，《金文雅》收录的由李纯甫撰写的《栖霞县建学庙碑》记载："即今天子嗣位之元年，有县宰李公景道，故河中府君景韩之季也。下车将祀先师，吏曰：'无庙，当奠牲帛于厅事。'公大愕，经营之志油然蒂于胸次矣。会士庶以兴学请，公欣然许之，凝以城邑窄隘，未拓其址。一日巡检魏伯雄牒来，廨西有隙地，请舍诸公廨于州。太史术甲公曰可。主簿赵守贞、尉蒲察张奇实赞之，各捐廪粟以助费，不徒而役，不赋而征。"[2]栖霞县兴学之际，上级政府提供的仅仅是建造学校的地址，而资金的缺口由当地二十多位儒生自愿捐赠。

县学与刺史州学一样，金朝不曾统一配置养士的员额，但是有相关法令予以制度保障，并多是在当地政府的主持下修建的。如《金文最》收录的由孔天监撰写的《重修襄陵庙学碑》记载：八何赤公任襄陵县宰，主持修复襄陵县学，县吏李侯为其副手，"慨然送已钱缗百端，……仍率邑之诸生问私见于众……命尉张君仲显督视，侯时时一过问省。于是……讲肄之堂，笾豆之位，无不有秩序，行路见之祗益羡慕"。[3]由赵秉文撰写的《叶县学记》记载：金代叶县县令刘从益"由监察御史出宰是邑，游刃之余，乃先从事于学。又率乡民之秀者，日省而月试之，……召入翰林。又得纥石烈君相继为政，踵而成之"。[4]这些事例足以证明金代县学属于官学系列，其性质仍为官学。

---

① 《金文最》卷27《郏县文庙创建讲堂记》，中华书局1990年，第371—372页。

② 《金文雅》卷8《栖霞县建学庙碑》，吉林人民出版社1998年，第194页。

③ 《金文最》卷28《襄陵县创建庙学记》，中华书局1990年，第383页。

④ 《金文最》卷27《叶县学记》，中华书局1990年，第371页。

4.儒学学校的学官

金代地方官学的学官，见诸文献的有提举学校官、提控地方官学、教授、学正、学录等。

提举学校学官。根据《金史·选举志》记载："凡试补学生，太学则礼部主之，州府则以提举学校学官主之。"[1] 由这条史料可知，府、州学校有提举学校官之设，如金世宗时，王遵古曾经担任过博州提举庙学事，主持修缮、扩建博州庙学的工作，"又能课诸生以文，奖其勤以励其游，尚其能而勉其未至，其肯承口讲指画为文者，皆有法度可观"。[2] 不难看出，提举学校官不但负责教育事务，而且还得为府州学生授课，说明他们身兼行政和教学两项职任。

提控地方官学。由《金史·选举志》记载："凡京府镇州诸学，各以女直、汉人进士长贰官提控共事，具入官衔。"[3] 可知，金朝要求进士出身的、府州长官或副长官提控地方官学事务，并将这个提控职务列入官衔。提控地方官学的兼职，并非学校正式教师，其职责与提举学校官区别还是很明显的，前者主要是管理某个地区的教育行政事务，后者主要管理某个府学或州学行政事务。

教授。据《金史·百官志》有关记载，金朝各个京府、节镇、防御州均设置教授1人。皇统五年（1145），"以今庶官不分类为名，于文移不便。遂定……猛安、谋克、翰林待制、修撰、判、推、勘事官、都事、典事、知事、内承奉、押班、通事舍人、通进、编修、勾当、顿舍、部役、厢官、受给管勾、巡河官、直省直院长副、诸检法、知法、司正、教授、司狱、司候、东宫谕德、赞善、掌宝、典仪以下，王府文学、记事参军，并带'充'字"。[4] 关于教授录用的标准，章宗大定二十九年（1189）规定，教授"选五举终场或进士年五十以上者为之"。[5] 不难发现，金朝府州学教授必须是

---

① 《金史》卷51《选举志一》，中华书局点校本1975年，第1131页。

② 《金石萃编》卷155《博州重修庙学记》，光绪癸巳年（1893）上海宝善石影印本。

③ 《金史》卷51《选举志一》，中华书局点校本1975年，第1134页。

④ 《金史》卷55《百官志一》，中华书局点校本1975年，第1230—1231页。

⑤ 《金史》卷51《选举志一》，中华书局点校本1975年，第1132页。

进士或五举终场等人才可以担任。至于教授的考核事宜，据《金史·选举志》记载："每州设学，专除教授，月加考试，每举所取数多者赏其学官。月试定为三等籍之，一岁中频在上等者优复之，不率教、行恶者黜之。"①从这条史料可知地方官学存在着两种基本考核：一是针对学生的考核，考核主要以考试定其去留；二是根据在校生应举人数的多寡与教授的奖励挂钩，另外，针对教授的考核还有"训导有方，生徒充业"。②也就是说，既要求学官在授课之际对学生"训导有方"，还得让"生徒充业"，确保学生们学到知识、掌握技能。如果教学兼顾则考核时叙为"学官之最"，并将其作为国家的考核标准，由吏部考功司掌管。

除了上述的提举学校官、提控官、教授以外，《中国教育制度通史》研究表明，金代府学、州学沿用北宋学官的名称，设置有学正、学录等职，其职能与宋代府州学的学正、学录大体相似，即从事训导职责，监督执行学规。③关于这些职务，《金史》虽然没有记载，但是从其他史料中可以得到印证。如《京兆府学教养碑》记载京兆府学还设有学正、学录、直学、学谕、司书、斋长、斋谕等学职。④另外，在《京兆府重修府学记》中尚有与教育有关的官职署名监修学、提振修学等称谓。它们很可能是一些临时差遣性官称，而非常职。⑤

至于县学的学官，"外县则令长司学之成坏，与公廨相授受"。⑥如县丞王宗儒主持修建闻喜县学，在即将落成之际，任期已满，怅惜地说道："不克延请学士为置明师，以作成邑之人材，是可愧耳。"⑦说明教师则由该县名儒、贤德之人自愿充任，由兴建县学者聘请。

---

① 《金史》卷51《选举志一》，中华书局点校本1975年，第1133页。

② 《金史》卷55《百官志一》，中华书局点校本1975年，第1228页。

③ 李国钧、王炳照总主编，乔卫平著：《中国教育制度通史》（第三卷 宋辽金元），山东教育出版社2000年，第440页。

④ 《金石萃编》卷154《京兆府重修府学记》，光绪癸巳年（1893）上海宝善石影印本。

⑤ 兰婷：《金代教育研究》，吉林大学出版社2010年，第43页。

⑥ 《金文最》卷30《寿阳县学记》，中华书局1990年，第423页。

⑦ 阎凤梧编：《全辽金文》，山西古籍出版社2002年，第2603页。

5.儒学学校的教学管理及其内容

金代地方儒学学校的教学管理严备，教学内容丰富多彩。据《金史·选举志》记载："凡学生会课，三日作策论一道，又三日作赋及诗各一篇。三月一私试，以季月初先试赋，间一日试策论。中选者以上五名申部。遇旬休、节辰皆有假，病则给假，省亲远行则给程。犯学规者罚，不率教者黜。遭丧百日后求入学者，不得与释奠礼。"①

上述史料分析得出：第一，地方儒学学校的教学内容以策论、诗赋为主，学生平时按期习作策论、诗赋，除此之外，还有学校组织的季度考评，取成绩卓异的前五名直接呈报礼部。这些人可以参加由礼部主持的会试，有机会升入太学研修；第二，地方儒学学校有较完备的学规，"犯学规者罚，不率教者黜"；第三，地方儒学学校对休假有着明确的规定；第四，地方儒学学校的考试内容与科举范围基本一致。由此可见，金代学校教育，从本质上来说，是以科举为中心的应试教育。

如前所述，世宗时期，中央官学与地方官学（限于府学、节镇学、防御州学）统一使用国子监编写、刊刻的教材，即经、史、子类别的相关书籍。而教学参考书则出自私人书房刊刻，如经学字韵类、文学类等书籍（以后章节将有专门阐述）。需要指出的是，由于金代科举设有词赋、策论等考试科目，金代私人书房刊刻发行的书籍，比如说，唐宋人的笔记，常常被官学采用，以作为教学参考书。不难看出，金代地方儒学学校的教学内容，是以传授儒家经典为主，还有道家典籍以及各朝的正史，词赋、文章则以研读唐宋文人的文集为主，这从一个侧面体现了金代文化深受唐、宋文化的影响。②

6.儒学学校的特点

金代儒学学校承袭宋代，并具有以下特点。

第一，划分为三级，分布范围比较广泛。金代地方儒学学校划分为三级，按照行政区划共设置25处府学、若干处州学（包括39处节镇学、21

---

① 《金史》卷51《选举志一》，中华书局点校本1975年，第1132页。
② 李国钧、王炳照总主编，乔卫平著：《中国教育制度通史》（第三卷 宋辽金元），山东教育出版社2000年，第440页。

处防御州学以及若干处的刺史州学）与若干处县学。刺史州学依照朝廷颁布的法令兴办，但是办学经费的组成是朝廷部分出资与地方自筹相结合。而对于县学的办学经费，则是完全由地方自行募集。迄今为止，学界对于刺史州学和县学的数量，虽然仍无法确知，但从金代教育普及的程度来看，其总体数量不容低估。地方各级儒学学校分布范围较为广泛，以府学为例，王寂巡按辽东时，路经地处偏远的咸平府，"谒先师宣圣庙，学生吕阳、衔作尹等陪位，礼毕，少憩于营道堂，程考诸生月课"。这里提到的是咸平府的府学。[①] 可见，金代地方官学中的儒学学校业已形成了分级设置的网络，并且分布范围比较广泛。

第二，学校设施比较齐全。金代地方儒学学校实际上是一整套完整的建筑群，这些建筑物包括殿堂、廊庑、校舍、厨房、库房等，规模的大小取决于经费多寡。通常说来，府学建筑群的规模最大，州学（包括节镇学、防御州学、刺史州学）次之，县学建筑物的规模最小。

从唐以降，祭祀孔子的场所——文庙，实际上是兼具祭祀与教学于一体，亦即本章探讨的"庙学"。《金文雅》收录的由段成已撰写的《河中府重修庙学碑》记载河中府庙学的格局："构礼殿五架，中以木为障，以幕风土，径寻有二尺，纵横相称，饰以丹漆，严严翼翼，可以荐敬，可以妥灵。取颜孟而下高第弟子十人，配食于堂上，从旧制也。东西两庑各十七楹，绘余子从祀。其下砌阶以甓，树庭以柏，应门皋门，各如其法。讲肆有堂，庖廪有次，东偏余地，犹足为学者藏修游自成之所。后之人完葺，如前人用心，斯无人矣，环而阻之。其袤七十九步有奇，广六十六步，计其地得十一亩三分之一。"[②]《金文雅》收录的由元好问撰写的《东平府新学记》记载东平府庙学的格局："首创礼殿，坚整高朗，视夫邦君之居。夫子正南面，董旒被衮。邹、兖两公及十哲，列坐而侍，章施足征，像设如在。次为贤七十子及二十四大儒，绘像具焉。至于栖书之阁、豆笾之库、堂宇斋馆、庖俎庭庑、故事毕举，而崇饰倍之。"[③]《金文最》收录的由张邦彦撰写的《万全县重修

---

① （金）王寂撰，张博泉注释：《辽东行部志》，黑龙江人民出版社1984年，第101页。

② 《金文雅》卷8《河中府重修庙学碑》，吉林人民出版社1998年，第196页。

③ 《金文雅》卷9《东平府新学记》，吉林人民出版社1998年，第207页。

宣圣庙碑》，其详细记载万全县庙学的格局："凡为屋八十间，正殿在前，讲堂在后；堂之左右，翼以两斋，士子之进修者，此焉游处；又为两庑，直接贤堂；祭器不可以徒列也，为库房以贮存之；膳食不可以无所也，为厨室以饪馔治；贤堂二所，分设于正殿之前，已于其南起四贤堂，皆以褒大先儒也。"[1] 关于孔庙祭奠的情形，《金文最》收录的由傅慎微撰写的《威县建庙学碑》有所记载："绘塑像先圣、先贤、十哲、六十四贤、二十四大儒，莫不中礼如太学。春秋释奠，朔旦释菜，其笾、豆、簠、簋、垒、洗、爵、罍荐献之器，又皆中式如太常。"[2] 需要说明的是，金朝政府明确规定："遭丧百日后求入学者，不得与释奠礼。"[3]

　　国家虽然不投资兴建县学，但是对地方自筹资金兴办县学持赞成态度。在国家的鼓励下，一些地方官积极倡办县学。如《金史·刘从益传》记载："从益登大安元年进士第，累官监察御史，……久之，起为叶县令，修学励俗，有古良吏风。"[4]《金文雅》卷8《渔阳重修宣圣庙碑》记载：渔阳庙学"殿宇疏漏，廊庑倾垫，垣墉圮堕。儒生刘子元等投牒于州，州上其状。既得请，官给其费，所不及者，州士人助成之，可谓不忘本矣。知县史亨吉暨子元董其事，重加完葺。圣师衮冕，端坐居上，而配享从祀，屹然拱侍，经始于今年三月，成事于五月"。[5]

　　第三，学生平时寄宿在学校。从庙学建筑的功能上看，斋舍为学生宿舍，厨房是加工食物的场所，库房主要存放祭奠礼器以及其他杂物。这些建筑物基本能满足庙学学生在校学习与住宿。寄宿学校最早见载于春秋时期的《管子·弟子职》，其略曰："暮食复礼。昏将举火，执烛隅坐。错总之法，横于坐所。栉之远近，乃承厥火。居句如矩，蒸间容蒸，然者处下，捧椀以为绪。右手执烛，左手正栉，有堕代烛，交坐毋倍尊者。乃取厥栉，遂出是去。先生将息，弟子皆起。敬奉枕席，问所何趾。倚伏则请，有常则否。先

---

① 《金文最》卷66《万全县重修宣圣庙碑》，中华书局1990年，第959页。

② 《金文最》卷67《威县建庙学碑》，中华书局1990年，第972页。

③ 《金史》卷51《选举志一》，中华书局点校本1975年，第1132页。

④ 《金史》卷126《刘从益传》，中华书局点校本1975年，第2733页。

⑤ 《金文雅》卷8《渔阳重修宣圣庙碑》，吉林人民出版社1998年，第190页。

生既息，各就其友。相切相蹉，各长其仪，周则复始，是谓弟子之纪。"[①] 反映春秋时期的官学，教师与学生学习、住宿都在学校，如此自然方便校方的管理，有利于学生们养成好的学习与生活习惯，促进住宿学生与学生之间互相沟通学习体会，对学业精进大有裨益。与此同时，有助于教师了解、把握学生的习性，能够因材施教。

第四，生源限制。金代官学教育虽然比较普及，但是学校数量毕竟有限，招生的名额尚未全部放开。所以，招收生员势必给出诸多限制，例如，考核其家庭出身、道德品行等几个方面，与此同时，必须向教育部门缴纳一定额度的学费。由于学校的等级不同，对于学生生源的限制也有所差异。通常来说，学校的等级越高，入学资格的考核越严苛。地方官学学生招收的是府、州中有一定家庭背景的、出类拔萃的学生。"自京师至于郡邑，莫不有学，使秀民得以讲道艺其中"；东平府学生则是"子弟秀民，备举选而食廪饩者，余六十人，在东序；……孔氏族姓之授章句者，十有五人，在西序"。[②] 应州学学生则是"郡之俊秀鼓箧而入者，朝弦夕诵"。[③] 而"县学招收的对象面对的是县及以下基层地区的平民子弟——乡民之秀者，对上级学校形成有效的补充，保留了一条基层社会向上流通的渠道"。[④] 如《金文最》收录的《肥乡县创建文宣王庙碑》记载：肥乡县学修建完毕后，"劝诸乡先生率子弟之秀异者，入学修举子业"。[⑤] 同时，据"古有之：'有教无类'，虽在小人，尤不可不学也。使小人果可以不学，则武城之弦歌，当不以割鸡为戏言矣"，[⑥] 不难推测，县学中肯定也有少量普通百姓子弟。

（三）专科学校

医学学校是金代地方唯一形成学校系统的专科学校。有金一代，已经建

① （清）黎翔凤撰，梁运华整理：《管子校注》卷19，中华书局2004年，第1154—1162页。
② （清）《金文雅》卷9《东平府新学记》，吉林人民出版社1998年，第207页。
③ 《金文最》卷77《应州重建庙学碑》，中华书局1990年，第1118页。
④ 王峤：《金代县学述论》，《内蒙古大学学报（哲学社会科学版）》2015年第5期。
⑤ 《金文最》卷79《肥乡县创建文宣王庙碑》，中华书局1990年，第1149页。
⑥ 《金文最》卷30《寿阳县学记》，中华书局1990年，第423页。

立起从中央至地方的医学教育体系。

金代地方医学学校的设置特别普遍，京府、州中的节镇州与防御州都有设置，刺史州则是不然，由中央的太医院统一掌控。地方医学学校招生数量各有差异，据《金史·选举志》记载："凡医学十科，大兴府学生三十人，余京府二十人，散府节镇十六人，防御州十人。"①据《金史·地理志》所载，有金一代，京府19路，包括散府9个、节镇45个、防御州21个，由此可以粗算，大兴府30人，加上余京府18×20=360人，加上散府节镇（9+45）×16=864人，加上防御州21×10=210人，则金代地方医学学校学生共计1464人。透过这个数字，我们可以看出，金代地方医学学校入学资格要求不是很严格，招生对象宽泛，对于学生的出身限制低，这与中央太医院招收50名学生形成了鲜明的对比，说明金代医学教育根植于地方，有着良好的群众基础。

地方医学学校学官设有医学教授，据《金史·纪天锡传》记载：金代名医纪天锡"集注《难经》五卷，大定十五年（1175）上其书，授医学博士"。②不难看出，金代地方医学学校设有医学博士之职。另据《金史·章宗纪》记载：泰和四年（1204）六月"戊申，罢惠、川、高三州，秀岩、滦阳、徽川、咸宁、金安、利民六县，及北京宫苑使，诸群牧提举，居庸、紫荆、通会三关使，西北路镇防十三千户，诸路医学博士"。③不难得知，金章宗时期一度罢医学博士。金代地方医学学校教职当中，有的出自学医世家，有的师承名医，也有的自学成才。如《四库全书总目》卷104《医家类二》记载：金元之际的名医王好古，字进之，号汝庄，号海藏老人。河北赵州人，早年博通经史，以进士官本州教授，兼提举管内医学。青年之时尤好经方，与李杲学医于张元素，以年幼于李杲二十岁，复从学于李杲。④《金史·纪天锡传》记载："纪天锡，字齐卿，泰安人。早弃进士业，学医，精于其技，遂以医名世。集注《难经》五卷，大定十五年（1175）上其书，授医学博士。"⑤显

① 《金史》卷51《选举志一》，中华书局点校本1975年，第1153页。
② 《金史》卷131《纪天锡传》，中华书局点校本1975年，第2812页。
③ 《金史》卷12《章宗纪四》，中华书局点校本1975年，第268—269页。
④ （清）纪昀等编：《四库全书总目》卷104《医家类二》，中华书局1981年。
⑤ 《金史》卷131《纪天锡传》，中华书局点校本1975年，第2812页。

而易见，这些精通医学理论，又有医疗实践的名医进入到医学教师队伍之中，大大地改善和提高了医学教师的整体素质，极力促进了地方医学教育水平的进步。

地方医学教育与中央太医院教育一脉相承，同样分成 10 科，其大概的学习内容、教学、考试等与太医院亦大体差不多。稍有不同的是，地方医学学校除了采用太医院习学的医学教材以外，还将地方刊行的《宣明论方》《伤寒直格方》等 10 余种医书作为参考书。[①] 与此同时，地方医学教授、医学博士多有丰富的医学实践与理论，他们总结多年行医的医学理论研究和临床经验，著述成书，来为医学学生授课。其中，不乏对传统医学提出挑战的真知灼见。比如，金代著名医学家刘完素通过长期研究北方流行的热性病，提出著名的"火热论"。他的相关著作《素问元机原病式》《宣明论方》等，极大地丰富了医学教育的内容。可以说，地方医学学校所培养的医学人才，促进了金代医学事业的发展。

三、教育经费制度

众所周知，影响历代学校发展连续性的重要因素是教育经费没有稳定的来源渠道与保障，学田制度的出现很好地缓解了这一难题。学田制度的普遍推行，为地方学校的存在与发展提供了有力的保障，成为封建社会学校经费的主要来源。南唐时期，政府为学校置拨的田产、校产，来充当办学经费。宋神宗熙宁四年（1071），诏令地方政府自官田之中为辖区内的学校划拨学田 40 顷，来充当学粮与日常运行费用。从此以后，学田逐渐制度化。关于学田，需要阐述的是：第一，政府所划拨的学田，不是供师生半耕半读的，而是学校以地租的形式作为祭祀、教师薪俸与补助学生等用度的；第二，学田是校产的一种泛称，所划拨的产业不止田地，还有房产、湖荡、山林等产业，当然，田地更为普遍，金、宋以后，历朝都沿用不替；第三，除了学田

---

① （清）纪昀等编：《四库全书简明目录》卷 10，古典文学出版社 1957 年。

以外，各级政府仍须拨款供学，同时吸纳民间的捐输。

金代对北宋的学田制度沿用不替。对于金代官学教育经费的有关认识，李国钧、王炳照主编的《中国教育制度通史》指出几种来源途径：一是由金朝政府划拨，二是由地方政府、地方官自愿筹措，三是来自民间、私人的捐赠。其表现形式大体有：一种是学校置办学田，以作为日常的运行费用，这种是学校教育经费的经济支柱；另一种是周期性改、扩建学舍、殿堂等开支，这些开支一般属于临时性的筹集、一次性的开销。①

金朝按照规定刺郡以上，官方出资兴建，由国家财政统一拨付教师、学生薪酬，其中"教授管勾十贯石，学生钱三贯、米五斗"。②世宗时期颁布诏令："本朝……兴天下府学，州县许以公府泉修治文宣王庙。旧有赡学田产，经兵火没县官者，亦复给于学。"③充分说明，当时朝廷重视地方官学的建设，并提供相应的政策支持，允许地方政府使用公钱修治孔庙，归还被侵夺的学田来作为教育经费。据《金史·章宗纪》记载：泰和元年（1201）"九月戊申朔……更定赡学养士法：生员，给民佃官田人六十亩，岁支粟三十石；国子生，人百八亩，岁给以所入，官为掌其数。"④以上述府学生数量为 60 人计算，朝廷应当赐学田 36 顷；以防御州学为 10 人计算，朝廷应当赐学田为 600 亩。问题是这个法令实施了多长时间，目前还有待新的史料去证实。

但是，地方官学在办学过程中仍然存在着类似的问题：即使有中央政府的政策支持，但有限经费无法满足长期运营的需求，这就需要地方官员不得不以各种方法筹资来解决。地方官员募资的形式有两种：一是依靠买田产用于助学。《金史·路伯达传》记载：路伯达"尝使宋回，献所得金二百五十两、银一千两以助边，表乞致仕，未及上而卒。其妻傅氏言之，上嘉其诚，赠太中大夫，仍以金银还之，傅泣请，弗许。傅以伯达尝修冀州学，乃市信都、

① 李国钧、王炳照总主编，乔卫平著：《中国教育制度通史》（第三卷 宋辽金元），山东教育出版社 2000 年，第 441—442 页。
② 《金史》卷 58《百官志四》，中华书局点校本 1975 年，第 1347 页。
③ 《金石萃编》卷 155《博州重修庙学记》，光绪癸巳年（1893）上海宝善石影印本。
④ 《金史》卷 11《章宗纪三》，中华书局点校本 1975 年，第 257 页。

枣强田以赡学，有司具以闻，上贤之，赐号成德夫人。"① 二是地方官员或有识之士捐赠。比如，《金文最》收录的由张令臣撰写的《保德州重建庙学碑》记载："泰和改元冬，予守是郡。二月上丁致斋，见其规模狭隘，殊失尊严，且敝坏不修，后将滋甚。欲申请于有司，虑拘文循例，所请不能过，数万未有，以处之奈何，学正王用杰与诸生进而言曰：'吾辈蓄念久矣。如太守一言，则固有愿为者。'居数日，僚吏士庶各输有差，布筹算数，总二十七万有奇。"②《金文最》收录的由黄久约撰写的《涿州重修文宣王庙碑记》记载："大定二十三年（1183）冬，汾阳郭侯预自尚书郎出殿是邦，下车之初，以令从事伏谒祠下既。而周览庭宇，悯其敝陋，愀然变容退而叹曰：'为政之先，独不在于斯乎？矧圣天子在上阐弥，文缉坠典。凡所以尊礼先儒，诱进多士。发纤毕举，发于诚心。而州近在畿甸之内，乃不能助宣风化，况疏远者哉？'于是，命工绘图亟议改筑，计所当费约用钱二十余万。即日移文计司，久，乃得报减三分之二，止得其一。既不足于用，方左筹右度，未有以为计。其僚有显武将军梁效先者为主仓库官，毅然以身任其责造黄堂。……因斯时会里中一二大姓及子弟之业儒者，各出私财以佐用度。侯闻其言而义之，即为割月俸，并诸赎锾尽付之。"③

关于县学经费的来源问题，王峤先生认为，与金朝中后期府学、州学由国家出资兴建不同的是，县学经费自始至终都是地方自行筹措。④ 前文提及的《金文雅》卷8《栖霞县建学庙碑》记载："即今天子嗣位之元年，有县宰李公景道……下车将祀先师，吏曰：'无庙，当奠牲帛于厅事。'公大愕，经营之志油然蒂于胸次矣。会士庶以兴学请，公欣然许之，……主簿赵守贞、尉蒲察张奇实赞成之，各捐廪粟以助费，不徒而役，不赋而征。"⑤《金文最》卷78《济阳县创建先圣碑庙》记载：山东济阳修建县学，"得衣冠之族赵氏者，愿献地。杨彪者，画其位置，愿为殿为堂为斋房为庖湢。单父商者王彦，愿

---

① 《金史》卷97《路伯达传》，中华书局点校本1975年，第2139页。

② 《金文最》卷78《保德州重建庙学碑》，中华书局1990年，第1145页。

③ 《金文最》卷72《涿州重修文宣王庙碑记》，中华书局1990年，第1058页。

④ 王峤：《金代县学述论》，《内蒙古大学学报（哲学社会科学版）》2015年第5期。

⑤ 《金文雅》卷8《栖霞县建学庙碑》，吉林人民出版社1998年，第194页。

为戟棨门及两庑。"① 由此可见，县学日常运转的经费，例如修缮校舍、发放教师薪酬等支出大都来自学田。金宋战争之际，各地县学遭到不同程度的破坏，有的学校被当地百姓侵占成为民舍，"官取其租而不问，民侵其地而不呵"。海陵王完颜亮规定县学建成之后，"旧有赡学田产，缘兵火没官者，许给还之"。另外，地方官员还可以向国家有关部门申请减免学田的租赋，将学田所得悉数供应县学。这一政策得到之后君主的遵奉。即便如此，因为县学经费特别微薄，导致县学教师的生活十分贫苦。例如正大元年（1224），杨弘道监麟游酒税，"初识曲子安，居县学为童子师。项背微偻，布褐委然，目赤且湿，苍髯模糊，不见颐颔"。② 因为没有制度性保障和财政支持，各地县学时兴时废，存延时间基本不长。

四、金代汉族地方官学教育的局限

金代地方官学教育存在时间短。之前已述，金代大规模在地方办学始于金章宗即位，章宗之后，蒙古帝国兴起，大举南侵。金朝统治中心被迫南迁汴京，以避其锋芒。山西、河北、山东等地的官学遭到毁灭性破坏。金元之际的文人李俊民感慨，"金源百年，由学校取士，化未纯而中原乱"，③ 由此导致金代地方官学的普及程度不高。

有金一代，中央官学与地方官学中的府学已经基本完备，但是防御州学、刺史州学与县学普及程度不容乐观。虽然如此，三者面临的境遇又各不相同。防御州学即使有国家政策的保障，修学资金也存在着不充足的情况。比如《山左金石志》记载：金代密州防御使郭安民上任伊始，"慨然有修旧起废之意，如匠计之，费当两百万。乃移文计府，而有司之吝，七分其数而才得其一"。④ 国家财政拮据，致使防御州学的日常运行比较艰辛，影响了

---

① 《金文最》卷78《济阳县创建先圣庙碑》，中华书局1990年，第1138页。

② 《金文最》卷35《养浩斋记》，中华书局1990年，第492页。

③ 《山西通志》卷36《学校》，雍正十二年（1734）刻本。

④ （清）毕沅编：《山左金石志》，江苏古籍出版社1998年，第237页。

防御州学进一步的发展。

而刺史州学与县学则不然。金朝政府鼓励刺史州与县地方办学，由于政府对刺史州办学教育经费投入不足，县办学得不到政府资金支持，不得不依靠地方有识之士募集。所以刺史州学、县学的兴建与发展受到很大制约。如上引《金文最》收录的由张令臣撰写的《保德州重建庙学碑》记载："泰和改元冬，予守是郡。二月上丁致斋，见其规模狭隘，殊失尊严，且敝坏不修，后将滋甚。欲申请于有司，虑拘文循例，所请不能过，数万未有，以处之奈何，……居数日，僚吏士庶各输有差，布筹算数，总二十七万有奇。"[1] 上引《金文雅》卷8《栖霞县建学庙碑》记载："县宰李公景道……下车将祀先师，……会士庶以兴学请，公欣然许之，……主簿赵守贞、尉蒲察张奇实赞成之，各捐廪粟以助费，不徒而役，不赋而征。"[2] 据《金史·地理志》记载，金代有刺史州90个、县606个。史籍对于刺史州学、县学学生人数记载不详。但是，根据《金文最》的有关记载来看，这些学校大体分布在山西、河北、山东、河南、陕西的偏远地区以及辽宁与内蒙古。由此可见，刺史州学和县学分布范围特别广泛。假若以府学、节镇学、防御州学学生平均人数为21人[3] 计算，即使刺史州、县均设有官学，其数量估计也不过一万余人。"从经费不足，国家鼓励地方自筹资金办学来看，金代刺史州学和县学的数量相对来说还不是很多。"[4] 如果加上府、节镇、防御州、医学校的学生3000余人，那么，金代地方官学的人数应该不超过20000人。

而这个数字与之前的北宋、之后的元代相比，也大为逊色。据宋人文集《丹阳集》卷1《乞以学书上御府并藏辟雍札子》记载，宋徽宗大观年间（1107—1110），州县学生的总数合计167622人。《元史》记载，元世祖至元二十五年（1290）大司农司上报各路学校，包括蒙古字学、医学、阴阳学等专科学校，总数多达24400多所。其中儒学学校至少也有10000所，学生当

[1] 《金文最》卷78《保德州重建庙学碑》，中华书局1990年，第1145页。

[2] 《金文雅》卷8《栖霞县建学庙碑》，吉林人民出版社1998年，第194页。

[3] 依据金代地方官学统计表计算得出，(905+630+235)÷(25+39+21)≈21人。

[4] 兰婷：《金代教育研究》，吉林大学出版社2010年，第67页。

超过 10 万人。即使考虑到宋元时期南北经济差距较大，南方学校明显多于北方的因素，金代地方官学的普及也远不及宋元。究其原因，乃是由于金代前期战争，导致大量学校被毁坏、废弃，一些地方"荒陋之邦，往往庠序颓圮，教养废弛"。① 虽然在此期间，个别地方的有识之士就开始募资恢复学校，但是这种情况毕竟特别有限。即便是"世宗、章宗之世，儒风丕变，庠序日盛"，② 由于北方经济实力不及南方，加之，政府虽然倡议办学，但是对地方官根本没有政策约束，也没有将兴建学校列入官员考核范围，以至于地方官因循苟且，对兴学毫无兴趣可言，"但区区于簿书期会，以舒目前之患，而以学校为不急之务，漫不省视者十之八九"。③ 兴学则取决于地方官的个人素质或当地人的热情。所以，相关政策约束不紧，致使兴学过度依赖地方官个人素质，学校建设得不到制度保证。如此说来，金代地方官学数量和学生人数远不及宋元，也就不难理解了。

第二节　金代汉族私学教育

私学教育是与官学相对应的私人教育活动，提倡"有教无类"，是最为贴近社会普通民众需要的一种教育形式。

金代私学教育是在承袭辽、北宋私学传统基础上发展起来的。金初，在原辽、宋地区地方官学遭到毁坏、荒废，所剩无几，金王朝教育体系尚未建立之时，私学就填充了这一时期文化教育领域的一大空白，承担起人才培养之重任。即使在金代官学教育体系建立、健全，并发展完善之时，私学也是官学的一种补充或预备教育。金代私学教育是金代教育的重要组成部分，它的兴起与官学教育的发展密不可分，作为官学教育的重要补充，当金朝国家控制力稳定之时，私学的发展起着维护国家文教政策的

---

① 《文献通考》卷 43《学校考四》按语，中华书局 1986 年，第 409 页。
② 倪灿：《补辽金元艺文志》，丛书集成初编本，商务印书馆 1936 年，第 70 页。
③ 《金文最》卷 75《夏邑县重修庙学碑》，中华书局 1990 年，第 1095 页。

作用，反之，当金朝国家控制力衰落之时，私学只能依据社会需要来调整自己的发展准绳。金代私学对于金代文化知识的传播和发展，对于科学文化教育的普及、交流，对于各民族文化素质的提高，均起到重要的促进作用。

一、金代私学发展的原因

金代真正能够深入到社会各个角落和不同阶层发挥教育职能的，主要是不同形式的私学。而具体影响和促使金代私学的形成和发展，除了政治、经济、文化等方面诸多因素外，还有以下三个方面。

第一，金朝统治的中国北方地区，诸如燕云、河南、陕西、山东等地区，是汉人生活相对集中的地区，在辽、北宋统治时期就有良好的私学教育基础。辽朝前期，诏建孔子庙，尊崇儒学，制定以国制治契丹、以汉制待汉人的基本国策，表现出辽朝统治者对中原儒家文化强烈认同和开放的文化心态。[①] 澶渊之盟以后，辽朝上下"逐渐树立起学习唐朝、比美宋朝的风气"。[②] 辽道宗时有侍读讲《论语》到"北辰居其所而众星拱之"，道宗曰："吾闻北极之下为中国，此岂其地耶？"[③] 体现了辽朝统治者以中国自认的心态。在辽朝社会向慕华风的背景下，汉族私学教育模式灵活多样，教育对象面向契丹社会各阶层，使更多平民子弟有接受教育的机会。辽朝有记载的书院——龙首书院以及其他讲学场所的出现，如河北易县西五十里的太宁山、析津府西南的南山等都是辽朝聚集生徒讲学的重要场所，反映出辽朝汉族私学教育取得了长足的发展。北宋前期，在州县学尚未建立，中央官学国子监在"但为游寓之所，殊无肄习之法"，[④] 无教学之实的情况之下，私学承担起国家教育的主要职能，成为当时社会的主要教育形式。北宋的

① 高福顺：《辽朝私学教育初探》，《求是学刊》2010 年第 4 期。

② 陈述：《辽代史话》，河南人民出版社 1981 年，第 47 页。

③ (宋)叶隆礼撰，李西宁点校：《契丹国志》卷 9《道宗天福皇帝》，齐鲁书社 2000 年，第 76 页。

④ 《宋史》卷 157《选举志三》，中华书局点校本 1977 年，第 3659 页。

东京开封、南京应天府、西京洛阳及关中长安一带，私学文化渊源深厚，① 私学教育比较兴盛。如当时最负盛名的私学有河南应天府戚同文的楚丘之学等。辽、北宋私学教育的活跃、兴盛，为金代私学的发展打下了良好的基础。

第二，"学而优则仕"的传统学习观念和人才选拔思想是金代私学发展的重要原因。金代文人入仕的途径，除了武功、门荫、袭世爵等途径外，还有一条重要的途径就是通过科举入仕。太宗天会元年（1123）十一月，开科取士，设汉科举，选拔各民族人才。世宗大定十三年(1173)设女真进士科，选拔女真族人才。科举选士刺激了人们学习的欲望，但金代官学的数量和招生的人数都很有限，如汉族地方官学学生人数最多不过 2 万人，② 满足不了广大士子就学的需求，加之，金代科举选士不限门第、出身以及就读学校的性质，出身官学、私学乃至于受教于父兄、师友、自学成才的人，都可通过科举入仕，致使大量不能到官学学习的士子到私学接受教育，从而促进了私学的发展。

第三，金代私人刊刻、印卖书籍的现象普遍，为私学提供了类型多样化的教材，促进了私学的发展。金代私人刻书多集中在平阳（今山西临汾）、宁晋(今河北宁晋)、南京(今河南开封)，以平水刻版及宁晋刻版（又称汶川刻版）最为知名。刻书种类较多，内容涉及经、史、子、集、医书、佛经、道经、谢表、奏疏等各个方面，同时兼有汉文书籍和女真文书籍。私人印卖书籍现象也十分普遍，如平阳，除了是官书局所在地外，还是出版商汇集之地。开封相国寺，保留北宋遗风，以三、八日为市，其中有卖书铺。金代私人刻书及印卖书籍的现象，为私学的发展提供了一定的条件。

总之，金代"学而优则仕"的思想，刺激了人们求学的欲望，也提高了大量不能进入官学学习的士子到私学接受教育的热忱。同时，北方地区良好的私学传统、金代私人刻书业的发达以及书籍印卖现象普遍等诸多因素，促

---

① 李国钧、王炳照总主编，乔卫平著：《中国教育制度通史》（第三卷 宋辽金元），山东教育出版社 2000 年，第 263 页。

② 参见第二章第二节。

进了金代私学的发展，使私学成为金代教育发展中不可忽视的重要组成部分。

二、汉族私学教育的类型

相对于官学教育而言，金代汉族私学没有整齐划一的教学管理制度，教育内容灵活多样，教育场所往往因地制宜。因此，运行模式多种多样，不拘一格。总体来说，可以分为四种类型，即家学、私塾、讲学、自学。

（一）家学教育

家学教育是以家庭为背景，家族长辈充当教授对家庭子女进行知识传授的教育模式。包括启蒙教育、传统文化教育以及医药学、律法学、天文历法等专门知识教育。

1.启蒙教育。中国古代的启蒙教育可以追溯到西周时期，由于受到中国历代统治者的高度重视，春秋时期启蒙教育开始兴起，到秦汉时期一度经历沉寂、再兴，魏晋时期继续发展，到唐宋进入繁荣时期。中国历代的官学实行的是大学教育，多数不设小学教育。即使个别朝代的官学中设有小学教育，人数相对来说也比较有限，如宋朝为教育宗室子弟而专设的贵胄学校里就设有小学教育，诸王宫学也是兼行大学、小学，但是这些官学仅仅限于招纳王族、宗室子弟。有金一代，汉族国子学中虽然设置小学，但是进入国子学的人数只有区区 200 人，[1] 根本无法满足社会各阶层的教育需求。因此，启蒙教育的重任就落在私学教育上。由于启蒙教育主要以识字为主，教材主要是"字书"，通过"字书"教学之后，才能学习《孝经》《论语》等儒家经典。由于启蒙教育的教学内容相对简易，多数幼儿的启蒙教育可以由家庭教习，亦即家学教育来完成。如《金史·牛德昌传》记载：金前期的循吏牛德昌"少孤，其母教之学"。[2]《金史·王庭筠传》记载：金中

---

① 据《金史》卷 51《选举志一》记载,国子学"词赋、经义生百人,小学生百人",女真国子学"策论生百人,小学生百人"可知。

② 《金史》卷 128《牛德昌传》,中华书局点校本 1975 年,第 2758—2759 页。

期著名文士王庭筠"生未期，视书识十七字。七岁学诗，十一岁赋全题"。① 《槃庵集》卷5《中书左右司郎中李公新阡表》记载："公讳庭秀，字君实，世为太原文水人，……至公始数名晋宁。母张氏生二子，公其伯也。六岁而孤，警敏异常，儿母氏课，读书日熟数千言。八岁中金经童选，明年母卒，公痛二亲弃之之早也。"② 良好的家庭教育和家学渊源，使金代涌现了众多博学多才之士。

2.传统文化教育。传统文化教育指接受经、史、子、集等传统儒学经典教育和道德教育。金代很多公卿大夫往往有良好的家学渊源，受父母的言传身教，如《中州集》卷8《路仲显小传》载："路仲显，字伯达，冀州人，家世寒微，其母有贤行，教伯达读书。"③《金史·张晖传》记载：世宗、章宗两朝重臣张晖"自妻卒后不复娶，亦无姬侍，斋居与子行简讲论古今，诸孙课诵其侧，至夜分乃罢，以为常"。其长子张行简"颖悟力学，淹贯经史。大定十九年进士第一，除应奉翰林文字"。④ 其弟张行信，登大定二十八年（1188）进士，先后出任吏部、户部和礼部尚书等职。"既致仕家居，惟以抄书、教子孙为事。"⑤ 金朝尚书省因行简、行信有"家学相传，多所考据"，先后推荐二人与宰执同修《章宗实录》。⑥《秋涧集》卷58《浑源刘氏世德碑铭并序》记载：刘汲"字伯深，颖悟绝人，早传家学，与弟谓同撰天德三年（1151）进士，屡为州县有声，累官朝散大夫、应奉翰林文字、西京路转运司都勾判官"。⑦《遗山先生文集》卷25《赞皇郡太君墓铭》记载：广宁人梁氏"在父母家已知读书，作字有楷法，年十有七嫁为河中李侯讳某之夫人"，育有献卿、献诚和献甫三子，"益以教子为事。其后献卿中泰和三年进士第，

---

① 《金史》卷126《王庭筠传》，中华书局点校本1975年，第2730页。
② （元）同恕：《槃庵集》卷5《中书左右司郎中李公新阡表》，山西古籍出版社2003年，第56页。
③ （金）元好问：《中州集》卷8《路仲显小传》，中华书局1959年，第405页。
④ 《金史》卷106《张行简传》，中华书局点校本1975年，第2329页。
⑤ （金）刘祁：《归潜志》卷6《张行信小传》，中华书局1983年，第58页。
⑥ 《金史》卷107《张行信传》，中华书局点校本1975年，第2371页。
⑦ 新文丰出版公司编辑部编著：《元人文集珍本丛刊》，卷58《浑源刘氏世德碑铭》，台湾新文丰出版公司1985年，第170页。

献诚、献甫以兴定五年登科"。①《金史·元好问传》记载：金末著名学者元好问从小受父亲元德明熏陶，"七岁能诗。年十有四，从陵川郝晋卿学，不事举业，淹贯经传百家，六年而业成"。②

还有的依靠亲戚关系来进行传统文化教育。如《金史·王元节传》记载：金代著名文士王元节"祖山甫，辽户部侍郎。父诩，海陵朝，左司员外郎。元节幼颖悟，虽家世贵显，而从学甚谨。浑源刘捴爱其才俊，以女妻之，遂传其赋学，登天德三年词赋进士第"。③《金史·周昂传》记载："（周）昂孝友，喜名节，学术醇正，文笔高雅，诸儒皆师尊之。""其甥王若虚尝学于昂"，④周昂对他"教督周至，尽传所学"。⑤《中州集》卷6高宪小传载：高宪"幼学于外家，故诗笔字画，俱有舅氏之风"。⑥这里的舅氏是指金代文学家王庭筠。

3.专科知识教育。主要指医学、数学、天文历法、律学、兵法、武学等方面的知识教育。由于中国古代专科学校多设在中央，地方设置较少，故招生人数十分有限，且多为平民子弟，远远不能满足国家对专科人才的需求。因此，培养大量专科人才的教育任务便由私学来承担。特别是通过家学教育来完成。⑦金代也大体如此。如熙宗时聊摄成公，"家世儒医"，⑧由于他"术业精通，而又有家学，注成《伤寒论》十卷"。⑨历熙宗、海陵、世宗三朝的庞迪，"少倜傥，喜读兵书，习骑射，学推步孤虚之术，无所效用"。⑩章宗泰和年间太医卢昶"累迁尚药局使。自幼传家学，课诵勤读，老不知倦"。⑪

① 《遗山先生文集》卷25《赞皇郡太君墓铭》，四部丛刊初编本，商务印书馆1919年，第254页。
② 《金史》卷126《元好问传》，中华书局点校本1975年，第2742页。
③ 《金史》卷126《王元节传》，中华书局点校本1975年，第2739页。
④ 《金史》卷126《周昂传》，中华书局点校本1975年，第2730页。
⑤ 《遗山先生文集》卷19《内翰王公墓表》，四部丛刊初编本，商务印书馆1919年，第196页。
⑥ 《中州集》卷5《高博州宪》，中华书局1959年，第260页。
⑦ 兰婷：《金代教育研究》，吉林大学出版社2010年，第110—111页。
⑧ 《金文最》卷36《伤寒明理论序》，中华书局1990年，第516页。
⑨ 《金文最》卷36《注解伤寒论序》，中华书局1990年，第516页。
⑩ 《金史》卷91《庞迪传》，中华书局点校本1975年，第2012页。
⑪ 《金文最》卷100《卢太医墓志铭》，中华书局1990年，第1457页。

金末寄庵先生李某，父传子先医学，后改律学，最后改学儒学。《金史·武祯传》记载：武祯"祖官太史，靖康后业农，后画界属金"。武祯受其影响，精研占卜、天文之术。"贞祐间，行枢密院仆散安贞闻其名，召至徐州，以上客礼之，每出师必资焉。其占如响。"

（二）私塾教育

私塾是私家学塾的简称。既有私人设馆收费教授生徒的家塾，如《金史·王去非传》记载："王去非，字广道，平阴人。尝就举，不得意即屏去，督妻孥耕织以给伏腊。家居教授，束脩有余辄分惠人。"① 也有宗族、商人等捐资兴办的或塾主免费讲授的义塾。如《金文最》卷97《商平叔墓铭》记载：商平叔"初从乡先生李昉方平学，贫无以为资，方平爱其才，每赒恤之，使得卒业。年二十五登崇庆二年词赋进士第"。②

授课对象有学习蒙学的儿童和以举业为目标的成年人之分。如《金史·薛继先传》记载："薛继先，字曼卿。南渡后，隐居洛西山中，课童子读书。"③《金史·王汝梅传》记载："王汝梅，字大用，大名人。始由律学为伊阳簿，秩满，遂隐居不仕。性嗜书，动有礼法。生徒以法经就学者，兼授以经学。诸生服其教，无敢为非义者。"④

教学内容包括传统儒学及医学、数学、法学等专科知识。如《金文最》卷36《伤寒类证序》记载：宋云公曾拜常山医流张道人为师，"仆于常山医流张道人处，密受通玄类证，乃仲景之钤法也"。⑤

开设私塾的人以科场失意的文人或致仕的官员居多，如《遗山先生文集》卷23《曹征君墓表》记载：曹珏"及就举选，即有声场屋间"，然而，"世俗机械，举不知有之，居方城二十年，教授为业"。⑥《金史·赵质传》记载：

---

① 《金史》卷127《王去非传》，中华书局点校本1975年，第2749页。
② 《金文最》卷97《商平叔墓铭》，中华书局1990年，第1418页。
③ 《金史》卷127《薛继先传》，中华书局点校本1975年，第2750—2751页。
④ 《金史》卷127《王汝梅传》，中华书局点校本1975年，第2752页。
⑤ 《金文最》卷36《伤寒类证序》，中华书局1990年，第522页。
⑥ 《遗山先生文集》卷23《曹征君墓表》，四部丛刊初编本，商务印书馆1919年，第241页。

赵质"大定末，举进士不第，隐居燕城南，教授为业"。①

有的官员在职或居丧期间也开设私塾，传授学业和技艺。比如刘汝翼，贞祐四年经义第一。"南渡以来，士子潜心文律，视师弟子之传为重。从公讲学者，如罗鼎臣、贾庭扬、李浩辈，往往甲乙擢第。"②张邦直，"俄丁母艰，出馆，居南京，从学者甚众。束脩惟以市书，恶衣粝食，虽士宦如贫士也"。③高霖，"大定二十五年进士，调符离主簿"，后来，"以父忧还乡里，教授生徒，恒数百人"。④

不肯入仕隐居的士人办私学的现象多见于金朝后期。《金史·杜时升传》记载："时升乃南渡河，隐居嵩、洛山中，从学者甚众。大抵以伊洛之学教人自时升始。"⑤上引《金史·王汝梅传》记载："王汝梅，字大用，大名人。始由律学为伊阳簿，秩满，遂隐居不仕。性嗜书，动有礼法。生徒以法经就学者，兼授以经学。诸生服其教，无敢为非义者。"⑥

（三）讲学教育

讲学教育是指由有影响的学者组织开设并承担自由讲学的活动。讲学教育一般都有相对稳定的教授场所，这样求学士人能够长期地集中精力治学。《元代名臣事略》记载：李冶"字仁卿，真定栾城人。金正大末登进士第。壬辰北渡，居太原。藩府交辟皆不就。至元二年召拜翰林学士。明年以疾辞归""先生平生爱山嗜书，余无所好。晚家元氏，买田封龙山下，以供饘粥。学者稍稍从之。岁久，从游者日益多，所居不能容。乡人相与言曰：封龙山中，有李相昉读书堂故基，兵革以来，荆棘堙废不治。若芟而葺之，令先生时憩杖履而栖生徒，岂不为吾乡之盛事哉。以告先生，先生欣然从之。则相与聚材鸠工，日增月积，讲堂斋舍，以次成就。旧

---

① 《金史》卷127《赵质传》，中华书局点校本1975年，第2749页。

② 《遗山先生文集》卷22《太中大夫刘公墓碑》，四部丛刊初编本，商务印书馆1919年，第229页。

③ 《归潜志》卷5《张邦直小传》，中华书局1983年，第43页。

④ 《金史》卷104《高霖传》，中华书局点校本1975年，第2289页。

⑤ 《金史》卷127《杜时升传》，中华书局点校本1975年，第2749页。

⑥ 《金史》卷127《王汝梅传》，中华书局点校本1975年，第2752页。

有大成殿，弊漏倾攲。又重新之。"① 李冶收徒讲学，主要传授卜算、数学知识。

（四）自学

在金代私学教育中，还有一种较为特殊的以人为主体的自学教育模式，这些人往往由于家境贫寒，或社会动荡，无法接受来自家庭或社会的教育资源，只能通过自己刻苦读书，自学成才。如《金文最》卷 86《朝散大夫镇西军节度副使张公神道碑》记载："张莘卿，字商老，世为城阳人，幼强学自立，家贫无师，闭户独学，日诵千余言。祁寒隆暑弗懈，……遂中天德三年甲科。"②《金史·刘焕传》记载："刘焕，字德文，中山人。宋末起兵，城中久乏食，焕尚幼，煮糠核而食之，自饮其清者，以醲厚者供其母，乡里异之。稍长就学，天寒拥粪火读书不怠。登天德元年进士。"③《金史·王郁传》记载："王郁，字飞伯，大兴人。仪状魁奇，目光如鹘。少居钓台，闭门读书，不接人事。久之，为文法柳宗元，阂肆奇古，动辄数千言。歌诗俊逸，效李白。尝作《王子小传》以自叙。"④《中州集》记载：麻九畴"字知几，莫州人。三岁识字，七岁能草书，作大字有及数尺者，故所至有神童之目。……弱冠往太学，有声场屋间。南渡后读书北阳山中，始以古学自力，博通五经，于《易》《春秋》为尤长。少时有恶疾，就道士学服气数年，疾遂平复。又从宛丘张子和学医，子和以为能得其不传之妙，大率知几于学也"。⑤《金史·辛愿传》记载："辛愿，字敬之，福昌人。年二十五始知读书，取《白氏讽谏集》自试，一日便能背诵。乃聚书环堵中读之，至《书伊训》《诗河广》颇若有所省，欲罢不能，因更致力焉。由是博极书史，作文有绳尺，诗律精严有自得之趣。"⑥

---

① （元）苏天爵：《元代名臣事略》卷 13《内翰李文正公》，中华书局 1996 年，第 286 页。
② 《金文最》卷 86《朝散大夫镇西军节度副使张公神道碑》，中华书局 1990 年，第 1255 页。
③ 《金史》卷 128《刘焕传》，中华书局点校本 1975 年，第 2764 页。
④ 《金史》卷 126《王郁传》，中华书局点校本 1975 年，第 2735 页。
⑤ 《中州集》附录《中州乐府》，中华书局 1959 年，第 572 页。
⑥ 《金史》卷 127《辛愿传》，中华书局点校本 1975 年，第 2752—2753 页。

正如高福顺在总结辽代私学教育时指出，任何一位接受私学教育的士人，恐怕皆不是以一种教育模式完成学者，故这四种类型运行模式既独立又统一，讲学中有自学，自学中有师授，互为补充，相辅相成。[①]当然，这种观点同样适用于金代私学教育。

三、汉族私学教育的作用

第一，私学教育在医学、天文历法、书画等门类中发挥特别重要的作用。医学、天文历法、书画等并不在官学教育的范畴，一般由私学教育承担。由于私学教育的发展，金代社会在上述领域取得了一定的成就。在医学方面，"金元四大家"是中国医学理论发展的重要代表。其中，刘完素、张子和、李杲都是金代人。《金史·刘完素传》记载："刘完素，字守真，河间人。尝遇异人陈先生，以酒饮守真，大醉，及寤，洞达医术，若有授之者。乃撰《运气要旨论》《精要宣明论》，虑庸医或出妄说，又著《素问玄机原病式》，特举二百八十八字，注二万余言。"[②]这段史料中，虽然对刘完素受业经历的记载有些奇幻色彩，但是刘完素的医术借鉴和师承陈先生之说法大致不误。《元史·李杲传》记载："李杲，字明之，镇人也，世以赀雄乡里。杲幼岁好医药，时易人张元素以医名燕赵间，杲捐千金从之学，不数年，尽传其业。家既富厚，无事于技，操有余以自重，人不敢以医名之。大夫士或病其资性高謇，少所降屈，非危急之疾，不敢谒也。其学于伤寒、痈疽、眼目病为尤长。"[③]在天文历法方面，金代统治者也给予高度重视，在京师中设司天台，设太史令、司历、刻漏博士等职，负责观测天象、推算历法。这一点大大地推动了金代社会天文历法的学习。《金史·麻九畴传》记载："九畴初因经义学《易》，后喜邵尧夫《皇极书》，因学算数，又喜卜筮、射覆之术。晚更喜医，与名医张子和游，尽传其学，且为润色其所著书。"麻九畴以天

① 高福顺：《辽朝私学教育初探》，《求是学刊》2010 年第 4 期。
② 《金史》卷 131《刘完素传》，中华书局点校本 1975 年，第 2811 页。
③ 《元史》卷 203《李杲传》，中华书局点校本 1983 年，第 4540 页。

文历法传授于张子和，张子和以医学知识传授于麻九畴，"子和以为能得其不传之妙，大率知几于学也"，① 成为中国古代学术交流史上的佳话。在书画方面，随着与中原文化交流日益频繁，金代书画水平不断提高，涌现出许多著名画家，他们的作品也获得了当时的认可。如《金史·任询传》记载："任询，字君谟，易州军市人。父贵，有才干，善画，喜谈兵，宣、政间游江、浙。"受其父亲的影响，任询的画作、书法俱臻上品，"书为当时第一，画亦入妙品。评者谓画高于书，书高于诗，诗高于文，然王庭筠独以其才具许之。登正隆二年进士第。历益都都勾判官，北京盐使。年六十四致仕，优游乡里，家藏法书名画数百轴。年七十卒"。②

第二，私学教育为传统文化知识的传播发挥重要作用，开启金代社会学习的风气。在教学内容上，私学教育虽然与官学一样以儒家经典教授为中心，但是又不拘泥于儒家经典教育，其教学内容已经延伸到医学、天文历法、书画等领域，极大地丰富了金代教育的门类。在教育模式上，私学教育既有以家庭为背景的家学教育，又有以庠校为依托的私塾教育，又有以私人组织为核心的讲学教育，以及以士人为主体的自学教育。从教学阶段看，既有小学阶段教育，也有大学阶段教育，且小学教育所占比重较大。私学教育的多样化与官学教育的呆板、僵化形成鲜明的对比。另外，官学教育对象则有所限制，特别是中央官学教育对象仅限于官僚贵族子弟。如国子学招收"宗室及外戚皇后大功以上亲，诸功臣及三品以上官兄弟子孙"；③ 太学则招收"五品以上官兄弟子孙"④ 与"曾得府荐及终场人"。⑤ 这种限制无疑减少了中下层民众接受教育的机会。为了满足中下层民众的教育需求，提倡"有教无类"教育理念的私学教育在金代社会大行其道。私学教育的广泛存在打破了"学在官府"的等级限制，使有读书愿望者都能享有接受教育的权利。由于存在私学教育，使得无论是贵族子弟，还是普通民众，都享有同等的接受

① 《中州集》附录《中州乐府》，中华书局 1959 年，第 571 页。
② 《金史》卷 125《任询传》，中华书局点校本 1975 年，第 2719 页。
③ 《金史》卷 51《选举志一》，中华书局点校本 1975 年，第 1131 页。
④ 《金史》卷 51《选举志一》，中华书局点校本 1975 年，第 1131 页。
⑤ 《金史》卷 51《选举志一》，中华书局点校本 1975 年，第 1131 页。

教育的权利，从而使私学存在明显社会化趋向。私学教育的教育者，既有来自社会下层的文人，也有致仕或赋闲在家的官宦，或是有一技之长的学者。教学地点因地制宜，学生来源三教九流，贫富不分，具有广泛的社会性特征，[①] 开启了金代社会上下学习的风气。"文治既洽，乡校、家塾弦诵之音相闻，上党、高平之间，士或带经而锄。"[②] 就是对金代汉族私学教育兴盛、具有广泛社会性的最好写照。

　　第三，私学教育与官学一道为国家培养和输送统治人才。金代官学教育主要承担培养统治人才的任务，教育对象受办学规模、入学出身的局限，致使金代社会中普遍民众无法接受官学教育。私学教育的教学对象、教学模式都比较灵活，同样能为国家培养统治人才，是官学教育的重要补充。据《金史·元好问传》记载：元好问"七岁能诗。年十有四，从陵川郝晋卿学，不事举业，淹贯经传百家，六年而业成。下太行，渡大河，为《箕山》《琴台》等诗。礼部赵秉文见之，以为近代无此作也。于是名震京师。中兴定五年第，历内乡令。正大中，为南阳令。天兴初，擢尚书省掾，顷之，除左司都事，转行尚书省左司员外郎"。[③]《金史·王庭筠传》记载："王庭筠，字子端，辽东人。生未期，视书识十七字。七岁学诗，十一岁赋全题。稍长，涿郡王翛一见，期以国士。登大定十六年进士第。"[④] 累迁应奉翰林文字、翰林修撰。从上述文人儒士的仕途经历可以看出，私学教育在培养统治人才方面发挥着重要的作用，使普遍士人通过私学教育进入社会上层，实现了金代社会的阶层流动，扩大了金朝社会的统治基础。由于官学教育与金代社会的政治关系密切。一旦金朝社会出现动荡，官学教育教育功能的发挥就会受到限制，官学教育走向衰败在所难免。相对而言，社会政治动荡对私学影响不大，由于官学教育的没落，一些官学学官流落民间，壮大了私学教育队伍数量，提升了私学教育队伍素质，私学教育在金代社会生活中扮演越来越重要的角色。

---

① 高福顺：《辽朝私学教育初探》，《求是学刊》2010 年第 4 期。
② 《金文最》卷 30《寿阳县学记》，中华书局 1990 年，第 423 页。
③ 《金史》卷 126《元好问传》，中华书局点校本 1975 年，第 2742 页。
④ 《金史》卷 126《王庭筠传》，中华书局点校本 1975 年，第 2730—2731 页。

第三节　金代书院教育

　　书院在我国古代"以私人创办和组织为主，将图书的收藏和校对、教学与研究合为一体，是相对独立于官学之外的民间性学术研究和教育机构"。[①]可以说，书院是一种独特的教育组织形式，是独立于官学之外的新型高等教育机构。

一、书院发展的背景

　　书院萌芽于唐代，按主办者的不同，分为官、私两类，最初两类都不具备聚徒讲学功能。前者为国家图书的编校机构，后者为文人士子治学之地。真正具有聚徒讲学性质的书院，是在五代末期形成，到宋代逐渐地兴盛，正式成为一种高等教育机构。其丰富的教育模式与灵活多变的办学方式，弥补了官学、私学教育的不足。"出现了官学、私学和书院平行发展的格局，三者成鼎立之势，直到清朝末年。它们之间虽然互相排斥，但更多的是互相渗透与融合。"[②] 相对而言，与五代、北宋对峙二百多年的辽代书院的建设情况，我们知之甚少。仅在雍正时期官修《山西通志》有所记载："龙首书院在应州西南，辽翰林学士邢抱朴建。"[③] 龙首书院是现有文献记载的辽代唯一的一所书院，开启了北方民族政权建立书院的先声，对后来金代书院的发展产生了深远的影响。到金朝取代辽朝雄踞中国北方之际，原来辽、北宋修建的书院大多毁于战火，加之，金朝统治者忙于内政，无暇顾及对书院的建设，更没有制定有利于书院发展的政策。金朝中后期，在辽、北宋书院发展

[①]　李国钧、王炳照主编，乔卫平著：《中国教育制度通史》（第三卷 宋辽金元），山东教育出版社 2000 年，第 221 页。

[②]　兰婷：《金代教育研究》，吉林大学出版社 2010 年，第 108 页。

[③]　（清）石麟等修纂：《山西通志》卷 36《学校》，雍正十二年（1734）刻本。

基础上，加之受南宋书院的影响，开始修复和新建了一些书院。

二、书院的分布与特点

正史关于金代书院的记载阙如，目前仅见于清代地方志的零散记载。查阅方志，所得金代新建书院 6 所，修复前代书院 4 所。

金代新建书院有 6 所。

1.学道书院。据宣统时期官修《山东通志》记载，在嘉定县治南旧有"弦歌书院，金代大定（1161—1189）年间修建。本在城西四十里，以邑名同子游为宰处，故建祠以祀之。明隆庆元年（1567），知县金守谅移今所，改以学道且为记以正其误"。①

2.状元书院。据宣统时期官修《山东通志》记载日照有"状元书院，在县南十五里，金代状元张行简建。②光绪时期官修《日照县志》记载："张状元书院在刘家寨南，金大定十九年（1179），张行简建，延四方士著书其中，详《金史》，今圮。"③关于张行简的情况，《金史·张行简传》记载："张行简，字敬甫，莒州日照人。颖悟力学，淹贯经史。大定十九年（1179）中辞赋科第一，除应奉翰林文字。"④累迁太学博士兼国子助教、尚书省令史、礼部尚书、翰林学士承旨等职，贞祐三年（1215）荣归故里——山东莒县，并在山东莒县建立了状元书院。

3.翠屏书院。据《御订全金诗增补中州集》记载："浑源城南有翠屏山，金状元刘撝及右丞苏保衡讲学之地，后人于此设书院。"⑤刘撝、苏保衡皆出

---

① （清）杨士骧、孙葆田等修纂：《山东通志》卷 14《学校志》，《中国地方志集成·省志辑·山东》，凤凰出版社 2010 年，第 375 页。

② （清）杨士骧、孙葆田等修纂：《山东通志》卷 14《学校志》，《中国地方志集成·省志辑·山东》，凤凰出版社 2010 年。

③ （清）陈懋主修，张庭诗、李堉主纂：《日照县志》卷 1《疆域志》，光绪十二年（1886）刻本。

④ 《金史》卷 106《张行简传》，中华书局点校本 1975 年，第 2333 页。

⑤ （清）郭元釪原编，康熙五十年敕编：《御订全金诗增补中州集》卷 20《刘御史从益》，文渊阁四库全书本，台湾商务印书馆 1986 年影印本。

于山西望族，后人在其读书之处——山西翠屏山，创建了翠屏书院。《金史》并没有为刘撝列传，仅在刘撝的四世孙刘从益传中有所涉及："刘从益，字云卿，浑源人。其高祖撝，天会元年词赋进士，子孙多由科第入仕。"① 幸好元人王恽的《秋涧先生大全文集》卷58《浑源刘氏世德碑铭》保存了相对详细的记载：刘撝"字仲谦，即今监察御史邻之高祖也，始释耒耜，习进士业，当辽金革命扰攘际，学未尝一日废。天会二年，肇辟科场，公以词赋第一人中选。……公励精种学，文辞卓然天成，妙绝当世，一扫假贷剽窃、牵合补缀之弊，其后学者，如孟宗献、赵枢、张景仁、郑子聃，皆取法焉。金国一代词学，精切得人为盛，由公有以振而起之也。释褐右拾遗，转知天城、阳曲、怀仁三县，擢大理正，迁平阳府判官、安东节度副使，两贰大理寺，出刺石州，累官中大夫。年六十三卒于位"。史称"性淳厚，见义固执，待物诚，好诱掖后进。三为理官，议狱主恕，不屈于权贵，故多平反。尤长于治民，兴利除害，若嗜欲然。施设有条理，简便可持久，所去见思，图形奉事"。② 关于苏保衡的生平事迹，《金史·苏保衡传》有所记载："苏保衡，字宗尹，云中天成人。父京，辽进士，为西京留守。宗翰兵至西京，京出降。久之，京病笃，以保衡属宗翰。京死，宗翰荐之于朝。赐进士出身，补太子洗马，调解州军事判官。"累迁同知兴中府尹、大兴少尹、工部尚书、刑部尚书、礼部尚书、参知政事、右丞等职。③ 刘撝、苏保衡讲学之所，必是生徒汇集，当时其地很可能已有书院，所谓"后人于此设书院"，当是后人修复前迹而已。

4.黄华书院。据乾隆时期官修《林县志》记载，黄华书院"在（林）县西南黄华坊街南，金学士王庭筠读书处，明嘉靖年，因备兵供为草场。万历间知县张应登详请兴，复建正学堂三间，堂后万卷楼三间，堂前为读书台，上为桂香阁。东西房三十间，为诸生讲习之所，东偏有学士馆，祀王庭筠。堂东即为张公生祠，皇清康熙十四年知县陈斌重修，二十七年知县徐

① 《金史》卷126《刘从益传》，中华书局点校本1975年，第2733页。
② 《元人文集珍本丛刊》卷58《浑源刘氏世德碑铭》，台湾新文丰出版公司1985年，第170页。
③ 《金史》卷89《苏保衡传》，中华书局点校本1975年，第1973页。

岱重修。又建号房十二间"。① 黄华书院当为王庭筠所创建。《金史·王庭筠传》记载：王庭筠，字子端，号黄华山主，"辽东人。生未期，视书识十七字。七岁学诗，十一岁赋全题。稍长，涿郡王翛一见，期以国士。登大定十六年进士第。调恩州军事判官，临政即有声"。累任馆陶主簿、应奉翰林文字、翰林修撰、郑州防御判官等职。史称："庭筠仪观秀伟，善谈笑，外若简贵，人初不敢与接。既见，和气溢于颜间，殷勤慰藉如恐不及，少有可取极口称道，他日虽百负不恨也。从游者如韩温甫，路元亨、张进卿、李公度，其荐引者如赵秉文、冯璧、李纯甫，皆一时名士，世以知人许之。为文能道所欲言，暮年诗律深严，七言长篇尤工险韵。有《藂辨》十卷，文集四十卷。书法学米元章，与赵沨、赵秉文俱以名家，庭筠尤善山水墨竹云。"② 王庭筠本辽东人，于明昌元年（1190）到河南林县读书。究其原因，《金史·王庭筠传》记载明昌元年（1190）四月，章宗"四月，召庭筠试馆职，中选。御史台言庭筠在馆陶尝犯赃罪，不当以馆阁处之，遂罢。乃卜居彰德（即河南林县），买田隆虑，读书黄华山寺，因以自号"。王庭筠在林县停留两年左右，"三年，召为应奉翰林文字，命与秘书郎张汝方品第法书、名画，遂分入品者为五百五十卷"。③ 因林县位于文化教育发达的中原地区，故推测黄华山讲学的职能应该存在，这应该是黄华书院之肇始。④

5. 冠山书院。据雍正时期官修《山西通志》记载："流杯池南三里，金赵秉文修禊之所，上下二井，涌泉亭南三里，金大定二年州刺史赵秉文建。冠山书院西南八里冠山中，元中书左丞吕思诚父祖读书于此。初名冠山精舍，后以宰相言赐额、建燕居殿，设宣圣像，颜、曾二子配。又有会经堂，德本、行源二斋藏书万卷，置山长一人为师。山中石洞即故址也，学士虞集撰记。"⑤ 据此可知，冠山书院为金代吕宗礼、吕仲堪所创建。《元史·吕思

---

① （清）杨潮观等纂辑：《林县志》卷2《营建》，清光绪二十八年（1902）补刻本。白新良：《中国古代书院发展史》也有论述，天津大学出版社1995年，第36页。

② 《金史》卷126《王庭筠传》，中华书局点校本1975年，第2731页。

③ 《金史》卷126《王庭筠传》，中华书局点校本1975年，第2731页。

④ 兰婷、王一竹：《金代书院考》，《史学集刊》2011年第6期。

⑤ 《山西通志》卷59《古迹》，雍正十二年（1734）刻本。

诚传》记载："吕思诚，字仲实，平定州人。六世祖宗礼，金进士，辽州司户。宗礼生仲堪，亦举进士。"[1] 据此可知，吕宗礼、吕仲堪分别是元代名臣吕思诚的六世祖、五世祖。其祖父吕德成、父亲吕允就读于冠山精舍，冠山精舍建于山西平定县冠山之上，后因吕思诚显贵的缘故，冠山精舍又得到了扩建，增加了藏书量，置山长为师，成为名副其实的书院。

6. 密公书院。据《遗山先生文集》卷 3《密公宝章小集》诗云："密公书院无丝簧，窗明几洁凝幽香。元光以后门钥废，文士稍得连壶觞。客来喜色浮清扬，典衣置酒余空箱。生平俊气不易降，眼中俗物都茫茫。"[2] 诗中提到的密公，即密国公完颜璹。《金史·完颜璹传》记载：完颜璹"本名寿孙，世宗赐名，字仲实，一字子瑜。资质简重，博学有俊才，喜为诗，工真草书。大定二十七年（1187），加奉国上将军。明昌（1190—1196）初，加银青荣禄大夫。卫绍王（1208—1213）时，加开府仪同三司。贞祐（1213—1217）中，封酅国公。正大初，进封密国公。璹奉朝请四十年，日以讲诵吟咏为事，时时潜与士大夫唱酬，然不敢明白往来。永功薨后，稍得出游，与文士赵秉文、杨云翼、雷渊、元好问、李汾、王飞伯辈交善。初，宣宗南迁，诸王宗室颠沛奔走，璹乃尽载其家法书名画，一帙不遗。居汴中，家人口多，俸入少，客至，贫不能具酒肴，蔬饭共食，焚香煮茗，尽出藏书，谈大定、明昌以来故事，终日不听客去，乐而不厌也。"[3] 密公书院之名缘于完颜璹的封号，显然是完颜璹居汴时期所创建。从"元光以后门钥废"的记载看，密公书院当是在宣宗元光（1222—1223）年间以后废弛。密公书院应该存在于 1213—1224 年之间，从"奉朝请四十年"分析，密公书院具体地点应该在汴梁周边地区。

除此之外，白新良著《中国古代书院发展史》研究表明，金代后期新建书院还有湖北谷城的文龙书院。[4] 这种结论值得进一步商榷。理由有二：一是关于文龙书院，缺乏文献明确记载，其遗迹系"谷城八景"之一，得自宋

---

① 《元史》卷 185《吕思诚传》，中华书局点校本 1983 年，第 4247 页。

② 《遗山先生文集》卷 3，四部丛刊初编本，商务印书馆 1919 年，第 52 页。

③ 《金史》卷 85《世宗诸子传》，中华书局点校本 1975 年，第 1904—1905 页。

④ 白新良：《中国古代书院发展史》，天津大学出版社 1995 年，第 16 页。

朝秀才刘文龙在此刻苦攻读，一举中了状元的传闻；二是最为关键的，湖北谷城县并没有纳入到金朝的统治之下，而是归属于南宋。① 由此不难看出，将文龙书院纳入金代新建书院之列甚为不妥。

金代修复和延续前朝书院有 4 所。

1. 圣泽书院。据宣统官修《山东通志》记载：圣泽书院建于北魏孝明帝孝昌年间（525—528），是传说中的"孔子宰中都与群弟子讲道之所"。故址有两碑：一碑是唐代著名画家吴道子所画的孔子小像，唐代著名书法家徐浩题写的碑额；一碑是唐代颜真卿撰写的《夫子庙堂记》。北宋元祐四年（1089）都水少监马之贞在两碑之前建造大成殿。明代嘉靖二年（1523），知县吴瀛移建于城中。万历元年（1573），知县张惟诚一度改名为复古书院。② 圣泽书院在今天山东省汶上县境内，历经千年历史的洗礼，金、元时期很可能仍然存在。

2. 显道书院。光绪时期官修《河南通志》记载：显道书院"即上蔡书院，在南关谢显道读书之所，宋末建，明金事刘咸修"。③ 现有文献没有显道书院废罢的记载，这说明该书院在金、元时期仍然存在。

3. 封龙书院。雍正时期官修《畿辅通志》记载：封龙书院"在元氏县西北封龙山下，相传汉李躬授业之所，唐郭震，宋李昉、张蟠曳，元李治、安熙皆在此讲学"。④ 目前没有史料说明封龙书院废罢的记载，故不难推测该书院在辽、金时期一直存在。

4. 雄山书院。雍正时期官修《山西通志》记载：雄山书院，"宋靖康年间建，元泰乙丑阴城儒士李桓修得，清废"。⑤ 现有史料并没有雄山书院废罢的记载，说明该书院在金代很可能继续存延，并使用。

关于应天府书院与丽正书院是否在金代修复并继续使用，白新良著《中

---

① 据谭其骧主编：《中国历史地图集》（中国社会科学出版社 1974 年），湖北谷城金代隶属京西南路襄阳府，在南宋境内，不在金朝疆域之内，故此书院不为金代修复的书院。

② 《山东通志》卷 14《学校志》，凤凰出版社 2010 年，第 375 页。

③ （清）田文镜、孙灏等修纂：《河南通志》卷 43《学校下》，清光绪二十八年（1902）刻本。

④ （清）唐执王、刘于义、李卫修，陈仪、田易纂：《畿辅通志》卷 29《学校》，清雍正十三年（1735）刻本。其间没有提到金废，或元重建。故可推断，该书院金代仍存在。

⑤ 《山西通志》卷 59《古迹》，雍正十二年（1734）刻本。

国古代书院发展史》中认为河南商丘的应天府书院也经过金代后期的修复。①
光绪官修《河南通志》记载：应天府书院"在城西北隅，宋有敕赐碑在旧城
内，后废。明嘉靖中，御史蔡瑷以社学改建"。由此可知，应天书院，宋真
宗大中祥符间（1008—1016）"于戚同文旧居旁，造舍百余区，聚书数千卷，
延生徒讲习甚盛"，有司赐名"应天书院"。应天府书院一度在宋金战争中毁
于战火，到金代似乎仍然没有修复，而是到明代嘉靖年间（1507—1566）以
社学改建。故不能将应天府书院纳入金代修复的书院。

丽正书院，又称丽正修书院、丽正殿书院，后改为集贤殿书院。据《旧
唐书》记载："夏四月丁巳，改集仙殿为集贤殿，丽正殿书院改集贤殿书
院。"②《唐六典》卷9《中书省集贤殿史馆瓯使》记载设置集贤殿始末：唐玄
宗即位以后，"大收群书，以广儒术。洎开元五年（717），于乾元殿东廊下
写四部书，以充内库，仍令右散骑常侍褚无量、秘书监马怀素总其事，置
刊定官四人，以一人判事，其后因之。六年，驾幸东京；七年，于丽正殿安
置，为修书使。褚、马既卒，元行冲为使，寻以张说代之。八年，置校理
二十人。十二年，驾幸东都，于命妇院安置。十三年，召学士张说等宴于集
仙殿，于是改名集贤殿修书所为集贤殿书院，五品已上为学士，六品已下为
直学士，以说为大学士，知院事。说累让'大'字，诏许之。其后，更置
修撰、校理官"。无论是丽正书院，还是其后的集贤殿书院都是唐代图书收
藏与校辑的官方机构，"掌刊缉古今之经籍，以辨明邦国之大典，而备顾问
应对。凡天下图书之遗逸，贤才之隐滞，则承旨而徵求焉"。③清人袁枚对
此专门指出："书院之名，起于唐玄宗时，丽正书院、集贤书院皆建于朝省，
为修书之地，非士子肄业之所也。"④与本研究所探讨的以教育为主的书院含
义大相径庭，故不能将丽正书院纳入本研究范围。

综上所述，金代书院主要分布在山东、河南、河北、山西等地区。这一
带之前是在辽朝、北宋的统治之下，经济水平比较高，文化教育也比较发

---

① 白新良：《中国古代书院发展史》，天津大学出版社1995年，第16页。
② 《旧唐书》卷8《玄宗纪》，中华书局点校本1975年，第188页。
③ 《唐六典》卷9《中书省集贤殿史馆瓯使》，中华书局1992年，第279页。
④ （清）袁枚撰，王英志点校：《袁枚全集》第五《随园随笔》，江苏古籍出版社1993年，第247页。

达，书院发展的先决条件比较好。据有关研究统计，北宋时期所建书院共计71 所，其中河北地区 3 所、河南地区 5 所、陕西地区 1 所、山西地区 1 所、山东地区 4 所，共计 14 所。① 女真人兴起以后，很快占领这些地区，推行尊孔兴儒的文教政策，修复、重新使用书院势在必行。迄今为止，尚未发现女真在内地新建书院的记载，由此我们可以断言，金代修复与创建书院只是汉人地区的办学举措，是金代文化教育事业发展的重要标志，对元、清等政权书院的发展必然产生深远的影响。

三、书院办学途径

白新良著《中国古代书院发展史》研究表明：中国古代书院分官办和民办两种办学途径。其中，官办书院主要是中央或地方兴建，并且由官方直接投资；民办书院主要是当时的学者、开明士绅及致仕官员等倡导之下兴建的。② 北宋之前，官办书院可谓凤毛麟角，即使到北宋时期官办书院也不多见。以金代新建的书院看，基本上属于民办书院，原因有两个：一是 6 处新建书院如果属于官办性质，那么必然会在《金史》中留下蛛丝马迹，但《金史》中并没有关于金代书院的相关记载。二是 6 处书院之中，有 1 处建在建立者的家乡，即张行简在其家乡山东沂水县建立的状元书院；有 3 处建在建立者的读书之所，如刘撝、苏保衡在其读书之所——山西浑源县翠屏山建立翠屏书院，王庭筠在其读书之所——河南林县黄华山建立黄华书院，元中书左丞吕思其六世祖宗礼、五世祖仲堪在其读书之处——山西平定县冠山建立冠山精舍，但推测应为完颜璹在其读书、研学之所建立密公书院。密公书院的具体地点虽不详，但将其推定在汴梁附近则大体不误。另外，学道书院建立者的情况不详。综合以上信息可知，这些金代书院的创建不属于官办性质，而属于建立者的个人行为，无疑是民办书院。

---

① 白新良：《中国古代书院发展史》，天津大学出版社 1995 年，第 4 页。
② 白新良：《中国古代书院发展史》，天津大学出版社 1995 年，第 39 页。

四、书院建筑与藏书

总体来说，官办书院和民办书院在建筑风格上迥然不同。官办书院由于是政府投资兴建，与庙学建筑别无二致，注重等级、选址以及建筑形制，所以其规模比较大，建筑比较庄严雄伟。民办书院主要是家族式书院，体现出当地的传统民居风格，地域性比较明显。王金平、张莹莹的《山西省书院建筑初探》研究认为，山西省古代书院都设有讲堂以及相关的设施。其中，讲堂是书院的教学之场所，一般处于建筑群的中心位置。祭奠场所是用来祭祀孔子等儒家先贤或教育办学的有功之臣的地方，通常处于讲堂后面。藏书楼为保存书籍、卷册的地方，通常是建筑群当中的最高建筑，其前面往往设有水池，以备火灾之虞。① 斋舍是学生使用的食堂、宿舍。书院的这种建筑格局同样适用于官办书院和民办书院。

如前所述，金代新建书院基本是民办书院，其建筑必然具备上述民办书院建筑的特点，如王金平的《风土环境与建筑形态——晋西风土建筑形态分析》指出，冠山书院的建筑形式就是与山西平定县当地民居的相仿，书院的外貌是成排的瓦房，内部则是窑洞，体现的是采用当地居民依山而建的一种建筑风格。② 金代书院的选址主要考虑自然景观与人文底蕴俱佳的山林僻静之所，如冠山书院建在素有"文山"美誉的冠山之巅；翠屏书院则建在山西浑源县风景秀美的翠屏山之上；雄山书院则建在山西长治县高大峭拔的雄山之上；封龙书院则建在河北元氏县西北山林幽静的封龙山下。

书院从诞生之日起就承担着收藏典籍的职能，宋人王应麟的《玉海》中对书院作过解释："院者，周垣也。"③ 书院最初是指用一圈矮墙将建筑物围起来而形成的藏书的场所，元人欧阳玄的《圭斋文集》记载："唐宋之世，或因朝廷赐名士之书，或以故家积书之多，学者就其书之所在而读之，因号

---

① 王金平、张莹莹：《山西省书院建筑初探》，《太原理工大学学报》2007 年第 1 期。

② 王金平：《风土环境与建筑形态——晋西风土建筑形态分析》，《建筑师》2003 年第 1 期。

③ (宋)王应麟撰：《玉海》卷 12《学校》，江苏古籍出版社 1987 年，第 2060 页。

为书院。及有司设官以治之，其制遂视学校。"① 可知，唐宋时期以家中藏书多而创建书院。关于金代书院的藏书情况，由于现有文献有限，我们知之甚少。众所周知，金代私人刊刻书籍及买卖书籍现象较普遍，私人藏书已经蔚然成风。比较著名的有太原离石安全厂、② 威州胡景菘③ 等，他们的个人藏书量皆在万卷之上。由此我们不难推测，金代书院以民办为主，大概也是因藏书之多而修建书院，因此，可以想象这些书院藏书应该不在少数。最具代表性的例子是冠山书院，其藏书楼内"藏书万卷"。④

至于金代书院经费的来源与授教方式，尚未看到文献记载，故无法得知。如果从金代新建书院均为民办的定性入手，不难得出这样的结论：金代书院经费的来源是依靠民间自发募集。与官办书院相比，它属于非固定性经费来源。由于经费没有持续性的保障，募集数量有限，妨碍了金代书院的进一步发展。金代书院是在辽朝、北宋基础上修复、建立，与此同时，又不可能不受同期南宋书院繁荣发展、教学制度已经成熟、授教方式也比较先进等因素的影响。据《宋史·陆九渊传》《宋史·黄干传》《宋史·舒璘传》等记载，南宋书院主要有三种授教方式，第一是由本院教师与学术精英主讲，第二是由学生则自修学业，遇有疑惑请教教师，第三是以学生自学为主，师生共同研习学问。⑤ 这三种授教方式极有可能被金代书院借鉴和使用。当然，上述金代书院的经费来源与授教方式的研究以推测成分居多，更进一步的研究有待新的史料来补充。

综上所述，金代书院与两宋相比数量较少，在文化教育中处于非主流的地位，则其所发挥的作用与影响都有所局限，但是金代书院在我国古代书院发展史上仍然占有特别重要的地位，对后世特别是元、清等少数民族政权书院的发展产生深远影响。

---

① （元）欧阳玄：《圭斋集》（一），四部丛刊初编本，商务印书馆 1936 年，第 116 页。

② （元）苏天爵：《滋溪文稿》卷 22《默庵先生安君行状》，中华书局 1997 年，第 362 页。

③ 《金文最》卷 93《朝散大夫同知东平府事胡公神道碑》，中华书局 1990 年，第 1356 页。

④ 《山西通志》卷 59《古迹》，雍正十二年（1734）刻本。

⑤ 《宋史》卷 434《陆九渊传》，第 12880—12882 页；《宋史》卷 430《黄干传》，第 12777—12779 页；《宋史》卷 410《舒璘传》，第 12339—12340 页，中华书局点校本 1977 年。

第四节　金代汉族教育的教材建设与教学方法

教材、教法是代表一个时期教育发展水平和规模的两个重要方面。教材是教育的一个重要组成部分，无论是文化科学技术知识的传授，还是思想的形成、品德的培养，都要通过教材，或者部分地通过教材来实现。[①] 教材建设既是学校的基础建设，又是教师教学和研究成果的表现形式，对官学和私学均有重要影响。教学方法包括教学的途径、教师教授方法及学生学习方法等，是实践教育思想和运用教育技术的具体体现。[②] 金代教材建设和教学方法在继承前人经验的基础上，又有其自身特点。

一、金代教材建设

《中国大百科全书》对教材的界定："一是根据一门学科的任务编选组织具有一定范围和深度的知识及技能体系，一般以教科书的形式来具体反映；二是教师指导学生学习的一切教学资料，包括教科书、讲义、讲授提纲、参考书、辅导材料以及教学辅助材料。教科书、讲义、讲授提纲是教材整体中的主体部分。"[③] 熊承涤所著《中国古代学校教材研究》将中国古代教材分为经学教材、专科教育教材、儿童教材、女子教材等种类。[④] 金代教材建设在唐朝、北宋发展的基础上，结合自身的教育特点加以完善。金代教材按照内容不同可以划分为经史教材、文学教材、专科教材、儿童教材、字韵教材。

---

① 熊承涤:《中国古代学校教材研究》,人民教育出版社 1996 年,第 1—2 页。
② 程方平:《辽金元教育史》,重庆出版社 1993 年,第 87 页。
③ 中国大百科全书总编辑委员会《教育学》编辑委员会:《中国大百科全书》(教育卷),中国大百科全书出版社 1985 年,第 144 页。
④ 熊承涤:《中国古代学校教材研究》,人民教育出版社 1996 年,第 5—6 页。

（一）金代教材建设较为完善的原因

1. 金代"尊孔崇儒"文教政策的推行

有金一代，"尊孔崇儒"文教政策的确立与推行，使社会文化教育得到发展与繁荣，在此过程中，金统治者逐渐意识到，教材所具有的知识载体与流传的功能，所以，格外重视教材的建设。

生女真人原本生活于白山黑水之间，最初的文化相对滞后，"诸部落无城郭，分居山野，无文字，以言语结绳为约束"。[①] 首领太祖阿骨打起兵反辽以后，"得辽旧人用之，使介往复"，在此过程中，意识到文化典籍的重要。太宗天辅五年（1121），下令"若克中京，所得礼乐仪仗图书文籍，并先次津发赴阙"。[②] 天会四年（1126）十二月，金兵攻克北宋都城汴梁，抢掠宋国子监官书，勒索《秘书录》以及大量古器、珍玩。次年二月，金兵于北撤前夕，又强索秘阁所藏文籍、国子监书版、《藏经》《道经》书版、太清楼藏书百余车。除此之外，金人还索取了宋太祖登宝位赦书旧本、夏国奏举书本等若干。虽然这些图书文籍在运输途中遭到严重地破坏，流散损毁不计其数，但是运到女真内地的这批图书文籍，后来成为金人教育的主要教材。随着金与南宋南北对峙局面的形成，金朝的统治方略由武功转向文治已是大势所趋。"熙宗款谒先圣，北面如弟子礼"，推行"尊孔崇儒"的文教政策。这一政策得到了随后即位的海陵王以及之后几代金代帝王的遵奉。世宗、章宗时期"儒风丕变，庠序日盛"，教材的建设也进入了完善时期。有金一代，学校通行汉文与女真文两种教材。为此，金还效法辽，设立了主管翻译的行政机构——译经所，配备了若干专门从事经史翻译的工作人员——译史，将译写成女真文的经史与其他文献典籍，一并颁行教习。《金史·选举志》记载："大定四年（1164），世宗命颁行女直大小字所译经书。每谋克选二人习之。"[③] 需要指出的是，金代译史长期译写经史，"以三十月迁一官，亦以百二十月出职，与正、从七品"；"大定二十八年（1188），制以见任从七、从八人内，

---

①　《高丽史》卷 14《睿宗世家三》，睿宗十年（1115）正月条，国立汉城大学奎章阁档案馆本。

②　《金史》卷 2《太祖纪》，中华书局点校本 1975 年，第 36 页。

③　《金史》卷 51《选举志一》，中华书局点校本 1975 年，第 1140 页。

勾六十岁以上者相视用之"。① 在女真译史的不懈努力下，这些汉文教材和文献典籍成为女真学校教科书的来源，也为女真教材建设提供了优秀的底本。

不仅如此，金代政府还根据儒学的教育模式来建构教材体系，通过增补、完善等系列举措使金代教材的建设日趋合理。

一是承袭北宋时期图书典籍。《崇文总目》是北宋官方所编的书目总要。景祐元年（1034），仁宗皇帝下令翰林学士张观、宋祁等人整理三馆以及秘阁所藏图书，然后编成书目，又下令翰林学士王尧臣、王洙、欧阳修等对条目加以校正，仿照唐代《开元群书四部录》体例，编列书目而成。《崇文总目》按四部（经史子集）分66大类，全目共著录北宋前期图书3445部，共计30669卷。《崇文总目》的文化价值引起了金代统治者的垂青，据《金史·章宗纪》的记载：章宗明昌五年（1194）二月，"诏购求《崇文总目》内所阙书籍"，② 三月，"置弘文院，译写经书"。③

二是增加文学有关内容。据《金史·章宗纪》记载：章宗明昌二年（1191）四月己亥，学士院曾经"进唐杜甫、韩愈、刘禹锡、杜牧、贾岛、王建，宋王禹偁、欧阳修、王安石、苏轼、张耒、秦观等集二十六部"，④ 并且下令教人研习。

三是设有必修教材。据《金史·章宗纪》记载：章宗大定二十九年（1189）"六月己丑朔，有司言：'律科举人止知读律，不知教化之原，必使通治《论语》《孟子》，涵养器度。遇府、会试，委经义试官出题别试，与本科通定去留为宜。'从之"。⑤

四是注意完善与修订教材。据《金史·章宗纪》记载：章宗泰和七年（1207）"十一月癸酉，诏新定学令内削去薛居正《五代史》，止用欧阳修所撰"。⑥ 由此我们得出这样的结论，这是在中国古代教育中，根据学术界的

---

① 《金史》卷53《选举志三》，中华书局点校本1975年，第1174页。

② 《金史》卷10《章宗纪二》，中华书局点校本1975年，第231页。

③ 《金史》卷10《章宗纪二》，中华书局点校本1975年，第232页。

④ 《金史》卷9《章宗纪一》，中华书局点校本1975年，第218页。

⑤ 《金史》卷9《章宗纪一》，中华书局点校本1975年，第210页。

⑥ 《金史》卷12《章宗纪四》，中华书局点校本1975年，第282页。

臧否对教材加以调整与修订的典型案例。

五是官学教育、科举考试使用统一教材。据《金史·选举志》记载："凡经，《易》则用王弼、韩康伯注，《书》则用孔安国注，《诗》用毛苌注、郑玄笺，《春秋左氏传》用杜预注，《礼记》用孔颖达疏，《周礼》用郑玄注、贾公彦疏，《论语》用何晏集注、邢昺疏，《孟子》用赵岐注、孙奭疏，《孝经》用唐玄宗注，《史记》用裴骃注，《前汉书》用颜师古注，《后汉书》用李贤注，《三国志》用裴松之注，及唐太宗《晋书》、沈约《宋书》、萧子显《齐书》、姚思廉《梁书》《陈书》、魏收《后魏书》、李百药《北齐书》、令狐德棻《周书》、魏征《隋书》、新旧《唐书》、新旧《五代史》，《老子》用唐玄宗注疏，《荀子》用杨倞注，《扬子》用李轨、宋咸、柳宗元、吴秘注，皆自国子监印之，授诸学校。"①

六是对官学科技教育以及其他教育的教材做出规范。如《金史·选举志》记载了司天台考试所使用的教材："其试之制，以《宣明历》试推步，及《婚书》《地理新书》试合婚、安葬，并《易》筮法，六壬课、三命五星之术。"② 又记载博学宏词科的考试教材："宏词科试诏、诰、章、表、露布、檄书，则皆用四六；诫、谕、颂、箴、铭、序、记，则或依古今体，或参用四六。"③ 又记载律学进士考试教材："其法以律令内出题，……至章宗大定二十九年（1189），……令自今举后，复于《论语》《孟子》内试小义一道。"④ 又记载童子试教材："经童之制，凡士庶子年十三以下，能诵二大经、三小经，又诵《论语》诸子及五千字以上，……为中选。"⑤

七是运用歌赋体裁编写入门教科书，并在编写过程中，注意到内容的影响面以及是否有助于记忆和咏读。如金末元初的文人窦杰所撰写的《针经指南》一卷引起当时人的重视，当中的《标幽赋》就是以骈文为表现形式，成为当世脍炙人口的医学入门书。

---

① 《金史》卷51《选举志一》，中华书局点校本1975年，第1131—1132页。

② 《金史》卷51《选举志一》，中华书局点校本1975年，第1152—1153页。

③ 《金史》卷51《选举志一》，中华书局点校本1975年，第1149页。

④ 《金史》卷51《选举志一》，中华书局点校本1975年，第1148页。

⑤ 《金史》卷51《选举志一》，中华书局点校本1975年，第1149页。

2.金代刻书业发达

因《辽史》《金史》阙失《艺文志》，故当时图书文献情况终究缺乏完整、系统的记载，现今流传下来的书籍可谓凤毛麟角，导致人们一谈起图书文献资料，无不以宋代刻书业的发达先入为主。诚然，宋代官方刻书事业发达（如前所述，金人索取许多国子监刻版），私人刻书也相当繁荣。其中，私人刊刻的书籍有很多出自家塾本刻书，即是由家塾教师在教书过程中，就自己的兴趣和所长，或著述、校勘、整理、注释、阐明前人的著作，并且借助于主人出资，刊印成书。据《四库全书总目提要》记载："宋自神宗罢诗赋，用策论取士，以博综古今，参考典制相尚。而又苦其浩瀚，不可猝穷。于是类事之家，往往排比联贯，荟萃成书，以供场屋采掇之用。其时麻沙书坊，刊本最多，大抵出自乡塾陋儒。"反映了当时私人刻书与私学之间的密切联系。宋代家塾本流传至今的有黄善夫家塾刻印的《史记集解索隐正义》、蔡琪家塾刻印的《汉书集注》、岳珂相台家塾所刻《九经》与《三传》、建安虞氏家塾所刻《老子道德经》等，都见于著录。① 而对于辽金时期刻书业的情况，我们知之甚少。

辽金时期，由于深受唐宋文化的影响，加之，自身文化的发展对各种书籍产生的广泛需求，这在客观上促进了刻书业的兴盛。辽金时期刊刻了大量书籍。辽代的南京（今北京市）与中京（今内蒙古昭乌达盟宁城大明公社）成为当时出版业的中心，其中即有官方刊刻的书籍，也有民间刊刻的书籍。据冯方《辽金刻书的发达及其原因》研究认为，目前知道辽代刊刻 45 种图书，现存有 27 种图书。② 值得注意的是，辽代开创了印刷史上使用糯米胶调墨印书的时代。③

金代刻书业在辽代、北宋发展的基础上有了长足的进步。主要表现在：一是平阳（即今山西临汾市）、中都（即今北京市）、宁晋（即今河北宁晋县）与南京（即今河南开封市）刊刻中心的形成，二是出版业比较著名的雕版印刷有平水刻版与浚川刻版等，三是刊刻的对象针对官方与民间。需要指出的是，中都是首屈一指的国子监刻书地区。国子监在刻好书籍以后，下发各地

---

① 吴霓：《从古代私学的发展看中国文化重心南移现象》，《北京大学教育评论》2005 年第 3 期。

② 冯方：《辽金刻书的发达及其原因》，《古籍整理研究学刊》1994 年第 2 期。

③ 陈述辑：《辽文汇》卷 8《妙行大师行状碑乾统八年沙门即满》，中国科学院影印本 1953 年。

官学教学使用，此种版本称"监本"。① 平阳、宁晋、南京等地则是私人刻书比较活跃的地区。平阳以盛产麻纸而闻名，平阳刻书称"平水刻版"，在造纸业与印刷业的带动下，在平阳的周围以刊刻为业的书坊鳞次栉比。代表性的刻本有平水人刘敏仲校刻的《尚书注疏》、平水人张存惠雕刻的《丹渊集》《通鉴节要》等文籍。宁晋刻书被称为"洨川刻版"，代表性的刻本有宁晋县唐城人荆枯刊印的《崇庆新调改并五音集韵》《五经》《泰和律义篇》等书籍。南京刻书可考的有《旧五代史》《贞观政要》等书籍。另外，张秀民先生《中国印刷史》一书研究表明，金代刻书业比较发达，当时刻书蔚然成风，即便是经济并不富裕的人，也喜欢刊刻书籍。② 比较典型的两个例子：如济南人李德元以教授小学为主，不惜出利借贷，印刻祖人的《窥豹集》。又如金代人成无己所撰成《注解伤寒论》，未及刊行就去世。此书辗转为王鼎所得，王鼎"爱重其书"，但是"顾其力有所不赡"，于是出示其好友，在好友的帮助下"自刊行"。③ 金代刻书风气之盛由此可见一斑。

有金一代，私人印书贩卖的现象也比较常见。比如，《金文最》收录的由王朋寿撰写的《增广类林序》记载：平阳人李子文对《类林》一书极为推崇，认为"专门之学，不可旁及。至如此书，无施不可。好学通变之士之所愿见"，应该"刊镂以广其传"，因此，邀名士王朋寿为其作序，刊行《增广类林》。④ 堪舆学专著《地理新书序》和科举考试出题相关联，因此，在明昌年间有数家刊印贩卖。汴梁书坊贩售完颜璹自行刊印的诗集《如庵小稿》。开封相国寺仍然保留着北宋的遗风，以三、八日为市，市上有专门卖书的铺子，可以贩卖书籍。⑤《金文最》收录的由李俊民撰写的《高平县宣圣庙上梁文》祝文道："抛梁东，比屋衣冠似鲁中。二十余年荆棘地，一朝刮目见华风。抛梁西，水浸城根欲断时。不见向来挑达子，尽为市上买书儿。抛梁南，谩说中牟异政三。何以此开游学路，流为万古作名谈。抛梁北，路从辟後无杨墨。琴堂美

① 张博泉：《论金代文化发展的特点》，《社会科学战线》1986 年第 1 期。
② 张秀民：《中国印刷史》，上海人民出版社 1989 年，第 255 页。
③ 《金文最》卷 36《注解伤寒论序》，中华书局 1990 年，第 519 页。
④ 《金文最》卷 38《增广类林序》，中华书局 1990 年，第 546—547 页。
⑤ 张秀民：《张秀民印刷史论文集》，印刷工业出版社 1988 年，第 122 页。

化及民新，吏事方知有儒术。"①宋人张端义的文集《贵耳集》记载："道君北狩，在五国城，或在韩州，凡有小小凶吉丧祭节序，北国必有赐赉，一赐必要一谢表。北国集成一帙，刊在榷场中博易，四五十年，士大夫皆有之。"②

金代官、私刻书种类繁盛，有的甚至流传至清代。清代人所著的《补辽金元艺文志》记载金代人的著述达 187 种之多。其中，金代人刊印的就有106 种，在当时可见的达 20 种，涉及经、史、子、集、医书、佛经、道经、奏疏等各个领域。③当中既包含汉文书籍，又有女真文书籍。可以说，官、私刻书业的兴盛，为金代教材建设的丰富与发展提供了重要的背景。

3.金代印发机构的设置

前文已述，金代国子监既是国内的最高学府，又是国家教育行政管理机构。与此同时，它也是官学教材的编发中心。从金代国子监所设的国子校勘职位来看，国子监具有编订教材方面的功能。国子监在强化这种功能的基础上，创建了以国子监为核心的全国性官学教材编印的制度。毫无疑问，"这是中国古代少数民族政权建立的第一个较为完整、系统的教材印制发行管理体制"。④

国子监刻印的教材是金朝国内最具权威的教材。倘若以金世宗大定年间（1161—1189）每年官学学生 11240 人（见下表）为计算标准，以当时生产力下的印制水平，尚且不能达到同时保证人手一册的水准。可推测，国子监刊刻的教材，应该是以供给中央官学与部分地方官学学生为主要对象。其他地方官学教材的缺口，则由民间书坊来满足，或者是向社会购求进行解决。《金文最》卷 83《泽州重修庙学碑》记载："田表圣知睦州，下车兴学，表请入纸国子监印经籍以给诸生，诏赐之，还其纸。孰若我侯购求多方，私家所藏，麾下将佐及趋走吏所得，莫不出之。又于东莱宋披云处获三洞秘书，兼收并蓄，几万余卷。"⑤为此，金代政府在地方设有专门的出版机构——书

① 《金文最》卷 62《高平县宣圣庙上梁文》，中华书局 1990 年，第 983 页。
② （宋）张端义：《贵耳集》卷下，中华书局 1958 年，第 50 页。
③ 冯方：《辽金刻书的发达及其原因》，《古籍整理研究学刊》1994 年第 2 期。
④ 兰婷：《金代教育研究》，吉林大学出版社 2010 年，第 135 页。
⑤ 《金文最》卷 83《泽洲重修庙学碑》，中华书局 1990 年，第 1223—1224 页。

籍，①职掌管理民营书坊与书铺。比如，平阳府就设有"水平书籍"这样的机构。平水书坊群规模之大、刻书之风之盛，与南宋建安不相伯仲。清人叶炽昌有诗赞叹曰："三辅黄图五色描，别风松脂望蟭峣。尹家铺子中和宅，并峙南朝与北朝。"②

金代官学学生人数一览表③

学校	国子学		太学		太医院	府学		节镇学	防御州学	地方医学	女真字学
人数	汉人	女真人	汉人	女真人	50②	汉人	女真人（含州学）	630③	235④	1464⑤	3000⑥
	200⑦	200⑧	400⑨	400⑩		905⑪	3756⑫				
	400		800		50	4661		630	235	1464	3000
总计	11240（人）										

① 《金史》卷26《地理志下》，中华书局点校本1975年，第634页。

② （清）叶昌炽：《藏书纪事诗》卷7《尹家书籍铺》，上海古籍出版社1999年，第186页。

③ 需要说明的是，下表中的官学学生人数以世宗大定年间（1161—1189）为准，并且不含汉族地方官学中的刺史州学与县学。

④ 据《金史·百官志二》记载，太医院"十科额五十人"可知。

⑤ 具体详见第二章第二节。

⑥ 据《金史·选举志一》记载可知："防御州学二十一，共二百三十五人。"

⑦ 参见第二章第二节。

⑧ 据《金史·选举志一》记载可知："女直学。自大定四年（1164），以女直大小字译经书颁行之。后择猛安谋克内良家子弟为学生，诸路至三千人。"也就是说，女真文学生为3000人。

⑨ 据《金史·选举志一》记载可知："词赋、经义生百人，小学生百人。"也就是说，汉族国子学学生为200人。

⑩ 据《金史·选举志一》记载可知："国子学策论生百人，小学生百人。"也就是说，女真国子学生为200人。

⑪ 据《金史·选举志一》记载可知："定五品以上官兄弟子孙百五十人，曾得府荐及终场人二百五十人。"即汉族太学生为400人。

⑫ 迄今为止，关于女真太学的情况，仅见《金史·世宗本纪下》记载：大定二十八年（1188）四月，世宗"命建女直大学"；五月，"制诸教授必以宿儒高才者充，给俸与丞簿等"。其他情况无从得知。可以想见，女真太学与汉族太学相似，是同国子学分流不同阶层子弟培养问题，其养士规模大体与汉族太学差不多，女真太学生人数约为400人。

⑬ 据《金史·选举志一》记载可知："府学二十有四，学生九百五人。"

⑭ 详见第三章第一节。

4. 金代官私藏书丰富

女真政权进入中原之后，大力推行"尊孔崇儒"的文教政策，全国上下藏书之风日渐浸染，加速了金代官学和私学教材建设的发展。

关于金代的藏书，按照所有权大致可分为宫廷藏书、学校藏书、书院藏书、宗教场所藏书与私人藏书。下面对各种藏书逐次加以介绍。

一是宫廷藏书。女真政权灭辽亡宋，先后将两国的典籍、文物大多押解到上京（即今黑龙江阿城区），建筑了当时北方最大的藏书之所——稽古殿。海陵王完颜亮迁都南京之后，相继设立蓬莱阁、贲文馆等来珍藏古籍善本。[①] 章宗于明昌五年（1194），"诏购求《崇文总目》内所阙书籍"。[②] 泰和元年（1201）九月，又"敕有司：购遗书宜尚其价，以广搜访。藏书之家有珍惜不愿送官者，官为誊写。毕复还之，仍量给其直之半"。[③] 通过两次求书诏或自身刊印，金代宫廷藏书数量激增。朝廷还仿照唐宋之制，设置秘书监、少监、丞、秘书郎等官职，职掌宫廷图书典籍。而担任这些官职基本上是皇亲国戚或学问精深之人。如前文多次提到的路伯达："性沉厚，有远识，博学能诗，登正隆五年（1160）进士第，调诸城主簿。由泗州榷场使补尚书省掾，除兴平军节度副使，入为大理司直。大定二十四年（1184），世宗将幸上京，伯达上书谏曰：'人君以四海为家，岂独旧邦是思，空京师而事远巡，非重慎之道也。'书奏，不报。阅岁，改秘书郎，兼太子司经。"[④] 贞祐二年（1214）宣宗迁汴时，"会三省及禁中存留文书，并秘书省、蓬莱阁、贲文馆书籍，计用三万车，犀玉、玛瑙等器，计用骆驼三千头，先发去中山交卸"。[⑤] 可见金代宫廷藏书的品类之丰富程度。

二是学校藏书。它主要是指官学的学校藏书。如国子监下辖的国子学与太学，职掌藏书、校书。国子校勘、国子书写等官职，即掌管校勘书籍、写

---

① 薛瑞兆：《论金代社会的藏书风尚》，《求是学刊》2006 年第 6 期。

② 《金史》卷 10《章宗纪二》，中华书局点校本 1975 年，第 231 页。

③ 《金史》卷 11《章宗纪三》，中华书局点校本 1975 年，第 257 页。

④ 《金史》卷 96《路伯达传》，中华书局点校本 1975 年，第 2138 页。

⑤ （宋）宇文懋昭撰，崔文印校证：《大金国志校证》卷 24《宣宗皇帝上》，中华书局 1986 年，第 178 页。

书的职能。比如，《金文最》卷36《附广肘后方序》记载：金熙宗皇统四年（1144），杨用道担任儒林郎、汴京国子监博士期间，认为辽天祚帝"乾统间（1101—1110）所刊肘后方善本……卷帙尤为繁重，且方隋药著，检用卒难"，于是，校订《附广肘后方》，"且为之序而刊行之"。[①]

府学、州学、县学，都有数量多少不等的藏书，都设有专门藏书之地——库。[②]《金文雅》卷9《叶县学记》记载：叶县县学"凡为殿三楹，堂三筵，左右廊庑十有四，前三其门，旁四其斋，下至府厨，咸备而法。望之巍如，入之肃如。士兴于学，民服其化"。[③]《金文雅》卷9《东平府新学记》记载：东平府庙学"首创礼殿，坚整高朗，视夫邦君之居。……至于栖书之阁、豆笾之库、堂宇斋馆、庖俎庭庑，故事毕举，而崇饰倍之"。[④]反映出藏书是金代地方官学兴办的软件条件。

三是书院藏书。如上所述，金代修缮连同新建的书院共达10处。书院既是私人讲学的场所，又是藏书的场所。金代书院建筑的构造中有讲堂、祭殿、藏书楼、斋舍、厨库等。藏书楼是藏书的场所。对于金代书院藏书的有关情况，由于文献有限，我们对此了解甚少。仅有《山西通志》记载冠山书院"藏书万卷"。[⑤]由金代官、私刊刻业兴盛，买卖书籍活动繁荣可知，金代书院的藏书量必定相当丰赡。

四是宗教场所藏书。这里的宗教场所主要指寺院、道观。金代佛教、道教特别兴盛，佛寺、道观通常有经楼书阁，作为藏书之处，主要供同道人员研读与使用。如《金史纪事本末》卷23《海陵淫暴》引金人张瓒撰《大觉寺记》记载："下管院在新仓木南，始辽重熙间老僧常信建弥陀佛舍……度沙门五人：志普、志言、言名、志远、志月。自是，佛宫日广，建毗卢殿，寻更为十方院，辽天庆六年（1117）也。其后，又建弥陀殿与两庑及藏经之所。又冶钟，既成，将建楼，而主僧行超遇疾，以贞元初年（1153）十二月

① 《金文最》卷36《附广肘后方序》，中华书局1990年，第519—520页。

② 《金文最》卷82《重修府学教养碑》，中华书局1990年，第1194—1195页。

③ 《金文雅》卷9《叶县学记》，吉林人民出版社1998年，第204页。

④ 《金文雅》卷9《东平府新学记》，吉林人民出版社1998年，第207页。

⑤ 《山西通志》卷36《学校》，雍正十二年（1734）刻本。

逝，僧善昶主寺，……又建内经一藏，漆函金饰，工制玮丽。"① 也就是说，寺观不仅藏有《赵城藏》《无量寿经》《大般若经》《道藏》《大金玄都宝藏》等宗教经书，② 而且还收藏一些医学等书籍。兴定（1217—1222）末，金曹洞宗高僧东林志隆住持少林寺，效仿青州希弁和尚的做法，在少林寺设立药局。元好问出入少林寺，与东林志隆狎熟，其所撰《少林药局记》记载："檀施有以白金为百年斋者，自寇彦温而下百家，图为悠久计，乃复用青州故事，取世所必用疗疾之功博者百余方，以为药，使病者自择焉。僧德、僧浃靖深而周密，又廉于财，众请主之。故少林之有药局，自东林隆始。"③ 由此可见，少林寺僧人将医药人才与医学典籍引入少林寺之中。除此之外，一些寺院还自行刊印、买卖书籍。例如，开封府大相国寺在当时仍然保留北宋时期的遗风，以三、八日为市，市面上有专门卖书铺，可以买书。④ 金代著名学者元好问就提到家中所藏由"唐人竹纸番复写"的《笠泽丛书》，"元光间（1222—1223）应辞科时，买于相国寺贩肆中，宋人曾校定。涂抹稠叠，殆不可读"。⑤ 可想而知，这些寺院、道观藏书也应该相当丰赡。

五是私人藏书。金代统治阶层崇慕华风，从权贵乃至社会下层，藏书蔚蔚可观。据《中州集》卷8《路仲显小传》记载：路仲显就是上文提及的路伯达，"路仲显，字伯达，冀州人，家世寒微，其母有贤行，教伯达读书。国初赋学家有类书名《节事》者，新出价数十金，大家儿有得之者，辄私藏之。母为伯达买此书，搏衣节食，累年而后致"。⑥ 元好问家中藏书丰富，还有历代书法、绘画等珍品。《金文最》收录的由元好问撰写的《故物谱》记载："予家所藏书，宋元祐以前物也。……贞祐丙子之兵，藏书壁间得存。兵退，予

---

① (清) 李有棠著，崔文印整理：《金史纪事本末》卷23《海陵淫暴》，中华书局1980年，第420—421页。

② 张秀民：《张秀民印刷史论文集》之《辽金西夏刻书简史》，印刷工业出版社1988年，第124—126页。

③ 《遗山先生文集》卷35《少林药局记》，四部丛刊初编本，商务印书馆1919年，第359页。

④ 张秀民：《张秀民印刷史论文集》之《辽金西夏刻书简史》，印刷工业出版社1988年，第122页。

⑤ 《金文最》卷32《校〈笠泽丛书〉后记》，中华书局1990年，第452页。

⑥ 《中州集》卷8《路仲显小传》，中华书局1959年，第405页。

将奉先大人渡河，举而付之太原亲旧家。自余杂书及先人手写《春秋》、三史、《庄子》、《文选》之等尚千余册，并画百轴，载二鹿车自随。……是岁寓居三乡，其十月，北兵破潼关，避于女几之三潭。比下山，则焚荡之余，盖无几矣。今此数物，多予南州所得，或向时之遗也。往在乡里，常侍诸父及两兄燕谈，每及家所有书，则必枚举而问之。如曰某书买于某处所，传之何人，藏之者几何年，则欣然志之。今虽散亡，其缀辑装裱，签题印识，犹梦寐见之。"①《金文最》收录的由孔天监所撰的《藏书记》记载平阳府："东接景霍，西临长汾，南瞰大涧。邑居之繁庶，士野之沃衍，雄冠他邑。其俗好学尚义，勇于为善。每三岁大比，秀造辈出，取数居多。……济济蔼蔼，前后相望。吾见其进，未见其止也。虽家置书楼，人畜文库，尚虑夫草莱贫乏之士，有志而无书。或未免借观手录之勤，不足于采览，无以尽发后生之才分。吾友承庆先辈，奋为倡首，以购书自任。邑中之豪，从而知之，欢喜施舍，各出金钱。于是得为经之书有若干、史之书有若干、诸子之书有若干，以至类书字学，凡系于文运者，粲然毕备。……书林学海，览华食而探源流，给其无穷之取，而能读其所未见之书，各足其才分之所达当得，莫不推本于此。则房山之藏，不得专美于李氏。阅市之区区，无劳于汉人也。以是义风，率先他邑。使视而傲之，慕而效之，一变而至于齐鲁，蔚然礼义之乡，其为善利，岂易量哉！"②《金文最》收录的由李俊民撰写的《孟氏家传》记载：孟驾之"年逾三十，不就资荫。折节读书，母罄囊金，聚经史以成其志。工属文，颇为进取计，有声于场屋，学者从之如林。崇庆元年（1212）秋，魁大同府选，辛巳登进士第"。③《金文最》收录的由元好问撰写的《顺安县令赵公墓碑》记载：墓主赵雄飞担任顺安县令期间，"躬教诸子学，不听外出。每患经史不备，妨于指授。或言文士李夏卿家文籍甚富，假借用之，宜无不从。公曰：'夏卿藏书，我宁不知。然渠家阖县首户，予虽曾同场屋，今部民矣。与之交通可乎？'"④由此可知，金代私人拥有比较丰富的藏书。

---

① 《金文最》卷 118《故物谱》，中华书局 1990 年，第 1692—1693 页。

② 《金文最》卷 28《藏书记》，中华书局 1990 年，第 385—386 页。

③ 《金文最》卷 114《孟氏家传》，中华书局 1990 年，第 1636 页。

④ 《金文最》卷 96《顺安县令赵公墓碑》，中华书局 1990 年，第 1396—1397 页。

综上所述，由于金代政府的重视、"尊孔崇儒"文教政策的推广，加上刻书业的兴盛，更有教材印发机构的设置，以及官方、私人藏书的丰赡等因素，促使金代形成了类型多样、制度完善的教材体系。

（二）金代教材种类

金代教材种类齐全、内容丰富。具体分类如下。

1. 按照教材内容不同，金代教材可以分为五类。

一是经、史、子类书籍。这里的"经"类教科书，主要指儒家经典的"五经"——《周易》《尚书》《诗经》《春秋》《礼记》。"五经"在春秋战国时期逐渐形成，直到西汉中期，才成为官方指定的教材，之后被历代官学采用。金代也概莫能外。此外，经书还有《论语》《孝经》等典籍。"史"类教材，就正史而言，金代教材所采用的有《史记》《前汉书》《后汉书》《三国志》《晋书》《宋书》《齐书》《梁书》《陈书》《后魏书》《北齐书》《周书》《隋书》《新唐书》《旧唐书》《新五代史》《旧五代史》。这里的"子"类教材，主要是指诸子百家，诸如《老子》《荀子》《庄子》《扬子》《孟子》等。金代官学教材多达29种。这些教材由国子监统一编印，颁发官学学校。除此以外，《春秋纂例》等书籍在金代也有比较广的流传，极有可能作为参考书来使用。①

这些教材的遴选有以下几个明显特征。其一，金代经学教材采用的是北宋时期国子监所刊发《九经义疏》的注本，说明金代国子学经学教育大体上承用的是北宋时期的教学模式。需要指出的是，金代经学教材只是开列其中的八经，《仪礼》却未被采用。这是由于金代统治者有意不照搬中原繁文缛节，同时也符合女真人豪爽狂放，不为礼仪所累的性情；也是金代统治阶层不完全盘照搬宋代官学，对此有选择、有针对性地吸收的见证。②虽然如此，金代统治者意识到礼仪与稳固国家统治的关系，因此在金世宗时期，命令礼官参与唐宋礼制"开'详定所'以议礼，设'详校所'以审乐，统以宰相通学术者，于一事之宜适、一物之节文"，编纂成400余卷的《金纂修杂录》。③

---

① 冯方：《辽金刻书的发达及其成因》，《古籍整理研究学刊》1994年第2期。

② 兰婷：《金代教育研究》，吉林大学出版社2010年，第177页。

③ 《金史》卷28《礼志一》，中华书局点校本1975年，第692页。

不难推测，金代并没有照搬前朝的礼仪，而是按照社会发展的实际情况编修相关典籍。《金史·礼志》对该书作了高度地评价："凡事物名数，支分派引，珠贯棋布，井然有序，炳然如丹。又图吉、凶二仪：卤簿十三节以备大葬，小卤簿九节以备郊庙。……是时，宇内阜安，民物小康，而维持几百年者实此乎基。"① 其二，金代国子学的教学涉猎比较广，既重视传统的经史教育，又极为重视诸子的教育。由前段所述的教材就可以看出，金代国子学教材种类丰富，内容广泛。除了诸子以外，以儒家经典与历代王朝正史为主，这从一个侧面说明金代教育汉化水平相当高。其三，金代国子监教材，"皆自国子监印之，授诸学校"。② 这充分印证了本节开始所说的论断，即金代国子监不仅为全国的最高学府，而且为最高教育行政管理机构，同时也是金朝官学教材的编制中心。

二是字韵教材。金代是比较注重经学字韵的时代，比较典型的例子有流传较广的《埤雅》《广韵》《泰和五音新改并类聚四声篇》《崇庆新调改并五音集韵》《重编补添分门字苑提要》《草书韵会》等音韵著述。③ 这些著述虽然并未被选为金代官学的教材，但是从科举考试设有经义科，由此可以推测，金代很可能将这些音韵著述当成经学参考书。

三是文学教材。金代受唐宋文化的影响比较深，故金人特别喜爱唐宋时期的文学作品，特别是垂青苏东坡的作品。例如，由金代人刊刻的《集注分类东坡先生诗》在金代备受追捧。章宗明昌二年（1191）四月，"己亥，学士院新进唐杜甫、韩愈、刘禹锡、杜牧、贾岛、王建，宋王禹偁、欧阳修、王安石、苏轼、张耒、秦观等集二十六部"。④ 虽然断言这些书籍就是金代官学的文学教科书，还有待新的史料进一步佐证，但是从金代官学所涉及文学教育的有关内容，科举考试中以词赋取士来看，金代官学较为注重文学素质的培养，据此可认为，上述文集或许就是当时的文学教学所采用的参考书。

四是专科教材。金代的专科教科书以医学教材为主。金代医学书籍流传

①　《金史》卷 28《礼志一》，中华书局点校本 1975 年，第 692 页。

②　《金史》卷 51《选举志一》，中华书局点校本 1975 年，第 1131—1132 页。

③　冯方：《辽金刻书的发达及其成因》，《古籍整理研究学刊》1994 年第 2 期。

④　《金史》卷 9《章宗纪一》，中华书局点校本 1975 年，第 218 页。

范围较为广泛，不但有《政和本草》《圣济总录》等宋代方书，有《素问》《难经》《唐本草》等传统的医药典籍，还有《伤寒直格》《伤寒明理论》《伤寒论注解》《图解素问要旨论》《素问病机气宜保全集》《经史证类大全本草》《本草集方》等当时人著述。① 其中《圣济总录》又名《政和圣济总录》，是北宋修成的医学类书，共200卷，按疾病分为66门，每门之下再分若干病症，全书所载病症涉及内、外、养生、妇、儿、五官、杂治、针灸、正骨等13科，将当时民间以及医家所献的医方与内府所藏的秘方合到一起，收集药方20000首左右，较为全面地反映了北宋时期医学发展的水平、学术思想倾向与成就。此书镂板没来得及刊印，就被金人掠运到北方，后在金世宗大定年间（1161—1189）得以刊行，成为金代医学教学的必修教材。《唐本草》《难经》《素问》等历代所流传下来的医药典籍，也成为金代医学理论的教材，其他医学书籍则成为金代医学教学不可或缺的参考书。

关于金代医学教材印制方面，现有文献记载阙失。笔者推测，它最初应该也是由国子监监制，后由于印制量的庞大，国子监又回归负责印制经史教材，医学教材则由官方指定的私人书坊来刊刻。事实上，金代刻书业发达，无论是官方还是私人书坊都能刊刻。刊刻最多的除了释道典籍，就非医书莫属。金代刊印的各类医书多达14种，如《圣济总录》《伤寒直格》《伤寒明理论》《伤寒论注解》《续附经验奇方》《图解素问要旨论》《素问病机气宜保全集》《太医张子和先生儒门事亲》《经史证类大全本草》等。这些医书典籍都成为当时医学教学重要的参考教材。

需要指出的是，金代司天台学方面教材有"《宣明历》《地理新书》《易》以及六壬课、三命五星之术"。②

五是蒙学教材。蒙学教材即学童教材，是指以韵律、歌赋形式编撰的教科书。早在周、秦时，就编撰过一些朗朗上口的学童教科书，比较有代表性的是李斯所撰的《仓颉篇》、胡毋令的《博学篇》。西汉时有史游所撰的《急救篇》，到了两晋时有顾恺之的《启蒙记》，南北朝时期则有周兴嗣的《千字

---

① 冯方：《辽金刻书的发达及其成因》，《古籍整理研究学刊》1994 年第 2 期。

② 《金史》卷 51《选举志一》，中华书局点校本 1975 年，第 1152 页。

文》，唐代流传的则有《开蒙要训》《太公家教》。宋代蒙学教材编撰有了更大的进步，如北宋初期所撰的《百家姓》、南宋末期王应麟所撰的《三字经》。[①]这些蒙学教材根据内容可以分为五大类：识字教材、伦理道德教材、历史教材、诗歌教材、名物制度与自然常识教材。有金一代，流传着哪些蒙学教材，我们无从得知。此外，金人还编撰过蒙学教材。如金元时期的医学大家窦默所撰的《标幽赋》，是以歌赋体阐述针灸与气血、脏腑等之间的关系，并对取穴宜忌、补泻处理等加以全面阐明，通俗易懂，脍炙人口，有益于医学知识的广泛普及。《标幽赋》是时人和后人都大力热捧的一部针灸学指南。

2. 根据使用语言的不同，可以将教材分为三大类：第一，汉文教材。相对而言，汉文教材使用最为广泛，于官学与私学之中皆有普遍流传。第二，女真文教材。有金一代，以女真文翻译的儒学经史教材，在女真学校中也普遍使用。第三，契丹文教材。建国初期，契丹文字曾经作为金代官方文字。后来又改为确立汉字为官方语言，即便如此，契丹文字在民间仍然使用，学习契丹文字者大有人在，故契丹文典籍自然而然地成为学习契丹文字的教材。由于现有文献的短缺，有关契丹文典籍的情况，我们无所知晓。到世宗大定（1161—1189）初年，"朝廷无事，世宗锐意经籍，诏以（契丹）小字译唐史，成则别以女直子传之，以便观览"，[②]后来"改置经书所。径以女直字译汉文"。[③]不难看出，除了汉文、女真文教材之外，金代官学尚且有契丹文教材，只不过是流传的范围比较有限而已。

（三）金代教材特点及其与科举考试的关系

通过以上对金代教材的种类、内容、出版印刷等问题的研究，我们对金代教材的特点归纳如下。一是教材内容多样、分类精细、涉及面广。上述这些教材之中不但有教学不可替代的教科书，还有对教学起到辅助作用的参考书。教材分类与内容，涉及经、史、文、医、历法与蒙学等领域。二是把汉文教材翻译成女真、契丹等少数民族文字，促进了国内的汉化进程，与此同

---

① 孙培青主编：《中国教育史》（修订版），华东师范大学出版社 2000 年，第 212—213 页。

② 《金文最》卷 108《尚书右丞相耶律公神道碑》，中华书局 1990 年，第 1555 页。

③ 《金文最》卷 108《尚书右丞相耶律公神道碑》，中华书局 1990 年，第 1556 页。

时，也为本民族文化增色良多。尤其是女真学以汉文教材为蓝本，使女真人在学习汉先进文化的同时，借鉴汉文化发展了本民族的语言文字、文学等，极大地提升了女真人整体的文化素质。三是除了经学教材以外，还有史学和文学教材。这在一定程度上反映了金朝统治者也十分注重文史教育。四是统一管理教材的印发。有金一代，教材在中央是由国子监管理，地方则是由"有书籍"机构管理。五是专科教材不但注重基础理论，而且还注重社会实践。例如，医学教育既有医学理论的学习，又有临床实践的学习。

需要说明的是，金代的教材建设和科举考试有着密切的关联。自两汉时期开创以经术养士，至隋唐以后，历代王朝注重以科举考试笼络知识分子，统一思想，在这种背景下，封建官学的教学内容势必逐渐与科举考试合流，换而言之，照搬科举考试范围选定教材，围绕科举考试进行教学活动。例如，海陵王完颜亮"正隆元年（1156），命以五经、三史正文内出题，始定为三年一辟"。章宗明昌元年（1190）正月，"仍令有司议……群经出题之制"。有司言："以六经、十七史、《孝经》、《论语》、《孟子》，及《荀》、《扬》、《老子》内出题，皆命于题下注其本传。"[1] 如此作为，无非是为国家选拔统治人才。但事物均有正反两面，诚如金代学者刘祁在所撰的文集《归潜志》中一针见血地指出的那样："金朝取士，止以词赋、经义学，士大夫往往局于此，不能多读书"，由此导致科举考试选拔的人才，往往"多有不任其事者"，[2] 充分地暴露了教学内容紧跟科举考试的这一弊端。

二、金代教育教学方法

教学方法是某一时期某些个人或某个学派教育思想和教育水平的体现。换言之，也就是具体实施某种教育时所采用的手段。[3] 金代汉、女真教育工作者，在官学、私学教育中，其教学方法在继承前人基础上，又具有自身的

---

① 《金史》卷 51《选举志一》，中华书局点校本 1975 年，第 1136—1137 页。
② 《归潜志》卷 7，中华书局 1983 年，第 72 页。
③ 程方平：《辽金元教育史》，重庆出版社 1993 年，第 96 页。

特色，值得后人借鉴。

（一）讲授法

讲授法是教学过程中，教师通过口头语言向学生描绘情境、叙述事实、论证原理、阐明规律和解释概念的一种方法，它是古代教学中使用最早、最为常用的一种方法。可以用来传授新的知识，也可以用来温习旧的知识。其他教学方法的使用几乎都要与讲授法配合来实现。在世界教育史上，墨子最先实行讲授法教学，并一直沿用到现在。

讲授法在金代官学教育中的应用比较普遍。金政府在各级学校中设立博士、助教等学官，以讲授文史经典的要义，在弄明章句文字的同时，努力去了解其中的奥妙旨趣。在金代宗室子弟教育之中，讲授法也是主要的方法。如"东宫讲书或论议间，当以孝俭德行正身之事告之"。[①] 说明在对皇太子教育中采用讲授法与讨论的互动。另外，据《金史》记载，熙宗、海陵王、章宗、哀宗等帝王都延请汉儒为师，为其讲授儒家经典及历朝正史，或经常诏太常卿、翰林学士等官员讲授儒家经典。据《金史·杨云翼传》记载：哀宗正大三年（1224），"设益政院，云翼为选首，每召见赐坐而不名。时讲《尚书》，云翼为言帝王之学不必如经生分章析句，但知为国大纲足矣。因举'任贤''去邪''与治同道''与乱同事''有言逆于汝心''有言逊于汝志'等数条，一皆本于正心诚意，敷绎详明，上听忘倦"。[②]

（二）韵语教学与音乐辅助教学法

程方平指出，韵语教学与音乐辅助教学法是金代颇有特色的教学方法。[③] 具体地说，韵语教学应用于蒙学、小学教育过程中，如上文提到的金代针灸名医窦默撰写的《标幽赋》，创造性地使用歌赋体来阐述针灸与经络、脏腑、气血等之间的关系，取穴宜忌、补泻手法等问题，语言通俗易懂，朗朗上口，成为针灸学的入门指南，受到当时及后世的热捧。以音乐辅

---

① 《金史》卷78《刘仲海传》，中华书局点校本1975年，第1773页。

② 《金史》卷110《杨云翼传》，中华书局点校本1975年，第2423页。

③ 程方平：《辽金元教育史》，重庆出版社1993年，第101页。

助教学的现象在金代教学中屡见不鲜。如《金史·赵质传》记载:"赵质字景道,辽相思温之裔。大定末,举进士不第,隐居燕城南,教授为业。明昌(1190—1196)间,章宗游春水过焉,闻弦诵声,幸其斋舍,见壁间所题诗,讽咏久之,赏其志趣不凡。召至行殿,命之官。固辞曰:'臣僻性野逸,志在长林丰草,金镳玉络非所愿也。况圣明在上,可不容巢、由为外臣乎。'上益奇之,赐田亩千,复之终身。"①这段记载说明,赵质运用了音乐辅助教学的方法,得到章宗的赏识与肯定,这种方法是他在北宋教育家胡瑗运用歌诗奏乐艺术于教育实践的基础上发展形成的教学方法,与官学相对照,更加生动活泼,更加富有感染力。

(三)直观教学法

直观教学法是指利用与借助实物、语言、图片、动作和教具等进行具体、形象地教学的方法。如北宋医学教学出现重大的方法创新,重视临床实践活动,开启使用铜人模型教学的先河。金承北宋之制,在医学教学中继续采用此方法。使用铜人教学是天圣(1023—1031)初,北宋著名针灸学家王惟一奉诏编修针灸学书。通过详加考订医书针灸文献和针灸图,王惟一总结古代医家对针灸穴位反复实践的丰富经验,创制针灸铜人两具,辑成《铜人腧穴针灸图经》3卷。这两个铜人体内五脏俱全,可分可合,全身经络共有三百五十四个穴位,遍身都有标志穴位的小孔,每个小孔内含有水,孔口用蜡封实,学习者隔衣按穴试针,"中穴则针入而水出,稍差则针不可入矣",②专供针灸教学与考试之用。这是一件以铜人代真人的直观实用教具,形象真实,富有立体感,教学效果明显。靖康二年(1127),金兵索讨"国子监书版,三馆秘阁四部书、太尝礼物、大成乐舞、明堂大内图"。③其中,比较有影响力的方书《政和本草》《圣济总录》及两具铜人,均被金兵掳运至上京会宁府,此后,铜人在金代的医学实践与教学中发挥了重要的作用。使用铜人教学被金代官学直接继承,是金代医学教育取得

---

① 《金史》卷127《赵质传》,中华书局点校本1975年,第2749页。

② (宋)周密著,张茂鹏点校:《齐东野语》卷上,中华书局1983年,第22页。

③ 佚名撰:《大金吊伐录》卷4,丛书集成初编本,商务印书馆1936年,第106页。

重大成就的重要因素之一。值得一提的是，这种教学法在今天的医学教学中仍然普遍使用。

（四）伴读法

伴读法是指轻声随范读与领读的朗读方式。这里的伴读对象限定为帝王及皇族、王侯子弟。伴读已经超出了教育学的范畴又有所延展。程方平认为，辽代、元代的贵族教育中都曾经采用伴读法。[①]《辽史·百官志》记载，辽朝时设置"诸王文学馆"，馆中设有"诸王教授"与"诸王伴读"。其中，伴读则与这些王侯子弟朝夕相处，帮助他们学习知识，掌握技能，并养成良好的习惯。金代因袭前代之法，为皇族、王侯子弟设置侍读，陪伴他们一起学习。海陵王天德三年（1151）在翰林院设置的翰林侍读学士和翰林侍讲学士，从三品，"掌制撰词命"，[②] 并兼有为皇帝、太子等皇族宗室子弟讲读或备询问之职责。如《金史·任熊祥传》记载："任熊祥，字子仁。……天德初，为山东东路转运使，改镇西军节度使。……被诏为会试主文，以'事不避难臣之职'为赋题。及御试，熊祥复以'赏罚之令信如四时'为赋题，海陵大喜，以为翰林侍读学士。"[③]《金史·王晦传》记载："王晦，字子明，泽州高平人。……贞祐（1213—1216）初，中都戒严，……率所统卫送通州粟入中都，有功，迁霍王傅。以部兵守顺州。通州围急，晦攻牛栏山以解通州之围。赐赉优渥，迁翰林侍读学士，加劝农使。"[④]《金史·宣宗纪》记载：贞祐三年（1215）八月"戊辰，遣礼部尚书杨云翼祭社稷，翰林侍读学士赵秉文祭后土于河中府"。[⑤]《金史·杨云翼传》记载："哀宗即位，首命云翼摄太常卿，寻拜翰林学士。正大二年（1223）二月，复为礼部尚书，兼侍读。"[⑥]

① 程方平：《辽金元教育史》，重庆出版社1993年，第96页。
② 《金史》卷55《百官志一》，中华书局点校本1975年，第1246页。
③ 《金史》卷105《任熊祥传》，中华书局点校本1975年，第2310—2311页。
④ 《金史》卷121《王晦传》，中华书局点校本1975年，第2652—2653页。
⑤ 《金史》卷15《宣宗纪中》，中华书局点校本1975年，第346页。
⑥ 《金史》卷110《杨云翼传》，中华书局点校本1975年，第2423页。

（五）讨论法

讨论法是指学生在教师的指导下，围绕某一中心问题，交换意见，相互启发，最终解决问题的教学方法。金代私学、书院教育中使用这种方法的频次较高。《四库全书总目》卷104《医家类二》介绍《儒门事亲》一书云："金张从正撰。从正字子和，号戴人，睢州考城人。兴定（1217—1222）中召补太医，寻辞去。事迹具《金史·方技传》。从正与麻知几、常仲明辈讲求医理，辑为此书。刘祁《归潜志》称，麻知几九畴与之善，使子和论说其术，因为文之，则此书实知几所记也。"[①]从这段史料可知，张从正辞去太医官归乡后，与著名学者麻知几、常仲明等人交游，一起讨论医学理论问题。在麻知几的润色下，张子和最终编辑成《儒门事亲》一书。讨论法也表现为论辩方式。在我国古代，文人学者之间比较注重学术往来，通过切磋交流，研讨学术问题，议论天下大事，可以促进学业和思想的提升。比如，金元之际的数学家李冶，晚年定居封龙山下，经常与大诗人、学者元好问，及博学多才的张德辉等人交往甚密，不仅切磋文学，还切磋数学与其他知识。因此，数年后在数学、文史和其他方面都有很大进步，成为当时著名学者。[②]这种教学法仍然是当下教学中的一个重要方法。

（六）示范法

示范法，即儒家所提倡的"以身作则"的道德教育方法。就是说，教师要求学生做到的，教师必须以身作则。教师为学生的榜样，对学生的成长有潜移默化地影响。正如《论语全解》卷7中所说："其身正，不令而行；其身不正，虽令不从"；"不能正其身，如正人何？"除了学校教育中运用此方法以外，金代统治者还在对宗室子弟进行教育时运用。比如金世宗在对太子、诸王进行节俭教育时，就躬自俭约，他自己的日用生活多能取法于国初的淳

---

① （清）纪昀等主编：《四库全书总目》卷104《医家类二》之《儒门事亲》，清乾隆五十四年（1789）武英殿本。

② 《元史》卷160《李冶传》，中华书局点校本1983年，第3759—3760页。

风。① 示范法自孔子提出两千多年来，在教学中一直应用。

综上所述，金代享国 120 年（1115—1234），无论是在教材建设方面，还是教学方法的改进方面都有突出的贡献。金代教育所使用的各类教材与行之有效的教学方法，为后人提供了充分的借鉴，成为中国古代教育史上的宝贵遗产。

---

① 参见《金史》卷 6《世宗本纪上》、卷 7《世宗本纪中》、卷 8《世宗本纪下》，中华书局点校本 1975 年。

第二章　金代汉科举体系

　　科举制度是中国封建社会通过考试选拔官吏的一种制度，开创于隋炀帝时期。隋炀帝时期为了改变魏晋南北朝以来由门阀世族控制的九品中正制度，将选拔官员的权力收归中央，于大业三年（607）四月下诏，凡有孝悌有闻、德行敦厚、节义可称、操履清洁、强毅正直、执宪不挠、学业优敏、文才美秀、才堪将略、膂力骁壮等人才，令"文武有职事者，五品已上"，[①] 进士 2 人，将其选士的范围全面扩大，标志着科举制度正式形成。隋朝国祚较短，尚未进一步完善科举制度，继之而起的唐朝是一个充满生气的文化繁荣的时期，它兼容古今，推动了整个文官制度的建设，科举制度也日趋完备。隋代科举考试并没有与学校教育挂钩，唐代科举则偏重应试考生的学业水平，从而科举逐渐与学校教育接轨。由于科举制度本身是为了保证考试的公平性，原则上不以考生家庭出身的地位高低为标准，因而直接刺激了教育的需求。而教育需求的增大，必然会促进各种教育组织形式的形成和发展，进而促进教育的发展。因此，科举成为教育研究的一个重要方面，与学校教育紧密相连。封建国家通过学校教育培养的人才，进一步经科举考试将高素质人才选拔出来，进入国家官僚队伍，为巩固国家政权出力。科举制度和教育制度在人才的培养和选拔上同样重要，二者并举，都能对封建国家政权的巩固起到促进作用，反之，一损俱损，都不能发挥应有的作用。

---

① 《隋书》卷 3《炀帝纪上》，中华书局点校本 1973 年，第 68 页。

第一节　金代汉科举设立的背景与发展阶段

金代上承辽、宋，下启元、明，是中国古代史中的一个重要朝代，其政治制度兼采唐、辽、宋之法而损益之，形成颇具特点的一代之法，科举制度亦概莫能外。元朝人王恽对金代科举给予了相当高的评价："金源氏崛起海东，当天会间，方域甫定，即设科取士。急于得贤，故文风振而人才辈出，治具张而纪纲不紊。有国虽百余年，典章文物至此比隆唐、宋矣。"①

金代科举始于太宗天会元年（1123）。这一年，金兵南下占领辽朝汉人居住的燕云地区，确定了对汉人依旧制而进行统治的新政策。由于新占领地区的官吏或死或逃，造成了统治真空与政局不稳。加之女真人不谙政事、不解汉话，女真统治者出于统治的需要，不得不调整策略，从被占领地区的汉人士大夫中遴选官吏，科举取士应运而生。科举制度的实行，不仅说明女真人落后的奴隶制对先进的封建制无法克服，也表明女真人在政治上即将走上中原封建制的轨道，这也是女真政权实现"以正统，一天下"的重要步骤。②而其背后深层次的原因值得我们去认真探究。

一、金代汉科举设立的背景

在中国封建社会数千年的发展史上，曾出现过多次新旧政权的递嬗。当一个王朝替代另一个王朝时，如何对待和使用旧政权遗留的知识分子，将是新执政统治者所面临的一个重要问题，直接关系到新政权的统治能否长治久安。对于以女真族为主体建立起来的金朝来说，这个问题则显得更为复杂。不仅仅是如何对待和使用旧知识分子的问题，还是一个较落后的民族如何以

---

① 《元人文集珍本丛刊》卷 58《浑源刘氏世德碑铭》，台湾新文丰出版公司 1985 年，第 170 页。

② 张希清、毛佩琦、李世愉主编：《中国科举制度通史·辽金元卷》，上海人民出版社 2017 年，第 163 页。

征服者的身份如何对待和使用被征服的先进民族的知识分子的问题，同时又是如何对待和使用辽、宋两个旧政权的知识分子的问题。金朝女真统治者审时度势，采取了较为正确的政治措施，最后与各族知识分子在政治上达成了合作，对巩固金初统治、促进金政权由奴隶制向封建制的转化产生了不可低估的作用和影响，实行科举取士即为最重要的措施之一。

知识分子在古代被称作"儒生""儒士"，是一个特殊的社会阶层。辽朝的儒士多出身于辽东的渤海大姓和燕云地区的汉族显宦世家。金初女真人以武力占领辽的东京地区后，就开始收罗知识分子。金天辅二年（1118）九月，"其令所在访求博学雄才之士，敦遣赴阙"。[1] 女真贵族把渤海人视为政治上的可靠同盟者，金太祖起兵之初就提出"女真、渤海本同一家"的口号，所以辽东的渤海文士最早受到女真人的信任。铁州渤海人杨朴，在辽中进士，高永昌叛时，降于金，颇受重用。"海上之盟"签订后，渤海文士李善庆和"栲黮知书"的高庆裔往来于宋、金之间。其他渤海大姓的文士也先后投顺金朝，如辽阳张浩、张玄素，文学世家出身的熊岳人王政，还有金世宗的母舅李石等，都在太祖时期归顺金朝，后来多成为金朝中央领导集团的骨干分子。

金太祖起兵之初，只是想摆脱辽政权对女真部残酷的政治压迫和繁重的经济剥削，并没有立下消灭辽朝的雄心壮志。后因为在军事上的节节胜利，加之降金渤海文士的极力鼓动，遂决定以武力征服辽，取而代之。当金人占领辽东和内蒙地区后，燕云地区就成为金、宋争夺的目标。北宋王朝由于外交政策的失误和军事上的惨败，终于失去了这一地区封建知识分子的支持，燕京得而复失，并招致亡国之祸，客观上促进了女真贵族与汉族知识分子的政治合作。燕云十六州自五代时归契丹，至辽末已二百多年。这一地区文化比较发达，"自公卿翰苑州县等官，无非汉儿学诵书识字者"。[2] 从某种意义上来说，这些汉族文士的政治向背就决定了这一地区的归属。如果宋朝收回这一地区，就可以遏止金朝势力继续扩张；若金人据而有之，则可进而南下

---

① 《金史》卷2《太祖纪》，中华书局点校本1975年，第19页。

② （宋）徐梦莘：《三朝北盟会编》卷1政宣上帙一，上海古籍出版社1987年，第7页。

与北宋逐鹿中原。宋朝也认识到这一地区战略地位的重要，故"海上之盟"签署后，特派童贯率 15 万大军出河北前线，准备一举收复。宋朝统治者对形势做了完全错误的估计，以为"王师一出，必壶浆来迎"。① 结果宋军统帅刘延庆等在燕京城南卢沟河一败涂地，使引领南望的燕云汉民归复宋朝的希望成为泡影，此一失燕云士子之心。几经周折，从金人手中讨回了燕京附近六州之地。对辽官搞"换授"，"宋法，新附官不厘务"，② 只授虚衔，不任实职，不发俸禄。各级政府互相扯皮，玩弄儒生。"初自燕山之朝廷，又自朝廷之燕山，复自燕山之太原宣抚司，困苦于道路者相继也。官司人吏又沮格，累年不能结绝。此曹怨望，往往遁归平州。"③ 此二失燕云士子之心。夺燕地六州富民田宅以赡常胜军，侵犯他们的经济利益，此三失燕云士子之心。在争夺燕地过程中，许多职官富户南逃归宋，"州县又往往不恤，或困于衣食。其在阙下者，至于揭榜通衢人物往来处，称其姓氏旧官封而以乞丐，执政虽睹之而不问也"。④ 更有甚者，杜充知沧州，"虑为敌内应，杀之无噍类"。⑤ 此四失燕云士子之心。函张觉之首以献金人，使归宋之士人人自危，此五失燕云士子之心。有此五失，燕云有识之士纷纷投靠了女真贵族，并积极支持和帮助金人图宋。

天辅五年（1121），金太祖在册封其弟吴乞买为谙班勃极烈的诏书中说："事无大小，一依本朝旧制。"⑥ 所谓本朝旧制，也称本国制度，即女真族在部族时期形成的奴隶制度。金朝占领辽的东京地区后，曾以落后的猛安谋克制度去收编被征服者。当金朝占领汉文化水平比较先进的燕、云地区后，女真族落后的奴隶制与汉族先进的封建制之间的矛盾就立即显现出来，"本国制度"已经无法统治下去了。天辅七年（1123）四月，宋、金根据双方签定"海上之盟"的条文规定，经过多次反复交涉，金朝将燕京附近六州之地

①　《三朝北盟会编》卷 1 政宣上帙一，上海古籍出版社 1987 年，第 6 页。

②　《金史》卷 105《任熊祥传》，中华书局点校本 1975 年，第 2310 页。

③　《三朝北盟会编》卷 24 政宣上帙二十四，上海古籍出版社 1987 年，第 177 页。

④　《三朝北盟会编》卷 11 政宣上帙十一，上海古籍出版社 1987 年，第 78 页。

⑤　《宋史》卷 475《杜充传》，中华书局点校本 1975 年，第 13809 页。

⑥　《金史》卷 3《太宗纪》，中华书局点校本 1975 年，第 47 页。

归还给宋朝。并在交割之前将燕京等城的府库财物及富民工匠悉数迁往金朝"内地",宋仅得几座空城。金朝的这一野蛮做法遭到燕京汉民的激烈反抗,当年五月,当东迁的汉民队伍走到平州时,即鼓动南京留守张觉发动叛乱。八月,金太祖驾崩。九月,金太宗即位,改元天会。太宗登极后,在出兵平定张觉叛乱的同时,及时地进行了政策调整,建三省六部之制,以汉官制来统治新占领区。"汉官之制,自平州人不乐为猛安谋克之官,始置长吏以下。天辅七年以左企弓行枢密院于广宁,尚踵辽南院之旧。天会四年,建尚书省,遂有三省之制。"① 天会元年(1123)十一月,宗望平张觉之乱后再定平州,罢汉人地区的猛安谋克制,"但置长吏,以下皆从汉官之号"。② 金以武得国,崇尚勇武。但当女真统治者进入燕云地区以后,很快地就明白了"天下可以马上得之,而不可马上治之"的道理,同时也意识到封建知识分子在治理国家、安定地方等方面的重要作用。平州张觉事件的发生,给金太宗为首的金朝统治者深刻的教训,遂决定在燕云地区采用中原旧制。既然在新占领区推行汉官制,就需要相当数量的熟悉汉制的儒士来担任地方官。科举制度,正是在这样的历史背景下产生的。

与北宋相比,金朝统治者在军事进攻的同时对辽朝的文士则采取以下几项收效显著的政策和应急措施:

第一,招降纳叛、网罗人才,政治上重用。天辅六年(1122)十二月,太祖亲自统兵进攻燕京,"诏谕燕京官民,王师所至,降者赦其罪,官皆仍旧"。③ 金兵破燕,辽左企弓、虞仲文、曹勇义、张彦忠、康公弼、刘彦宗等奉表归降,又得辽状元韩昉、名士韩企先。七年正月,兴辽军节度使时立爱、副使张觉以平州降。女真统治者对这些累世显贵、科举出身的辽官在政治上一律加以重用,"俾复旧职,皆授金牌"。④ 命左企弓等抚定燕京诸州县。奉圣州文士沈璋率众迎降,"授太常少卿,迁鸿胪卿"。⑤ 后虽发生张党反叛

---

① 《金史》卷55《百官志一》,中华书局点校本1975年,第1217页。
② 《金史》卷44《兵志》,中华书局点校本1975年,第992页。
③ 《金史》卷2《太祖纪》,中华书局点校本1975年,第19页。
④ 《金史》卷75《左企弓传》,中华书局点校本1975年,第1723页。
⑤ 《金史》卷75《沈璋传》,中华书局点校本1975年,第1721页。

事件，但对其余归附的文士仍用之不疑，对刘彦宗父子尤为器重。宗望再定燕京，"诏彦宗凡燕京一品以下官皆承制住授"；[①] 拜时立爱同中书门下平章事，并任其子侄数人为官。

第二，在经济上保护他们的利益。太祖破燕，辽致仕宰相张琳进降表，诏"燕京应琳田宅财物并给还之"。[②] 宋夺燕京世家显宦宅第田产以予常胜军，宗望再定燕京，"常胜军屋业田上尽给前主，燕人归心焉"。[③]

第三，利用已归降的辽官引见知名之士，通过各种渠道罗致隐遁的文人。如辽天庆八年（1118）进士赵元，曾随郭药师降宋，金兵复燕，"刘彦宗辟元为本院令史"。[④] 天庆二年（1112）进士张通古，辽末辞官隐居。宋人得燕，屡招不出，宗望复燕京，"刘彦宗与通古素善，知其才，召为枢密院主奏"。[⑤] 有些已流入宋境的燕云名士，则利用外交手段指名索要，如韩昉就是其中的一个。[⑥]

第四，设立科举网罗文士。金太宗天会元年（1123）九月继位，十一月即降诏开科取士。"时以急欲得汉士以抚辑新附，初无定数，亦无定期，故二年二月、八月儿再行焉。"[⑦] 当时科举考试与金人军事进攻同时进行，主要是委托前线统兵的将帅总其事，由归附的辽官主持考试，发空头委任状给各路军事统帅，让他们便宜从事，文士科举考试录取后就地授官。

天会四年（1126），伴随着金朝的军事攻势，又将科举选士的办法推行于宋地，先后在新占领的朔州、真定等地组织当地儒士进行科举考试。由于当时金政权在中原的统治还没有得到巩固，在知识分子当中还存在着较强烈的抵触情绪。所以就出现了中国封建科举史上罕见的怪现象：将儒生押赴考场，强令应试。"传檄诸州搜索，又免其课役以诱之。"[⑧]"时有士人不愿赴省，

① 《金史》卷 78《刘彦宗传》，中华书局点校本 1975 年，第 1769 页。

② 《金史》卷 75《左企弓传》，中华书局点校本 1975 年，第 1723 页。

③ 《三朝北盟会编》卷 24 政宣上帙二十四，上海古籍出版社 1987 年，第 179 页。

④ 《金史》卷 90，《赵元传》，中华书局点校本 1975 年，第 1993 页。

⑤ 《金史》卷 83，《张通古传》，中华书局点校本 1975 年，第 1859 页。

⑥ 《三朝北盟会编》卷 15 政宣上帙十五，上海古籍出版社 1987 年，第 108 页。

⑦ 《金史》卷 51，《选举志一》，中华书局点校本 1975 年，第 1130 页。

⑧ （宋）李心传：《建炎以来系年要录》卷 14，中华书局 1956 年，第 304 页。

州县必根刷遣之。"① 这一方面反映了金的统治还没有被大多数汉族知识分子所接受，另一方面也反映出女真统治者急于求治的迫切心情。

金朝科举制度的创立，无疑与降金的辽、宋旧知识分子的倡议和襄助是密不可分的，特别是原辽朝燕京地区的降官如刘彦宗、时立爱、韩企先等。宋籍文士虽然在金初受到不同于辽人的政治待遇，但他们最后也都归附了金朝，与女真贵族达成了政治上的合作。这主要是封建知识分子读书的目的"皆觊觎一官，老死不止"。② 在金人的军事进攻面前，多数人经不起武力威胁和利禄诱惑，自觉或不自觉地成为新政权的附庸。当金朝统治基本巩固时，大多数读书人都希望到新政权中求得一官半职。女真统治者对汉族知识分子推行的一系列政策和应急措施，正迎合了他们强烈的作官要求和愿望，故元人评论："终金之代，忍耻以就功名，虽一时名士有所不免，至于进辱远引，罕闻其人。"③

降金和科举录取的辽宋旧文士在金初受到重用，对巩固金初统治，促进金政权封建化起到了不容忽视的重要作用，主要有以下几方面：

第一，充当了女真人军事进攻的谋士和向导。刘彦宗等归金后，"内外合谋，共劝南侵"。④ 刘彦宗佐东路元帅宗望军事，兼任汉军都统，献伐宋十策。时立爱也曾"从宗望军数年，谋划居多"。⑤ 王寂之父王础，金初中进士，任忻州秀容县丞。天会五年（1127），金兵伐宋，调发民兵，王础以新调发的秀容兵从之，"进攻唐、邓"。⑥ 天会三年（1125）十二月，宗望攻庆源府，"左右有三四人，是汉儿进士及第者"。⑦ 金兵破汴京，取宋太学生30 人，明确地告诉他们："金国不要汝等作大义策论，只要汝等陈乡土方略利害。"⑧ 这些人熟悉汉地的风土民情、山川险夷及进退攻守之机，所以在女

---

① 《建炎以来系年要录》卷 28，中华书局 1956 年，第 559 页。
② （宋）王栐：《燕翼贻谋录》卷 1，中华书局 1981 年，第 1 页。
③ 《金史》卷 45《刑志》，中华书局点校本 1975 年，第 1013 页。
④ 《建炎以来系年要录》卷 1，中华书局 1956 年，第 12 页。
⑤ 《金史》卷 78《时立爱传》，中华书局点校本 1975 年，第 1775 页。
⑥ （金）王寂：《拙轩集》卷 6《先君行状》，永乐大典本。
⑦ 《三朝北盟会编》卷 1 政宣上帙，上海古籍出版社 1987 年，第 8 页。
⑧ 《建炎以来系年要录》卷 2，中华书局 1956 年，第 40 页。

真军事进攻过程中充当幕僚，成为难得的谋士和向导。正因为有了他们，才使女真人比较顺利地入主中原。

第二，安定地方，消解反侧。金初随着统治区域的扩大，女真族最难解决的矛盾是女真人多不通汉语、不懂汉法，不能直接有效地统治汉人，于是采取了"以汉人治汉人"的办法，科举考试网罗了大批的辽宋文士，其中大部分担任地方官员。"每破州郡，用一金人、一燕人、一南人共同镇守"。①"以进士摄诸县长，招抚散亡"。② 他们帮助女真人安定地方、消弭反侧、恢复社会秩序、缓和民族矛盾，对稳定金政权在汉族地区的统治起了不可低估的作用。

第三，组建统治机构，制定各项典章制度。金太宗再定燕京，始仿辽南、北面官制度，设中书省、枢密院。先后设燕京、云中两枢密院，分别以刘彦宗、时立爱主之，时人称为"东朝廷""西朝廷"。天会四年（1126），定官制，置尚书省及所属机构，这些封建统治机构完全是由刘彦宗、时立爱等文士帮助组建起来的。辽宋文官多出身科场、硕学多才，精通文史、娴于治道。金初各项封建典章法度基本上都由他们创立和逐渐确定的。如杨朴，"建国之初，诸事草创，朝仪制度皆出其手"。③ 韩企先天会年间任宰相，"本朝典章制度多出斯人之手"。④ 韩昉天会年间任礼部尚书，"朝廷方议礼制度，或因或革，故昉在礼部兼太常甚久云"。⑤ 宇文虚中，天会六年（1128）奉使见留，"朝廷方议利制度，颇爱虚中有才艺，加以官爵，虚中即受之，与韩昉辈俱掌词命"。⑥ 各项封建政治制度的确立使女真贵族所建立的奴隶国家奴隶性质发生了根本变化。

科举的设立和发展，刺激了文化教育事业的发展。随着科举制度的发展

---

① 《三朝北盟会编》卷16政宣上帙十六，上海古籍出版社1987年，第116页。

② （清）杨宾：《柳边纪略》卷4，《完颜娄室神道碑》，《辽海丛书》第一册，辽海书社1985年，第235页。

③ （宋）宇文懋昭撰，崔文印校证：《大金国志校证》卷2《太祖武皇帝纪下》，中华书局1986年，第23页。

④ 《金史》卷78《韩企先传》，中华书局点校本1975年，第1777页。

⑤ 《金史》卷125《韩昉传》，中华书局点校本1975年，第2714页。

⑥ 《金史》卷79《宇文虚中传》，中华书局点校本1975年，第1791页。

和完善,金于海陵天德三年(1151)始设国子监,至大定、明昌年间,建立、健全了一套自上而下完整的汉族官学教育体系,私学教育也随之兴盛起来。科举与教育相辅相成,共同发展,推动金王朝进入鼎盛时期。

二、金代汉科举的发展阶段

从金太宗天会年间(1123—1135)至哀宗正大年间(1224—1232),金代科举前后存延了一百多年,按其发展情况可以划分为草创、发展、鼎盛、衰落四个阶段。[①]

(一)金代汉科举的草创

金政权以马上得天下,先后克辽灭宋,统治范围扩展到黄河流域,但是女真统治者逐渐意识到天下可以马上得,不可以马上治的道理。金太宗登上皇位之际,金朝对辽朝的战事已经接近尾声。金朝在占领辽朝的燕云地区以后,确立了以汉制治汉人的统治政策。由于新占领区的官吏或死或逃,各地州县的官吏大量阙员,民族矛盾越来越尖锐。女真人不谙汉事,“时以急欲得汉士以抚辑新附”,因此,天会元年(1123)十一月颁诏开科取士。“初无定数,亦无定期,故二年二月、八月凡再行焉。”[②]科举考试亦在不同的地区举行过。《金虏图经》记载:“金虏虽夷狄中至贱者,初无文物,自侵辽之疆,所在处以科举取士,有沈州榜、平州榜、真定榜者是也。”[③]除真定榜考试发生于天会四年(1126)以外,其他沈州榜、平州榜等均失其具体年月记载。《金文最》卷43《褚先生碑碣》记载其参加真定科举考试的情况:褚承亮,“宋

---

① 赵冬晖根据金代科举的发展情况将其划分为草创、发展、鼎盛和衰落4个时期,笔者赞同此观点。参见赵冬晖:《金代科举制度研究》,陈述主编:《辽金史论集》第4辑,书目文献出版社1989年,第212—235页。
② 《金史》卷51《选举志一》,中华书局点校本1975年,第1134页。
③ 《三朝北盟会编》卷244炎兴上帙一百四十一引张棣《金虏图经》,上海古籍出版社1987年,第1739页。

宣和二年（1120）擢第，调易州户曹。会金皇子郎君破真定，拘境内旧进士七十三人，赴安国寺试策。策曰：'以上皇不道，少主失信。'举人希旨，极口诋毁。先生离席，揖主试刘侍中曰：'君父之过，岂臣子所当言耶？'长揖而出场屋，刘为之动容。比揭榜，先生被黜，余悉放第。状元徐必辈自号七十二贤榜。"① 天会元年（1123）到四年（1126），科举考试的具体程序，由于文献缺少，我们不得而知。从七十二贤榜录取的情况看，考试的主考官是辽朝、北宋降金的汉族官员，考生主要是辽朝、北宋的文人。都兴智师指出，天会元年（1123）到四年（1126）举行的科举考试，通过一次性考试录取原来辽朝、北宋的文人，使之成为金朝所取之士，以便名正言顺地为新政权服务。这种考试实际上是形式大于内容。②

天会五年（1127），金朝攻破汴梁，灭亡北宋，两河地区纳入金朝统辖的范围。女真统治者出于政治需要，针对原来北宋文士政治态度迥异于辽朝文士的国情，采取两种相应的对策：一种是崇名士以收人望，留文人以安地方；另一种则是"以僭逆诱叛党"，设傀儡收罗文士。与此相对应的是科举考试制度在形式与内容上都发生了明显的变化。《金史·太宗纪》记载：天会五年（1127）八月诏："河北、河东郡县职员多阙，宜开贡举取士，以安新民。其南北进士，各以所业试之。"③《金史·选举志》也记载："以河北、河东初降，职员多缺，以辽、宋之制不同，诏南北各因其素所习之业取士，号为南北选。"④ 具体的考试办法是"辽人应词赋，两河人应经义"。⑤ 天会六年（1128）三月，金朝在燕山竹林寺举行具有里程碑意义的南北选考试。《建炎以来系年要录》记载："初，金国知枢密院刘彦宗建议试河北举人于燕山，传檄诸州搜索。又蠲其课役以诱之。命官即竹林寺校试。北人以词赋、南人以经义、词赋、策论，是日始揭榜，得士甚众。彦宗云：'第一番取士，宽

---

① 《金文最》卷86《褚先生碑碣》，中华书局1990年，第1254页。
② 张希清、毛佩琦、李世愉主编：《中国科举制度通史·辽金元卷》，上海人民出版社2017年，第166页。
③ 《金史》卷3《太宗纪》，中华书局点校本1975年，第47页。
④ 《金史》卷51《选举志一》，中华书局点校本1975年，第1134—1135页。
⑤ 《大金国志校证》卷5《太宗文烈皇帝三》，中华书局1986年，第84页。

取诱之.'"① 都兴智指出,竹林寺考试与之前考试的区别是:之前考试都具有地域性与临时性的特点,而此次则为全国性统一考试,就连主考官刘彦宗都称之为"第一番取士"。② "至天会十年(1132),海内小安,下诏如契丹开辟制,限以三岁,有乡、府、省三试。乡中曰乡荐,府中曰府解,省中曰及第。时有秀士未愿起者,州县必根刷遣之。程文分两科,曰诗赋、曰经义。"③ 即三年一试,辽朝文士试词赋,北宋文士试经义,实行三级考试制度:"初乡荐,次府解,次省试,乃曰及第。"④ 尽管如此,这并不代表科举在天会年间(1123—1135)形成定制。天会十年(1132)白水泊榜取士,虽然沿用是南北选之名,但是由于左元帅宗翰持有政治偏见,密诫主考官不取北宋文士,因此,实际上除了胡砺冒用韩昉籍贯得免以外,其他北宋文士均遭到黜落。

天会年间(1123—1135),除了金朝元帅府主持的科举考试之外,还有刘豫的伪齐政权也举行过两次科举考试:第一次是阜昌四年(1133)二月,第二次是阜昌七年(1136),伪齐是金朝的傀儡政权,其科举取士可以视为金朝的地域性考试。根据薛瑞兆先生统计,在金太宗执政13年里,试词赋进士7次,经义进士4次,取士1500多人。⑤

(二)金代汉科举的发展

熙宗、海陵时期,金朝进行了一系列政治上、经济上的改革,完成了国家制度的封建化,科举制度也相应地得到健全和发展。

金熙宗完颜亶从小跟随著名汉族文人韩昉研读儒学经典,崇尚中原传统汉文化。他即位以后,确立以文治国的指导思想,对外与南宋签署了"绍兴和议",对内推行汉化改革,使金政权开始由奴隶制向封建制过渡。为了适

① 《建炎以来系年要录》卷14,中华书局1956年,第304页。

② 张希清、毛佩琦、李世愉主编:《中国科举制度通史·辽金元卷》,上海人民出版社2017年,第168页。

③ 《三朝北盟会编》卷144炎兴上帙四十四引张棣《金房图经》,上海古籍出版社1987年,第147页。

④ 《建炎以来系年要录》卷2,中华书局1956年,第35页。

⑤ 薛瑞兆:《金代科举》,中国社会科学出版社2004年,第84、85页。

应社会发展的需要，对科举制度也进行了一系列的改革：首先，结束天会年间（1123—1135）地方元帅府把持科举的局面，将科举取士的权力收归中央所有。其次，进一步完善与健全太宗时期开始实行的三级考试制度。据《大金国志校证》卷 35《天会皇统科举》所载："每科举时，先于诸州分县赴试。诗赋者兼论策，作一日，经义者兼论策，作三日；号为乡试，悉以本县令为试官。……愿试之士，唯杂犯者黜。榜首曰乡元，亦曰解元。"[①] 再次，完备考场制度。主要表现在：依照北宋，建立弥封、誊录制。设监门官，负责检查考场出入，设至公楼，主考登楼监考。再次，在太宗词赋、经义两科基础上，增加明经、律科、经童科。以词赋，经义为正科，明经、律科、经童为杂科。又在皇统年间（1141—1149）设立武举，科举从此分为文武两途。最后，天眷元年（1138）五月颁布新的规定，"诏南北各以经义、词赋两科取士。"此举打破了单纯以经义试北宋文士、以词赋试辽朝文士的局面，原来北宋、辽朝文士的学业和思想渐趋一致，南北取士之间的差距在新制中统一。

海陵王完颜亮弑熙宗自立，"甚有尊经术，崇儒雅之意"。[②] 其在科举制度改革上比熙宗走得更远。其一，在中央和地方设立官学，为国家培养知识分子。其二，统一南北选，罢经义、经童、明经等科。《金史·选举志》记载：天德三年（1151），"并南北选为一，罢经义策试两科，专以词赋取士"。[③] 罢经义、明经、经童等诸科，只以词赋、律科取士。三上次男指出，天德二年到三年（1150—1151）科举改革，可以理解为是在以海陵王为中心的中央集权基础上进行的，或者说是其中央集权的结果。其中重要的改革，即天德二年（1150）制定殿试，三年合并南北选，废止经义科。究其原因，一是中央权力已渗透到全国范围，金统治者对南人的感情逐渐加深，对北、南人差别对待的必要性减弱；二是废止表示差别的南北选和经义科来笼络汉族士人。此外，海陵重视词赋也与他自身重视中国文化有关，轻视经学是怕篡位的行

---

①　《大金国志校证》卷 35《天会皇统科举》，中华书局 1986 年，第 508 页。

②　《大金国志校证》卷 35《天会皇统科举》，中华书局 1986 年，第 509 页。

③　《金史》卷 51《选举志一》，中华书局点校本 1975 年，第 1135 页。

为受到批判。改革以后汉人的政治、社会地位得到提高。[①] 都兴智认为："海陵罢经义诸科，除消除在科目上的民族隔阂和南北差别外，也出于政治上的需要。海陵弑君篡位、翦灭宗室，有悖经学的忠孝仁义伦理道德宗旨，他一心要灭亡南宗，做中国的正统皇帝，经学中'贵中华、贱夷狄'的封建正统思想与之格格不入。因此传统经学的某些学说已不能为他推行的内外政策服务。"[②] 三是设立殿试，金朝从此确立了殿、省、府、乡四级考试制度。需要强调的一点是，熙宗时期，"又置御试，已会试中选者皆当至其国都，不复试文，只以会试榜，殿廷唱第而已，士人颇以为苦，多不愿往，则就燕径官之，御试之制逐绝"。[③] 这里的御试实际上就是殿试，但熙宗时期的殿试更多地停留在形式的层面，海陵时期的殿试，目的就是为了杜绝礼部知贡举官员作弊的现象，使及第进士成为天子门生，"取舍之柄，当由人主"。[④]《大金国志校证》卷 35《天德科举》记载：乡试地点，由县改为州，"限三人取一。府试分为六处：河北东西路、中都路于大兴府，临洮、会宁、东京等路于大定府，西京、河东南北路于大同府；大名、山东东西路于东平府；南京等路于开封府；京兆、鄜延、庆源，熙秦等路于河中府。并限四人取一。省试以五百人为定格，殿试亦黜落"。[⑤]

　　经过熙宗到海陵王时期的改革，金代的科举制度逐渐确定下来，此后的世宗、章宗、卫绍王、宣宗、哀宗基本遵行不改。

（三）金代汉科举的鼎盛

　　世宗、章宗时期，金朝政治稳定，经济发展，科举制度也进入鼎盛时期。

　　金世宗时期，教育事业空前发展，采取一系列文教政策，进一步完善科

①　[日] 三上次男：《金朝的科举制度及其政治的侧面》，《青山史学》第 1 号，1970 年 3 月。
②　张希清、毛佩琦、李世愉主编：《中国科举制度通史·辽金元卷》，上海人民出版社 2017 年，第 168 页。
③　(宋) 洪皓：《松漠纪闻》卷下，丛书集成初编本，商务印书馆 1936 年，第 14 页。
④　(宋) 张田编：《包拯集》卷 2，中华书局 1963 年，第 15 页。
⑤　《大金国志校证》卷 35《天德科举》，中华书局 1986 年，第 509—510 页。

举制度。其一，增设太学，养士数量激增。大定六年（1166），在国子学之外增设太学，最初有学生 160 人，后来增加到 400 人，其中"五品以上官兄弟子孙百五十人，曾得府荐及终场人二百五十人"。[①] 其二，增设地方官学。大定十六年（1176），又置府学 17 处，学生多达千人。又置节镇学 39 处，防御州学 21 处，府，镇、州学共养士 1800 名。其三，创设女真国子学、太学和府州女真学。大定四年（1164）设译经所，以女真大小字译经书。"后择猛安谋克内良家子弟为学生，诸路达三千人"。[②] 大定十三年（1173），依照汉人太学，在京师创建女真国子学，大定二十八年（1188）创建女真太学。在女真人聚居的各路地方创设女真府学、州学。女真太学与女真国子学隶属于国子监，自此，国子监下国子学、太学、女真太学、女真国子学四学并立。其四，设立女真进士科。为了倡导学习女真文学，加快女真文学的发展，培养与选拔女真人当中的统治人材，金世宗采用大臣完颜思敬、移剌履等人的建议，创设了女真进士科。《金史·选举志》记载："大定四年（1164），世宗命颁行女直大小字所译经书。每谋克选二人习之。寻欲兴女直字学校，猛安谋克内多择良家子为生，诸路至三千人。九年，选异等者百人，荐于京师，廪给之。命温迪罕缔达教以古书，作诗、策，后复试，得徒单镒以下三十余人。十一年，始议行策选之制，至十三年始定每场第一道，以五百字以上成，免乡试府试，止赴会试御试。且诏京师女直国子学，诸路设女直府学，拟以新进士充教授，以教士民子弟之愿学者。俟行之久学者众，则同汉进士三年一试之制。"[③] 在燕京悯忠寺举行第一次女真科举考试，录取徒单镒以下 27 人。此后，女真进士与汉进士科并驾齐驱，直到金朝末年。其五，恢复经义科，扩大取士规模。《金史·选举志》记载："上于听政之隙，召参知政事张汝霖、翰林直学士李晏读新进士所对策，至县令阙员取之何道？上曰：'朕夙夜思此，未知所出。'晏对曰：'臣窃念久矣！国朝设科，始分南北两选，……以入仕者多，故员不阙。其后南北通选，止设词赋科，不过取六七十人，以入仕者少，故县令员阙也。'上曰：'自今文理可采者取之，毋

---

① 《金史》卷 51《选举志一》，中华书局点校本 1975 年，第 1130 页。
② 《金史》卷 51《选举志一》，中华书局点校本 1975 年，第 1130 页。
③ 《金史》卷 51《选举志一》，中华书局点校本 1975 年，第 1140 页。

限以数。'（大定）二十八年（1168），复经义科。"①

世宗在位 28 年（1161—1189），共举行 10 次科举考试，平均三年举行一次。汉进士科沿袭海陵王时期的制度，这一时期，科举取士人数不断增加。大定四年（1164）诏令"进士文优则取，勿限人数"。② 取士之数有所增加。大定二十年（1180）世宗再次强调："朕尝谕进士不当限数，则对以所取之外无合格文，故中选者少，岂非题难致然耶。若果多合格，而有司妄黜之，甚非理也。"③ 世宗大定二十八年（1188）又恢复经义科，并且"以不限人数，（会试）取至五百八十六人"。④

章宗时期，基本继承世宗的政治遗产，继续发扬文治理念及其科举政策。元代修史者在《金史·章宗纪》中对章宗进行了高度评价："章宗在位二十年，承世宗治平日久，宇内小康，乃正礼乐、修刑法、定官制，典章文物粲然成一代之规。"⑤ 金代科举考试也在章宗统治下步入鼎盛时期。当然，这与章宗时期进一步完善科举制度密不可分。

第一，增加地方官学数量，增设府试地点。章宗在世宗时期府州官学的基础上，增加 6 处府学，60 处节镇、防御州学，学生增加多达千人。22 处女真府学，学生增加多达三千人。为了方便新增学生参加科举考试，金朝政府增加了科举府试的地点。其中，汉举"府试旧六处，中有地远者，命特添三处，上京、咸平府路则试于辽阳，河东南北路则试于平阳，山东东路则试于益都。""承安四年（1099）复增太原为十。中都、河北则试于大兴府，上京、东京、咸平府等路则试于辽阳府，余各试于其境。"女真进士府试，"大定二十年(1180)定以中都、上京、咸平、东平四处。至明昌元年，添北京、西京、益都为七处，兼试女直经童。凡上京、合懒、速频、胡里改、蒲与、东北招讨司等路者，则赴会宁府试。咸平、隆州、婆速、东京、盖州、懿州者，则赴咸平府试。中都、河北东西路者，则赴大兴府试。西京并西南、西

---

① 《金史》卷 51《选举志一》，中华书局点校本 1975 年，第 1136 页。
② 《金史》卷 51《选举志一》，中华书局点校本 1975 年，第 1135 页。
③ 《金史》卷 51《选举志一》，中华书局点校本 1975 年，第 1135 页。
④ 《金史》卷 51《选举志一》，中华书局点校本 1975 年，第 1144 页。
⑤ 《金史》卷 12《章宗纪四》，中华书局点校本 1975 年，第 267 页。

北二招讨司者，则赴大同府试。北京、临潢、宗州、兴州、全州者，则赴大定府试。山东西、大名、南京者，则赴东平府试。山东东路则试于益都"。①

第二，恢复明经科、经童科。经童科，为熙宗时期所置，海陵王时期停废，章宗明昌元年（1190）恢复。与此同时，明经科也得以恢复，但策试科是否得到恢复，有待进一步考察。第三，创设制科考试。明昌元年（1190）三月，"初设应制及宏词科"。② 这里的应制，又称为制科。制科创建于唐代。是由朝廷颁布制书在全国范围内有针对地选拔高级人才的一种特殊考试制度。制科的最初科目众多，如博学宏词科、贤良方正科、道侔伊吕科等。参加制科的对象不限出身，士人、官员以及平民都可以参加。到北宋制科趋于衰落。金代制科沿用唐宋之制，是科举考试的一种补充。《金史·选举志》记载："金设科皆因辽、宋制，有词赋、经义、策试、律科、经童之制。海陵天德三年（1151），罢策试科。世宗大定十一年（1171），创设女直进士科，初但试策，后增试论，所谓策论进士也。明昌初（1190—1196），又设制举宏词科，以待非常之士。故金取士之目有七焉。"③ 至此，金代科举科目一时齐全。第四，免除乡试，设置恩例，对知识分子实行更为优渥的政策。为笼络士人，金章宗对科举考试的要求有所放宽。如下诏免除乡试环节，增添恩例。明昌元年（1190）"言事者谓：'举人四试而乡试似为虚设。固当罢去。其府、会试乞十人取一人可以群经出题，而注示本传。'上是其言，诏免乡试。"④ 恩例又称恩榜，《金史·选举志》记载："至廷试五被黜，则赐之第，谓之恩例。又有特命及第者，谓之特恩。恩例者但考文之高下为第，而不复黜落。"⑤ 之所以增设恩例，其目的主要是顾及久困科场而不得登第的老年举子。科举恩例之增设，故每科录取的数量较之前有所上升。《金史·选举志》记载：明昌四年（1193），"平章政事守贞言：'国家官人之路，惟女直、汉人进士得人居多。诸司局承应，旧无出身，自大定后始叙使，至今鲜有可用者。近来

---

① 《金史》卷51《选举志一》，中华书局点校本1975年，第1146页。

② 《金史》卷9《章宗纪一》，中华书局点校本1975年，第207页。

③ 《金史》卷51《选举志一》，中华书局点校本1975年，第1130—1131页。

④ 《金史》卷51《选举志一》，中华书局点校本1975年，第1130页。

⑤ 《金史》卷51《选举志一》，中华书局点校本1975年，第1130页。

放进士第数稍多，此举更宜增取，若会试止以五百人为限，则廷试虽欲多取，不可得也。'上乃诏有司，会试毋限人数，文合格则取"。① 章宗对官员们参加科举考试给予优惠政策，据《金史·选举志》记载：明昌二年（1191），"敕官或职至五品者，直赴御试"。②《金史·章宗纪》记载：承安五年（1200）正月，"以尚书省言，会试取策论、词赋、经义不得过六百人，合格者不及其数则阙之"。③ 科目的恢复与增置，拓展了应举的范围。特别是经义科的恢复，让儒家经典受到更多人的重视，儒家文化得以更广泛的流布。第五，更定科举法。承安四年（1202）"更定科举法"。同年规定，汉进士词赋、经义殿试，二科考生通试时务策，两科只选取一状元。承安五年（1203）规定，各级词赋考官各作程文一道，作为考生的示范。张行简认为：拟作程文的目的是为考生做表率，但会试的知贡举官、殿试的读卷官，皆在朝中居显官之位，离笔砚既久，如令其作程文，稍有不工，恐慌遭议论。章宗即会罢之。泰和元年七月，"禁放良人不得应诸科举，子孙不在禁限"。④ 对科举考试作了新的法律规定，标志着科举制度的进一步完善。为了不遗失人才，在实行科举取士的同时，又敕地方州县荐举硕学有德之士。对女真进士考试也做了许多新的规定。如章宗大定二十九年，"诏许诸人试策论进士"。⑤ 即打破民族界限，允许不同民族的文士考取女真进士，但规定猛安谋克贵族只许试女真进士，不得试汉进士。官阶至五品者，可直赴会试，职官五品者则直赴殿试。承安二年（1197），敕策论进士限丁习学，"遂定制，内外官员、诸局分承应人、武卫军，若猛安谋克女直及诸色人，户止一丁者不许应试，二丁者许一人，四丁二人，六丁以上止许三人。三次终场，不在验丁之限"。⑥ 承安三年（1198）又规定，女真人年四十五以下者应进士举，由府级佐贰官于府试十日前试其骑射之技。

---

① 《金史》卷51《选举志一》，中华书局点校本1975年，第1137页。
② 《金史》卷51《选举志一》，中华书局点校本1975年，第1137页。
③ 《金史》卷11《章宗纪三》，中华书局点校本1975年，第247页。
④ 《金史》卷11《章宗纪三》，中华书局点校本1975年，第247页。
⑤ 《金史》卷51《选举志一》，中华书局点校本1975年，第1130页。
⑥ 《金史》卷51《选举志一》，中华书局点校本1975年，第1130页。

金章宗时期举行科举考试 6 次，录取人数仍然不断地增加。明昌四年（1193），章宗下诏，"会试勿限人数，文合格则取"。[①]"自大定二十五年以前，词赋进士不过五百人，二十八年以不限人数，取至五百八十六人。先承圣训合格则取，故承安二年（1197）取九百二十五人。兼今有四举终场恩例，若会试取人数过多，则涉泛滥。"[②]为了防止科举录取过于泛滥，承安五年（1200），章宗"定策论、词赋、经义人数，虽多不过六百人，少则听其阙"。[③]

（四）金代汉科举的衰亡

卫绍王、宣宗、哀宗时期，是金代科举由衰落走向消亡的时期。卫绍王懦弱无能，将帅骄横跋扈。大安三年（1211），蒙古对金朝开战，金朝军队在会河堡之战一败涂地，元气大伤。之后蒙古南下攻城略地，西夏与南宋也趁火打劫，金朝国势日蹙，道路阻绝，正常的科举考试已难以进行。卫绍王在位期间举行过两次科举考试：一次是大安元年（1209），另一次为崇庆二年（1213）。按照三年一举的惯例，本在崇庆元年（1212）举行科举考试，由于蒙古军队的进攻，只好延宕至崇庆二年（1213）。当年八月，权臣胡沙虎发动政变，杀掉卫绍王，拥立丰王完颜珣为帝，是为宣宗，改元贞祐。贞祐二年（1214）六月，宣宗慑于蒙古强大的军事压力，不得不将都城由中都迁往开封，重蹈辽国与北宋亡国的覆辙。哀宗天兴三年（1234），最终为蒙古所灭，科举制度也随之烟消云散。

这一时期的科举逐渐衰落，直至消亡，主要表现在以下三个方面：其一，考试时间、地点的变更，记载产生混乱。如所谓的"崇庆榜"，本应崇庆元年（1212）举行，而延至崇庆二年（1213），成为四年一举。《金史》《归潜志》等文献记载中屡见至宁进士，诸如雷渊、完颜素兰、宋九嘉、聂天骥、冀禹锡等，至宁是卫绍王第三个年号，使用了 3 个月，即崇庆二年（1213）五月改元至宁，八月胡沙虎杀死卫绍王，迎立完颜珣。九月，改元贞祐。所

---

① 《金史》卷 51《选举志一》，中华书局点校本 1975 年，第 1135 页。
② 《金史》卷 51《选举志一》，中华书局点校本 1975 年，第 1138 页。
③ 《金史》卷 51《选举志一》，中华书局点校本 1975 年，第 1138 页。

以，确切地说，雷渊、完颜素兰、宋九嘉、聂天骥、冀禹锡等实际上是在崇庆二年（1213）二月及第，应称其为崇庆进士。金宣宗贞祐三年（1215）榜的考试时间距贞祐元年（1213）只有二年，也不符合三年一举的惯例，但是由于金宣宗刚刚迁都汴梁，出于稳定中原局势、安定社会秩序的考虑，因此定在当年开科取士。这也导致相关记载的紊乱，《遗山文集》《中州集》《续夷坚志》《归潜志》《秋涧集》等金元著述中，贞祐二年（1214）进士、贞祐三年（1215）进士、贞祐四年（1216）进士都有记载，很容易使人错认为宣宗即位后连续三年举行科举考试。对于此，李桂芝先生认为："贞祐元年（1213）不可能再有一科。""贞祐二年是否有一科呢？贞祐二年开科，则是连续两年开科，在形势动荡不稳、人心浮动的情况下，科举连年举行是不可思议的。"认为此科应是贞祐三年举行。① 与此同时，由于蒙古南下，金朝控制的疆土日益缩小，兴定元年（1217），"制中都、西京等路，策论进士及武举人权于南京、东平、婆速、上京四处府试"。②

其二，科举取士制度的混乱。由于金朝晚期政治、经济、军事每况愈下，"吏习日盛，苛刻成风，殆亦多故之秋，急于事功，不免尔欤。自时厥后，仕进之岐既广，侥幸之俗日炽，军伍劳效，杂置令录，门荫右职，迭居朝著，科举取士亦复泛滥，而金制衰矣"。③ 以贞祐三年（1215）会试为例，宣宗南渡后，为了收络人心，下诏免去府试。而各地经过乡试的举子将近万人参加会试，会试考场"杂坐喧哗"，④ 考场秩序极其混乱，甚至发生考生控告主考官的恶性事件。《金史·赵秉文传》记载：当时翰林直学士赵秉文，时为主考官，"得李献能赋，虽格律稍疏而词藻颇丽，擢为第一。举人遂大喧哗，诉于省台，以为赵公大坏文格，且作诗谤之，久之方息。俄而献能复中宏词，入翰林，而秉文竟以是得罪"。⑤《归潜志》也有类似记载："赵闲闲为省试，有司得李钦叔赋，大爱之。盖其文虽格律稍踈，然词藻庄严绝

① 李桂芝：《辽金科举研究》，中央民族大学出版社 2012 年，第 183 页。
② 《金史》卷 51《选举志一》，中华书局点校本 1975 年，第 1130 页。
③ 《金史》卷 51《选举志一》，中华书局点校本 1975 年，第 1130 页。
④ 《金史》卷 51《选举志一》，中华书局点校本 1975 年，第 1139 页。
⑤ 《金史》卷 110《赵秉文传》，中华书局点校本 1975 年，第 2426 页。

俗，因抉为第一人，擢麻知几为策论魁。于是举子辈哗然，诉于省台，投状陈告赵公坏了文格，又作诗讥之。台官许道真奏其事，将复考，久之方息。俄钦叔中宏词科，遂入翰林，众始厌服。"① 金宣宗得知以后，"谕宰臣：'国初设科，素号严密，今闻会试至于杂坐喧哗，何以防弊。'命治考官及监察罪"。② 兴定二年（1219），御史中丞把胡鲁上言针砭时弊："'国家数路取人，惟进士之选最为崇重，不求备数，惟务得贤。今场会试，策论进士不及二人取一人，词赋、经义二人取一。前虽有圣训，当依大定之制，中选即收，无问多寡。然大定间赴试者或至三千，取不过五百。泰和中，策论进士三人取一，词赋、经义四人取一。向者贞祐初，诏免府试，赴会试者几九千人，而取八百有奇，则中十之一而已。时已有依大定之制，亦何尝二人取一哉。今考官泛滥如此，百所以为求贤也。宜于会试之前，奏请所取之数，使恩出于上可也。'诏集文资官议，卒从泰和之例。又谓宰臣曰：'从来廷试进士，日晡后即遣出宫，恐文思迟者不得尽其才，令待至暮时。'特赐经义进士王彪等十三人及第，上览其程文，爱其辞藻，咨叹久之。因怪学者益少，谓监试官左丞高汝砺曰：'养士学粮，岁稍丰熟即以本色给之，不然此科且废矣！'五年，省试经义进士，考官于常格外多取十余人，上命以特恩赐第。又命河北举人今府试中选而为兵所阻者，免后举府试"。③ 至于是否免除府试，之前学界表示过质疑。比如，《金史校勘记》认为："《金史》的这条记载是指吏部选授之制，非指科举制。"④ 当然，这种说法值得进一步探讨，如果结合上引御史中丞把胡鲁的奏言加以佐证："向者贞祐初，诏免府试，赴会试者几九千人，而取八百有奇，则中十之一而已。"则不难理解贞祐三年（1215）免府试的记载是真实可信的。都兴智先生进一步指出："兴定年间（1217—1222）会试之所以录取比例提高，实际上是因为金朝能控制的领土越来越小，考生也日见其少。以往会试录取的名额基本上都是由皇帝决定，而兴定年间可能是由贡举官员自定，因而出现了把胡鲁所说的情况。由此可看出，

①　《归潜志》卷 10，中华书局 1983 年，第 108 页。
②　《金史》卷 51《选举志一》，中华书局点校本 1975 年，第 1139 页。
③　《金史》卷 51《选举志一》，中华书局点校本 1975 年，第 1130 页。
④　《金史》卷 51《选举志一》，中华书局点校本 1975 年，第 1130 页。

在战事频仍的金代晚期，科举取士已经没有世宗、章宗之世那样的规范，出现了许多混乱的情况。"①到哀宗时，为了解决国家财政危机，实行大规模卖官鬻爵的政策，科举制度为此深受其累。《金史·哀宗纪》记载：天兴元年（1232）八月，"乙亥，卖官，及许买进士第"。②《金史·食货志》对此亦有记载："历观自古财聚民散，以至亡国，若鹿台、钜桥之类，不足论也。其国亡财匮，比比有之，而国用之屈，未有若金季之甚者。金之为政，常有恤民之志，而不能已苛征之令，徒有聚敛之名，而不能致富国之实。及其亡也，括粟、阑籴，一切掊克之政靡不为之。加赋数倍，豫借数年，或欲得钞则豫卖下年差科。高琪为相，议至榷油。进纳滥官，辄售空名宣敕，或欲与以五品正班。僧道入粟，始自度牒，终至德号、纲副威仪、寺观主席亦量其赀而鬻之。甚而丁忧鬻以求仕，监户鬻以从良，进士出身鬻至及第。"③科举制度衰败至此，可见一斑。

其三，文风衰没。金朝科举制度实行程式化的考试办法，与整个社会文风的衰没存在着必然的联系。当然，文风的衰落，早在章宗时期就开始显现，《金史·赵秉文传》记载："金自泰和、大安以来，科举之文其弊益甚，盖有司惟守格法，所取之文卑陋陈腐，苟合程度而已。稍显奇峭，即遭黜落，于是文风大衰。"④刘祁在《归潜志》中对科举的弊端加以中肯的评价："金朝取士，止以词赋为重，故士人往往不暇读书为他文。尝闻先进故老见子弟辈读苏、黄诗，辄怒斥故学子止工于律、赋，问之他文则懵然不知。闻有登第后始读书者诸名士是也。南渡以来，士人多为古学，以著文作诗相高。然旧日专为科举之学者疾之为仇敌雠，若分为两途，互相诋讥。其作诗文者目举子为科举之学，为科举之学者指文士为任子弟，笑其不工科举。殊不知国家初设科举用四篇文字，本取全才，盖赋以择制诰之才，诗以取风骚之旨，策以究经济之业，论以考识见之方。四者俱工，其人才为何如也？而学者不

① 张希清、毛佩琦、李世愉主编：《中国科举制度通史·辽金元卷》，上海人民出版社 2017 年，第 182 页。
② 《金史》卷 17《哀宗纪上》，中华书局点校本 1975 年，第 389 页。
③ 《金史》卷 46《食货志一》，中华书局点校本 1975 年，第 1031 页。
④ 《金史》卷 110《赵秉文传》，中华书局点校本 1975 年，第 2426 页。

知，狃于习俗，止力为律、赋，至于诗、策、论俱不留心，其弊基于为有司者止考赋，而不究诗、策、论也。吾尝记故考云，泰和间，有司考诗赋以定去留，及读策论，则止用笔点庙讳、御名，且数字数与涂注之多寡。有司如此，欲举子辈专经难矣。南渡后，赵、杨诸公为有司，方于策论中取人，故士风稍变。颇加意策论。又于诗赋中亦辨别读书人才，是以文风稍振。然亦谤议纷纭。然每贡举，非数公为有司，则又如旧矣。"① 这段史料所记载的"赵、杨诸公"，是指金朝文坛领袖赵秉文、杨云翼以及李献能等人。他们在主持科举考试过程中都为振奋文风做过不懈的努力。比如，前文提到的《金史·赵秉文传》记载贞祐三年（1215）会试因录取李献能头名，遭到举子的控告而得罪一事。不止如此，兴定二年（1219），升任礼部尚书的赵秉文再次"知贡举，坐取进士卢亚重用韵，削两阶，因请致仕"。② 这次录取的卢亚是因为犯重用韵的问题。这在科举考试中算是明显的违规。这种失察之罪，作为主考官的赵秉文也因此受到降阶处分。都兴智指出，赵秉文是当时的文坛领袖，之所以冒着违规的危险录取卢亚，其背后的深层原因也是为了扭转当时的文风。③ 杨云翼，明昌五年经义科殿试一甲第一名，词赋亦中乙科。"文章与闲闲公齐名，世号'杨赵'。高文大册，多出其手。典贡举三十年，门生半天下。"④ 李献能在科举考试当中也注意扭转文风。《归潜志》卷10记载：李献能字钦叔，河中府人。宣宗贞祐三年（1215）被赵秉文破格录取为会元，殿试特赐进士，"俄钦叔中宏词科，入翰林，众始厌服。正大中（1224—1230），钦叔复为省试，有司得史学优赋，大爱之，亦擢为第一，于是举子辈复大噪。盖史之赋比李尤疏，第以学问词气见其为大手笔。又赋中多用禽兽对属，众言：'何考官取此赋为魁，盖其口中味多也。'又曰：'可号学优为百兽家。俄学优对廷试中之，议者亦息。'嗟乎！士皆安卑习陋久矣，一旦见其有轩昂峭异者，其怪骇宜哉。夫科举本以取天下英才，格律其大略

---

① 《归潜志》卷8，中华书局1983年，第80页。
② 《金史》卷110《赵秉文传》，中华书局点校本1975年，第2426页。
③ 张希清、毛佩琦、李世愉主编：《中国科举制度通史·辽金元卷》，上海人民出版社2017年，第184页。
④ 《内相文献杨公神道碑铭》。

也。或者舍彼取此，使士有遗逸之嗟，而赵、李二公，不循众好，独所取得人，彼议者纷纷何足校也"。① 金末文风的衰没虽然由诸多因素共同作用，但是科举体制墨守成规，在理念上以仕途来诱导与培养士人，这一导向无疑应该负有不可推卸的责任。

第二节　金代汉科举考试制度与考试题目

一、金代汉科举考试制度

金代汉科举设有四级考试制度。

吴宗国指出："科举之名始于宋代。唐代贡举制自宋以后也称为科举。这是因为它已经具备了科举制的最基本特征。"② 唐代科举分为常例的贡举与皇帝临时下诏开科的制举。狭义的科举一般指前者。唐代科举分为解试、省试两级。解试就是取得解送京师、参加省试资格的考试。分别由国子监与州县举行分科考试，其中国子学、馆学生徒业成者，由国子监考试后，按规定人数举送到尚书省参加省试。不在国子学、馆学者，"举人辄自陈牒"，"怀牒自列于州县"，③ 由考生向州县申请报名，这里的"牒"相当于申请表，上面注明应考者的姓名、年龄、籍贯、应试次数及父、祖三代履历等信息。经核实以后，由地方主考部门发给"考帖"，允许参加解试。唐朝前期，投牒取解皆于本乡，时间一般在七八月。到后期"不本于乡，不序于庠，一朝而群至乎有司，有司之不之知宣矣"。④ 州县考试合格以后，再举送到尚书省，即"由州县者曰乡贡"。解试相当于后来的乡试级别的科举考试，一般每年

---

① 《归潜志》卷 10，中华书局 1983 年，第 109 页。

② 吴宗国：《唐代科举制度研究》，北京大学出版社 2010 年，第 275 页。

③ 《新唐书》卷 44《选举志上》，中华书局点校本 1975 年，第 1161 页。

④ （唐）韩愈：《韩昌黎集》卷 14《进士策问十三首》，上海中央书店 1935 年，第 116 页。

举行一次，每年秋天进行考试，又称"秋闱"。于冬季第二个月将合格者解送尚书省。《新唐书·选举志》记载："既至省，皆疏名列到，结款通保及所居，始由户部集阅，而关于考功员外郎试之。"这里所说的是开元二十四年（736）之前考功员外郎主持贡举时的情况，这些制度到后期由户部改为礼部，具体做法并没有太大的变化。开元二十四年（736）以前，由吏部考功员外郎主持，后改由礼部带知贡举头衔的官员主持。省试一般在春季举行，又称"春闱"。省试及第后，仅具备了作官的资格，还要通过吏部选试合格，方能授予相应官职。省试相当于后来的会试级别的科举考试。唐高宗显庆四年（659）亲自主持开科取士，是中国古代科举史上的第一次殿试。此后，武则天为了收买人心，也主持过殿试考试，但唐朝殿试并未形成制度。殿试制度创立于宋太祖时期，会试降格成为取得殿试资格的一种考试。

北宋最初沿袭唐制，科举设有乡试与会试两级考试。宋太祖开宝六年（973），翰林学士李昉知贡举，主持全国会试。经过各场会试，录取宋准以下进士 11 人、诸科 22 人。其中进士武济川、五经刘睿在宋太祖召对时"材质最陋，对问失次"。落第举子徐士廉击登闻鼓，控告李昉"用情取舍"，宋太祖下诏宋准等已及第者与落第者中选共 195 人在讲武殿进行复试，复试由宋太祖亲自主持，录取进士及诸科共 127 人，而原及第者中又有 10 人落选。张榜一出，朝野一片哗然，李昉因此受到处分。这次科举案不仅使殿试此后成为定制，而且奠定了乡试（解试）、会试（省试）、殿试三级科举考试的制度。当时人公允地评价道："自唐以来，进士皆为知举门生，恩出私门不复知有人主。……艺祖皇帝以初御试，特优与取放，以示异恩。而御试进士不许称门生于私门，一洗故习，大哉宏模，可谓知所先务矣。"[1] 辽朝前期的科举考试也沿袭唐朝，基本保留了乡试与会试两级考试，直到辽兴宗重熙五年（1036）才增殿试之制。

金代科举将唐宋的解试进一步细分为乡试、府试，形成了乡试、府试、会试、殿试四级考试制度。到章宗以后罢废乡试。《金史·选举志》记载："章宗明昌元年（1190）正月，言事者谓曰：'举人四试而乡试似为虚设，固当

---

① （宋）王栐：《燕翼贻谋录》卷 1《唐宋史料笔记丛刊》，中华书局 1981 年，第 2 页。

罢去。其府、会试乞十人取一人，可以群经出题，而注示本传。'上是其言，诏免乡试。"① 金代科举自此成为府试、会试、御试三级考试制度。

（一）乡试

金朝前期，天会（1123—1138）、皇统（1141—1149）年间的科举分为乡试、府试、会试三级考试制度，海陵王时期增设殿试，金代科举自此始有乡试、府试、会试、殿试四级考试制度。正如《金史·选举志》所载："凡诸进士举人，由乡至府，由府至省，及殿廷，凡四试皆中选，则官之。"②

关于金代的乡试开始实行的时间，值得进一步探究。天会二年（1124）至天会四年（1126）的西京榜、真定榜与平州榜都属于区域性的考试，属于当时的权宜之举。可以明确的是，当时科举并未有乡试一说。天会六年（1128）实行南北选的燕山竹林寺榜，似乎也没有什么乡试之设。据《建炎以来系年要录》宋高宗建炎二年三月辛亥条记载："初，金国知枢密院刘彦宗建议试河北举人于燕山，传檄诸州搜索，又免其科役以诱之。命官即竹林寺校试。北人以词赋，南人以经义、词赋、策论，是日始揭榜，得士甚众。彦宗云：'第一番取士，宽取诱之。'"③ 都兴智指出："因为当时知识分子特别是原宋朝的知识分子，对金政权的统治还有一定的抵触情绪，有的拒不参加新政权举行的科举考试，所以金朝统治者采取软硬兼施的办法，一方面传檄诸州搜索，强令儒生赴考场应试；另一方面则免其科役以诱之。在这种形势下，应该不会设立繁琐的三级考试制度的。……刘彦宗只是'传檄诸州搜索'，强令辽宋旧文士到燕京参加考试，而不是先在州县举行考试，故当时应该无乡、府试之制。"④ 据《金虏图经》记载：金朝"初无文物，自侵辽之疆，所在处以科举取士，有沈州榜、平州榜、真定榜者是也。至天会十年（1132），海内小安，下诏如契丹开辟制，限以三岁，有乡、府、

---

① 《金史》卷51《选举志一》，中华书局点校本1975年，第1130页。
② 《金史》卷51《选举志一》，中华书局点校本1975年，第1130页。
③ 《建炎以来系年要录》卷14，中华书局1956年，第304—305页。
④ 张希清、毛佩琦、李世愉主编：《中国科举制度通史·辽金元卷》，上海人民出版社2017年，第191页。

省三试。乡中曰乡荐，府中曰府解，省中曰及第。"①《大金国志》卷35《天会皇统科举》也记载："至天会十年（1132），国内太平，下诏如契丹开辟制，限以三岁，有乡府省三试之法。"②更有可能的是，三级考试制度在天会十年（1132）的白水泊榜考试中实际上并未得到真正实施。白水泊榜是在西路军元帅府主持下举行的，西路军元帅宗翰在考试之前将赴考的年老儒士集中到一起进行公然羞辱，并授意主考官不录取前北宋生源的中原人，这显然也不是真正的制度化考试。天会十年（1132）金朝政府虽然颁布了三年一试和乡试、府试、省试三级考试的诏令，但是当年并未得以实行。金代科举从天会十年（1132）白水泊榜以降，一度间隔六年未如期举行。金熙宗上台后，着手汉制改革，对统治人才的需求日益迫切。在这种大背景下，天眷二年（1139）科举重新开科，所以谈起金代科举的制度化，一般都从熙宗天眷（1138—1140）年间算起，同样乡试、府试、省试三级考试制度的实施也应该从这一时期算起。

宋人洪皓的《松漠纪闻》记载："金人科举，先于诸州分县赴试，诗赋者兼论作一日，经义者兼论、策作三日，号为乡试。悉以本县令为试官，预试之士唯杂犯者黜。榜首曰乡元，亦曰解元。"③科举时代的乡试又称取解试。唐代解试，要经过县、州两级考试。县级考试一般由县尉主持其事，府州考试一般由功曹或司功参军主持其事。吴宗国指出，举子投牒以后，按规定应经过县、州府的考试，实际上，一般只到州府取解，因此，只经过一级的考试。④宋代乡试的情况基本上沿用唐制，以州为考试单位，《宋史·选举志》记载："诸州判官试进士，录事参军试诸科。不通经义，则别选官考校，而判官监之。"⑤金熙宗时期，乡试以县为考试单位，以县令为考官。海陵王时期对科举进行改革，以州为考试单位。这一变化说明，天会（1123—

①　《三朝北盟会编》卷244兴炎下帙一百四十四引张棣《金房图经》，上海古籍出版社1987年，第1753页。

②　《大金国志校证》卷35《天会皇统科举》，中华书局1986年，第508页。

③　《松漠纪闻》卷下，丛书集成初编本，中华书局1985年，第14页。

④　吴宗国：《唐代科举制度研究》，北京大学出版社2010年，第38—39页。

⑤　《宋史》卷155《选举志一》，中华书局点校本1977年，第3605页。

1138)、皇统（1141—1149）年间乡试设在各县的制度极有可能是沿革辽制，海陵王时期以州为单位、以州官为考官的制度则很可能学自宋制。唐宋时期，参加科举的考生需要提交联保证明资料。《唐国史补》记载："将试，各相保任，谓之合保。"①《唐会要》卷76《贡举中》记载：开成元年（836）中书门下奏："近缘核实不在于乡间。趋名颇杂于非类。致有跋扈之地。情计交通。将澄化源。在举明宪。臣等商量。今日以后。举人于礼部纳家状后。望依前五人自相保。其衣冠则以亲姻故旧。久同游处者。其江湖之士。则以封壤接近。素所谙知者为保。如有缺孝弟之行。资朋党之势。迹由邪径。言涉多端者。并不在就试之限。如容情故。自相隐蔽。有人纠举。其同举人并三年不得赴举。仍委礼部明为戒励。编入举格。"②《宋史·选举志》记载："凡命士应举，谓之锁厅试。所属先以名闻，得旨而后解。既集，什伍相保，不许有大逆人缌麻以上亲，及诸不孝、不悌、隐匿工商异类、僧道归俗之徒。家状并试卷之首，署年及举数、场第、乡贯，不得增损移易，以仲冬收纳，月终而毕。将临试期，知举官先引问联保，与状金同而定焉。凡就试，唯词赋者许持《切韵》《玉篇》，其挟书为奸，及口相受授者，发觉即黜之。凡诸州长吏举送，必先稽其版籍，察其行为；乡里所推，每十人相保，内有缺行，则连坐不得举。"③这种考试制度也为金朝所吸纳。

乡试第一名考生称乡元，亦称解元。解元可免府试，直接参加会试，四举终场则依五举恩例。换句话说，其他中举者参加五次殿试，就可以受恩例，即可为特赐进士，解元参加四次殿试者，即可为特赐进士。《中州集》卷8《南湖靖先生天民小传》记载："天民字达卿，滏阳人。其父国初官原武，因而家焉。少日尝两魁乡试，自望者不碌碌，所与交如庞才卿、杨茂才、刘之昂、王逸宾，皆一时名士。"④这段史料表明，解元虽可免除府试直赴会试，但如果会试不中的话，很可能仍需重新参加乡试，不然又怎么会两魁乡试呢？

---

① （唐）李肇：《唐国史补》，上海古籍出版社 1957 年，第 55—56 页。

② 《唐会要》卷 76《贡举中》，中华书局 1955 年，第 1382 页。

③ 《宋史》卷 155《选举志一》，中华书局点校本 1977 年，第 3605 页。

④ 《中州集》卷 9《南湖靖先生天民小传》，中华书局 1959 年，第 441 页。

（二）府试

金代府试始于金熙宗天眷（1138—1140）、皇统（1141—1149）年间。《松漠纪闻》中对府试的情况有所记载：

> 金人科举，先于诸州分县赴试，诗赋者兼论作一日，经义者兼论、策作三日，号为乡试。悉以本县令为试官，预试之士唯杂犯者黜。榜首曰乡元，亦曰解元。次年春，分三路类试，河以北至女真皆就燕，关西及河东就云中，河以南就汴，谓之府试。试诗赋、论、时务策。经义则试五道：三策、一论、一议律。凡二人取一，榜首曰府元。至秋，尽集诸路举人于燕，名曰会试，凡六人取一，榜首曰敕头，亦曰状元。……府试差官取旨，尚书省降劄，知举一人，同知二人，又有弥封、誊录、监门之类。试闱用四柱，揭采其上，目曰至公楼，主文登之观试。或有私者停官不叙，乃决沙袋。①

《松漠纪闻》的作者是洪皓，原为南宋派遣出使金朝的使者，后被金朝无理扣留，滞留金地长达15年时间，皇统二年(1142)才得以返归宋朝。《松漠纪闻》记载的基本上是洪皓在金地所见所闻，所记金朝的考试制度基本是金熙宗时期的情况，从上述记载中可以推知当时的府试又称为类试，考试地点主要有燕京大兴府、河东大同府和河南开封府三处。其时间是乡试第二年春。府试的考官由当时的尚书省简派。《大金国志》卷35《天会皇统科举》记载与上述略同。

海陵王时期府试的情况，《金虏图经》有所记载：

> 海陵炀王弑熙宗自立，改皇统曰天德，甚有尊经术、崇儒雅之意始设殿试。又以乡试聚于州，限以三人取一。府试分六处：河北东西两路、中都，试于大兴府；临潢、会宁、东京等路于大定府；西京路、河东南北路于大同府；大名路、山东东西两路于东平府；南京开封府，京兆、鄜延、庆源、

---

① 《松漠纪闻》卷下，丛书集成初编本，中华书局1985年，第14页。

熙河等路于河中府。并限四人取一。①

　　根据上述史料记载可知，海陵王府试地点在金熙宗时期的基础上，增加了三处：大定府、东平府、河中府，自此，金代府试考场已有六处之多。这从另一个侧面说明，海陵王时期大力发展教育事业，使得应举的考生较之前大为增加。反之也成立，即生徒的增加客观上要求府试地点增多。金熙宗时期府试录取比例基本保持在二比一的水平，海陵王时期录取比例基本保持在四比一的水平，直接反映出应举人数增加的客观事实。

　　世宗时期，府试地点没有变化，与海陵王时期持平。章宗明昌二年（1191），府试地点增加了三处：即上京、咸平府路试于辽阳；河东南、北路试于平阳府；山东东路则试于益都府。承安四年（1199），增加了太原一处。如此一来，金朝的府试地点合计有 10 处。章宗时期崇尚文治，免除乡试环节，导致赴府试的考生相对增加，趋之若鹜。如泰和末平阳府试，应举者多达万人，十分壮观。有鉴于此，章宗时期规定府试录取比例保持五比一的水平，考官"以六经、十七史、《孝经》《论语》《孟子》及《荀》《扬》《老子》内出题，皆命于题下注其本传。又谕有司：'举人程文所用故事，恐考试官或遽不能忆，误失人才，可自注出处。注字之误，不在涂注乙之数。'"②

　　府试第一名称府元，府元即使会试、殿试不中，也可以授官。如《归潜志》卷5《张翰林邦直小传》记载："张翰林邦直，字子忠，河内人。少工词赋，尝魁进士平阳。南渡，为国史院编修官，迁应奉翰林文字。在馆五六年，从赵闲闲游。性朴澹好学，尤其善谈论，人多爱之。"③

　　金代府试制度，对南宋的科举制度也产生了深远的影响。《宋会要辑稿·选举》四之十七《贡举杂录》记载：宋高宗时期，由于境内"盗贼未息灭，道路梗阻，士有赴试非便"，不得不临时仿照金朝的先例，诏令"内河东路合附试人令赴京西路转运司所在试，国子监、开封府合就试人于开封府，诸

---

① 《三朝北盟会编》卷 244 兴炎下帙一百四十四引张棣《金虏图经》，上海古籍出版社 1987 年，第 1753 页。

② 《金史》卷 51《选举志一》，中华书局点校本 1975 年，第 1130 页。

③ 《归潜志》卷 5《张翰林邦直小传》，中华书局 1983 年，第 43 页。

路合就试人于转运司置司州军类试，内国子监合赴试人，如在外路州军，愿就本路试者听"。① 与金朝府试略有不同的是，南宋的中类省试者，既可以到京师参加殿试，又可以当即授官。比如，《宋会要辑稿·选举》之二十六《进士科》记载：绍兴五年（1135）十一月宋高宗颁布诏书规定："川陕类试过省第一人，特赐进士及第，与依行在殿试第三人恩例，余并赐同进士出身。"② 而金朝府试中选者仍须通过会试、殿试才为及第。金朝府试相当于后世元、明、清的乡试。

（三）会试

会试又称省试、礼部试、礼闱，是由尚书省礼部主持的高级考试，相当于唐代的省试。唐朝省试是最高级的考试，会试中选以后就获得做官的资格，但是还不能直接授官，需要通过吏部的铨选才能授官。宋初袭唐制，亦只设乡、会两级考试，宋太祖开宝六年（973）增加了殿试环节，从此，殿试成为最高级考试，会试中选的举子只是取得了参加殿试的资格。殿试及第之后，才算是中进士。在殿试未成制度之前，称会试中选者为进士，一甲第一名进士称为状元。增设殿试之后，会试中选者改称为贡士，一甲第一名贡士称为会元。由于会元是由尚书省主持的考试，所以会元又称为省元。而殿试中选者方称进士，殿试一甲第一名进士称为状元。

金代会试也应始于金熙宗天眷（1138—1140）年间。上引《松漠纪闻》记载：熙宗时期于府试之后，"至秋，尽集诸路举人于燕，名曰会试，凡六人取一，榜首曰敕头，亦曰状元。分三甲，曰上甲、中甲、下甲。……知举一人，同知二人。又有弥封、誊录、监门之类。……亲戚不回避，尤重书法。凡作字有点画偏旁微误者，皆曰杂犯。先是考校毕知举即唱名。近岁上中下甲杂取十名，纳之国中，下翰林院重考，实欲私取权贵也。考校时不合格者，日榜其名。试院欲（一）开，余人方知中选。"③ 从这段记载来看，当时

---

①　（清）徐松编撰：《宋会要辑稿·选举》四之十七《贡举杂录》，中华书局 1957 年，第 330 页。

②　《宋会要辑稿·选举》二之十六，永乐大典本，第 299 页。

③　《三朝北盟会编》卷 244 兴炎下帙一百四十四引张棣《金虏图经》，上海古籍出版社 1987 年，第 1753 页。

会试不是于首都上京举行，而是于燕京举行。这里的上、中、下三甲取士，也是沿袭辽宋之制的结果。至于会试之后，又"从中选出十卷，下翰林院重考"的规定则对后世产生深远的影响。这样做既可以视为"欲取权贵"，又折射出皇帝想将录取进士的权力直接掌握在手里。后世明清，每次开科举取士，会试主考官、殿试读卷官阅卷完毕以后，拟定前十名的考卷送达皇帝处过目，会元、状元及一甲、二甲第一名贡士或进士一般都经过皇帝钦定方才有效。这种做法与金初会试存在着某种渊源。至于金朝科举考试中的弥封、誊录、监门制度，是直接继承了宋朝科举的优秀成果。需要说明的是，熙宗时御试，仅仅是把"已会试中选者，皆当至其国都，不复试文，只以会试榜殿廷唱第而已"，并不是真正的殿试。由于"士人颇以为苦，多不愿往，则就燕径官之，御试之制遂绝"。到海陵王登基以后，将政治中心由上京迁到燕京，推行殿试之制，会试中选者也免于奔波之苦。乡试、府试、省试、殿试四级考试制度由此正式形成。

金代会试考生除了府试中选者以外，还包括皇帝袒免以上亲、宰相执政之子弟、乡试第一名——解元。关于金代会试的地点，熙宗时期于燕京会试，海陵王天德三年（1151）于上京会试，给应试的举子造成了诸多不便。由于上京偏居一隅，路途遥远，应举者到上京参加考试，十分辛苦。王寂于天德三年到上京应试，以车载糇粮，"途次辽河淀，霖雨泥淖，车不能行，同行者鞭马就道，车独行数里而轴折"。[①] 由此可见，当时士子们赴京应举艰苦行程之一斑。迁都燕京后，改燕京为中都，会试地点随之改为中都。宣宗贞祐二年（1215）迁都南京，下诏次年，即贞祐三年（1216）于中都及南京两处会试。中都沦陷后，于南京会试。

金代会试的时间，熙宗天眷（1138—1140）、皇统（1141—1149）年间，在秋季举行，世宗大定（1160—1189）年间规定"乡试之期，以三月二十日。府试之期，若策论进士则以八月二十日试策，间三日试诗。词赋进士则以二十五日试赋及诗，又间三日试策论。经义进士又间词赋后三日试经义，又三日试策。次律科，次经童，每场皆间三日试之。会试，则策论进士以正月

---

① （金）元好问:《续夷坚志》卷 1《京娘墓》，上海古籍出版社 1996 年，第 8 页。

二十日试策，皆以次间三日，同前。御试，则以三月二十日策论进士试策，二十三日试诗论，二十五日词赋进士试赋诗论，而经义进士亦以是日试经义，二十七日乃试策论。若试日遇雨雪，则候晴日"。[1] 其后逐渐成为定例。

金代会试的录取人数，据《金史·选举志》记载："大定二十五年（1185），词赋进士不得过五百人。二十八年（1188），以不限人数，遂至五百八十六人。章宗令合格则取，故承安二年（1197）至九百二十五人。时以复加四举终场者，数太滥，遂命取不得过六百人。泰和二年（1202），上命定会试诸科取人之数，司空襄言：'试词赋、经义者多，可五取一。策论绝少，可四取一。恩榜本以优老于场屋者。四举受恩则太优，限以年则碍异材。可五举则授恩。'平章徒单镒等言：'大定二十五（1185）年至明昌初，率三四人取一。'平章张汝霖亦言：'五人取一，府试百人中才得五耳。'遂定制，策论三人取一，词赋、经义五人取一，五举终场年四十五以上、四举终场年五十以上者受恩。"[2] 贞祐三年（1216）免府试，赴会试者达九千余人，取士八百人。兴定二年（1219），策论进士不及二人取一，词赋、经义二人取一。

（四）殿试

殿试，又称御试、廷试，顾名思义，在皇宫大殿举行的科举考试。一般认为，殿试始设于武则天载初元年（690），实际上，唐高宗显庆四年（659）在含元殿主持开科取士，由高宗本人亲自监考选拔贤能，才是中国古代科举史上的第一次殿试。但是殿试在唐朝并没有制度化。到北宋开宝六年（937）之后，殿试形成定制。

金代殿试创设于海陵王统治时期。关于殿试创设的时间，文献记载相互抵牾。《金史·选举志》记载："海陵庶人天德二年（1150），始增殿试之制，而更定试期。三年，并南北选为一，罢经义、策试两科，专以词赋取士。"[3] 问题是，天德二年（1150），金朝并没有开科取士，海陵朝的首科是天德三年（1151）。《金文最》收录的由黄久约撰写《朝散大夫镇西军节度副使张公

① 《金史》卷51《选举志一》，中华书局点校本1975年，第1146—1147页。

② 《金史》卷51《选举志一》，中华书局点校本1975年，第1136—1137页。

③ 《金史》卷51《选举志一》，中华书局点校本1975年，第1134—1135页。

神道碑》记载：张莘卿当年到金朝上京应试，"四□乡书，三为举□。遂中天德三年甲科。时行台进士会试于上京，犹用旧法试策擢第。公所对尝选为第一矣。西试官主意有不相合，强摘其中一语，诬为疵病，力沮之，不能夺，卒置第二"。① 都兴智结合上下文推断，碑文中所缺二字很可能是"荐"和"首"，原文应是"四荐乡书，三为举首"。意思是说张莘卿四次赴乡试，三次夺得解元。② 这里所谓的"旧法"指熙宗时期的科举办法，科举取士的主管部门不是礼部，而是行台。可以看出，至少到天德三年（1151）金代科举仍然没有殿试。统一南北选、废经义诸科以及增设殿试环节，很可能都是在贞元二年（1154）实行的。与此相应的文献记载是《金史·选举志》所谓"贞元元年（1153），定贡举程式条理格法"。③ 由此推断，增设殿试、废除诸科很可能都是《贡举程式条理格法》的重要内容。需要指出的是，金代四级考试制度，实际上与北宋、辽朝略有不同。北宋根本没有府试之设。而与后世的明、清各朝相较，金代的乡试仅仅相当于明、清时期的入学考试，而金代的府试，则相当于明、清时期之乡试。李世弼的《登科记序》称："天眷三年（1140）试于析津。天德三年（1151），试于会宁。贞元二年（1154），迁都于燕，自后止试于析津府。……天眷三年（1140），令大河以南别开举场，谓之南选。贞元二年（1154），迁都有于燕，遂合同北通试于燕。""天德二年（1150），诏举人乡、府、省、御四试中第。"这里的"析津府"指燕京。天德二年（1150）虽诏令增设殿试，但第二年并未立即执行。由此推断，金代殿试真正付诸实施应该在贞元二年（1154）。

海陵王时期对科举制度所实行的改革，主要是废除经义进士科以及诸科，汉进士仅仅保留词赋进士科，针对考试内容也自有一番调整。正隆元年（1156）"命以五经、三史正文内出题，始定为三年一辟"。世宗对科举制度的建设更加关注。大定十九年（1179），针对策论在科举考试中被轻视的现象，平章政事唐括安礼建议，殿试之际各科取士通考策论，借以选拔其中佼

---

① 《金文最》卷86《朝散大夫镇西军节度副使张公神道碑》，中华书局1990年，第1255页。

② 张希清、毛佩琦、李世愉主编：《中国科举制度通史·辽金元卷》，上海人民出版社2017年，第197页。

③ 《金史》卷51《选举志一》，中华书局点校本1975年，第1135页。

佞者。世宗当即答复道："并答时务策，观其议论，材自可见。"①梳理金代科举史，我们不难发现，金初设有词赋、经义，分由两榜录取，一次开科则有词赋、经义两状元。自从海陵王时期罢经义，每次开科仅有词赋状元。大定十三年（1183）首创女真进士科，女真进士科殿试与汉进士科分榜录取，故又增加女真进士科状元一人。大定二十八年（1188）恢复经义科，这样说来每次开科录取的状元就有词赋状元、经义状元和女真状元共计3人。这样的情况到章宗时期又有改变。《金史·选举志》记载：承安四年（1099），金章宗对宰臣们说："一场放二状元，非是。后场廷试，令词赋、经义通试时务策，止选一状元。……遂定御试同日各试本业，词赋依旧，分立甲次，第一名为状元，经义魁次之。恩例与词赋第二人同，余分为二甲，中下人并在词赋之下。"②虽然如此，但是从《登科记序》以及其他相关文献记载看，经义科直至金朝末年仍然与词赋科分别录取，人们仍习称殿试经义科第一名为经义状元。

《金史·选举志》记载：泰和元年（1201），"平章政事徒单镒病时文之弊，言：'诸生不穷经史，唯事末学，以致志行浮薄。可令进士试策日，自时务策外，更以疑难经旨相参为问，使发圣贤之微旨、古今之事变。'"③当时参加经义科的考生人数逐年减少，为了激发和提高学子们学习经学的积极性，章宗依准徒单镒的建议，下诏准许举人参加府试、会试时，兼报词赋、经义两科。但是禁用考生易名参试。如安邑人刘祖谦，字光甫。承安五年即考中两科进士，词赋榜题名录上用的是刘祖谦，而经义榜上的姓名却为刘从谦。④为了防止考生舞弊，又规定"后场词赋、经义同日试之"。⑤需要指出的是，在殿试环节，是不准许兼试的。

有资格参加殿试的，除了上述提及会试中选者，还有皇族两从以上亲、

---

① 《金史》卷51《选举志一》，中华书局点校本1975年，第1135页。
② 《金史》卷51《选举志一》，中华书局点校本1975年，第1135页。
③ 《金史》卷51《选举志一》，中华书局点校本1975年，第1138页。
④ 参见（金）元好问：《中州集》卷5《刘邓州祖谦小传》（中华书局1959年），（金）李俊民：《庄靖集》卷8《题登科记后》（《四库全书》影印本，台湾商务印书馆1986年）。
⑤ 《金史》卷51《选举志一》，中华书局点校本1975年，第1130页。

宰相之子弟、官至五品者、府试魁首。一般三月二十日殿试开场。大定十三年（1173）开设女真进士科以后，殿试的考试顺序也发生相应的变化：先进行词赋进士科考试，然后进行女真进士科考试。世宗于大定二十八年（1188）又恢复了在海陵王时期所废除的经义科，次年，重新调整殿试顺序为女真进士考试在先，汉进士考试在后。都兴智先生推测其具体时间为三月二十日女真进士科试策，二十三日女真进士科再试诗、论。二十五日汉进士科试赋、诗、论。[①] 二十七日，词赋与经义同时试策论。同会试一样，如果遇有雨雪等恶劣自然天气，需要顺延到天晴之日。

金代殿试的地点几经变换，海陵王将都城由上京迁到燕京之后，"金主试进士于广乐园"。[②] 所谓广乐园即同乐园。《大金国志》卷33《燕京制度》记载："内城之正西曰玉华，西出玉华门曰同乐园。"[③] 世宗时期，殿试改在中都万宁宫举行，《金史·地理志》记载："京城北离宫有太宁宫，大定十九年（1179）建，后更为寿宁，又更为寿安，明昌二年（1191）更为万宁宫。"[④] 宣宗迁都南京以后，殿试改在南京明俊兴殿举行。《金史·地理志》记载，南京"东则寿圣宫，两宫太后位也。本明俊殿，试进士之所"。[⑤] 哀宗正大元年（1124），仍然在明俊殿试女真进士。"四月十五日试策，十七日试论及诗"。[⑥] 同时也说明，至金末殿试女真进士的时间有所改变。《金史·宣宗纪》记载，宣宗兴定二年（1218）三月戊子，谕宰臣曰："旧制，廷试进士日晡后出宫。近欲复旧，恐能文而思迟者，不得尽其才，其令日没乃出。"[⑦] 晡时，傍晚太阳尚未落山之时。这条规定延长了应试时间，客观上为那些有能力而文思较缓的举子留下了更大的发挥余地。

笔者认为，北宋初期，会试中选者参加殿试，仍然会有人遭黜落。嘉

---

① 张希清、毛佩琦、李世愉主编：《中国科举制度通史·辽金元卷》，上海人民出版社2017年，第198页。

② （清）毕沅编：《续资治通鉴》卷131，绍兴二十七年八月，中华书局1957年，第3489页。

③ 《大金国志校证》卷33《燕京制度》，中华书局1986年，第470页。

④ 《金史》卷24《地理志上》，中华书局点校本1975年，第573页。

⑤ 《金史》卷25《地理志中》，中华书局点校本1975年，第588页。

⑥ 金光平、金启孮：《女真语言文字研究》，《内蒙古大学学报》1964年第1期。

⑦ 《金史》卷15《宣宗纪中》，中华书局点校本1975年，第335页。

祐二年（1057），宋仁宗"亲试举人，凡与殿试者始免黜落"。① 从此，殿试不黜落遂成定制。据宋人王棣《燕翼诒谋录》记载，这一制度的施行是与张元叛逃西夏有关："旧制，殿试皆有黜落，临时取旨，或三人取一，或二人取一或三人取二，故有累经省试取中，屡摒弃于殿试者。故张元以积忿降元昊，大为中国之患，朝廷始囚其家属，未几复纵之。于是群臣建议，归咎于殿试黜落。嘉祐二年三月辛巳，诏进士与殿试者皆不黜落，迄今不改。是一叛逆之贼子，为天下后世士子无穷之利也。"② 作为北方民族政权的辽朝、金朝的殿试之制与北宋又有所不同，殿试环节仍然会黜落会试中选者。据辽义县大榆树堡乡出土的《梁援墓志》记载，梁援的侄子梁庆诒"举进士，三赴御帘，未第而卒"。儿子梁庆先，"善属文，四预奏籍，特赐进士及第"。③ 所谓"三赴御帘"，意为梁庆诒参加三次殿试，但是三次遭到黜落，最后落得"未第而卒"。"四预奏籍"，意为说梁庆诒先参加四次殿试，同样四次遭到黜落，直到第五次才被录为特赐进士。据《梁援墓志》记载该墓志刻于天祚帝乾统元年（1101），可以看出，直到辽朝末年，殿试仍然会黜落会试中选的举子。金朝殿试基本与辽朝类似，海陵王时期始置殿试，"殿试亦黜落，中第之人多寡不等，临期取旨"。④ 如《遗山先生文集》卷16《嘉议大夫陕西东路转运使刚敏王公神道碑铭》记载，王扩"字充之，族王氏。世为定州永平人"，"孩幼嗜学，甫冠从乡赋，即有声，时辈无不推伏，擢明昌五年甲科。"而在未第之前曾"四赴廷试"。⑤ 同书卷16《平章政事寿国张文贞公神道碑》记载，泰和元年（1201）六月，平章政事张万公请求致仕，"迁荣禄大夫，且以公第四子某赴廷试，当同进士出身，诏充阁门祗侯，又改笔砚局承应，寻赐进士第"。⑥ 以上记载充分表明，金章宗时期的殿试仍

---

① 《宋史》卷155《选举志一》，中华书局点校本1977年，第3603页。
② 《燕翼诒谋录》卷5，中华书局1981年，第52页。
③ 向南辑：《辽代石刻文编》，《梁援墓志》，河北教育出版社1995年，第519页。
④ 《大金国志校证》卷35《天德科举》，中华书局1986年，第509页。
⑤ 《遗山先生文集》卷18《嘉议大夫陕西东路转运使刚敏王公神道碑铭》，四部丛刊初编本，商务印书馆1919年，第188页。
⑥ 《遗山先生文集》卷16《平章政事寿国张文贞公神道碑》，四部丛刊初编本，商务印书馆1919年，第166页。

然黜落会试中选者。这与《金史·选举志》的记载相印证："明昌元年（1190），定制，省元直就御试，不中者许缀榜末。"① 由此推知，章宗时期省元尚且落第，更遑论其余会试中选者。《金史·麻九畴传》记载："麻九畴，字知几，易州人。三岁识字。七岁能草书，作大字有及数尺者，一时目为神童。章宗召见，问：'汝入宫殿中，亦惧怯否？'对曰：'君臣，父子也。子宁惧父耶？'上大奇之。弱冠入太学，有文名。南渡后，寓居郾、蔡间，入遂平西山，始以古学自力。博通五经，于《易》《春秋》为尤长。兴定末，试开封府，词赋第二，经义第一。再试南省，复然。声誉大振，虽妇人小儿皆知其名。及廷试，以误绌，士论惜之。已而隐居不为科举计。"② 另外，金人王革，金末曾"六赴廷试"，③ 杨奂，字焕然，金末曾三赴廷试，"兴定辛巳，以遗误下第"。④ 这些记载充分表明，金代科举殿试一直实行黜落制度，这与北宋以及后世的明清之制皆不相同。

《遗山文集》卷23《御史孙公墓表》记载：孙德秀"字伯华，其先泾州长武人。大父皋，遭靖康之乱，流寓太原之文水，因家焉。……幼颖悟，有学性。及长，游太学，有声场屋间。至宁元年（1213），以三赴廷试，试补御史掾。兴定六年，中开封府解试魁。台掾考成，升尚书省掾。……正大元年，擢词赋进士第"。⑤ 由这段史料分析得出，孙德秀三次参加殿试，落第后试补御史掾。之后夺得开封府解试第一名，又在正大元年（1224）词赋进士及第。由此可见，金代殿试黜落会试中选之人，落第后，仍须重新参加府试。还可以看出，乡试被取消后，府试即被称为解试，府试第一名改称为解元。

唐、北宋皆有"别试"的说法，即若考生与考官有亲戚的关系，让考生另场别试。北宋"别试"，又称"别头试"。据宋人王楙的《燕翼诒谋录》记载，宋真宗时期，"张士逊以监察御史为巡铺官，因白主司有亲戚在进士，明日

---

① 《金史》卷51《选举志一》，中华书局点校本1975年，第1148页。

② 《金史》卷126《麻九畴传》，中华书局点校本1975年，第2739—2740页。

③ 《中州集》卷8《王革小传》，中华书局1959年，第402页。

④ 《故河南路课税所长官兼廉访使杨君神道之碑》。

⑤ 《御史孙公墓表》。

当引试，愿出以避嫌。主司不听，士逊乃自言引去。真宗是之，遂诏自今举人与试官有亲嫌者，移试别头。别试所自此始"。[1] 金代殿试也不例外。亦有别试的规定，《归潜志》卷 8 记载，张景仁于天眷二年（1139）参加会试，由于答卷为邻座剽窃，虽然已经取得优异的成绩，但是仍与剽窃者同时被黜落。当时的主考官是刘撝，他慧眼独具，不顾家人反对，坚持将长女许配给张景仁。皇统二年（1142），刘撝再任会试主考官，"御试，张擢别试魁"。[2] 徐梦莘《三朝北盟会编》卷 245 引待张棣《族帐部曲录》记载："张景仁字寿宁，广宁人。刘仲渊榜别试及第。""杨伯仁，伯雄之弟，状元王彦潜榜别方及第。葛王立，除翰林待。"[3] 刘仲渊是皇统二年（1142）的状元，王彦潜则是皇统九年（1149）的状元，这至少说明，熙宗时期科举考试中，已经有了考生与考官因亲戚关系而回避的别试制度。

二、金代汉科举考试题目

（一）天会皇统年间的考试题目

古人云："文以载道。"在实行科举考试的封建时代，科举考试的内容对整个社会的教育起着指挥棒的作用。金代科举考试虽然规定在四书五经和十七史中出题，但在实际考试中考官们所出的题目多体现了封建统治者的意志，往往与当时的政治经济形势、社会所关注的问题等密切相关，即具有很明显的时事政治性，这在有金一代的许多考试题目中都有充分反映。

天会四年（1126）的真定榜，考官所出的策论题目是"上皇无道，少主失信"。这种考试题目，与经史并无直接关系，显然是一道时事政治题。考官出这样的题目，其主要目的是让新占领的真定境内儒生实现政治思想上

---

① 《燕翼诒谋录》卷 5，中华书局 1981 年，第 44 页。

② 《归潜志》卷 8，中华书局 1983 年，第 81 页。

③ 《三朝北盟会编》卷 245 炎兴下帙一百四十五引待张棣《族帐部曲录》，上海古籍出版社 1987 年，第 1760 页。

（或者说表面形式上）与旧北宋政权的切割，表明对金政权的政治态度，以便为新政权服务。"胡砺字元化，山东密州人。少被虏，韩昉放从良。状元及第，是年出'好生德洽民不犯上'赋。"胡砺为天会十年（1132）西京白水泊榜状元，故知当年所出的赋题为"好生德洽民不犯上"。这道考题语出《尚书·大禹谟篇》，其原文是"与其杀不辜，宁失不经，好生之德，洽于民心"。好生之德，意为爱惜生灵、不事杀戮。金以武得国，立国之初在对辽、宋的战争中，滥用武力，屠杀生灵以立威。但当其领土逐渐扩大，接触到中原传统文化之后，遂意识到武力只能逞用于一时，而不可以久长。到天会十年（1132），"宇内小安"，金人已经改变了屠杀生灵以立威的政策，"好生德洽民不犯上"的考题正是在这样的历史背景下出现的。宋王绘《甲寅通和录》记，金枢密院令史李聿兴言："今年本朝试进士，张炳文侍郎出'天下不可以马上治'赋，丞相问何意。张云事见前汉《陆贾传》。丞相命以番书译《贾传》而读之，大喜，遂进张两官。"① 宋绍兴四年为金太宗天会十二年（1134）。按金代天会十二年（1134）无科举事的记载，《金史》和相关史料当中没有张炳文其人，是否年代记载有误，待考。但"天下不可以马上治"与"好生德洽民不犯上"的考题一样，确实反映了当时金朝女真贵族治世思想和统治政策的改变。

"石琚字子美，中山府人，熙朝状元及第，是年出'君子能尽人之情'赋。"② 石琚是熙宗天眷二年状元，这道考题与熙宗即位崇尚儒学的治世思想密切相关。"刘仲渊字介石，燕山人，熙朝状元及第，是年出'日月得天能久照'赋。"③ 刘仲渊是熙宗皇统二年（1141）状元，由此知"日月得天能久照"是皇统二年（1141）会试的赋题。"日月得天能久照"，语出《周易》，其原文为："日月得天而能久照，四时变化而能久成，圣人久于其道而天下化成，观其所恒，而天地万物之情可见矣。""孙用康字游古，燕人，熙时状

---

① 《建炎以来系年要录》卷81，绍兴四年十月，中华书局1956年，第1341页。

② 《三朝北盟会编》卷245炎兴下帙一百四十五引张棣《族帐部曲录》，上海古籍出版社1987年，第1760页。

③ 《三朝北盟会编》卷245炎兴下帙一百四十五引张棣《族帐部曲录》，上海古籍出版社1987年，第1760页。

元及第，是年出'仁为道远行莫能致'赋。"① 孙用康是皇统六年（1145）状元，从当年所出的会试赋题来看，与熙宗朝前两科考试题目一样，也是宣扬儒家思想。"仁为道远行莫能致"，语出《礼记·表记》，其原文是："子曰：仁之为器重，其为道远，举者莫能胜也，行者莫能致也。""王彦潜，河间人，亶时状元及第，是年出'文以足言行而远'赋。"② 王彦潜是皇统九年状元，由此知当年的考试赋题是"文以足言行而远"。这道考题语出《左传·襄公二十五年》，原文是："仲尼曰：'《志》有之：言以足志，文以足言。不言，谁知其志？言之无文，行而不远。'"

（二）海陵朝的考试题目

海陵朝有位科举考试成绩突出的人物，这就是恃才傲物的郑子聃。"馆阁台谏郑子聃，字景纯，大定人。先于亮初僭时状元杨建中榜第三人及第，出'天赐智勇正万邦'赋。授翼城县丞，被召为书画直长。至贞元四年（1156），亮令再试，复状元及第。是年出'不贵异物民乃足'赋"。③ 杨建中是海陵王天德三年（1151）词赋状元。海陵王以流血手段夺得皇位后，雄心勃勃，积极做各种准备，欲兴兵南下，伐宋统一，作天下的共主。所以在即位之初的天德三年（1151）科举考试题目中就直抒自己的政治抱负，作"天赐智勇正万邦"。张棣所记郑子聃再试中状元、赋题为"不贵异物民乃足"之事，并不是贞元四年（1156），而是正隆二年（1157）。贞元四年为1156年，是年二月即改元正隆。当年非科举会试、殿试之年。本章前一节论述考官篇中引《金史·郑子聃传》记，正隆二年（1157）御试，以"不贵异物民乃足"为赋题，"忠臣犹孝子"为诗题，"忧国如饥渴"为论题。"不贵异物民乃足"，语出《尚书·旅獒》，其原文是："不贵异物用物，民乃足。""忧国如饥渴"

---

① 《三朝北盟会编》卷 245 炎兴下帙一百四十五引张棣《族帐部曲录》，上海古籍出版社 1987 年，第 1760 页。

② 《三朝北盟会编》卷 245 炎兴下帙一百四十五引张棣《族帐部曲录》，上海古籍出版社 1987 年，第 1760 页。

③ 《三朝北盟会编》卷 245 炎兴下帙一百四十五引张棣《族帐部曲录》，上海古籍出版社 1987 年，第 1760 页。

是汉代史学家班固的名言，原句是"爱国如饥渴"。海陵朝第二科是贞元二年（1154），是年会试知贡举官为翟永固和张景仁，所出赋题是"尊祖配天"。翟永固时为太常卿，"考试贞元二年进士，出'尊祖配天'赋题，海陵以为猜度己意，召翟永固曰：'赋题不称朕意，我祖在位时祭天乎？'对曰：'拜。'海陵曰：'岂有生则致拜，死而同礼配食者乎？'对曰：'古有之，载在典礼。'海陵曰：'若桀、纣曾行，亦欲我行之乎？'于是永固、张景仁皆杖二十。而进士张汝霖赋第八韵有'方今，将行郊祀'。海陵诘之曰：'汝安知我郊祀乎？'亦杖之三十"。①张景仁"贞元二年，与翟永固俱试礼部进士，以'尊祖配天'为赋题，忤海陵旨"。②其实"尊祖配天"亦非翟永固和张景仁随便所出，语出《诗·大雅·生民序》，原文是："尊祖也，后稷生於姜嫄，文武之功，起於后稷，故推以配天焉。"《汉书·郊祀志下》曰："王者尊其考，欲以配天，缘考之意，欲尊祖，推而上之，遂及始祖。是以周公郊祀后稷，以配天。"是年的御试赋题为"王业艰难"。贞元二年（1154）正式废除南北选士制度，合南北选为一，所取的词赋状元是吕忠翰。"吕忠翰，字周卿，亮时状元及第，是年出'王业艰难'赋。葛王立，除翰林修撰"。③张汝霖，"贞元二年（786），赐吕忠翰榜下进士第，特授左补阙，擢大兴县令，再迁礼部员外郎、翰林待制"。④"赵翰林可献之少时赴举，及御帘试'王业艰难'赋。……已而中选"。⑤元好问《中州集》记，赵可是高平人，贞元二年进士。是年知贡举官翟永固、张景仁因会试出题忤海陵旨，故御试赋题为"王业艰难"，这道考题不知是哪位读卷官所出，但显然是吸取了翟、张二人忤旨受杖责的教训，遵从海陵王旨意，是年御试读卷官失载。"王业艰难"语出唐白居易诗《七德舞——美拨乱，陈王业也》，主要是赞颂唐太宗的功德，意为帝王创业难，守成更难。其诗原句是："太宗意在陈王业，王业艰难示子孙。"

---

① 《金史》卷89《翟永固传》，中华书局点校本1975年，第1975页。

② 《金史》卷84《张景仁传》，中华书局点校本1975年，第1892页。

③ 《三朝北盟会编》卷245炎兴下帙一百四十五引张棣《族帐部曲录》，上海古籍出版社1987年，第1760页。

④ 《金史》卷83《张汝霖传》，中华书局点校本1975年，第1865页。

⑤ 《归潜志》卷10，中华书局1983年，第26—27页。

正隆五年（1160），任熊祥同时担任会试知贡举官和御试读卷官，会试所出赋题是"事不避难臣之职"，御试赋题为"赏罚之令信如四时"。[①] 正隆五年（1160）是海陵王举兵南伐的前一年，任熊祥显然是深知海陵王的打算和想法，所出考题实际上就是为正隆六年（1161）南伐制造舆论，起到鼓舞军民士气的作用。"事不避难臣之职"语出《后汉书·虞诩传》，原书记载："志不求易，事不避难，臣之职也。不遇盘根错节，何以别利器乎?""赏罚之令信如四时"，语出《尉缭子·兵令下》。其原文是："赏如日月，信如四时，令如斧钺，制如干将，士卒不用命者，未之闻也。"意即奖赏要像日月当空那样光明，守信要像四时交替那样准确，号令要像斧钺那样威严，决断要像干将宝剑那样锐利，这样，士兵就不能不服从命令。

（三）世宗朝考试题目

海陵王不合时宜地发动了南伐之役，以失败而告终。世宗即位，立即调整治国政策，对外及时结束金宋战争，与宋朝重新缔结和约，对内废除海陵暴政，实行"南北讲好、与民休息"的内外政策，使金王朝进入了一个新的历史时期。因而世宗时期的科举考试题目也充分体现了世宗的治世思想和朝廷推行的大政方针。

金世宗主张以忠孝仁义治天下，实行德政，或曰仁政。金代乡试考试的题目留下来的记载较少。"孟宗献字友之，开封人，葛王初立时四元及第，解试'建官惟贤天下治'赋，府试'立政惟人不惟官职'赋，省试'夙夜求贤务在安民'赋，殿试'知所以临制则臣民畏服'赋。授翰林应奉文字同知制诰，寻除左赞善大夫"。[②] 孟宗献是世宗大定三年（1163）四元及第的状元，由此知前一年的开封乡试赋题是"建官惟贤天下治"，府试题为"立政惟人不惟官职"，这两道考题显然与世宗即位拨乱反正、整顿吏治、求贤若渴的政治形势和社会现实密切相关。再看第二年的会试、御试题，"夙夜求贤务在安民""知所以临制则臣民畏服"，无一不体现出世宗的治世思想。"建官

---

① 《金史》卷105《任熊祥传》，中华书局点校本1975年，第2310页。

② 《三朝北盟会编》卷245炎兴下帙一百四十五引张棣《族帐部曲录》，上海古籍出版社1987年，第1760页。

惟贤"来源于"任人惟贤"的古代成语,语出中国最早的经典《尚书》,其中有一篇的篇名即"任人惟贤"。"任人惟贤"的用人思想在古代影响很大,三国时期蜀汉政权先主刘备临终留给其子后主刘禅的遗诏中就有"勿以恶小而为之,勿以善小而不为。惟贤惟德,能服于人"的警句。"立政惟人"也是《尚书》中的篇名。

大定十三年(1173),举行首科女真策论进士考试,免乡、府试,考生直赴会试、殿试,殿试在燕京悯忠寺进行,读卷官有完颜蒲捏、李宴、阿不罕德甫、移剌杰、奚奢等五人,取徒单镒以下二十七人及第。考试内容为时务策一道,规定考生要以女真字答卷,限五百字成。其试题为:"贤生于世,世资于贤。世未尝不生贤贤未尝不辅世。盖世非无贤,惟用与否,若伊尹之佐成汤,傅说之辅高宗,吕望之遇文王,皆起耕筑渔钓之间,而其功业卓然,后世不能企及者,盖殷、周之君能用其人,尽其才也。本朝以神武定天下,圣上以文德绥海内,文武并用,言小善而必从,事小便而不弃,盖取人之道尽矣。而尚忧贤能遗于草泽者,今欲尽得天下之贤而用之,又俾贤者各尽其能,以何道而臻此乎?"①考题较长,将近二百字,而其主旨以两个字即可概括:"求贤"。有政治头脑的封建统治者都知道"吏治为国之根本"的道理,世宗主张以仁治国,求贤若渴,希望尽得天下贤才而用之,这道对女真知识分子的考题当中充分体现了世宗的以贤臣治国的思想。同年词赋科的御试赋题是《周德莫若文王》。赵承元是大定十三年(1173)词赋状元,元好问记:"百年以来,御试魁选,以赵内翰承元赋'周德莫若文王',超过伦等,有司目为金字品。"②

大定十九年(1179),御试赋题"易无体",为世宗亲自所命。《金史·选举志一》:"(大定)十九年,谓宰臣曰:'自来御试赋题,皆士人尝拟作者。前朕自选一题,出人所不料,故中选者多名士,而庸才不及焉。是知题难则名儒亦擅场,题易则庸流昂侥幸也。'"北京大定府人李楫,大定十九年(1179)进士,"其登科时,御题'易无体',同年生六十人,自甲选张行简

---

① 《金史》卷51《选举志一》,中华书局点校本1975年,第1136页。
② 《遗山先生文集》卷22《大中大夫刘公墓碑》,四部丛刊初编本,商务印书馆1919年,第229页。

至黄士表，赋学家谓人人可以魁天下，程卷皆锓木以传。凡仕至宰相数人，刺史、节度殆过其半，人以比前世'龙虎榜'"。①

"易无体"，语出《易经·系辞上传》，其原文为："神无方而易无体。"对于"神无方而易无体"，韩康伯注解为："方、体者，皆系于形器也，神则阴阳不测，易则唯变所适，不可以一方、一体明。"孔颖达说："易则唯变所适者，既是变易，唯变之适，不有定往，何可有体，是'易无体'也。""易无体"无疑是《易经》当中难以理解的又带有玄学性质的命题，以此作为科举考题，如果对《易经》没有深刻研究的话，显然是答不好考卷的，确实是一道较难的考题。

大定二十二年（1182），御试录取词赋进士一甲第一名张甫以下共七十六人。女真进士科则录取懿州人奥屯忠孝为状元。"大定二十二年（1182）三月二十日，集英殿放进士七十六人，第一甲三人，第二甲七人，第三甲六十七人。其一甲第一人辽阳张甫。是岁考试之法，以'天地无私覆载'为赋，'发仓振乏馁'为诗，'正心以正朝廷'为论。"②"天地无私覆载"，语出《礼记》，原文为"天之所覆，地之所载"。"正心以正朝廷"，语出汉董仲舒《春秋繁露·天人三策》。原文是："臣谨案《春秋》谓一元之意，一者万物之所从始也，元者辞之所谓大也。谓一为元者，视大始而欲正本也。《春秋》深探其本，而反自贵者始。故为人君者，正心以正朝廷，正朝廷以正百官，正百官以正万民，正万民以正四方。"

大定二十五年（1185），女真进士御试策论题为"契敷五教，皋陶明五刑，是以刑措不用，比屋可封。今欲兴教化，措刑罚，振纲纪，施之万世，何术可致？"③宗室贵族完颜匡，官太子侍读，当年会试得中，又参加了御试。时世宗巡幸上京，太子允恭监国，所以也特别关注并亲自过问科举考试之事。御试翌日完颜匡入见，允恭问及殿试对策如何，匡答曰："臣熟观策问，敷教、措刑两事，不详'振纲纪'一句，只作两事对，策必不

---

① 《遗山先生文集》卷16《沁州刺史李君神道碑》，四部丛刊初编本，商务印书馆1919年，第171页。

② 《滋溪文稿》卷4《金进士盖公墓记》，中华书局1997年，第54—55页。

③ 《金史》卷98《完颜匡传》，中华书局点校本1975年，第2165页。

能中。"允恭让匡背诵所作对策，听后认为亦能被选中。匡曰："编修（夹谷）衡，助教（尼庞古）鉴长于选校，必不能中。"榜发，匡果然被黜。允恭对匡下第之事感到十分惋惜，对侍臣们说："我只欲问教化，刑罚两事，乃添振纲纪一句，命删去，李宴固执不可，今果误人矣。"由此可知，这道策论题是李宴等读卷官与时为监国的皇太子允恭共同磋商拟定的。允恭安慰因落第而怏怏不乐的完颜匡说："但善教金源郡王（章宗），何官不可至哉！"[1] 大定二十八年，完颜匡再次应御试，因漏写诗题下注字而落榜，特赐进士及第。

（四）章宗至金末的考试题目

章宗一朝，共举行六科，但考试的考题见于记载的却比较少见。"章宗诚好文，奖用士大夫。晚年为人逸间，颇厌怒。如刘左司昂、宗御史端修，先以大中事皆坐谤议朝政谪外官。其后，陆御史铎、周户部昂、王修撰庭筠复以赵闲闲事谪绌。每曰：'措大辈止好议论人。'故泰和三年（1203）御试，上自出题曰'日合天统'，以困诸进士。止取二十七人，皆积渐所致也。"[2] 证之以其他史料，知章宗亲自所出"日合天统"为御试题并不是泰和三年，而是泰和六年（1206）。上一节所引元杨奂《还山遗稿》卷上记："泰和丙寅春二月二十五日，万宁宫试贡士，总两科，无虑千三百辈上躬命赋题曰'日合天统'。太常卿北京赵公适御前读卷官，中选取者才二十八人"。泰和丙寅为泰和六年。《金史》卷99《贾铉传》也记："泰和六年，御试，（贾）铉为监试官。上曰：'丞相宗浩尝言试题颇易，由是进士例不读书。朕今以'日合天统'为赋题'。铉曰：'题则佳矣，恐非牢笼天下之士也。'上曰：'帝王以难题窘举人，固不可，欲使自今积致学业而已。'""王登庸，平州人，'日合天统'榜进士，历宰数县，皆有能声。"[3]"日合天统"的确是一道较难的考题，致使是科只有很少人及格，只录取了二十七人，大概是有金一代全国科举统考词赋进士录取人数最少的一榜。是科，《还山遗稿》的作者杨奂应

---

① 《金史》卷98《完颜匡传》，中华书局点校本1975年，第2163页。

② 《归潜志》卷10，中华书局1983年，第21页。

③ 《续夷坚志》卷3《王登庸前身》·上海古籍出版社1996年，第52页。

举，杨奂在其著作中还记载了考场中幸遇皇帝的事情："仆时甫冠，获试廷下，而席屋偶居前列，朝隙，闻异香出殿桢间，一紫衣人顾予，起，问题之难易及姓名、里贯、年齿而去。少倾，复相庆曰：'适驾至矣。'薄暮出宫，传以为希遇，尝退而志之。"为记此事，杨奂赋诗一首曰："月淡长杨晓色清，天题飞下寂无声。南山雾豹文章在，北海云鹏羽翼成。玉槛玲珑红露重，金炉缥缈翠烟轻。认知夜半曾前席，白日君王问贾生。"①

据元好问记载，卫绍王大安元年，山西平阳府试考题是"圣人有金城"。会试题是"俭德化民，家给之本"，御试题"获承修德，不遑康宁"。②"获承修德，不遑康宁"，语出汉董仲舒《春秋繁露》，其原文为称颂汉武帝刘彻"夙夜不遑康宁"，"获承至尊修德"。

崇庆二年（1213）御试赋题是"臣用股肱弼予违"，诗题为"成绩纪太常"，某府试题"三王以刑赏致康"。元好问记："修武张衮字君冕。其父仲和，少日为府史（吏），好祈仙。一日，黄繻绰降，因留事之，谓之黄真人。悬笔画像前，每事祈之。君冕崇庆二年赴帝试，仲和问云：'儿子入试，御题得闻乎？'批云：'天机不容泄。'及试期过，问之，即批曰：'臣作股肱弼予违赋'，'成绩纪太常诗'。又问：'儿登第否？'批云：'黄裳头，绿衣尾。'张不解，请解之，又批曰：'天机不容泄。'及四月，当唱名，张又问：'榜旦夕至，幸先告之。'即批云：'绿衣，六衣也，非君冕名乎？'及榜至，黄吉甫真第一人，而君冕名最下。"③元氏所记乃当时民间带有封建迷信色彩的问卜之术，是否灵验姑且不论，但却客观记录了崇庆二年御试的考题。黄吉甫即黄裳，为是科词赋状元。"崇庆间，儒士吴国杰、薛国宝问先生秋试题，对曰：'三王以刑赏致康'。至期果然二人皆第"。④既谓秋试，无疑指府试，"三王以刑赏致康"当为府试考题。但不知吴、薛二人到底属于何府，存之待考。"三王"指夏、商周三代开国之君夏禹、商汤和周武王。"臣作

---

① 《还山遗稿》卷上《跋赵太常拟试赋稿后》，《丛书集成新编》，台湾新文丰出版社 2008 年，第 708 页。

② 《续夷坚志》卷 4《平阳贡院鹤》，上海古籍出版社 1996 年，第 77 页。

③ 《续夷坚志》卷 2《黄真人》，上海古籍出版社 1996 年，第 34 页。

④ （元）李道谦：《终南山仙真祖庭内传》，《道藏》第 19 册，文物出版社 1988 年，第 536 页。

股肱弼予违"，语出《尚书·益稷》，原文为"帝曰：臣用朕股肱耳目"。股肱比喻良臣。"成绩纪太常"，语出《尚书·君牙》，原文为"厥有成绩，纪于太常"。

宣宗贞祐三年（1215），经义科御试题为"诗传"三题。元好问记，山东淄川邹平人刘汝翼，"贞贞祐四年经义第一人擢第"。"百年以来，御题魁选，以赵内翰承元赋'周德莫若文王'超出伦等，有司目为'金字品。'及公经义第一，'诗传'三题，绝去科举蹊径，以古文取之亦当在优等，故继有'金字'之褒"。① 所谓"诗传"三题，应是从《诗传》当中所出的三道考题，具体题目不得而知。

哀宗正大元年（1224）五月，"赐策论进士孛术伦长河以下十余人及第，经义进士张介五人以下及第。戊申，赐词赋进士王鹗以下五十人及第"。② 是年女真进士御试策问题是："制曰：帝舜侧微，好勤憎是务，尚有益'罔游于逸、罔谣于乐'之戒。朝臣盈廷，纷然扩思争（议）是务，尚有舜'汝勿面从，退有后言'之谕。思伊挚有言：'若有言并于心，必术语直；若有言逊于志，必求诸非道。'（盖闻言中道非道也）降至文武之时，大小之臣咸为志良，其使御仆，莫非正人。（先）王适合成宪，举进以道，故大小之臣以至使御之士，举得其正。(勿不审四匠山□之□，欲明瞭国军之能来。)以□言，□诸多先觉进献之言，凡何以扶持国政，臻于至理，□□急增□□。"原附注："括号内之语似与前文不连贯，末后数语亦殊欠明析，当然为笔者尚未能确解此段女真文意，俟他日再行订正。"论题为"问本□□□可失亦□忧"，诗题"臣事君以忠"。③ 其策题有缺字，且有许多女真字的翻译不见得准确，故较难通读。论题缺字不全，诗题"臣事君以忠"，语出《论语·八佾》，原文为："定公问：君使臣，臣事君，如之何。孔子对曰：君使臣以礼，臣事君以忠。"

---

① 《遗山先生文集》卷22《大中大夫刘公墓碑》，四部丛刊初编本，商务印书馆1919年，第229页。

② 《金史》卷17《哀宗纪上》，中华书局点校本1975年，第373页。

③ 金光平、金启孮：《女真语言文字研究·女真进士题名碑译释》，《内蒙古大学学报》1964年第1期。

第三节　金代汉科举考试应试对象与考试管理

一、金代汉科举考试应试对象

一般认为，科举制度不问出身、不限门阀，客观上为寒门向上层社会流动提供了可能。然而，实际情况并非如此，并非所有的读书人都可以参加科举考试，不同历史阶段对读书人应举还有若干的具体限制，这就是所谓的科举禁限。当然，在科举禁限之中，有些规定也具有一定的合理性，而有些规定亦带有时代烙印与歧视。

早在科举初创时期，当时的法律就有科举考试的禁限：第一，触犯国家法律者及其亲属，尤其是触犯"十恶"之人及其家庭成员。所谓"十恶"，指直接危害皇权、统治秩序以及紊乱当时伦理纲常的重大犯罪活动。隋朝《开皇律》在吸收《北齐律》"重罪十条"基础上略加损益，正式确定"十恶"专用法律名词，《隋书·刑法志》记载"十恶罪"为："一曰谋反，二曰谋大逆，三曰谋叛，四曰恶逆，五曰不道，六曰大不敬，七曰不孝，八曰不睦，九曰不义，十曰内乱。犯十恶及故杀人狱成者，虽会赦，犹除名。"[①] 这一律法被继起的唐朝沿袭。《唐律疏议》卷1记载"十恶"为"一曰谋反""二曰谋大逆""三曰谋叛""四曰恶逆""五曰不道""六曰大不敬""七曰不孝""八曰不睦""九曰不义""十曰内乱"。[②] 凡是犯有"十恶"者，常常不在大赦之列，更被禁止参加科举考试。第二，盗贼。有过强盗、盗窃犯罪行为的人也被禁止参加科举考试。第三，残疾人、僧道。残疾人不得应举，僧人、道士即便还俗，也被禁止应举之列。第四，工商异类。各种工匠、从事经商的人及其亲属。封建社会倡议以农为本，工匠被视为贱民，而经商则被视为末业，因

---

① 《隋书》卷25《刑法志》，中华书局点校本1973年，第706页。

② （唐）长孙无忌等撰，刘俊文点校：《唐律疏议》卷1《名例七条》，中华书局1983年，第6—11页。

此工匠、经商的人以及工商家庭出身的人均被拒之于科举考试门外。异类，则是从事社会视为下贱行业的人群总称，如巫觋、戏子、医卜诸类种种。第五，奴隶。奴隶在封建社会地位最为低下，也不被允许应举。即便奴隶免赎为良人也照样不能参加科举。

北宋、辽朝时期的科举禁限基本上与隋唐时期相似。比如《宋史·选举志》记载，宋代法律明确规定："有笃废疾者不得贡"；"不许有大逆缌麻以上亲，及诸不孝、不悌，隐匿工商异类、僧道归俗之徒"。①《辽史·兴宗纪》记载：辽兴宗重熙十九年（1046）六月"壬申，诏医卜屠贩、奴隶及倍父母或犯事逃亡者，不得举进士。"②

金朝科举大体继承了前代制度，据《金史·选举志》记载：章宗大定二十九年（1189）规定"犯十恶奸盗者不得应试，亦六德六行之遗意也"。奴婢及其子孙，在唐朝、北宋、辽朝都明令禁止应举，相比之下，金朝前期对奴隶赎免为良人以及奴隶家庭的子孙在科举禁限方面采取了更为宽容的态度。虽然到章宗泰和元年（1201）"七月辛酉，禁放良人不得应诸科举，子孙不在禁限"，③ 但是金朝统治者在扩大取士范围的积极举动值得肯定。《金史·选举志》记载："先尝敕乐人不得举进士，而奴免不良者则许之。尚书省奏：'旧称工乐，谓配隶之色及倡优之家。今少府监工匠，太常大乐署乐工，皆民也，而不得与试。前代令诸选人身及祖、父曾经免为良者，虽在官不得居清贯及临民，今反许试，诚玷清论。'诏遂定制，放良人不得应诸科举，其子孙则许之。"④ 这段史料可知，尚书省原本想奏请乐人也获取应举资格，结果不但没有让乐人阶层争取到应举的权力，还让奴隶应举的权力被削弱：即奴隶被赎免为良人的不再被允许参加科举考试，只有奴隶的子孙可以参加科举考试。章宗泰和（1201—1208）年间之前，奴隶参加科举而及第为官者不乏其例。如《金史·胡砺传》记载："胡砺，字元化，磁州武安人。少嗜学。天会间，大军下河北，砺为军士所掠，行至燕，亡匿香山寺，与佣

---

① 《宋史》卷155《选举志一》，中华书局点校本1977年，第3605页。

② 《辽史》卷20《兴宗纪三》，中华书局点校本1974年，第237页。

③ 《金史》卷11《章宗纪三》，中华书局点校本1975年，第247页。

④ 《金史》卷51《选举志一》，中华书局点校本1975年，第1138—1139页。

保杂处。韩昉见而异之，使赋诗以见志，砺操笔立成，思致清婉，昉喜甚，因馆置门下，使与其子处，同教育之，自是学业日进。昉尝谓人曰：'胡生才器一日千里，他日必将名世。'十年，举进士第一，授右拾遗，权翰林修撰。久之，改定州观察判官。定之学校为河朔冠，士子聚居者常以百数，砺督教不倦，经指授者悉为场屋上游，称其程文为'元化格'。皇统初，为河北西路转运都勾判官。……改同知深州军州事，加朝奉大夫。……再补翰林修撰，迁礼部郎中，一时典礼多所裁定。海陵拜平章政事，百官贺于庙堂，砺独不跪。海陵问其故，砺以令对，且曰：'朝服而跪，见君父礼也。'海陵深器重之。天德初，再迁侍讲学士，同修国史。以母忧去官。起复为宋国岁元副使，刑部侍郎白彦恭为使，海陵谓砺曰：'彦恭官在卿下，以其旧劳，故使卿副之。'迁翰林学士，改刑部尚书。扈从至汴得疾，海陵数遣使临问，卒，深悼惜之。年五十五。"①《归潜志》卷4《时戩小传》记载："时治中戩，字天保，后改字多福，沧州人。少为人奴，后读书为学，第进士，其主良之。南渡，为监察御史，历清要，致仕，卒。为人纯厚好学，多读《易》《左氏春秋》，君子儒也，自号拙庵。"②《金史·赤盏晖传》记载：熙宗皇统（1141—1149）年间，赤盏晖知迁归德军节度使，"宋州旧无学，晖为营建学舍，劝督生徒，肄业者复其身，人劝趋之。属县民家奴王夔者，尝业进士，晖以钱五十万赎之，使卒其业，夔后至显官"。③《三朝北盟会编》卷245引张棣《族帐部曲录》记载："刘机字仲章，益都府临朐县人。初年被虏在葛王家，葛王父潞王放从良，应举，状元杨建成中榜上甲及第。葛王立，授左拾遗，凡事多取谋于机。其足智略，又温粹，士多归之。"④

北宋、辽朝禁止行医、巫卜之家参加科举考试，金代科举范围进一步放宽，允许行医者以及出身医家的人应举。比如，《遗山先生文集》卷19《寄菴先生墓碑》记载："先生讳某，字平父，姓李氏，系出唐明皇帝。历五季、

① 《金史》卷125《胡砺传》，中华书局点校本1975年，第2721页。

② 《归潜志》卷4《时戩小传》，中华书局1983年，第41页。

③ 《金史》卷80《赤盏晖传》，中华书局点校本1975年，第1805页。

④ 《三朝北盟会编》卷245炎兴下帙一百四十五引张棣《族帐部曲录》，上海古籍出版社1987年，第1760页。

宋末之乱，谱牒散失，无可考案。靖康初，先生之祖玘，自济南齐河，避乱镇州，侨寓一名医家，遂传其学。生子拯，徙居栾城，仍食先业。资乐易，多伎能。所居置病寮，过客及贫无以为资者来谒医，汤剂糜粥，必躬亲之；病既平，又量为道涂之费以给之。……后用先生贵，赠奉训大夫。先生即奉训君之第二子也。年十五，奉训君仍以家学授之。学既成，一日，诊一病者而心有所疑，乃悔曰：'吾宁当以人命试吾术？'即于是改读律。已而，又以法家少恩，与前瘄病无异也，即尽弃故学，一意读六经，学为文章。二十得解住府庠，移籍太学。试补河北东路提刑司书史。登明昌二年词赋进士第，释褐栾城丞。……以政迹，升辽东宜风令，改蓟州卢龙。丁太夫人张氏忧。起复潞州涉县令。县乏水，去城十五里所，汲涧泉以供饮，虽浣濯之余，不敢遗弃。人用是多病。先生行视西山，得美泉，度地之高卑，将引致之。先以便宜白于州，然后籍丁为渠，民乐于赴功，不两旬而成。近郭数千家，坐获膏润之利。乡大夫洎其父老，相与立石。用诧于他邦，入为尚书省令史。终，更宰相议，留再考。先生力以疾辞，授大兴府推官，转河北东路转运司都句判官。不一岁，迁辽东路盐使。……考满，坐为同官所累，降太常博士、兼秘书省校书郎。至宁元年春，迁同知静难军节度使事。……俄改同知许昌军节度使事。比到许下，闻夏人入寇，邠已陷，官属房而西矣。秋八月，改山东西路兵马副都总管、东平府治中。制下三日，贼虎弑逆，自署太师、尚书令、泽王，专制除拜。先生即日疾告，径归阳翟，筑屋颍水之上，名之曰寄庵。因以为号。先生通悟多智，坐有原本，明于析理，而勇于赴义。中值大变，知世事无可为，故一切以蒙晦自居，浮湛里社，将二十年。兴定、元光之闲，先生盖已老矣。某岁某月日，春秋六十有七，终于隐所。"① 同卷《内翰冯公神道碑铭》记载："公姓冯氏，讳璧，字叔献，别字天粹。其先，定州中山人也。曾大父居泗，赠承务郎。大父仲尹，天眷初，以进士起家，仕为中议大夫、同知山东西路转运使事。考子翼，正隆初进士，中顺大夫、同知临海军节度使事，殁葬真定县三桥里之南原；子孙遂为县人。郑内翰景

---

① 《遗山先生文集》卷19《寄菴先生墓碑》，四部丛刊初编本，商务印书馆1919年，第178—179页。

纯、路孟州宣叔述世德之旧备矣。公幼颖悟不凡，始解语，中议君置之膝上，戏问未尝见之物，而能以近似者名之。中议君喜曰：'吾孙文性，见之于此矣。'弱冠，补太学生，赋声籍甚，诸人无能出其右者。承安二年，中经义乙科，制策复入优等，调莒州军事判官。宰相以公学问该洽，奏留校秘书。丁继母张夫人忧，去官。服阕，再调辽滨主簿。……丁临海君忧。四年，调郿州录事。明年，王师伐蜀，刑部檄充军前检察，帅府以书檄委之。……其还也，帅始以公为贤，奏迁一官。五年，借注东阿丞，召补尚书省令史。用宰相宗室承晖荐，授应奉翰林文字、同知制诰、兼韩王府记室参军。俄以大学博士兼前职。至宁初，贼臣弑逆，随以子渭婚假去官。贞祐初，宣宗幸汴梁。公时避兵东方，从单父渡河，诣行在所。宰相奏复前职，被枢密院檄，行视河防，条上津渡、屯戍之策。二年，同知贡举事。竟，诏公乘传讲究陕西守御方略。三年，迁翰林修撰。山东、河朔军六十余万口，率不逞辈窜名其间。诏公摄监察御史，汰逐之。……复进一官。……六月，改大理丞。……兴定初，京畿春旱，诏礼部尚书杨云翼暨公审理在京刑狱，事竟而雨。人以为无冤民之应。七月，迁南京路转运副使。三年春，上以宋人利吾北难，岁币不入者累年，假公安远大将军、兵部侍郎、充国信副使，副吕子羽详问。……明年，行台兵南伐，当由寿春涉淮抵滁、扬，诏京东总帅纥石烈志攻盱眙，仍系浮梁以备台兵之还。……再授翰林修撰。十月，改礼部员外郎、权右司谏、治书侍御史。……诏以东方饥馑，盗贼并起，以御史中丞百家为宣慰使，监察御史道远从行。……冬十月，出为归德治中。未几，改同知保静军节度使事，又改同知集庆军节度使事。……当官不逾月，即上章请老。进通议大夫。一官致仕，径归嵩山。爱龙潭山水，有终焉之志，结茅并玉峰下。旁有长松十余，名之曰'松庵'。……正大壬辰，河南破，乃北归。以庚子七月十有四日，终于家，春秋七十有九。"[1]由此可见，金代科举一直不禁限行医之人及其出身医家的人参加科举考试。

另外，《大金国志校证》卷35《责保就试仪》记载："举人应试，而或公事，

---

① 《遗山先生文集》卷19《内翰冯公神道碑铭》，四部丛刊初编本，商务印书馆1919年，第198—202页。

在案罪犯不至徒刑者，听责保试。若武官并诸经及第官人，已在任欲应进士举者，如不犯赃私追当罪，听告所属，申覆本部所厅（注云：就试旷缺月日，俸禄不及）。"① 由此可见，金代犯有轻微罪过者，亦可以取保应举。总体来说，金代科举禁限进一步放宽，这是选拔人才制度的社会进步。

二、金代汉科举考试管理

金代具有严格的考试监考搜检制度。科举制度初设之时就有考试监考制度。相对而言，最初的考试监考制度漏洞较多，仍然需要进一步完善。有唐一代，虽然制定了诸多考场制度，但是与后世相比差距还是很大的。比如，唐朝科举考试之时，对试题有问题，考生可以离坐向考官询问。这个规定在北宋初仍然通行。明代人郎瑛的《七修类稿》记载："予尝疑宋时举子秋试，皆得诣考官而问题……后知唐制，礼部试诗赋题，不皆有出处也，或以己意立之。故举子皆许进问，谓之上请。"唐代考生试卷不弥封、不誊录，极易造成考生与考官之间暗通关节、徇私舞弊。宋代科举考试制度严于唐代，据《宋史·选举志》记载："又定令：凡试卷，封印院糊名送知举官考定高下，复令封之送覆考所，考毕然后参校得失，不合格者，须至覆场方落。谕馆阁、台省官，有请属举人者密以闻，隐匿不告者论罪。""寻又定《亲试进士条制》。……试卷，内臣收之，付编排官，去其卷首乡贯状，别以字号第之；付封弥官誊写校勘，用御书院印，付考官定等毕，复封弥送覆考官再定等。编排官阅其同异，未同者再考之；如复不同，即以相附近者为定。始取乡贯状字号合之，即第其姓名、差次，并试卷以闻。"真宗时又实行考卷誊录制，大中祥符八年，"始置誊录院，令封印官封试卷付之，集书吏录本，监以内侍二人。诏：'进士第一人，令金吾司给七人导从，听引两节。著为令。'"② 科举考试以后，将试卷押送到誊录院，由相关人员以红笔誊抄，称之为"朱

---

① 《大金国志校证》卷 35《责保就试仪》，中华书局 1986 年，第 501 页。
② 《宋史》卷 155《选举志一》，中华书局点校本 1977 年，第 3608 页。

卷",抄成朱卷以后,要将朱卷与原来考生的墨卷加以对校,确认无误以后,再将朱卷送到内帘,让阅卷官批阅。阅卷完毕以后,将朱卷、墨卷送到"校对所",由相关人员再加以对校,之后根据中选者的两种考卷录取。誊录制度虽然增加许多繁琐的程序,但是使阅卷官无法辨认考生的信息,一定程度上杜绝了批阅环节的徇私舞弊。

如果说糊名、誊录制度主要是针对考官而设,那么对考生的监督则有搜身制度。唐代考生入试时,"皆严设兵卫,荐棘围之,搜索衣服,讥诃出入,以防假滥焉"。《全唐文》卷727《上论贡士书》亦记载:"试之日,见八百尽手携脂烛水炭,泊朝晡餐器,或荷于肩,或提于席,为吏胥纵慢声大呼其名氏,试者突入,棘围重重,乃分坐庑下,寒余雪飞,单席在地。呜呼!唐虞辟门,三代贡士,未有此慢易者也。……施棘围以截遮,是疑之以贼奸徒党,非所以示忠直之节也;试甲赋律诗,是待之以雕虫微艺,非所以观人文化成之道也。"① 到唐代中期,主考官李揆在试场内放置经史和韵书,允许考生翻阅寻检。《旧唐书·李揆传》记载:"乾元初,兼礼部侍郎。揆尝以主司取士,多不考实,陡峻其堤防,索其书策,殊未知艺不至者,文史之圃亦不能摛词,深昧求贤之意也。其试进士文章,请于庭中设五经、诸史及《切韵》本于床,而引贡士谓之曰:'大国选士,但务得者,经籍在此,请恣寻检。'"② 由于允许用书策,不怕举子偷挟书策入考场,搜身制度也随之取消。

宋代科举之制虽然比唐代严密,《宋史·选举志》记载:"凡就试,唯词赋者许持《切韵》《玉篇》,其挟书为奸,及口相授受者,发觉即黜之。"③ 但是仍然无法杜绝暗通关节、冒名顶替的现象。

金朝在吸收唐、北宋制度以后,考场监考制度更加严密。金朝科举制也实行弥封、誊录、搜身的制度。

金朝科举对考生入场的搜检之制,比之前任何一个朝代都要严格。《金史·选举志》记载:"凡监检之制,大兴府则差武卫军。余府则于附近猛安内差摘,平阳府则差顺德军。凡府会试,每四举人则差一人,复以官一人弹

① (清)董诰等:《全唐文》卷727《上论贡士书》,中华书局1983年,第7487—7488页。
② 《旧唐书》卷126《李揆传》,中华书局点校本1975年,第3559页。
③ 《宋史》卷155《选举志一》,中华书局点校本1977年,第3605页。

压。御试策进士则差弩手及随局承应人，汉进士则差亲军，人各一名，皆用不识字者，以护卫十人。亲军百人长、五十人长各一人巡护。泰和元年，省臣奏：'搜检之际虽当严切，然至于解发袒衣，索及耳鼻，则过甚矣，岂待士之礼哉！故大定二十九年已尝依前故事，使就沐浴，官置衣为之更之，既可防滥，且不亏礼。'上从其说，命行之。"① 金代不但府试、会试、殿试实行露索的搜检，而且在乡试中也同样实行。比如金代文学家耶律履"尝以乡赋一试有司，见露索失体即拂衣去"，② 从此不再参加科举考试。后来，金朝政府也觉得这样有失待士之礼，遂对考生采取"使就沐浴，官置衣为之更之"的措施。

金初，由于考场监督不力，导致考场剽窃事件时有发生。比如，天眷二年（1139），张景仁参加会试词赋科考试，虽然卷面发挥出色，但是，"为邻座者剽之，尽坐同而黜"。③ 殿试考规尤其严格，专设"廷试搜检官"。廷试搜检官又称廷试搜阅官、殿试搜检官。《金史·温迪罕达传》记载："温迪罕达，字子达，本名谋古鲁，盖州按春猛安人。性敦厚，寡言笑。初举进士，廷试搜阅官易达藐小，谓之曰：'汝欲求作官邪？'达曰：'取人以才学，不以年貌。'众咸异之。明昌五年（1194），中第，调固安主簿。"④ 殿试之时，金廷派遣亲军到场监考，每名举子派一名士兵监生。会试考试院分为汉人司和女真司，分别负责汉人和女真人的考试事宜。"泰和三年（1203），上以弥封官渫语于举人，敕自今女直司则用右选汉人封，汉人司则以女直司封。"⑤ 以防止泄密和舞弊。

---

① 《金史》卷 51《选举志一》，中华书局点校本 1975 年，第 1130 页。
② （元）苏天爵编：《元文类》卷 57《故金尚书右丞耶律公神道碑》，吉林人民出版社 1998 年，第 897 页。
③ 《归潜志》卷 8《张景仁小传》，中华书局 1983 年，第 81 页。
④ 《金史》卷 104《温迪罕达传》，中华书局点校本 1975 年，第 2293 页。
⑤ 《金史》卷 51《选举志一》，中华书局点校本 1975 年，第 1144 页。

第三章　金代汉族教育体系与汉科举体系的关系

第一节　金代汉族教育与汉进士科

自太宗天会元年（1123）十一月依汉制开设科举，设汉进士科始，科举便成为士人进入仕途的主要途径。汉进士科的设立，既促进了金代汉族官学教育的建立和发展，也促进了私学教育的兴盛。

一、进士科的历史沿革

进士科之设，始于隋炀帝时期，《唐摭言》记载："进士科始于隋大业中，盛于贞观永徽之际，缙绅虽位极人臣，不由进士者，终不为美。"[①]唐初科举沿袭隋旧制，高宗时停试秀才科，后来俊士科也被废止。故诸科之中以明经、进士为重，"当时以诗赋取者谓之进士，以经义取者谓之明经"。[②]其中，进士科最难，明经科较易，进士科一般每次录取只有二三十人，仅仅是明经科的十分之一。故当时有"三十老明经，五十少进士"的谚语。进士科因此地位最为尊贵，为科举各科之首。

唐初进士科的考试科目"其初止试策，贞观八年诏加进士试读经史一

---

①　（五代）王保定：《唐摭言》卷 1《试杂文》，中华书局 1959 年，第 9 页。

②　（清）顾炎武：《日知录》卷 16，安徽大学出版社 2007 年，第 889 页。

部。"① 调露二年（680），考功员外郎刘思立主持科举考试，"以进士惟试时务策，恐伤肤浅，请加试杂文两道，并帖小经"。② 这主要是针对举子不读经史，唯读旧策，文化水平普遍低下的时弊。在这个阶段，策文的好坏（主要不是看文章内容，而是看文章的词华）是录取进士的唯一依据。③ 武则天时期，破格用人，取士极广，对进士科并没有给予特别的重视，帖经、试杂文一度停止。中宗时期，进士科重新恢复帖经、试杂文、对策三场考试。《唐摭言》卷1《试杂文》云："至神龙元年方行三场试，故常列诗赋题目于榜中矣。"④ 三场试的格局至此明确下来。三场试的具体要求，《唐六典》卷2《尚书吏部》考功员外郎条记载："其进士帖一小经及《老子》，试杂文两首，策时务五条。文须洞识文律，策须义理惬当者为通（若事义有滞，词句不伦者为下，其经策全通为甲，策通四，帖通六已上为乙，已下不第）。"⑤ 到唐玄宗时期诏令，进士考试内容由帖小经改为大经，分量和难度都大为增加。⑥ 进士科由是重视诗赋取士。唐后期，进士录取的标准发生变化。诗赋取士重新为策文取士所代替，只不过是衡量策文好坏的标准主要是看内容，而不是看词华。

宋初因唐制，科举取士仍以试诗赋为主，范仲淹主持庆历新政，倡导复古劝学，考试内容有所改变，三场先策，次论，次诗赋，通考为去取。录取时"以策、论高，词赋次者为优等；策、论平，词赋优者为次等"。宋英宗治平元年（1064），司马光上《贡院定夺科场不用诗赋状》，认为取士重诗赋助长士子们的浮华风气，应停止考试诗赋而改试经书。⑦ 神宗熙宁二年(1069)，王安石实行贡举改革，崇尚经学，曾一度停试词赋，专设经义进士科。变法失败后，哲宗"元祐更化"，侍御史刘挚上奏曰："国朝取士试赋、论、策，更百余年，号为得人。……诗赋经义，均之以言取人，贤否邪正未可遽判，

① 《通典》卷15《选举志三》，上海古籍出版社2007年，第354页。
② （唐）封德彝：《封氏闻见记校注》卷3《贡举》，中华书局2005年，第36页。
③ 吴宗国：《唐代科举制度研究》，北京大学出版社2010年，第132页。
④ （五代）王定保：《唐摭言》卷1《试杂文》，中华书局1959年，第8页。
⑤ 《唐六典》卷2《尚书吏部》，中华书局1992年，第41页。
⑥ 吴宗国：《唐代科举制度研究》，北京大学出版社2010年，第138页。
⑦ （宋）司马光：《司马光奏议》卷13，山西人民出版社1986年，第350页。

第从有司去取。"①同时建议恢复诗赋取士之制，后遂以诗赋和经义两科取士。

辽前期科举制度深受唐制影响，基本因袭唐代科举取士之法，后期兼采北宋科举取士之法。②止以诗赋取进士，故又称诗赋科、词赋科。《契丹国志》卷 23《试进士科》记载："太祖龙兴朔漠之区，倥偬干戈，未有科目。数世后，承平日久，始有开辟。限制以三岁，有乡府省三试之设。乡中曰乡荐、府中曰府解、省中曰及第。""程文分两科：曰诗赋、曰经义，魁各分焉。三岁一试进士，第一人特赠一官，授奉直大夫翰林院应奉文字，第二人、第三人止授从事郎，其余人并授从事郎。圣宗时止以词赋、法律取士，词赋为正科，法律为杂科。"从《辽史》诸帝本纪总体记载看，辽圣宗统和六年（988）之前记载相对缺略，虽然可以看出辽举行过多次科举考试，但进士科考试情况并不明晰。辽圣宗统和六年（988）以后，由于科举考试全面展开，而且特别正规，有文献记载的录取人数为 2329 人。

二、金代词赋进士科与经义进士科

金代的词赋进士科，直接承袭辽制。词赋进士"试赋、诗、策、论各一道，经义进士试所治一经义、策、论各一道"。③考试的内容，大概与辽制相同。

金代的经义进士科之设应始于天会六年（1128）的燕山竹林寺榜，而真正形成制度化则无疑在熙宗天眷年间。天会六年（1128）实行南北选，录取的词赋状元名赵洞，经义进士状元为忻州定襄人孙九鼎。"经义进士，试所治一经义，策、论各一道。"④经义科在天会（1123—1137）皇统（1141—1149）年间一直与词赋科并行，海陵王搞科举改革，于贞元二年（1154）正式罢废了经义及诸科。世宗大定二十八年（1188），在李宴等人的建议下，

① 《文献通考》卷 31《选举考》，中华书局 1986 年，第 209 页。

② 张希清、毛佩琦、李世愉主编：《中国科举制度通史·辽金元卷》，上海人民出版社 2017 年，第 41—42 页。

③ 《金史》卷 51《选举志一》，中华书局点校本 1975 年，第 1134 页。

④ 《金史》卷 51《选举志一》，中华书局点校本 1975 年，第 1134 页。

经义科又得到恢复，以经义科取士的制度也一直实行至金末。应当注意的是，经义科在士人的俗称中有时亦称作明经。如前引元好问《中州集》卷8《高工部有邻小传》记载："时相议绌词赋，专明经，德卿以赋有谲谏之义，反复诘难，竟得不罢。"这里所说的明经，无疑是指经义进士科。"若仕进之路，则以词赋、明经取士。预此选者，多至公卿达官。捷径所在，人争走之。"① 所谓明经，也是指经义科。《金史》王若虚本传记，王若虚章宗承安二年擢经义进士第，王鹗为其文集作序却说他"以明经中乙科"。② 李俊民本是承安五年(1200) 经义状元，元人刘因却称其"在金时以明经为举首"。③ 这些都说明，经义有时也被称为明经。

在汉进士科中，经义进士明显不如词赋进士受重视，所以应经义科考试的考生数量相对较少，录取名额也远不及词赋科。熙宗天眷元年（1138）五月，诏南北选取各以经义词赋两科取士。世宗大定（1161—1189）年间，翰林学士李宴曾对世宗说："国朝设科，始分南北选，北选词赋进士擢第一百五十人，经义五十人，南选百五十人，计三百五十人。嗣场，北选词赋进士七十人，经义三十人，南选取百五十人，计二百五十人。"④ 李宴所说的总数录取三百五十人的第一场，应该是指天眷二年，嗣场，指皇统二年。因为从天眷二年开始，南北各以经义和词赋两科取士。章宗时，词赋科一次录取人数多达二百多人，而经义科只有三十几人，故经义进士科受到冷落。

章宗因经义科应举者较少，允许士子同时报考词赋和经义两科，金代史料中记载一人中词赋和经义两科进士的例子很多。如杨云翼，"天资颖悟，初学语辄画地作字，日诵数千言。登明昌五年（1194）进士第一，词赋亦中乙科"。⑤ 杨云翼明昌五年（1194）同时参加两科考试，经义科夺得殿试一甲第一名，词赋科也中了三甲。韩玉与杨云翼为同年，"明昌五年经义、辞

---

① 《遗山先生文集》卷32《寿阳县学记》，四部丛刊初编本，商务印书馆1919年，第326页。
② （金）王鹗：《滹南遗老集》，四部丛刊初编本，商务印书馆1919年，第2页。
③ （元）刘因：《静修先生文集》卷16《泽州长官段公墓碑铭》，四部丛刊初编本，商务印书馆1919年，第72页。
④ 《金史》卷51《选举志一》，中华书局点校本1975年，第1130页。
⑤ 《金史》卷110《杨云翼传》，中华书局点校本1975年，第2421页。

赋两科进士"。^①承安五年（1200）词赋状元阎咏，同时中经义科，与李俊民、石抹世勣同榜。在李俊民《题登科记后》所记的承安五年（1200）经义榜三十三名新科进士中，阎咏为第二十八名。阎咏山东济南府长清县人，出身于科举世家。其祖父名俊，金初南榜进士。父时升，任中杰榜登科。"曾、高以来，登科者六世矣"。^②渔阳人刘中，中词赋、经义两科进士，历任尚书省令史、应奉翰林文字、右司都事。其弟子有王若虚、高斯诚、张履、张云卿等，皆当世名士。王若虚、高斯诚先后中经义状元。^③赵伯成，中词赋、经义两科进士，官至尚书。^④章宗统治时期，有人认为经义不如词赋，皇帝惑其说，有罢废经义科之意。李仲略，世宗时名臣李宴之子，大定十九年（1179）进士，章宗时任翰林直学士，殿试为经义科读卷官。"上问曰：'有司以谓经义不若词赋，罢之如何？'仲略奏曰：'经乃圣人之书，明经所以适用，非词赋比。乞自今以经义进士为考试官，庶得硕学之士。'上可其奏"。^⑤章宗和宣宗，都为保留经义进士科做了不少努力。明昌六年（1195），有人认为："经义中选之文多肤浅，乞择学官及本科人充试官。省臣谓若不与本传，恐硕学者有偶忘之失，可令但知题意而已。遂命择前经义进士为众所推者、才识优长者为学官，遇差考试官之际，则验所治经参用。词赋进士，题注本传，不得过五十字。经义进士，御试第二场试论日，添策一道"。"若府、会试不令（经义与词赋）兼试，恐试经义者少，是虚设此科也"。所以泰和元年（1201）又采纳平章政事徒单镒的建议，令进士试策之日，除时务策外，更以疑难经旨问题作为口答题，"使发圣贤之微旨、古今之事变"。^⑥这些办法，有的是针对词赋科进士，目的都是引导读书人钻研经史，关注经典，实际上也是对经义科的一种支持。宣宗兴定二年（1218），"特赐经义进士王彪等十三人及第，上览其程文，爱其词藻，咨叹久之。因怪学者益少，谓监试官

---

① 《金史》卷 110《韩玉传》，中华书局点校本 1975 年，第 2429 页。

② （金）元好问：《中州记·阎治中长言小传》，阎凤梧主编：《全辽金文》下册，山西古籍出版社 2002 年，第 3439 页。

③ 《中州集》卷 4《阎咏小传》，中华书局 1959 年，第 178 页。

④ 《中州集》卷 8《刘中小传》，中华书局 1959 年，第 408 页。

⑤ 《金史》卷 96《李仲略传》，中华书局点校本 1975 年，第 2127 页。

⑥ 《金史》卷 51《选举志一》，中华书局点校本 1975 年，第 1137 页。

左丞高汝砺曰:'养士学粮,岁稍丰熟即以本色给之,不然此科将废矣。'五年(1221),省试经义进士,考官于常格外多取十余人,上命以特恩赐第"。①

从考试内容来看,不管是词赋科还是经义科,各有所长,都不失为以文化考试的形式选拔人才的好办法,词赋、经义科的评判标准均能在一定程度上反映出一个考生的综合能力。无论是经义科还是词赋科,在选拔人才方面是相辅相成的,适应了当时社会对各种人才的不同需要。

金朝科举,就是过分强调词赋,轻视诗、策、论的考试成绩,故造成学子只攻律赋而不认真研读经史的弊端。其实有金一代词赋科录取的进士人才辈出,名臣硕儒多为词赋进士出身,为当时的社会做出了杰出的贡献。如刘撝,天会二年(1124)西京榜词赋状元,被誉为金初的一代词学宗师,多次担任最高级别的主考官,选拔人才,咸称公允。其两子两婿皆登词赋进士第,均为金代名臣。《归潜志》记载:"金朝以律、赋著名者曰孟宗献友之、赵枢子克,其主文有藻鉴多得人者曰张景仁御史、郑子聃侍读。故一时为之语曰:'主司非张、郑,秀才非赵孟。'律赋至今学者法之,然其源出吾高祖南山翁。"②据刘祁说,孟宗献之所以能连夺四元,也是学习和钻研了刘撝所作的赋,悟出了做赋的玄机,以致后来士林多认为孟宗献是刘撝的学生。大定十三年(1173)的状元赵承元也是一位才华横溢的佼佼者。"百年以来,御题魁选,以赵内翰承元赋'周德莫若文王',超出伦等,有司目为金字品。"③可惜赵承元不注意个人品德修养,放荡不羁,影响了其才能的发挥。另一个在词赋科取得优异考试成绩的是张行简,世宗大定十九年(1179)状元。"家世儒臣,备于礼文之学。典贡举三十年,门生遍天下。南渡后迁礼部尚书,太子太保,翰林学士承旨,薨谥'文正。'"④当年的御试题是"易无体",为世宗亲自所出的考题。"同年生六十人,自甲选张行简至黄士表,赋学家谓人人可以魁天下,程文皆镂木以传。凡任宰相数人,刺史、节度使

① 《金史》卷51《选举志一》,中华书局点校本1975年,第1140页。
② 《归潜志》卷8,中华书局1983年,第80—81页。
③ 《遗山先生文集》卷22《大中大夫刘公墓碑》,四部丛刊初编本,商务印书馆1919年,第229页。
④ 《中州集》卷9《张太保行简小传》,中华书局1959年,第468页。

殆过其半，人以比前世之'龙虎榜'。"① 其余的例子不胜枚举。金代的经义科也同样选拔出许多杰出的人才，如宣宗贞祐三年（1215）经义状元刘汝翼，其科举程文与赵承元的《周德莫若文王赋》齐名。"及公经义第一，《诗传》三题，绝去科举蹊径，以古文取之，亦当在优等，故继有'金'字之褒"。② 王若虚，金代著名的文学家，在中国古代文学史上占有重要地位。如杨云翼、李俊民、王彪、高斯诚、张介等都是当时出类拔萃的人物。

三、金代汉族教育与汉进士科

金初，随着汉进士科的设立和发展，遭到战争严重破坏的原辽、宋地方学校开始恢复。海陵王天德三年（1151）罢南北选，全国实行统一的科举制度。同年，金朝始设国子监，汉族官学教育体系开始建立。至大定、明昌年间，科举制度进入全面发展、更加完备阶段。这期间，金王朝在中央设立了国子学、太学，在地方设立了府、州、县学，并配有比较完备的教学管理制度、教育经费使用制度，教材教法建设也逐渐完善。

金代词赋进士"试赋、诗、策、论各一道，经义进士试所治一经义、策、论各一道"。③"词赋之初，以经、传、子、史内出题，次又令逐年改一经，亦许注内出题，以《书》《诗》《易》《礼》《春秋》为次，盖循辽旧也"。④ 刘祁对金代词赋进士科考试的内容做了解释："国家初设科举用四篇文字，本取全才：盖赋以择制诰之才；诗以取风骚之旨；策以究经济之业；论以考识见之方。"⑤ 海陵王贞元元年（1153），定《贡举程式条理格法》，罢废经义与诸科，专以词赋取进士。以六经、十七史、《孝经》、《论语》、《孟子》、《荀

---

① 《遗山先生文集》卷 16《沁州刺史李君神道碑》，四部丛刊初编本，商务印书馆 1919 年，第 171 页。

② 《遗山先生文集》卷 22《大中大夫刘公墓碑》，四部丛刊初编本，商务印书馆 1919 年，第 229 页。

③ 《金史》卷 51《选举志一》，中华书局点校本 1975 年，第 1130 页。

④ 《金文最》卷 45《登科记序》，中华书局 1990 年，第 652 页。

⑤ 《归潜志》卷 8，中华书局 1983 年，第 80 页。

子》、《扬子》、《老子》内出题，并要求考生答卷引用原始资料时注明出处。应该说，词赋科的考试内容，还是比较全面的。关键是在取舍时以何为主，成为士子们求学的指挥棒。"金朝取士，止以词赋为重，故士大夫往往无暇读书为他文。……泰和间，有司考诗赋已定去留，及读策、论，则止用笔点庙讳、御名，且数字数涂注之多寡。有司如此，欲举子们专精难矣"。① 在这种情况下，就难怪举子们集中精力专攻律赋而不及其余，所以金代的词赋进士科至中晚期即遭诟病，甚至有人建议要求罢废该科。

金代经义科"经义进士，试所治一经义，策、论各一道"。② 考试内容不但有汉文经典，而且试时务策和论，目的是让学子在攻读经史的同时，也关注社会的热点问题，选拔经世致用的人才。经义科的考试涉及的内容也是比较深奥，对此，经义进士王若虚曾有过较为客观的评论。他说："夫经义虽科举之文，然不尽其心，不足以造其妙。辞欲其精，意欲其明，势欲其若倾，故必探《语》《孟》之渊源，撷欧、苏之菁华，削以斤斧，约诸准绳。"③

总之，金代自上而下建立了一套较为完整的汉族官学教育体系。科举制度的发展带动了汉族官学教育的发展。反之，汉族官学教育体系的完备，又为金代培养了大批人才，为科举选士提供了良好的人才基础。

第二节　金代汉族教育与明经、律科

一、明经科的历史沿革

"明经"，从字面上解释就是通晓经术之意，这里的"经"是指儒家经典。自汉武帝独尊儒术以后，朝野内外研习儒家经典成风，明经成为汉代取士的

---

① 《归潜志》卷8，中华书局1983年，第80页。
② 《金史》卷51《选举志一》，中华书局点校本1975年，第1134页。
③ 《滹南遗老集》卷44，丛书集成初编本，中华书局1985年。

重要科目之一。明经由郡国或公卿推举，被举出后须通过射策以确定等第而得官。袭遂、翟方进、夏侯胜、张禹、孔安国等人都是明经出身。举明经者所授官职较高，一般直接为郎、仪郎、郡文学，特别优异者为博士，《汉书·平当传》记载："以明经为博士，公卿荐当论议通明，给事中。"① 韦贤、韦玄成父子皆以明经入仕，官拜丞相。经东汉时期，经学发展更加繁盛，朝野上下诵读经书蔚然成风。由此也导致各派别对经义阐释分歧渐深。章帝下诏强调明经，② 元和二年（85）对州郡察举的明经人数加以规定："令郡国上明经者，口十万以上五人，不满十万三人。"③ 质帝本初元年（146）谕"郡国举明经，年五十以上，七十以下诣太学"。④

魏晋南北朝时期，是经学由衰落走向分裂的时期，但仍以明经科举荐人才，至隋炀帝时期创科举制，明经与进士成为科举选士的两个重要科目。吴宗国指出："比起进士科来，明经科的历史要悠久得多。而且明经以儒家经典作为考试内容，因此具有正统的地位，从制度上看，明经科等要高于进士科，叙阶时明经及第者也要比进士及第者高一阶。"⑤

唐因袭其制，亦设有明经科。《新唐书·选举志》记载："明经之别，有五经，有三经，有学究一经，有三礼，有三传，有史科。"⑥ 这条史料所言的明经，实际上包括唐代各时期所设立的有关明经的科目。唐朝"国初，明经取通两经"。⑦ 高宗武则天时期，又有五经、三经之设。学究一经和三礼、三传等科一样，既是礼部科目，又是吏部科目。吴宗国研究表明，杨绾于唐代宗宝历二年（763）首先提出以一经取人。代宗采纳杨绾的建议，"宜与旧法兼行"。⑧ 三礼、三传、三史科则是在经学越来越为时人所重视的情况下，

---

① 《汉书》卷 71《平当传》，中华书局点校本 1988 年，第 3048 页。

② 裴士京、张翅：《略论两汉察举制度与人才选拔》，《安徽师范大学学报（人文社会科学版）》2002 年第 5 期。

③ 《后汉书》卷 3《章帝纪》，中华书局点校本 1965 年，第 129 页。

④ 《后汉书》卷 3《章帝纪》，中华书局点校本 1965 年，第 152 页。

⑤ 吴宗国：《唐代科举制度研究》，北京大学出版社 2010 年，第 168 页。

⑥ 《新唐书》卷 44《选举志上》，中华书局点校本 1975 年，第 1159 页。

⑦ （唐）封德彝：《封氏闻见记校注》卷 3《贡举》，中华书局 2005 年，第 36 页。

⑧ 《唐会要》卷 76《三礼举》，中华书局 1955 年，第 1397 页。

为了鼓励举子学习某些儒家经典而逐步设立的。① 三礼作为一科正式设立是在德宗贞元九年（793）。其年五月，敕："自今已后，诸色人中习三礼者，前资及出身人依科目例，吏部考试。白身人依贡举例，礼部考试，第经问大义三十条，试策三道。"② 三传、三史科设立于长庆二年（822），其年二月，谏议大夫殷侑上奏："近日以来，史学都废。……朝廷旧章，昧而莫知，况乎前代之载，焉能知之"；又言"明经为传学者，犹十不一二，……三传无复学者"，建议置三史、三传两科，最终为唐穆宗批准执行。设立三传、三史两科。无论如何，到唐代中后期，明经出身的高级官吏已大大地低于进士科，明经在政治上的地位已经开始下降。吴宗国归结为两方面原因：一是传统经学的衰落；二是明经考试制度本身存在的问题。③

辽代科举虽然重视进士科，但明经科始终没有被罢黜，仍然是选拔人才的一个重要科目。辽圣宗统和十二年（994），下诏"郡邑贡明经、茂材异等"。④ 例如，《宁鉴墓志》记载，宁鉴的父亲宁的"明经登第，终于鄱阳县主簿"。⑤《师哲为父造幢记》记载，师颉，"重熙二十四年（1055），一举而明经擢第"。⑥《北郑院邑人起建陀罗尼幢记》末尾书经人为"乡贡学究韩承规"。这里的"学究"当是"学究一经"的简称，是明经的一个科目。有辽一代，辽朝统治者重视各族士人对儒家经史的研习，并对通晓儒家经典的各族士人给予重用。如《辽史·张俭传》记载："张俭名符帝梦，遂结主知，服弊袍不易，志敦薄俗，功著两朝，世称贤相，非过也。邢抱朴甄别守令，大惬人望，两决滞狱，民无冤滥。马得臣引盛唐之治以谏其君，萧朴痛皇后之诬，至于呕血。四人者，皆以明经致位，忠荩若此，宜矣。"⑦

经义科和明经科的考试内容虽都是儒家经典，但二者有区别。经义主要是以经书中的文句为题，应考者作文阐明其中的义理。明经则"只会念注疏，

---

① 吴宗国：《唐代科举制度研究》，北京大学出版社 2010 年，第 28 页。

② 《唐会要》卷 76《三礼举》，中华书局 1955 年，第 1398 页。

③ 吴宗国：《唐代科举制度研究》，北京大学出版社 2010 年，第 173—181 页。

④ 《辽史》卷 13《圣宗纪四》，中华书局点校本 1974 年，第 145 页。

⑤ 《辽代石刻文编》，河北教育出版社 1995 年，第 606 页。

⑥ 《辽代石刻文编》，河北教育出版社 1995 年，第 538 页。

⑦ 《辽史》卷 80《张俭传》，中华书局点校本 1974 年，第 1282 页。

不会经义"。①"正如和尚传经相似"。②"自唐以来，所谓明经，不过帖书、墨义，观其记诵而已，故贱其科，而不通者其罚特重"。③ 北宋科举诸科中也有九经、五经、三礼、三传、学究等科目的设置，这大概是由唐代明经科演变而来。嘉祐（105—1063）年间，又于进士、诸科外增设明经科。宋人王栐《燕翼诒谋录》记载了明经考试的情形："又试场所问本经义疏，不过记出处而已。如吕申公试卷问：'子谓子产有君子之道四焉，所谓四者何也？'答曰：'对：其行己也恭，其事上也敬，其养民也惠，其使人也义。'谨对。试卷不誊录，而考官批于界行之上。能记则曰'通'，不记则曰'不'。十问之中四通，则合格矣。其误记者，亦自书曰'不'，而不能全记，答曰：'对未审，谨对。'"④ 纵观北宋时期，明经科无法与进士科等量齐观，英宗即位，"诏礼部三岁一贡举，天下解额，取未行间岁之前四之三为率，明经、诸科毋过进士之数"。到宋神宗时期，"笃意经学，深悯贡举之弊，且以西北人材多不在选"，遂采纳王安石建议，废除明经科，取明经科额以增进士科。⑤

二、金代明经科

金代明经科和唐、宋一样不受人重视。宋人洪皓的《松漠纪闻》记载："又有明经、明法、童子科，然不擢用，止于簿尉，明经至于为直省官事宰执持笔研（砚）。童子科只有赵宪甫位至三品。"《大金国志》卷35《天会皇统科举》亦有类似记载："熙宗立，又增专经、神童、法律为杂科，然不擢用，止于簿尉。专经至于为直省官事宰执持笔砚。童子科只有赵宪甫位至三品。"张棣《金虏图经》记载："亶立，又增专经、神童、法律三科为杂科，亦设乡、府、省三试，中选之人并补将仕郎。"《大金国志》和《金虏图经》所记的专经即

① （宋）王钦若等编：《册府元龟》卷84《帝王部·赦宥》，中华书局2003年，第472页。
② （宋）黎靖德：《朱子语类》卷128，中华书局1986年。
③ 《宋史》卷155《选举志一》，中华书局点校本1977年，第3603页。
④ 《燕翼诒谋录》卷1，中华书局1981年，第11页。
⑤ 《宋史》卷155《选举志一》，中华书局点校本1977年，第3616页。

明经科，法律、明法即律科，神童即童子科。此三科始设于熙宗时，海陵王罢废了经义、明经和童子科，世宗大定二十八年恢复，一直实行到金末。章宗承安四年，"上谕宰臣曰：'一场放两状元，非是。后场廷试，令词赋、经义通试时务策止选一状元。余虽有明经、法律等科，止同诸科而已。'"① 李世弼《登科记序》记载："金天会元年始设科举，有词赋，有经义，有同进士，有同三传，有同学究，凡五等。"② 实际上这一记载混淆了科举的科目和等第。其中的同三传、同学究，应该是指明经科的分项科目，而同进士则是指科举录取的第三等进士。科举时代，最高级别考试录取的进士分为三甲，一甲赐进士及第，二甲赐进士出身，三甲赐同进士出身。金代明经出身的文士见于记载者极为少见，大概与该科不受重视、任职官阶级别较低有关。山西平阳人苗彦实，曾师从乡先生乔君章学琴，颇得真传。"弱冠，应明经举选，三赴廷试"。③ 但苗彦实所应的明经举选，是否是经义科的俗称，却无法证实。世宗时，礼部侍郎黄久约推举五经出身的孙必福出任警巡使，世宗认为孙必福处置政事迟缓，不谙吏事，故举荐官黄久约也受到批评。④ 孙必福既称五经出身，无疑为明经科及第。平谷人巨仲嘉，明经及第，历任永寿县令、国子助教等职。⑤ 涿州定兴人郑瞻，"十八岁通经中第，授将仕郎"。从郑瞻释褐初授将仕郎的官阶来看，他所中的应该是明经科。因将仕郎是金代文官散阶当中最低者，为从九品，而金代诸科释褐初授阶皆为将仕郎。

三、律科的历史沿革

律科是为培养和选拔法律方面的人才而设立的，它的前身是唐、宋的明

① 《金史》卷 51《选举志一》，中华书局点校本 1975 年，第 1137 页。
② 《金文最》卷 45《登科记序》，中华书局 1990 年，第 652 页。
③ （金）元好问：《琴辨引》，阎凤梧主编：《全辽金文》下册，山西古籍出版社 2002 年，第 3236 页。
④ 《金史》卷 96《黄久约传》，中华书局点校本 1975 年，第 2123 页。
⑤ （清）唐执玉、刘于义、李卫修，陈仪、田易纂：《畿辅通志》卷 29《学校》，清雍正十三年（1735）刻本。

法科，亦即辽之律学科（法律科）。

所谓"明法"，有三种含义：一是明习法令之意；二是一种司法官吏的称谓；三是贡举制度的一种选拔司法人才的考试科目。西汉时期，明法科就作为一种选拔司法人才的特科而存在。汉高祖十一年（前196）下诏："其有明法者，御史中执法，下郡守，必身劝勉，遣诣丞相府，署其行、义及年，有其人而不言者，免官。"这一诏令得到天下郡国的响应，郑宾以明律令被征召为御史，薛宣以明习文法而诏补御史中丞。汉武帝元狩六年（前117）"令丞相设四科之辟，以博选异德名士，称才量能，不宜者还故宫。第一科曰德行高妙，志节清白。二科曰学通行修，经中博士。三科曰明晓法令，足以决疑，能案章覆问，文中御史。四科曰刚毅多略，遭事不惑，明足以照奸，勇足以决断，才任三辅剧令。皆试以能，信然后官之"。明法科属于征召制度下的一个科目。蔡荣生研究认为，由于其运行方式依靠征召而不是考试，故汉代的明法科不是一种考试制度，与科举制度下的明法科有着很大的区别。[1]与此同时，律学教育兴起。如两汉时期的于定国、杜延年、郭躬、陈宠等人世代传习法令，收徒教授，学生多至数百人。魏明帝太和元年（227），尚书卫觊上疏道："……百里长吏，皆宜知律。……请置律博士，转相教授。"这个建议为魏明帝采纳，在魏明帝颁布《新律》的同时，于廷尉之下，置律博士一人，负责向地方行政官吏和狱吏教授国家的法律、法令。此后西晋及南北朝也大都设有律博士、明法等属官。如北齐武成帝颁布《北齐律》，"令仕门子北常讲习之，齐人多晓法律，盖由此也"。北齐大理寺设有律博士四人、明法掾二十四人，司直、明法十人。后秦姚兴执政时期（394—416）于长安设立律学，"召郡县散吏以授之。其通明者还之郡县，论决刑狱"。[2]这是中国历史上官方设立的第一个独立的法律教育机构。律博士和独立专门的法律教育机构的设置，使律学研究在一定程度上摆脱了偶然自发的状态和单纯的学者热情而具有了相应的制度保障。

律学在隋朝隶属于大理寺，属于职业教育。大理寺下置有律博士、明

---

① 蔡荣生：《唐代明法科考试制度研究》，南京师范大学硕士学位论文2011年，第6页。

② 《晋书》卷117《姚兴载记上》，中华书局点校本1996年，第2980页。

法、狱掾。① 可见，北齐与隋朝，"明法"属于司法官吏的一种称谓。蔡荣生先生认为，隋朝取士科目共有八种，分别是进士科、明经科、秀才科、贤良科、孝悌廉洁科、二科、四科和十科。对于官吏法律素质的考核是依靠特科进行的，所以隋代取士并没有设置明法科。明法考试起源于唐朝。②

律学在唐代与国子学、太学、四门学、算学和书学都属于中央官学体系，合称"六学"。或由国子监管辖，或由大理寺管辖。中有律学博士，从八品下，助教，从九品下。明经学生可以参加科举明法科考试。《唐六典》卷21《国子监》国子丞条记载："凡六学生每岁有业成上于监者，以其业与司业、祭酒试之：明经帖经，口试，策经义；进士帖一中经，试杂文，策时务，徵故事；其明法、明书、算亦各试所习业。登第者，白祭酒，上于尚书礼部。"③ 关于明法科的考试内容，《唐六典》卷2《尚书吏部》考功郎中员外条记载："其明法试律、令各一部，识达义理、问无疑滞者为通。"试帖就是把试律或令掩盖两端，中间仅露一行，用纸裁成帖，每帖遮住三个字，让应举者回答。十帖答对六帖就视为及格。出示一行难度较大，天宝十一年（752）改为出示三行。试策则是把律或令中需要论证的问题，编成策目，让应举者去论证或阐述。关于明法科的录取标准和等次，《唐六典》卷2《尚书吏部》考功郎中员外条又记载："粗知纲例、未究指归者为不。所试律、令，每部试十帖。策试十条：律七条，令三条。全通者为甲，通八已上为乙，已下为不第。"④ 唐代明法科不受统治者重视。白居易在《论刑法之弊》中言，当时朝廷"轻法学，贱法吏"，法学并非上科。韩愈《省试学生代斋郎议》中云："学生或以通经举，或以能文称，其微者，至于习法律、知字书。"唐武宗会昌五年（845）《南郊赦文》中规定："刑部、大理法直，并以明法出身人充。"其中法直即法律专业人才，其升官是受到限制的，明法出身者，难以升高官，远不及进士科。由此可见，律学作为专业教育，在尊圣崇儒的文教政策下，地位远远低于儒家经学诸科。

---

① 白钢主编：《中国政治制度史》，天津人民出版社1991年，第452页。
② 蔡荣生：《唐代明法科考试制度研究》，南京师范大学硕士学位论文2011年，第7—9页。
③ 《唐六典》卷21《国子监》，中华书局1992年，第558页。
④ 《唐六典》卷2《尚书吏部》，中华书局1992年，第44—45页。

明法科在辽朝称为律学科、法律科。关于辽朝法律科的记载比较少，且又零散。《契丹国志》卷 23《试士科制》记载："圣宗时，止以词赋、法律取士，词赋为正科，法律为杂科。"①《造经题记》记载："施主窦景庸相公女赐紫比丘尼，乡贡律学张贞吉施手书。"②《辽史拾遗》卷 16《补选举志》记载："王吉甫，涿州人，天庆二年(1113)试律学第一，除参军。"③ 这说明明法科考试在辽朝中后期一直存在，考试也分等第名次。

北宋时期，重视以法治国，提高官吏法律素养，曾多次对明法科进行调整。北宋建国之初，就恢复了由于战乱而废黜的明法科。"礼部贡举，设进士、九经、五经、开元礼、三史、三礼、三传、学究、明经、明法等科，皆秋取解，冬集礼部，春考试。"宋太宗为了使"经生明法，法吏通经"把明法科从一门单一的考试科目，变成其他诸科的公共科目。"(太平兴国)八年，进士、诸科始试律义十道，进士免帖经。明年，惟诸科试律，进士复帖经。""凡明法，对律令四十条，兼经并同毛诗之制。各间经引试，通六为合格，仍抽卷问律，本科则否。"④ 真宗景德二年（1005）十二月，规定明法的考试场次和内容："明法旧试六场，更定试七场：第一、第二场试律，第三场试令，第四、第五场试小经，第六场试令，第七场试律，仍于试律日杂问疏义六、经注四。"⑤ 宋仁宗时期，调整了包括明法科在内的录取标准，"敕有司并试四场，通较工拙，毋以一场得失为去留"。使科举考试更符合统治者选拔人才的需要。⑥ 宋神宗时期，重用王安石进行变法。由于变法需要法律人才，"新科明法"应运而生，"新科明法，试律令、刑统、大义、断按，所以待诸科之不能业进士者。未几，选人、任子，亦试律令始出官。又诏进士自第三人以下试法"。⑦ 改变了时人轻视法律的观念。神宗死后，保守派上台，开始对新科明法发难。礼部奏言："新科明法中者，吏部即注司法，叙

① 《契丹国志》卷 23《试士科制》，齐鲁书社 2000 年，第 175—176 页。
② 《辽代石刻文编》，河北教育出版社 1995 年，第 742 页。
③ 《辽史拾遗》卷 16《补选举志》，国家图书馆出版社 2009 年，第 75 页。
④ 《宋史》卷 155《选举志一》，中华书局点校本 1977 年，第 3605 页。
⑤ 《宋史》卷 155《选举志一》，中华书局点校本 1977 年，第 3608—3609 页。
⑥ 李芳：《宋代明法考试制度探析》，西南政法大学硕士学位论文 2013 年，第 1 页。
⑦ 《宋史》卷 155《选举志一》，中华书局点校本 1977 年，第 3618 页。

名在及第进士之上。旧明法最为下科，然必责之兼经，古者先德后刑之意也。欲加试论语大义，仍裁半额，注官依科目次序。"诏近臣集议。① 讨论的结果是，新科明法虽然没有被废除，但应试者必须兼试经义，即于《周礼》《礼记》《易》《诗》《书》《春秋》内各专一经，并兼《论语》《孝经》发解。哲宗元祐三年（1088），新科明法考试改为三场：第一场考试刑统、大义五道；第二场考试本经、大义五道；第三场考试《论语》、《孝经》、大义各两道。至此，新科明法考试内容被掺进了经义，形成了"经义定去留，律义定高下"的格局。及宋徽宗崇宁元年（1102），又将新科明法的解省额划到进士之中，至此新科明法被废除。②

四、金代律科

金代的律科始设于熙宗时期。海陵王罢经义、明经、童子等诸科，但保留法律科。《松漠纪闻》《金虏图经》和《大金国志》都记载熙宗时增专经（明经）、明法（法律）和神童（童子）科，是熙宗时已经设有律科，《金史·选举志》所记律科"其制始见海陵庶人正隆元年"是不准确的。金制，词赋、经义、策论（女真进士科）三科中选者称进士，律科、经童中选取者称举人。这与前代的唐、辽、北宋及后代的明清之制皆有区别。唐、辽、北宋习惯上将参加科举考试的应试者统称为举人，明清科举，则专称乡试中选者为举人。

金代的律科自熙宗设立后，一直保留到金末，为国家选拔了许多法律方面的人才。而金末中律科的举人，有的入元后也在法制方面发挥了作用。如西京人孟彦甫，其父孟唐牧，在辽中进士。彦甫金初以明法科中举，历官知西北路招讨司事、宣德州司侯、登州军事判官等职务。③ 河北永平人赵思文，其父名赵蕃，"明法决科，仕至乾州奉天县令，官奉直大夫"。所谓"明法决

① 《宋史》卷 155《选举志一》，中华书局点校本 1977 年，第 3620 页。
② 李芳：《宋代明法考试制度探析》，西南政法大学硕士学位论文 2013 年，第 14 页。
③ 《金文最》卷 114《孟氏家传》，中华书局 1990 年，第 1636 页。

科", 即明法科, 也就是律科。赵氏祖上为平民, 自赵蕃以中律科入仕, 始成为书香之家, 赵思文与其弟去非于章宗明昌五年同榜中进士, 乡里荣之, 号 "双飞赵家"。思文官至礼部尚书, "屡典贡举, 所得多名士, 被黜者亦无怨言"。[①] 滦州人李元璋, 正隆二年 (1158) 律科及第, 历西北路招讨司知法、石城县主簿、丰润县丞、夏津县令等职, 章宗时官至吏部尚书。[②] 元代名臣王恽, 河南卫州汲县人, 其父王天铎 "金正大 (1224—1232) 初, 以律学中首选, 仕至户部主事"。[③] 宣宗贞祐三年经义状元刘汝翼之父刘时昌, "大定初律学出身, 历孟州军事判官, 终于左三部检法。用法详慎, 多所平反"。[④] 刘汝翼的曾祖父刘异, 早在北宋政和年间擢进士第, 刘氏为淄川邹平科举世家, 刘汝翼之所以能在经义科考试中夺冠, 是和其家学传承直接有关的。陕西岢岚人郭珺, 字子玉, 唐汾阳郡王郭子仪的后裔。郭珺 "弱冠以律学应选, 再上不中, 议罢举。会明昌官制行, 乃用良家子明法理、慎动止, 推择为吏"。[⑤] 郭珺参加律科考试虽没有中选, 但却为自己从政打下坚实的基础。他先后担任过陕州知法、平阳府知法、河东南路行元帅府检法、尚书省左三部检法、嵩州知法、行尚书省六部主事等职, 累官至广威将军。沈州人刘庆仁, 律科出身, 官太子校书郎。[⑥] 霸州益津人郝赟, 少擢律科第, 正隆末为司理参军。[⑦] 涿州人郭济道、郭济忠兄弟, 皆中律科, 济道任兴中县令, 济忠任汾州介休县主簿、安肃州知法、云川县令等职。[⑧] 大名人王汝梅, 字大用。"始由律学为伊阳簿, 秩满, 遂隐居不仕。性嗜书, 动有礼法。生徒以

① (金) 元好问:《通奉大夫礼部尚书赵公神道碑》, 阎凤梧主编:《全辽金文》下册, 山西古籍出版社 2002 年, 第 2927 页。

② 《畿辅通志》卷 29《学校》, 清雍正十三年 (1735) 刻本。

③ 《元史》卷 167《王恽传》, 中华书局点校本 1983 年, 第 3932 页。

④ 《遗山先生文集》卷 22《大中大夫刘公墓碑》, 四部丛刊初编本, 商务印书馆 1919 年, 第 228 页。

⑤ (金) 元好问:《广威将军郭公墓表》, 阎凤梧主编:《全辽金文》下册, 山西古籍出版社 2002 年, 第 3081 页。

⑥ 国家图书馆善本金石组编:《辽金元石刻文献全编》三《刘氏明堂碑》, 北京图书馆出版社 2003 年, 第 778 页。

⑦ 《元人文集珍本丛刊》卷 58《浑源刘氏世德碑铭》。

⑧ 《辽金元石刻文献全编》二《郭济忠碑》, 台湾新文丰出版公司 1985 年, 第 889 页。

法经就学者，兼授以经学。诸生服其教，无敢为非议者。"①

五、金代汉族教育与明经、律科

关于金代明经教习的内容，文献语焉不详。既然金代明经是承袭唐、宋之制，则我们可从唐、宋有关记载中推求。《唐六典》卷2《尚书吏部》吏部郎中员外郎条记载："其明经各试所习业，文注精熟，辩明义理，然后为通。正经有九，《礼记》《左传》为大经，《毛诗》《周礼》《仪礼》为中经，《周易》《尚书》《公羊》《谷梁》为小经。通二经者一大一小，若两中经；通三经者大中小各一；通五经者，大经并通。其《孝经》《论语》并须兼习。"②北宋明经的学习范围没有越出唐代的，但是在明经考试的具体要求上有所调整。《宋史·选举志》记载："凡明两经或三经、五经，各问大义十条，两经通八，三经通六，五经通五为合格，兼以《论语》《孝经》，策时务三条，出身与进士等。"③

关于金代律科教习的情况。《金史·选举志》有所记载："律科进士，又称为诸科。其法以律令内出题，府试十五题，每五人取一。大定二十二年（1182）定制，会试每场十五题，三场共通三十六条以上，文理优，拟断快、用字切者为中选。临时约取之，初无定数。其制始见经陵庶人正隆元年（1157）。"④章宗时，有人提出"律科举人止知读律，不知教化之源，必使通治《论语》《孟子》，涵养器度"。⑤因规定遇府、会试，委经义试官于《论语》《孟子》内出题，加试小义一道。府、会试均进行单独的一日考试，"命经义试官出题，与本科通考定之"。⑥

---

① 《金史》卷127《王汝梅传》，中华书局点校本1975年，第2752页。
② 《唐六典》卷2《尚书吏部》，中华书局1992年，第36页。
③ 《宋史》卷155《选举志一》，中华书局点校本1977年，第3604页。
④ 《金史》卷51《选举志一》，中华书局点校本1975年，第1148页。
⑤ 《金史》卷9《章宗纪一》，中华书局点校本1975年，第207页。
⑥ 《金史》卷51《选举志一》，中华书局点校本1975年，第1148页。

第三节　金代汉族儿童教育与经童科

一、经童科的历史沿革

中国古代主要通过童子科考试来选拔那些"有特禀异质，迥越伦萃，岐嶷兆于襁褓，颖悟发于龆龄"的神童。[①]童子科萌芽于西汉时期。刘邦建立西汉以后，注意吸取秦朝灭亡的历史教训，实行察举制招选贤良，扩大国家的统治基础。据元代人马端临《文献通考》卷 35《选举考·童科》记载："汉法试经者拜为郎，年幼才俊者拜童子郎。"[②]也就是说，儿童如果受到荐举，即可为官。《汉书·艺文志》记载："太史试学童，能讽书九千字以上，乃得为史，又以六体试之，课最者以为尚书、御史、史书、令史。"[③]可见，西汉已有童子科的雏形——童子举。这种从学童中选用为郎官的做法，对后世产生了重要的影响。东汉时期，尚书令左雄倡导改革察举制，通过考试严格选举。"汝南谢廉、河南赵建章年始十二。各能通经，雄并奏拜童子郎。"[④]此举打破了察举制"限年四十以上"的局限，使童子郎成为成人之外的又一种选举。[⑤]魏晋南北朝时期，由于海内动荡，割据政权并立，察举制度难以有效、持续地实行，文献记载的童子举情况可谓凤毛麟角。史料可查的仅是《梁书·武帝本纪》的记载：梁武帝天监七年（508）九月"壬辰，置童子奉车郎"。[⑥]当年 16 岁的岑之敬就是在这个背景下，"除童子奉车郎，赏赐优厚"。[⑦]童子奉车郎应该与东汉时期的童子郎一脉相承。

---

① 《册府元龟·总录部·幼敏》，中华书局 2003 年，第 93 页。
② 《文献通考》卷 35《选举考·童科》，中华书局 1986 年，第 329 页。
③ 《汉书》卷 30《艺文志》，中华书局点校本 1988 年，第 1720—1721 页。
④ 《后汉书》卷 58《臧洪传》引《续汉书》，中华书局点校本 1965 年，第 1885 页。
⑤ 金滢坤：《唐五代童子科与儿童教育》，《西北师范大学学报》2002 年第 4 期。
⑥ 《梁书》卷 2《武帝本纪中》，中华书局点校本 1973 年，第 48 页。
⑦ 《陈书》卷 34《岑之敬传》，中华书局点校本 1972 年，第 461—462 页。

隋炀帝大业二年（606）设立进士科，开创了中国古代的科举制度。由于国祚较短，隋代童子科并没有正常地运行。到唐代，科举制度进一步发展。童子科也逐渐完备起来。《新唐书·选举志》记载："唐制，取士之科，多因隋旧，然其大要有三。由学馆者曰生徒，由州县者曰乡贡，皆升于有司而进退之。其科之目，有秀才，有明经，有俊士，有进士，有明法，有明字，有明算，有一史，有三史，有开元礼，有道举，有童子。"[1] 学界一般认为，童子科在唐代贞观（626—649）后期正式确立。到高宗时期成为常科。[2] 鉴于童子科考试流弊渐生，唐代采取取缔的办法，代宗宝应二年（763）、大历十年（775）、文宗开成二年（837）、宣宗大中十年（856）一度停罢，后来发现停罢不是办法，还是要用具体详尽的规定来堵童子科中的纰漏。所以，经过四次停罢之后，童子科一直到唐末都保持不废除。关于童子科的年龄限制与考试内容，《新唐书·选举志》记载："凡童子科，十岁以下能通一经及《孝经》《论语》，卷诵文十，通者予官；通七，予出身。凡进士，试时务策五道、帖一大经，经、策全通为甲第；策通四、帖过四以上为乙第。"[3] 唐政府为了保证童子的质量，禁止滥荐童子，于大中十年（856）五月，"令天下州府荐送童子，并须实年十一、十二已下，仍须精熟一经，问皆全通，兼自能书写者，如违制条，本道长吏亦议惩罚"。[4] 其中对童子的年龄放宽到 12 岁以下，对荐举的长官进行考核。

金滢坤指出，两汉魏晋南北朝时期的童子举，"是在察举制与九品中正制下进行的，其选举权被中央权贵、郡国太守、州郡大小中正控制"，实质上由门阀集团把持。[5] 与唐代科举中的童子科不可同日而语，唐代童子科的选举权在中央，地方士族、官宦的推荐权受到限制，唐代童子科成为中央广揽人才的重要途径之一。

五代时期，科举制度并没有中断。但是后梁取士数量有限，很可能没有

---

① 《新唐书》卷 44《选举志上》，中华书局点校本 1975 年，第 1159 页。

② 朱红梅：《唐宋童子科研究》，陕西师范大学硕士学位论文 2005 年，第 5—6 页。

③ 《新唐书》卷 44《选举志上》，中华书局点校本 1975 年，第 1161 页。

④ 《全唐文》卷 968《更定科目事例奏》，中华书局 1983 年，第 10055 页。

⑤ 金滢坤：《唐五代童子科与儿童教育》，《西北师范大学学报》2002 年第 4 期。

设置童子科。后唐为了革除童子科的弊端，对童子科进行改革。《册府元龟》卷 641《贡举部》记载，同光二年（924）敕文："其童子则委本州府，依诸色举人例考试，结解送省。任称乡贡童子，长吏不得表荐。若无本处解送，本司不在考试之限。"① 结解送省固然可以消除童子科举过程中徇私舞弊的情况，有利于童子之间公平竞争，选拔人才。但是诸道在解送环节并没有认真执行。针对这种情况，明宗敕令诸道州府，"如公然滥发文解，略不考选艺能，其逐处判官及试官并加责罚。仍下贡院，将来诸道应解送到童子，委主司精专考校，须是年颜不高，念书合格。道字分明，兼无蹶失，即放及第"。② 童子解送制度一直为后来的后晋、后周袭用。后晋、后周虽然停罢过童子科，进行整顿，但仍然没有解决童子科的流弊问题。据《册府元龟》卷 642《贡举部》记载：后周世宗显德二年（956）五月翰林学士、礼部侍郎知贡举窦仪上言："抑嬉戏之心，教念诵之语，断其日月，委以师资，限隔而游思，不容仆跌。而痛楚多及，孩童之意，本未有知父母之情，恐，或不忍，而复省试之际，岁数难知；或念诵分明，则年貌稍过；或年貌中，则念诵未精；及有司之去留，多家人之诉讼伏。况晋朝之日，罢此三科，年代非遥敕。"③

宋代基本沿袭唐、五代之制，"宋之科目，有进士，有诸科，有武举。常选之外，又有制科，有童子举，而进士得人为盛"。④ 由此可知，宋代童子科不再是常科，而是和制科一样属于不定期举行的考试。一般认为，宋代童子科设置于太宗雍熙元年（984）。⑤ 关于宋代童子科的年龄限制与考试内容，《宋史·选举志》记载："凡童子十五岁以下，能通经作诗赋，州升诸朝，而天子亲试之。其命官、免举无常格。"由此可知，北宋初期童子科对年龄的要求放宽到 15 岁，到宋徽宗政和六年（1116）为了减少应试人数，诏"念书童子十岁以下许试"。⑥ 先经由地方选拔，送到京师由皇帝亲试。对于童

---

① 《册府元龟》卷 641《贡举部·条制第三》，中华书局 2003 年，第 113 页。
② 《册府元龟》卷 642《贡举部·条制第三》，中华书局 2003 年，第 713 页。
③ 《册府元龟》卷 642《贡举部·条制第四》，中华书局 2003 年，第 714 页。
④ 《宋史》卷 151《选举志一》，中华书局点校本 1977 年，第 3603 页。
⑤ 朱红梅：《唐宋童子科研究》，陕西师范大学硕士学位论文 2005 年，第 9—10 页。
⑥ 《宋会要辑稿·选举》九之二十五，永乐大典本，第 541 页。

子及第的授官，并没有严格的迁转官格可循，其中取于皇帝的个人意志。北宋童子科也经历了"或罢或复"的不稳定状况。仁宗宝元元年（1038）、皇祐三年（1051）、哲宗元祐元年（1086）先后三次停罢，但是很快又恢复。神宗元丰年间（1078—1085），北宋政府在汴梁建立小学，允许其他地区的童子进入学习。

二、金代经童科

金代童子科又称经童科、神童科，承袭唐、宋不替，其目的是选拔天资聪颖、卓吾不群的少年优俊者，接受专门的教育，进而成为治国安邦之才。经童科中选以后，送至官办的学校进行专门培养，如果将来有登进士第者，则例同进士任用，不然，亦从本科。①"其试词赋、经义、策论中选者，谓之进士。律科、经童中选者，曰举人。"②

关于金代经童科的沿革情况，《金史·选举志》记载："初，天会八年（1130）时，太宗以东平童子刘天骥，七岁能诵《诗》《书》《礼》《易》《春秋左氏传》及《论语》《孟子》，上命教养之，然未有选举之制也。"③可见，太宗天会八年（1130）只是初备经童科之制，并没有举行相关的考试。

熙宗天会十四年（1136），金朝正式颁布经童选试之制。《大金国志校证》卷35《天会皇统科举》记载："熙宗立，又增专经、神童、法律三科为杂科，然不撰用，止于簿尉。专经至于为直省官，事宰执，持笔砚。童子科止有赵宪甫位至三品。"④《松漠纪闻》记载略同："又有明经、明法、童子科。然不撰用，止于簿尉。明经至于为直省官，事宰执，持笔砚。童子科止有赵宪甫位至三品。"海陵王天德年间（1149—1153）进行科举改革，一度停罢经童

---

① 张希清、毛佩琦、李世愉主编：《中国科举制度通史·辽金元卷》，上海人民出版社2017年，第220页。
② 《金史》卷51《选举志一》，中华书局点校本1975年，第1149页。
③ 《金史》卷51《选举志一》，中华书局点校本1975年，第1130页。
④ 《大金国志校证》卷35《天会皇统科举》，中华书局1986年，第509页。

科。《大金国志校证》卷 35《天德科举》记载："次举又罢专经、经义、神童，止以词赋、法律取士。词赋为正科，法律为杂科。"①上文提到的专经即明经科，明法、法律即律科，神童即经童科。大定二十九年（1169），章宗即位以后，将经童科与经义科、明经科一起恢复，并一直实行到金朝末期。《金史·选举志》记载："承安四年（1099），上谕宰臣曰：一场放二状元，非是。后场廷试，令词赋、经义通试时务策，止选一状元，余虽有明经、法律等科，止同诸科而已。"②

与前代一样，金代科举唯重进士，轻视诸科。《金史·焦旭传》记载："焦旭，字明锐，沃州柏乡人。第进士，调安喜主簿。……寻授右三部检法司正，代韩天和为监察御史。时御史台言：'监察纠弹之司，天和诸科出身，难居是职。'上命别举，中丞李晏荐旭刚正可任，遂授之。"③金代对诸科的歧视可见一斑。经童出身的官员境遇也大体如此。最初经童科中举者授予官职，不过"只授司候等职而已"。④《金史·胥持国传》记载"胥持国，字秉钧，代州繁畤人。经童出身。"由于章宗时受到恩宠，明昌四年（1193），拜参知政事，赐孙用康榜下进士第。虽然如此，仍为士人所轻。据《归潜志》记载："胥参政持国以经童入仕，得幸于章宗，擢为执政，一时权势赫然，而张仲淹诸人游其门，附以进用，时号'胥门十哲'。泰和南征，宋人传檄有云'经童作相，监婢为妃'。"⑤《大金国志》则记为明昌二年（1191），"三月，拜经童为相。经童者，僧童也"。⑥但其不知经童乃金代取士科目而强解，实为大谬不然。《金史·选举志》记载了明昌（1190—1196）党争的两派——完颜守贞与胥持国对经童科有过激烈的交锋："明昌三年（1192），平章政事完颜守贞言：'经童之科非古也，自唐诸道表荐，或取五人至十人。近代宋仁宗以为无补，罢之。本朝皇统间取五十人，因以为常，天德时复废。圣主

① 《大金国志校证》卷 35《天德科举》，中华书局 1986 年，第 510 页。
② 《金史》卷 51《选举志一》，中华书局点校本 1975 年，第 1137 页。
③ 《金史》卷 97《焦旭传》，中华书局点校本 1975 年，第 2153 页。
④ 《续通志》卷 141《历代制下》，浙江古籍出版社 2000 年，第 1247 页。
⑤ 《归潜志》卷 10，中华书局 1983 年，第 23 页。
⑥ 《大金国志校证》卷 19《章宗皇帝纪上》，中华书局 1986 年，第 258 页。

复置，取以百数，恐久积多，不胜铨拟，乞谕旨约省取之。'上曰：'若所诵皆及格，何如？'守贞曰：'视最幼而诵不讹者精选之，则人数亦不至多也。'章宗复问参知政事胥持国。"胥持国本是经童出身，加上与完颜守贞的政治成见，所以不太赞成减少录取名额，而主张经童中举后不要马上授官，应该继续习学进士之业。于是他对章宗说："'所诵通否易见，岂容有滥。'上曰：'限以三十或四十人，若百人皆通，亦可复取其精者。'持国曰：'是科盖资教之术耳。夫幼习其文，长玩其义，使之莅政，人格出焉。如中选者，加之修习进士举业，则所记皆得为用。臣谓可勿令遽登仕途，必习举业，而后官使之可也。若能擢进士第，自同进士任用。如中府荐或会试，视其次数，优其等级。几举不得荐者，从本出身，似可以激劝而得人矣！'"① 最终，章宗采纳胥持国的意见。自此，经童科中举者不再授予官职，而是推荐到太学或其他官学进一步深造。比如，《金史·选举志》记载：章宗明昌元年（1190），诏童子刘柱儿"至内殿，试《凤凰来仪》赋、《鱼在藻》诗，又令赋《旱》诗，上嘉之，赐本科出身，给钱粟官舍，令肄业太学。"②

三、金代汉儿童教育与经童科

熙宗天眷二年（1139）经童科取士，中经海陵王、世宗时期停罢 30 年，到章宗时期得以恢复，并延续到金朝末期。无论如何，经童科发现了一大批天资聪明的儿童，促使金朝人在观念上更加重视儿童教育。如《青崖集》卷 5《先君墓碣铭》记载：魏德元担任甄官署令之际，勉励儿子们说："我家赀可约五万余贯。浑有几，不若供汝辈读书。泰则登第，不登第，犹足以自守。"于是，"馆请高公瑞卿、王公冲之，岁不下千余贯"。后来诸子多以科举显贵：魏琦，"登进士第，户部郎中、行六部侍郎"；魏玠，"神童及第，终于延安府司狱"；魏璠，"登进士第"，累官至翰林修撰；魏笏，宣宗贞祐三年

---

① 《金史》卷 51《选举志一》，中华书局点校本 1975 年，第 1130 页。
② 《金史》卷 51《选举志一》，中华书局点校本 1975 年，第 1149 页。

（1215）恩榜进士。①

同时，经童科举的存在加快了金代小学教育的普及。北宋和南宋虽都在京师专设过小学，但教授对象仅限于宗室子弟。金代则不然，经童科选拔的对象是士家、平民子弟年龄在十三岁之内者。汉儿经童科在熙宗时期，最多取士一百二十二人，一般来说，取士在五六十人左右。中选后多就读太学考进士，不中进士者按本科规定除官。与进士科相比，金代经童科录取人数较少。但不管怎样，经童科的设立使一些儿童从小就功成名就，有一定的社会地位，提高了人们对儿童教育的重视程度，促进了金代儿童教育的发展。金代官方和民间都比较重视儿童教育，小学教育比较普及。但官学中虽然设立小学教育，如在汉族国子学设立汉族小学，女真国子学设立女真小学，且汉、女真国子学中国子生和小学生各占一半。但这类学校毕竟只在中央官学设置，且学生数量有限，很难满足广大儿童就学的需求。因此，金代小学教育，主要不是由官学来承担，而是靠私学来完成。

考察经童科及第的学童，他们的受教育形式主要有以下三种：

自学成才。如《金史·麻九畴传》记载："麻九畴，字知几，易州人。三岁识字。七岁能草书，作大字有及数尺者，一时目为神童。章宗召见，问：'汝入宫殿中，亦惧怯否？'对曰：'君臣，父子也。子宁惧父耶？'上大奇之。"②

家学。如《榘庵集》卷5《中书左右司郎中李公新阡表》记载："公讳庭秀，字君实，世为太原文水人，系出唐司徒忠烈公愬，虽昭穆失谱，远有承传。曾大父言、大父顺、父宽皆葬其县神交乡韩村。至公始数名晋宁。母张氏生二子，公其伯也。六岁而孤，警敏异常，儿母氏课，读书日熟数千言。八岁中金经童选，明年母卒，公痛二亲弃之之早也。"③

拜师。如上述《青崖集》卷5《先君墓碣铭》记载：魏德元担任甄官署令之际，勉励儿子们说："我家赀可约五万余贯。浑有几，不若供汝辈读书。泰则登第，不登第，犹足以自守。"于是，出重金聘请名师，教授诸子，"岁

---

①　（元）魏初：《青崖集》卷5《先君墓碣铭》，永乐大典本。

②　《金史》卷126《麻九畴传》，中华书局点校本1975年，第2739—2740页。

③　（元）同恕：《榘庵集》卷5《中书左右司郎中李公新阡表》，永乐大典本。

不下千余贯",诸子之中,魏玠"神童及第,终于延安府司狱"。①

经童科激发了当时人的读书热情,促进了私学的发展和小学教育的普及,客观上为当时培养了很多统治人才,他们为当时社会发展做出了重要的贡献。如《金文最》卷73《澄州县主簿李公去思碑》记载:朔州人李完"八岁中神童科,总角第进士"。②都兴智指出,中国古代儿童将头发分作左右两边,在头上各扎成一个结,形如羊角,故称"总角"。总角,泛指8岁到14岁的少年。③李完八岁中经童,十三四岁就考中进士,诚可谓少年才子。《元遗山集》卷21《大司农丞康君墓表》记载:"君讳锡,字伯禄,姓康氏。世为宁晋人。……伯禄既孤,养于外祖田氏。田见伯禄骨骼异他儿,谓当有望,使之应童子举。饮食卧起,躬自调护,备极劳苦。得解赴都。一日,暮行茭苇中,惧为同行者所遗,至负之而趋。及长,师柏乡王翰周辅,束脩不能备,周辅与诸生共赒给之。中崇庆二年进士第。……伯禄孝于母,友于其弟,有恩义于朋友",为官奉公为民,累官至京南路司农丞、河中府治中、充行尚书六部郎中。④《元遗山集》卷21《御史程君墓表》记载:"君讳震,字威卿。先世居洛阳,曾大父获庆,大父总,质直尚气节,乡人有讼,多就决之。父德元,自少日用,以侠闻。尝与群从分财,多所推让,州里称之。君幼日梦人呼为御史,故每以谏辅自期。章宗明昌二年(1191),经童出身,补将仕佐郎。"卫绍王大安元年(1209),又中词赋进士,累官至监察御史。⑤《中州集》卷10《赵元小传》记载:"元字宜之,定襄人。经童出身,举进士不中,以年及调巩西簿。未几,失明。自少日博通书传,作诗有规矩,泰和(1201—1208)以后有诗名河东。南渡以后,往来洛西山中。"⑥上文《金史·选举志》记载:"章宗大定二十九年(1189),上谓宰臣曰:'经童岂遽无人其议复置。'明昌元年(1190),益都府申,'童子刘柱儿年十一岁,

---

① 《青崖集》卷5《先君墓碣铭》,永乐大典本。
② 《金文最》卷73《澄州县主簿李公去思碑》,中华书局1990年,第1074页。
③ 张希清、毛佩琦、李世愉主编:《中国科举制度通史·辽金元卷》,上海人民出版社2017年,第221页。
④ 《元遗山集》卷21《大司农丞康君墓表》。
⑤ 《元遗山集》卷21《御史程君墓表》。
⑥ 《中州集》卷10《赵元小传》,中华书局1959年,第3359页。

能诗赋，诵大小六经，所书行草颇有法，孝行凤成，乞依宋童子科李淑赐出身，且加以恩诏。'上召至内殿，试《凤凰来仪》赋、《鱼在藻》诗，又令赋《旱》赋，上嘉之，赐本科出身，给钱粟官舍，令肄业太学。"①《金史·麻九畴传》记载："麻九畴，字知几，易州人。三岁识字。七岁能草书，作大字有及数尺者，一时目为神童。章宗召见，问：'汝入宫殿中，亦惧怯否？'对曰：'君臣，父子也。子宁惧父耶？'上大奇之。弱冠入太学，有文名。南渡后，寓居郾、蔡间，入遂平西山，始以古学自力。博通五经，于《易》、《春秋》为尤长。兴定末（1217—1222），试开封府，词赋第二，经义第一。再试南省，复然。声誉大振，虽妇人小儿皆知其名。"②章宗明昌（1190—1196）以来，以经童科闻名的少年有五人，即太原人常添寿、合河人刘滋、益都人刘微、新恩人张汉臣、平山人常德，加上上文提到的易州人麻九畴。常添寿四岁赋诗："我有一卷经，不用笔写成。展开无一字，昼夜放光明。"刘滋字文荣，六岁作诗曰："莺花新物态，日月老天公。"张汉臣字世杰，五六岁时被召进宫中赋《元妃素罗扇画梅》诗有"前村消不得，移向月中栽"之句。③上述《榘庵集》卷5《中书左右司郎中李公新阡表》记载："公讳庭秀，字君实，世为太原文水人，系出唐司徒忠烈公憕，虽昭穆失谱，远有承传。曾大父言、大父顺、父宽皆葬其县神交乡韩村。至公始数名晋宁。母张氏生二子，公其伯也。六岁而孤，警敏异常，儿母氏课，读书日熟数千言。八岁中金经童选，明年母卒，公痛二亲弃之之早也。思以立身扬名为报，乃弃家依道宫专力举业"。④入元后历任帅府经历兼详议左司、参议左右司郎中、行省左右司郎中、提领诸路课税所以及监榷平阳路征收课税官。《秋涧集》卷80《中堂记事》记载：燕京中书省官员中有中书省都事王德辅"字良臣，陈州商水人，经童出身"；右房省掾边某"字正卿，德兴人，经童出身"。⑤《秋涧集》作者王恽，成书于元初，从籍贯上判断，王德辅、边某的"经童出身"

---

① 《金史》卷51《选举志一》，中华书局点校本1975年，第1149页。

② 《金史》卷126《麻九畴传》，中华书局点校本1975年，第2739—2740页。

③ 《中州集》卷6《麻徵君九畴小传》，中华书局1959年，第3363页。

④ 《榘庵集》卷5《中书左右司郎中李公新阡表》，山西古籍出版社2003年。

⑤ 《秋涧集》卷80《中堂记事》，台湾新文丰出版公司1985年，第360页。

则是出自金朝经童科。

关于金代经童教育的内容，据《金史·选举志》记载："凡士庶子年十三以下，能诵二大经、三小经，又通《论语》、诸子五千字以上，府试十五题通十三以上，为中选。所贵在幼而诵多。若年同，则以诵大经多者为最。"① 这段史料中的"大经"是指《诗》与《书》，"小经"是指《易》《礼》与《春秋左氏传》。"诸子"是指赵岐注、孙奭疏的《孟子》，唐玄宗注疏的《老子》，杨倞注的《荀子》，李轨、宋咸、柳宗元、吴秘注的《扬子》等典籍。由此可见，经童科考试实际上是考察儿童背诵儒家经典及诸子著述的能力，完全是一种死记硬背的功夫。经童科也有府试和会试的程式，但具体的考试内容我们不得而知，很可能也是考查上述经典的背诵能力。

---

① 《金史》卷51《选举志一》，中华书局点校本1975年，第1149页。

下　编

金代女真教育与女真科举研究

第四章　金代女真教育体系

　　女真统治者在建国初期，就十分重视本民族文化教育事业的发展。为提高女真民族文化素质，并确保政权的长治久安，有金一代确立了并始终推行"发展女真文化教育"的文教政策。在该政策指导下，金代女真民族教育体制的建构、女真文化的建设和女真人才的培养都取得了重要成绩，尤其是金代所建立的女真官学教育体系，开启了中国教育史上由少数民族政权创办本民族教育和科举之先，为后世少数民族教育体系的建立提供了借鉴。

第一节　金代女真官学教育

　　金太祖天辅、太宗天会年间，设立了金代最早的女真官学——女真字学。金世宗大定年间，在社会稳定、经济发展的基础上，金统治者在各地广设女真学校，除女真字学外，中央先后设女真国子学和女真太学，地方在各府、州设女真府学、女真州学，设立官学同时，逐步制定了教师选拔、教学制度、教学内容及考试、学生来源和学生管理等各项管理制度，自上而下建立起较为完善的女真官学教育体系。

一、女真文字的创制与女真字学

　　女真初无文字，随着女真渐强、统治区域扩大，金太祖时命完颜希尹创建了女真文字（后称女真大字）。女真文字创制后，金廷为传授、推广本民族文字，设立专门的学校——女真字学，女真字学成为金代设立最早的女真官学。

（一）女真文字的创制

在女真建国前"尚未有文字，无官府，不知岁月晦朔，是以年寿修短莫得而考焉"。[①] 辽时，生女真各部"散居山谷间，依旧界外野处，自推雄豪酋长"，[②] 经济发展处于渔猎采集、畜牧与农耕相结合的原始阶段。社会文化比较落后，虽有自己的语言、乐曲，以及口头传述的祖宗遗事，[③] 文字还未成为社会生活中必不可少的组成部分。随着生女真各部逐渐被完颜部统一，每逢"赋敛科发，刻箭为号，事急者三刻之"。[④] 至完颜阿骨打起兵伐辽时，由于女真未有文字，涉及重要战事机密需要传报时，"诸将皆口授思忠，思忠面奏受诏，还军传致诏辞，虽往复数千言，无少误"。[⑤] 即所有军事情报、命令全靠口授给强记者，令其口述往复。即使遇到与辽进行议和之时，亦"思忠与乌林答赞谋往来专对其间"。[⑥]

随着女真社会的发展，尤其俘获契丹、汉人后，为方便与其他民族政权的交流与沟通，女真贵族开始学习契丹字、汉字。据《金史·始祖以下诸子列传》记载："女直初无文字，乃破辽，获契丹、汉人，始通契丹、汉字，于是诸子皆学之。"[⑦] 在与辽朝交往中，契丹文字还成为官方通用文字，如《金史·宗雄传》记载："宗雄好学嗜书，尝从上猎，误中流矢，而神色不变，恐上知之而罪及射者。既拔去其矢，托疾归家，卧两月，因学契丹大小字，尽通之。凡金国初建，立法定制，皆与宗干建白行焉。及与辽议和，书诏契

---

① 《金史》卷 1《世纪》，中华书局点校本 1975 年，第 4 页。

② 《大金国志校证》之《附录一》，中华书局 1986 年，第 584 页。

③ 《金史》卷 66《世祖以下诸子传》，中华书局点校本 1975 年，第 1558 页。

④ 《大金国志校证》卷 39《初兴风土》，中华书局 1986 年，第 552 页。

⑤ 《金史》卷 84《耨盌温敦思忠传》，中华书局点校本 1975 年，第 1881 页。

⑥ 《金史》卷 84《耨盌温敦思忠传》，中华书局点校本 1975 年，第 1881 页。

⑦ 《金史》卷 66《始祖以下诸子列传》，中华书局点校本 1975 年，第 1558 页。

丹、汉字，宗雄与宗翰、希尹主其事。"①

可见，随着女真人不断取得战事上的胜利、统治区域愈加扩大，面对文化程度较高的被统治民族之时，靠强记口授相传之法极为不便，没有文字难以适应政事处理的需要，为了服务于国家的政治生活，金创制了女真字，《金史·完颜希尹传》记载："太祖命希尹撰本国字，备制度。"② 另一方面，女真贵族学习、使用其他民族文字，与女真统治者重视保持民族传统、希望各方面都能凌驾于其他民族，尤其是契丹人之上相悖。金建国之初，太祖完颜阿骨打说明定国号为金之原因在于："辽以宾铁为号，取其坚也。宾铁虽坚，终亦变坏，惟金不变不坏。"③充分表现出女真人基于民族自豪心态而形成的民族自树意识，这种自树意识，决定了金初君臣不能接受本民族没有文字而使用外族文字的心理。④

天辅二年（1118），完颜希尹、耶（叶）鲁依太祖令，"仿汉人楷字，因契丹字制度，合本国语，制女直字"。⑤第二年（1119）八月"字书成，太祖大悦，命颁行之"。⑥"八月己丑，颁女直字"。⑦史称女真大字。女真大字创制颁布后，即令女真人使用本民族文字，官方文件的书写也用女真字。

天眷元年（1138），金对女真文字进行了一次改革和修补，熙宗完颜亶又创制了女真小字，笔画更为简单，"与希尹所制字俱行用。希尹所撰谓之女直大字，熙宗所撰谓之小字"。⑧天眷元年"正月戊子朔，上朝明德宫。……颁女直小字"。⑨九月，"乙未，诏百官诰命，女直、契丹、汉人，各用本字，

① 《金史》卷73《宗雄传》，中华书局点校本1975年，第1680页。
② 《金史》卷73《完颜希尹传》，中华书局点校本1975年，第1684页。
③ 《金史》卷2《太祖本纪》，中华书局点校本1975年，第26页。
④ 兰婷：《金代教育研究》，吉林大学出版社2010年，第72页。杨军：《女真文字、女真科举与女真汉化》，《长春大学学报》2006年第1期，第40页。
⑤ 《金史》卷73《完颜希尹传》，中华书局点校本1975年，第1684页。
⑥ 《金史》卷73《完颜希尹传》，中华书局点校本1975年，第1684页。
⑦ 《金史》卷2《太祖本纪》，中华书局点校本1975年，第33页。
⑧ 《金史》卷73《完颜希尹传》，中华书局点校本1975年，第1684页。
⑨ 《金史》卷4《熙宗本纪》，中华书局点校本1975年，第72页。

渤海同汉人"。① 又过七年，皇统五年（1145）"五月戊午，初用御制小字"。②
女真小字开始被使用。③

今发现的女真大字，与史载"依仿汉人楷字，因契丹字制度"相同，多
以汉字和契丹字两种文字的字形为基字增减笔画制成。国内外现存世有十余
件女真大字碑刻，从中可见女真文字特点。④

（二）女真字学及其教育体制

女真字创制后，国家专设中央女真字学和地方女真字学，以教授各地女
真子弟学习并尽快掌握本民族的文字。女真字学校创办时间，据《金史·温
迪罕缔达传》记载："丞相希尹制女直字，设学校，使讹离剌等教之。"⑤ 说明
太祖天辅三年（1119）女真文字颁行后，已开始在一些地方兴办女真字学，
但具体时间在《金史》中尚未见明确记载。太宗天会年间，命耶（叶）鲁在
京师设立女真字学，三年（1125）"十月甲辰，……诏建太祖庙于西京。召
耶（叶）鲁赴京师教授女直字"。⑥ 明确记录了在京师设中央女真字学。又
据《金史·纥石烈良弼传》记载，太宗天会年间在北京大定府、西京大同府
等地设有女真字学，说明地方诸路已经有教授女真文字的学校。

1. 女真字学的学官。中央女真字学的学官，前文所提及讹离剌，是《金
史》中所记最早教授女真字的学官，其次即为耶（叶）鲁，均为抽调的在职
官员教授。但《金史》对讹离剌未立传，尚不知具体职位。另如纥石烈良弼，

---

① 《金史》卷 4《熙宗本纪》，中华书局点校本 1975 年，第 73 页。

② 《金史》卷 4《熙宗本纪》，中华书局点校本 1975 年，第 81 页。

③ 和希格、穆鸿利在《从奥屯良弼女真文石刻看金代民族文字的演变》一文中，通过刻有女
真文字的两块石刻的考证和剖析，对女真文字的演变及使用发展过程进行了论证，《北方文
物》2002 年第 3 期。金宝丽在《论金代女真文字在创制和推广中存在的问题》一文中，则
对女真文字没有被广泛使用的原因进行了分析，《中国边疆民族研究》（第二辑），2009 年。
薛瑞兆在《论女真字文化的兴衰》一文中，论述了女真文字从创制至最终退出历史的过程，
《民族文学研究》2011 年第 6 期。

④ 女真文研究专家金光平、金啟孮、乌拉熙春已解读 12 件碑刻，参见金适、凯和：《近年来女
真大字石刻的新发现》，《辽金历史与考古国际学术研讨会论文集（下）》，2011 年 9 月。

⑤ 《金史》卷 105《温迪罕缔达传》，中华书局点校本 1975 年，第 2321 页。

⑥ 《金史》卷 3《太宗本纪》，中华书局点校本 1975 年，第 53 页。

"年十四，为北京教授，学徒常二百人，时人为之语曰：'前有谷神（完颜希尹），后有娄室。'其从学者，后皆成名"。① 又曹望之，"年十四，业成，除西京教授"。② 纥石烈良弼、曹望之皆为地方女真字学的学官，这些学官往往由京师毕业生员担任，任教时间三年左右后便转除他官。

2.女真字学的生员。进入女真字学的生员由各路选优秀女真子弟，包括贵族子弟、平民子弟及个别汉族子弟。初期女真字学的生员，在《金史》中记载的有宗宪、温迪罕缔达、纥石烈良弼、纳合椿年、耨碗温敦兀带、完颜兀不喝、徒单镒、孛术鲁阿鲁罕、汉人曹望之等，俱以少年俊秀入选。③ 宗宪"年十六，选入学。太宗幸学，宗宪与诸生俱谒，宗宪进止恂雅，太宗召至前，令诵所习，语音清亮，善应对"。④ 耨碗温敦兀带，"太师思忠侄也。天会间，充女直字学生"。⑤ 完颜兀不喝，"年十三，选充女直字学生"。⑥ 天会年间"选诸路女直字学生送京师"，纥石烈良弼"与纳合椿年皆童卯，俱在选中"。⑦ 徒单镒，"本名按出，上京路速速保子猛安人。……镒颖悟绝伦，甫七岁，习女直字"。⑧ 曹望之，"天会间，以秀民子选充女直字学生"。⑨ 徒单镒七岁学习女真字、完颜兀不喝入学时十三岁，曹望之学成时才十四岁，宗宪入学时十六岁，可见女真字学中所选生员，主要限定十六岁以下的各族少年入学。以上诸生员除汉人曹望之外，其余均为女真人，未见有契丹、渤海等民族生员，这或与金廷所颁各用本民族文字有关。对于契丹人来说，也不排除辽被金灭亡后，契丹人从统治民族变为被统治民族，心理上还未接受或认同女真，所以未见有习女真字者。此外，对成年人进行女真文字的教育，史无记载。

---

① 《金史》卷 88《纥石烈良弼传》，中华书局点校本 1975 年，第 1949、1950 页。

② 《金史》卷 92《曹望之传》，中华书局点校本 1975 年，第 2035 页。

③ 《金史》卷 105《温迪罕缔达传》，第 2321 页；卷 83《纳合椿年传》，第 1872 页，中华书局点校本 1975 年。

④ 《金史》卷 70《宗宪传》，中华书局点校本 1975 年，第 1615 页。

⑤ 《金史》卷 84《温敦兀带传》，中华书局点校本 1975 年，第 1884 页。

⑥ 《金史》卷 90《完颜兀不喝传》，中华书局点校本 1975 年，第 1998 页。

⑦ 《金史》卷 88《纥石烈良弼传》，中华书局点校本 1975 年，第 1949 页。

⑧ 《金史》卷 99《徒单镒传》，中华书局点校本 1975 年，第 2185 页。

⑨ 《金史》卷 92《曹望之传》，中华书局点校本 1975 年，第 2035 页。

（三）女真字学的发展历程

女真字学是伴随着女真文字的推行而开展的，在金代经历了曲折的发展过程。

熙宗、海陵时期，熙宗完颜亶和海陵王完颜亮主张汉化，是女真字学缓慢发展阶段。[①] 由于熙宗与海陵王倾慕汉文化，对女真文字的推广未全力支持。但天眷元年（1138）熙宗朝创制与女真大字并行的女真小字，如要推行女真小字，自然在女真字学中传授或增设女真字学最为便捷。自今传世的女真字碑刻所见，年代最早的一件为刻于熙宗朝的《庆源郡女真大字碑》，[②] 因此可推断熙宗朝女真字在推行使用，仍有习女真字者。另据记载，海陵贞元初年（1153），女真人粘割斡特剌"以习女直字试补户部令史，转尚书省令史"。[③] 也证实这一时期女真字学虽发展缓慢，但仍然存在。

世宗时期，是女真字学迅速发展阶段。这一时期女真字学的设立，无论是数量还是规模，都在增加和扩大，进而增加和拓宽了女真学生的数量和范围。由于世宗本人有着强烈的以女真族为本的思想，面对女真人汉化程度的加深，他积极提倡保持女真传统风俗，掀起了一场"女真文化复兴运动"，[④] 广设女真字学，欲通过推广和普及本民族文字，以保存女真族的文化传统。世宗大定四年（1164），颁行了译为女真字的儒家经典书籍，后又招诸猛安谋克良家子弟为学生，"诸路至三千人"。[⑤] 大定九年（1169），选百名成绩优异者至京师，学习古书、诗、策等，并由国家供给。同时，世宗下令"凡

---

① 对于熙宗、海陵时期女真字学的发展情况，此前有学者提出不同观点。有学者认为熙宗、海陵时期，女真字学几近废止。参见蔡春娟：《元代的蒙古字学》，《中国史研究》2004 年第 2 期，第 121 页。兰婷在《金代教育研究》一书中则认为，这一时期仅是女真字学发展的低迷时期。

② 原立于朝鲜民主主义人民共和国咸镜北道庆源郡，现藏于韩国国立中央博物馆，相关研究参见金光平、金启孙：《〈朝鲜庆源郡女真国书碑〉译释》，《女真语言文字研究》，内蒙古大学出版社1964年、文物出版社1980年。乌拉熙春：《韩国国立中央所藏〈庆源郡女真大字碑〉》，乌拉熙春、吉本道雅：《韓半島から眺めた契丹・女真》，京都大学学术出版会2011年。

③ 《金史》卷 95《粘割斡特剌传》，中华书局点校本 1975 年，第 2107 页。

④ [日] 三上次男：《金代中期における女真文化の作兴运动》，《史学杂志》49 卷第 9 号，1938 年 9 月。

⑤ 《金史》卷 51《选举志一》，中华书局点校本 1975 年，第 1133 页。

承袭人不识女直字者，勒令习学"，① 并"随处设学，诸谋克贡三人或二人为生员，赡以钱米"，② 以鼓励更多女真人学习女真文字。此外，世宗还针对女真贵族采取了一项制度化措施，大定九年（1169）规定"亲王府官属以文资官拟注，教以女直语言文字"，③ 又于大定十六年（1176）规定"诸王小字未尝以女直语命之，今皆当更易"。④ 金世宗统治时期，女真文字与女真字学得到统治者重视并被积极推广，从而促进女真字学的规模扩大，一般猛安谋克子弟入学的数量也越来越多，学生的范围越来越广。

关于诸路女真字学具体设置情况，据宋人楼钥所记，他于 1169 年（宋乾道五年，金大定九年）出使金国贺正旦，经宿保州时见"崇积仓道西，有小门榜曰：教女直学"。⑤ 世宗大定十三年（1173）女真府州学才设立，因此这里的"女直学"，即是女真字学。在今黑龙江省曾出土世宗时期所刻《金上京女真大字劝学碑》，此碑为金代兴办女真字学设施所立。劝学碑的发现地金上京（今黑龙江省阿城）是金朝开国初都城，碑中所刻"文字之道，夙夜匪懈"正是当时女真人民间普及女真文教学活动的生动写照，上京劝学碑的发现也填补了《金史》记述上京地区民间兴办女真字学的空白。⑥

章宗以后，女真字学逐渐走向衰落。自章宗后，史书中虽不见关于女真字学的记载，但从女真人入仕汉官的途径来看，在世宗首开女真进士科之前，有因习女真字入仕的女真人，开女真科举后始转为科举入仕。女真科举取士之初便规定用女真字答题，因此参加女真科举的女真人，必须懂女真文字。女真字在公文中的应用，也要求入仕之人掌握女真字，章宗承安二年（1197），四月"癸酉，亲王宣敕始用女直字"。⑦ 因此，章宗时期存在女真字学。章宗之后女真字学逐渐走向衰落的原因，主要在于随着女真人文化水

---

① 《金史》卷 73《宗尹传》，中华书局点校本 1975 年，第 1675 页。

② 《金史》卷 51《选举志一》，中华书局点校本 1975 年，第 1143 页。

③ 《金史》卷 70《思敬传》，中华书局点校本 1975 年，第 1626 页。

④ 《金史》卷 7《世宗本纪》，中华书局点校本 1975 年，第 165 页。

⑤ （宋）楼钥：《攻媿集》卷 111《北行日录》上，丛书集成初编本，中华书局 1985 年，第 1588 页。

⑥ 金适、凯和：《近年来女真大字石刻的新发现》，《辽金历史与考古国际学术研讨会论文集（下）》，2011 年，第 537 页。

⑦ 《金史》卷 10《章宗本纪》，中华书局点校本 1975 年，第 241 页。

平的提高，特别是女真人对于掌握文字及文化重要作用认识水平的提高，处于初等教育水准的女真文字教育，可以纳入中央官学女真国子学中的女真小学以及私学教育中进行，直至卫绍王、宣宗、哀宗执政的金后期。[①]

卫绍王大安三年（1211）蒙古对金开战，随着金王朝走向灭亡，金代女真教育也随之逐渐衰落，女真字学也不复存在。

金代女真字学的发展，从太祖、太宗时期的初建，熙宗、海陵时期的缓慢，世宗时期的迅速发展，到章宗以后逐渐衰落，直至金末的衰亡，经历了曲折的历程。女真字学的设立，推广普及了女真文字，女真人的文化水平得到了提高，并为女真教育的进一步发展及女真进士科的设立奠定了基础，同时，也开创了中国教育史上少数民族开办民族文字学校的先例。

二、女真官学的设立

与设立的汉族官学教育体系相仿，金代的女真官学分为中央官学和地方官学两级，中央先后设立了女真国子学、女真太学；在地方设立女真府学、女真州学。与汉族官学不同的是，女真官学中未设立专科学校。

（一）中央官学的设立

女真字的创制以及女真字学的建立，推广和普及了女真文字，也为女真官学的设立奠定了基础。世宗时期，积极发展本民族文化，促使女真各级官学的设立。女真中央官学，除早已设立的女真字学，又相继设有女真国子学、女真太学，女真国子学与太学皆隶属国子监。

1.女真国子学

女直学。自大定四年，以女直大小字译经书颁行之。后择猛安谋克

---

① 兰婷:《金代教育研究》,吉林大学出版社 2010 年,第 75 页。

内良家子弟为学生，诸路至三千人。九年，取其尤俊秀者百人至京师，以编修官温迪罕缔达教之。十三年，以策、诗取士，始设女直国子学。……国子学策论生百人，小学生百人。[1]

女真国子学设立于世宗大定十三年（1173）。[2]规模与汉族国子学的一样，无论大学生（策论生）和小学生，名额均为100人。在女真国子学中又设有女真小学，为预备学校和附属教育机构，主要教授女真文字和国子学的预备课程，归国子监管理。金朝廷专设女真小学的原因与女真贵族子弟的文化水平或年龄有关，有相当一部分女真贵族子弟的文化水平较低，又或者年龄较小，一般在十五岁以下、十三岁左右，这些人还无法理解和掌握国子学的课程。设立女真小学的目的，可促使女真贵族子弟在国子学中的学习更为顺利，金统治者认识到在教育发展阶段中小学教育的重要性，是金代女真教育的一大特色。

2. 女真太学

（四月）癸未，命建女直大学。五月丙午，制诸教授必以宿儒高才者充，给俸与丞簿等。[3]

女真太学设立于世宗大定二十八年（1188）。由于史料所限，女真太学的发展及规模无法详细说明，估计与汉族太学相同，其教学活动应为与女真国子学分别承担不同阶层女真子弟的教育任务。由于史料中女真太学的相关记载很少，推测可能是生源不足，致使女真太学未像国子学一样，形成相当

---

① 《金史》卷51《选举志一》，中华书局点校本1975年，第1133页。

② 也有学者认为，女真国子学是对太宗天会年间设立的女真字学扩充和升级的结果。参见赵俊杰等：《金朝女真民族教育研究》，《河北师范大学学报（教育科学版）》2010年第1期，第16页。

③ 《金史》卷8《世宗本纪》，中华书局点校本1975年，第200页。

的规模，① 这有待于新的史料予以证明。②

（二）地方官学的设立

金朝廷在女真诸路设置官学，包括女真字学、女真府学、女真州学。女真字学是最早的女真官学，前已论及此不再述。

世宗大定十三年（1173），推行女真民族文化，为加强对女真子弟的教育，在诸路设女真府学和女真州学。

> 府州学二十二，中都、上京、胡里改、恤频、合懒、蒲与、婆速、咸平、泰州、临潢、北京、冀州、开州、丰州、西京、东京、盖州、隆州、东平、益都、河南、陕西置之。③

大定十三年（1173）共设立了 22 所女真府州学，学校分布在隶于路级行政区划下的 22 个府州中，设置府州学的各地详见"金代女真府州学一览表"。④ 需要说明的是，由于史书中未记载河南、陕西设立女真学的具体府、州，⑤ 仅知"河南、陕西女直学，承安二年罢之，余如旧"，故表中没有将这两路列入。

---

① 参见李国均、王炳照总主编：《中国教育制度通史》（第三卷　宋辽金元），山东教育出版社 2000 年，第 431 页。

② 兰婷：《金代教育研究》，吉林大学出版社 2010 年，第 77、78 页。

③ 《金史》卷 51《选举志一》，中华书局点校本 1975 年，第 1133、1134 页。

④ 本表主要依据兰婷：《金代教育研究》统计资料，第 79 页。

⑤ 谭其骧在其论文《金代路制考》中认为金代的陕西东西路在金世宗大定二十七年（1187）以前包括京兆路、鄜延路、熙秦路和庆原路。大定二十七年，改熙秦路为临洮路，同时增置了凤翔路，这以后陕西东西路就包括京兆路、鄜延路、临洮路、庆原路和凤翔路；同时谭先生认为南京路就是河南路。（参见历史研究编辑部编：《辽金史论文集》，辽宁人民出版社 1985 年，第 525—543 页）依据谭先生的观点，我们就可以根据《金史·地理志》知道陕西东西路和河南路所辖的府的名称。陕西东西路的京兆路辖有京兆府，鄜延路辖有延安府，临洮路（即熙秦路）辖有临洮府，庆原路辖有庆阳府，凤翔路辖有凤翔府和平凉府；河南路（即南京路）辖有开封府、归德府和河南府。河南路和陕西路的女真学设置在其所辖的具体哪个府，史料没有明确的记载，有待于新史料的发现来说明。

金代女真府州学一览表[①]

所在路	所属府/州	今所在地	区域
上京路	上京（会宁府）	黑龙江省阿城县白城	东北地区
	合懒路	朝鲜咸镜北道镜城	与东北地区接壤
	蒲与路	黑龙江省克东金城公社古城大队古城	东北地区
	胡里改路	黑龙江省依兰县	东北地区
	恤频路	前苏联滨海省乌苏里斯克（双城子）	与东北地区接壤
	隆州	吉林省农安县	东北地区
东京路	东京（辽阳府）	辽宁省辽阳市	东北地区
	婆速府路	辽宁省丹东市九连城	东北地区
	盖州	辽宁省盖县	东北地区
北京路	北京（大定府）	内蒙古昭乌达盟宁城大明公社大明城	华北地区
	临潢府	内蒙古巴林左旗林东镇波罗城	华北地区
	泰州	吉林省洮安城四家子古城	东北地区
咸平路	咸平（咸平府）	辽宁省开原县	东北地区
西京路	西京（大同府）	山西省大同市	华北地区
	丰州	内蒙古归化城白塔之地	华北地区
中都路	中都（大兴府）	北京市	华北地区
山东东路	益都府	山东省青州市	华东地区
山东西路	东平府	山东省东平县	华东地区

---

① 本表史料依据《金史》卷51《选举志一》。

续表

所在路	所属府/州	今所在地	区域
河北东路	冀州	河北省冀县	华北地区
大名府路	开州	河南省濮阳市	中南地区

注：金初，地方最高行政设置是路，路之下的地方统治机构因族、因地而有不同，分别设置万户路、都统（军帅）司路、兵马都总管路3种不同类型的路。① 因此在上京路和东京路中，出现了路下设路的情况。熙宗"天眷官制"颁行后，重新厘革与调整了全国路制与区划，地方设路、府（州）、县（猛安谋克）3级行政机构。但上京路兵马都总管府下尚置万户路，至海陵时改万户路为节度使路，属于节镇州一级的地方组织。② 表中古今地名对照参见张博泉著《金史简编》，辽宁人民出版社1984年，第425—430页。

　　女真府州学一般设立于女真人户较多的路（二级路）、府、州。金代地方行政建置，在女真聚居区实行猛安谋克制，汉人聚居区则实行州县制，猛安与防御州相当，谋克则相当于县。女真猛安谋克子弟多至各处女真府学或女真州学中就学。表中隆州、丰州、泰州、盖州、冀州等处皆为节镇州，仅开州为刺史州，在此设有一处女真学，当属特例。

　　自表中所见，22所女真府州学中，分布在上京、东京、北京、咸平四路的为11所，今地东北三省及朝鲜半岛北部、俄罗斯东部的部分地区；其他11所有6所分布在北京路、西京路、中都路、河北东路，今北京、河北、山西、内蒙古等地；有5所分别设在山东东路、山东西路、大名府路以及河南、陕西，今山东、河南和陕西等省。金代，自太宗到海陵时期，女真人曾先后进行过三次大规模内徙，将大批女真猛安谋克自北向南迁徙，"金人既复取河南地，……始创屯田军，及女真、奚、契丹之人，皆自本部徙居中州（指黄河以南地），与百姓杂处。……凡屯田之所，自燕之南，淮陇之北，俱有之，多至五六万人，皆筑垒于村落间"。③ 北京、河北、山东、山西、河

---

① 参见程妮娜主编:《中国地方史纲》，吉林大学出版社2007年，第446、447页。

② 参见程妮娜:《金代政治制度研究》，吉林大学出版社1999年，第117、250页。

③ 《建炎以来系年要录》卷138，中华书局1956年，第2225、2226页。《大金国志校证》卷36《屯田》，中华书局1986年，第520页。

南等地时均为女真人聚居区，① 在这些地区所设立的女真府州学数量与东北地区设置的数量大致相等。说明不论东北、华北或是中原，凡在女真人聚居的地区，均设有女真地方官学府学或女真州学，提高了女真民族文化素质，并促进了女真民族文化的发展。

三、女真官学的教学体系

金统治者建立起女真中央及地方官学后，在学官的任用及俸禄、生员的招收及待遇等方面都建立了一定的标准。官学各项日常教学活动，包括教材的选用、教学内容的确定及教学、考试规范、对官学的管理等，都制定了相应的规章制度，女真官学建立起一整套完整的教学体系。

（一）学官

女真官学的学官由教师和教辅人员组成。女真国子学下设博士、助教、教授、校勘、书写官等职，其中设博士二员，掌教授生员、考艺业；设教授四员，掌教诲诸生。另国子校勘，掌校勘文字；国子书写官，掌书写实录等。②

担任教师之职者称为教授，一般为女真族知识分子，也有极少数汉族知识分子充任。教授、博士和助教"分掌教诲诸生"，即均为专职教学人员，主要负责教授、考核、评判学生学习成绩。女真官学的教辅人员，限于史料缺乏尚不能说明具体情况，自汉族官学学官设置所见，设有学录、学正等教辅人员，估计女真官学 和此相同，进而形成一个教学、教辅体系完善的女真官学学官体系。本处主要对女真学官中的教师进行说明。

教授，在中央和地方的女真官学中均设教授一职。教授既是中央和地方女真官学中的专职教师，也是女真府州学的行政主管。教授的俸禄标准，女

---

① 　张博泉等：《金史论稿》（第一卷），吉林文史出版社 1986 年，第 235 页；张博泉：《金代经济史略》，辽宁人民出版社 1981 年，第 40 页。

② 　《金史》卷 56《百官志二》，中华书局点校本 1975 年，第 1271 页。

真国子学、太学教授的俸禄为"钱粟二十二贯石，麦五石，春秋绢各十五匹，绵六十两"，[①] 与国子监丞（从六品）[②] 相同；女真府州学教授的俸禄为"钱粟一十二贯石，麦一石，衣绢各三匹，绵一十两，职田二顷"，[③] 与县主簿（正九品）[④] 相同。

金代，对于教授的任职资格、考核标准，都有严格的规定。

首先，教授的任职资格。最初女真字学的教师如完颜希尹、耶（叶）鲁等，是女真字的创制者，因此直接在京师女真字学中任教；从京师女真字学毕业的纥石烈良弼、曹望之等人，又担任了地方女真字学的教师。所以这一时期，女真字学教师能否较好掌握女真文字，成为基本任职资格标准。随着女真文字的普及、文化水平的提高，教授的任职资格便不仅限于此，而是更为严格。大定十三年（1173），规定女真国子学、女真府学中教授需为新科女真进士："京师设女直国子学，诸路设女真府学，拟以新进士充教授"。[⑤] 大定二十三年（1183），金廷又确定女真科举第二、第三甲进士，再次授随路教授。大定二十八年（1188），已要求担任女真太学教授一职者必须是"高才宿儒"："五月丙午，制诸教授必以宿儒高才者充，给俸与丞簿等。"[⑥] 大定二十九年（1189），对地方女真官学中的教师来源和校长人选进行明确规定："敕凡京府镇州诸学，各以女直、汉人进士长贰官提控其事，具入官衔。"[⑦]

其次，教授的考核标准。金代统治者对学官资格非常重视，并确定严格的考核标准，章宗泰和四年（1204）曾颁旨国家吏部通掌的考核条例："训导有方，生徒充业，为学官之最。"[⑧] 此考核标准对女真学官同样适用。统治者对教授考核标准的严格，说明其认识到教师在教学中的重要地位，意识到提高教师的素质才是保证教学质量的重要因素，显示出女真统治者对女真族

---

① 《金史》卷 58《百官志四》，中华书局点校本 1975 年，第 1342 页。
② 《金史》卷 56《百官志二》，中华书局点校本 1975 年，第 1271 页。
③ 《金史》卷 58《百官志四》，中华书局点校本 1975 年，第 1344 页。
④ 《金史》卷 57《百官志三》，中华书局点校本 1975 年，第 1315 页。
⑤ 《金史》卷 51《选举志一》，中华书局点校本 1975 年，第 1133 页。
⑥ 《金史》卷 8《世宗本纪》，中华书局点校本 1975 年，第 200 页。
⑦ 《金史》卷 51《选举志一》，中华书局点校本 1975 年，第 1134 页。
⑧ 《金史》卷 55《百官志一》，中华书局点校本 1975 年，第 1228 页。

人才培养的重视。

据《金史》记载，曾任女真学教授者共有 14 人。

金代女真学教授一览表^①

任职地点	任职教授	任职时间	资料来源	备注
京师	耶（叶）鲁	天会年间 （1123—1135）	《金史》卷 83 《纳合椿年传》	女真字学
	讹离剌	天会年间 （1123—1135）	《金史》卷 105 《温迪罕缔达传》	
北京	纥石烈良弼	天会年间 （1123—1135）	《金史》卷 88 《纥石烈良弼传》	女真字学
	蒲察胡里安	贞祐三年 （1215）	《金史》卷 112 《完颜合达传》	
西京	曹望之（汉）	天会年间 （1123—1135）	《金史》卷 92 《曹望之传》	女真字学
中都路	徒单镒	大定十三年 （1173）	《金史》卷 99 《徒单镒传》	
	完颜匡	大定二十八年（1188）	《金史》卷 98 《完颜匡传》	
东平府	夹谷衡	大定十三年 （1173）	《金史》卷 94 《夹谷衡传》	
隆安	尼庞古鉴	大定十三年 （1173）	《金史》卷 95 《尼庞古鉴传》	
不详	粘割贞	大定二十八年（1188）	《金史》卷 122 《粘割贞传》	
南京	纥石烈德	明昌二年 （1191）	《金史》卷 128 《纥石烈德传》	
大名府	纳合蒲剌都	承安二年 （1197）	《金史》卷 122 《纳合蒲剌都传》	

---

① 本表主要参照兰婷：《金代教育研究》，吉林大学出版社 2010 年，第 82、83 页。

续表

任职地点	任职教授	任职时间	资料来源	备注
东京	纳坦谋嘉	承安五年 （1200）	《金史》卷 104 《纳坦谋嘉传》	
冀州	粘割斡邻	贞祐三年 （1215）前	《金史》卷 14 《宣宗本纪上》	

自表中所见，14 位教授中除曹望之为汉人外，其余 13 人均为女真，反映了金代女真官学的学官被女真人所垄断的状况。女真人的文化水平，在女真政权、女真社会封建化逐步完成的过程中，也有了很大提高，并具备了能够承担女真民族自身教化的能力；同时也说明，女真统治者虽然大力提倡学习汉文化，但为避免女真人完全汉化，仍然力图保持着本民族的传统文化。

（二）生员

女真官学录取的生员以女真人为主，具有生员资格者既包括女真贵族，也包括女真平民子弟，还有汉族学生。

女真中央官学中，女真国子学招收对象为女真贵族或官宦、功臣子弟，史载具国子生资格者为"宗室及外戚皇后大功以上亲、诸功臣及三品以上官兄弟子孙"，年龄限制则为十五岁，不足十五岁则入小学。[1] 女真太学招收对象则为"五品以上官兄弟子孙百五十人，曾得府荐及终场人二百五十人"。[2] 可见具女真太学生员者为中上层贵族子弟和平民子弟。对经府荐者要求"同境内举人试补三之一"，数量则要求"经府荐及终场免试者不得过二十人"，[3] 以上进入女真中央官学学习的生员均为女真人。但也有例外，早期的女真字学中曾有汉人曹望之，"年十四，业成，除西京教授"。[4] 曹望之不但是女真官学的学生，毕业后又成为女真官学的教师。可见，女真官学录取生员并非局限于女真族，女真官学中的汉族生员打破了民族界限。

---

① 《金史》卷 51《选举志一》，中华书局点校本 1975 年，第 1131 页。
② 《金史》卷 51《选举志一》，中华书局点校本 1975 年，第 1131 页。
③ 《金史》卷 51《选举志一》，中华书局点校本 1975 年，第 1131 页。
④ 《金史》卷 92《曹望之传》，中华书局点校本 1975 年，第 2035 页。

女真地方官学之女真府学、女真州学,生员来自诸猛安谋克,主要招收女真贵族和平民子弟。生员按贵族和平民的先后次序来选拔,先是在每谋克选取二人,如果宗室每二十户内无愿学者,再选取有物力家子弟,年龄在十三以上、二十以下。[①] 金世宗大定十五年(1175)时女真人"每谋克户不过三百",[②] 按此计算,每150户就有1个入学名额,由于贵族毕竟占少数,因此也有多数为平民子弟进入女真地方官学。

金代,女真地方官学招收的生员中,女真子弟所占比例要远远高于其他民族。以金世宗时期为例,世宗大定二十三年(1183)全国人口中,女真人占当时全国人口的十分之一。[③] 女真府州学的生员数计有3756人(参见金代女真官生员数量统计表),汉族官学中生员人数,府学中为905人,[④] 加之节镇州学、防御州学中生员,[⑤] 总计不过1800人。且汉族府学录取生员不仅为汉族子弟,宗室与皇家五服以外的远亲子弟、府试合格而省试落第或者省试合格而廷试落第的举人也可进入汉族府学中学习。因此,女真生员人数远超过汉族生员数量,入学比例也远高于其他民族,反映了女真人作为统治民族,在教育方面享有的特权。

金代女真官学生员数量统计表

学校	级别	人数	资料来源
女真国子学	中央官学	200	"国子学策论生百人,小学生百人"[⑥]
女真太学	中央官学	400	女真国子学、太学与汉族国子学、太学相同,均由国子监管辖,因此推测女真太学养士数量亦应与汉族太学相当。

① 《金史》卷51《选举志一》,中华书局点校本1975年,第1134页。
② 《金史》卷44《兵志》,中华书局点校本1975年,第994页。
③ 参见张博泉等:《金史论稿》(第一卷),吉林文史出版社1986年,第237页。
④ 《金史》卷51《选举志一》:"府学二十有四,学生九百五人。"中华书局点校本1975年,第1133页。
⑤ 《金史》卷51《选举志一》:节镇学三十九,共六百一十五人。……防御州学二十一,共二百三十五人。中华书局点校本1975年,第1133页。
⑥ 《金史》卷51《选举志一》,中华书局点校本1975年,第1133页。

续表

学校	级别	人数	资料来源
女真府州学	地方官学	3756	金制，女真府州学生员"每谋克取二人"，[①] 本处谋克数量以金世宗大定二十三年（1183）所载 1878 个为准计。[②]
女真字学	地方官学	3000	"女直学。自大定四年，以女直大小字译经书颁行之。后择猛安谋克内良家子弟为学生，诸路至三千人。"[③]
总计		8221 人	

注：表中官学学生人数以金世宗大定年间为准。女真字学在中央设学的具体人数没有资料依据，因此这里仅算入地方女真字学的生员数。

女真官学生员享受国家俸禄。从大定九年"选异等者得百人，荐于京师，廪给之"。[④]"廪给之"，即赡以钱米。关于钱米的具体规定，在章宗泰和元年（1201）九月更定的《赡学养士法》中可见："生员，给民佃官田人六十亩，岁支粟三十石；国子生，人百八亩，岁给以所入，官为掌其数。"[⑤]由此可见，女真官学的生员，尤其中央官学女真国子学生员待遇很高。女真官学生员待遇的提高，促使更多女真子弟进入官学学习，生员数量不断增多，又促进了女真官学、女真文化的发展。

至金末宣宗南迁后，因国力日衰，女真官学生员的待遇不能得到保证，加之战争需要扩充兵源等原因，女真官学中生员的数量大幅减少。如"京师虽存府学，而月给通宝五十贯而已"。[⑥] 时京师府学中仅有 60 名女真学生，每月俸禄仅通宝五十贯。金廷采纳了"于诸路总管府、及有军户处置学养之，庶可加益。京师府学已设六十人，乞更增四十人。中京、亳州、京兆府并置

---

① 《金史》卷 51《选举志一》，中华书局点校本 1975 年，第 1134 页。

② 《金史》卷 46《食货志一》，中华书局点校本 1975 年，第 1034 页。

③ 《金史》卷 51《选举志一》，中华书局点校本 1975 年，第 1133 页。

④ 《金史》卷 51《选举志一》，中华书局点校本 1975 年，第 1140 页。

⑤ 《金史》卷 11《章宗本纪》，中华书局点校本 1975 年，第 257 页。

⑥ 《金史》卷 51《选举志一》，中华书局点校本 1975 年，第 1143、1144 页。

学官于总府,以谋克内不隶军籍者为学生,人畀地四十亩"的谏言,^①女真官学中才又增加了 40 人。

(三)教学内容与教材的选用

女真官学的教学内容主要为儒家经典,兼学《老子》及历朝正史。

女真官学,尤其培养女真贵族子弟的女真国子学,以儒学为主要教育内容,和巩固女真政权、稳定社会发展息息相关。女真贵族在建立封建王朝的过程中,在武力上征服契丹、汉、渤海等民族后,还急需从意识形态方面控制被征服民族,以巩固女真政权、维系民族和谐与社会安定。儒学虽为历代汉族统治阶层的主导思想,但其所宣传的忠君、孝悌、等级观念对女真统治阶层同样适用,因此备受金统治者推崇,成为金朝的治国安邦的重要思想武器,被确定为培养女真人才的主要内容。金世宗时期,为避免发生熙宗和海陵王时期臣弑君的现象,在发展女真官学之时,还注重向学生灌输作为调节君臣、宗族和家庭关系准则的儒家忠孝观念。

女真国子学与汉族国子学教授内容相同,但却各有偏重。同汉族国子生主攻词赋和经义相较,女真国子生则主攻策论。分析其原因,一方面是女真人学习和使用汉字时间较短,又与汉人客观存在着较大的文化上的差异,因此很难通晓其所学习的词赋、经义。女真文字创制与学习时间也较短,义理比较浅显,没有汉字精深,以女真文字翻译汉文内容不够精准,如《金史》中曾有"上以法寺断狱,以汉字译女直字,会法又复各出情见,妄生穿凿,徒致稽缓,遂诏罢情见"的记载。^②另一方面,女真统治者办女真官学的着眼点在通博、实用,重质朴,反浮夸。金世宗曾对左宣徽使敬嗣辉说:"如卿不可谓无才,所欠者纯实耳。"^③女真国子生学成后主要进入统治阶层,凡是三年不能充贡者,可参加学官考试后,到尚书省所属各机构补任官职,然后按资迁转。^④主攻策论,可以培养学生治国安邦的能力,有实际效用。女

---

① 《金史》卷 51《选举志一》,中华书局点校本 1975 年,第 1144 页。

② 《金史》卷 45《刑志》,中华书局点校本 1975 年,第 1020 页。

③ 《金史》卷 6《世宗本纪》,中华书局点校本 1975 年,第 140 页。

④ 《金史》卷 51《选举志一》,中华书局点校本 1975 年,第 1132 页。

真族政治家徒单镒也说：

> 教化之行，兴于学校。今学者失其本真，经史雅奥，委而不习，藻饰虚词，钓取禄利，乞令取士兼问经史故实，使学者皆守经学，不惑于近习之靡。①

在最早的女真官学——女真字学中，"颁行女直字书"，② 以《女真字母》作为女真字学的教材颁行到各个学校，"女直字书"也是金最早出版的图书。③在掌握女真文字的基础上，由女真官学的授课内容决定，女真授课教材使用译成女真文字的儒学类、史书类等汉籍。

女真历朝统治者都重视收集汉人图书典籍，大量汉文书籍成为女真官学教科书的主要来源。金太祖时就曾诏令，如果"克中京，所得礼乐仪仗图书文籍，并先次津发赴阙"。④ 章宗时，下诏"购求《崇文总目》内所阙书籍"。⑤世宗、章宗时期，是金代女真文书籍翻译出版的高峰期。世宗时设立了专门从事经史翻译的机构——译经所，译经所设译史，将汉文的经书和科技文献典籍译写为女真文字，史载大定初"朝廷无事，世宗锐意经籍，诏以小字译《唐史》，成，则别以女直字传之，以便观览"。耶律履被令主其事，"书上，大蒙赏异"，并"改置经书所，径以女直字译汉文"。⑥

译成女真字的汉籍作为女真官学所使用的教材，这些教材大部分由国子监负责刊印，"皆自国子监印之，授诸学校"。⑦ 金代建立了全国性的教材编印制度，以国子监为中心的中央官学教材统编印制，成为中国古代史上第一个由少数民族政权建立的完整、系统的教材印制发行管理体制。女真官学的

---

① 《金史》卷99《徒单镒传》，中华书局点校本1975年，第2188页。

② 《金史》卷70《宗宪传》，中华书局点校本1975年，第1615页。

③ 李西亚：《金代图书出版研究》，吉林大学博士学位论文2011年，第36页。

④ 《金史》卷2《太祖本纪》，中华书局点校本1975年，第36页。

⑤ 《金史》卷10《章宗本纪》，中华书局点校本1975年，第231页。

⑥ （金）元好问著，姚奠中主编，李正民增订：《元好问全集（增订本）》卷27《尚书右丞耶律公神道碑》，山西古籍出版社2004年，第584页。

⑦ 《金史》卷51《选举志一》，中华书局点校本1975年，第1132页。

教学内容与汉族国子学相比更为简略，女真译著的种类相对较少，官学选用教材具体见下表：

<h3 style="text-align:center">金代女真官学教材一览表[②]</h3>

类　别	典　籍	资料来源
经　书	王弼、韩康伯注本：《易》[②]	《金史·选举志一》《金史·世宗纪下》《金史·徒单镒传》
	孔安国注本：《书》	
	何晏集解、邢昺疏：《论语》	
	赵岐注、孙奭疏：《孟子》	
	唐玄宗注本：《孝经》	
史　书	裴骃注本：《史记》	
	《西汉书》	
	《新唐书》	
	《贞观政要》	
	《白氏策林》	
子　书	唐玄宗注疏：《老子》	
	李轨、宋咸、柳宗元、吴秘注本：《扬子》	
	《文中子》	
	《刘子》	
三类总计	14 种	

从上表女真官学使用的经学教材所见，五经中的《诗》和《礼》没有被列

---

① 金廷对官学中使用的经书，所用何注疏、应为何人注本，都有严格、细致的规定："凡《经》，《易》则用王弼、韩康伯注，《书》用孔安国注，《诗》用毛苌注、郑玄笺，《春秋左氏传》用杜预注，《礼记》用孔颖达疏，《周礼》用郑玄注、贾公彦疏，《论语》用何晏集注、邢昺疏，《孟子》用赵岐注、孙奭疏，《孝经》用唐玄宗注，《史记》用裴骃注，《前汉书》用颜师古注，《后汉书》用李贤注，《三国志》用裴松之注，及唐太宗《晋书》、沈约《宋书》、萧子显《齐书》、姚思廉《梁书》、《陈书》、魏收《后魏书》、李百药《北齐书》、令狐德棻《周书》、魏征《隋书》、新旧《唐书》、新旧《五代史》，《老子》用唐玄宗注疏，《荀子》用杨倞注，《扬子》用李轨、宋咸、柳宗元、吴秘注。"见《金史》卷51《选举志一》，中华书局点校本1975年，第1131、1132页。

② 本表主要据兰婷：《金代教育研究》，吉林大学出版社2010年，第181、182页。

为女真学教材。汉文的《诗》是有音韵的，女真文字创制与使用时间尚短，如何将《诗》准确翻译为女真文而不失汉文的韵味，对于音节、音律较汉字更为简单的女真文来讲很难。《礼》未翻译为女真文，是由于对于初建国的女真人来讲，难于理解与接受复杂、繁琐的汉族传统礼仪，亦不愿照搬，且金统治者对于礼仪的效用尚未有足够的认识。不翻译《诗》《礼》的原因与此前论及的女真官学确定教学内容的原因也是一致的，即金代女真官学教育主要是为现实政治服务，统治者不需要重词藻的浮夸文士，培养的是治国安邦的人才。

总之，女真学教学内容和教材的选用虽然以儒家典籍为主，但是有选择地接受和吸收儒家思想。女真统治者从政治需要出发，对儒家政治、伦理中利于治国的思想精髓进行有目的、有选择地吸收和利用，并力图使之成为女真民族的精神支柱。对治理国家没有实际效用的，如儒家繁琐、复杂的礼仪等内容，则加以摒弃。因此在女真官学教材的选用上，使用译为女真文字的《书》《易》《论语》等经书，以及子书和史书等，其目的在于将女真民族的旧风与儒家伦理观念结合。如大定二十年（1180），世宗将千部译为女真文字的《孝经》付点检司分赐护卫亲军，并谓宰臣曰："朕所以令译五经者，正欲女直人知仁义道德所在耳。"① 可见，金代女真官学中教授的儒学，是与女真传统文化相融合的儒学。

（四）官学的管理

金代，国子监是国家教育的最高管理机构，管理女真国子学、女真太学。国子监设祭酒、司业各一员，掌管学校事务，设国子监丞二员，提控四学，② 祭酒、司业与今天大学的正、副校长相当，国子监丞与大学政治教导员相当。

女真中央官学国子学、太学由国子监所设国子监丞掌管。国子监原设两名国子监丞，章宗明昌二年（1191），国子监增设一员国子监丞，以专门管理女真学校："明昌二年增一员，兼提控女直学。"③ 女真国子学、太学内各分

---

① 《金史》卷8《世宗本纪》，中华书局点校本1975年，第184、185页。
② 《金史》卷56《百官志二》，中华书局点校本1975年，第1271页。
③ 《金史》卷56《百官志二》，中华书局点校本1975年，第1271页。

设博士两员、助教二员、教授四员。博士职责相当于教务长兼教授，助教、教授为专职教员。女真地方官学府州学的教育管理，据《金史·选举志》中所记："各以女真、汉人进士长贰官提控其事，具入官衔。"

关于女真官学中生员的管理，与汉族学校管理制度相同，如对于假期的规定，在"遇旬休、节辰皆有假，病则给假，省亲远行则给程。犯学规者罚，不率教者黜。遭丧百日后求入学者，不得与释奠礼"。[1]

女真官学的教学、考试制度，在官学中有"会课"，即每年一次由朝廷差官主考的公试，据《金史·选举志》中载："凡会课，三日作策论一道，季月私试如汉生制。"[2] 即三日作策论文章一篇；每三个月季月进行一次私试，试赋和策论，生员私试题目由本学长官出。[3]

四、女真官学教育的发展历程、特点及影响

（一）女真教育阶段性发展历程

金代女真官学教育的发展经历了创建、形成、衰落的过程，可分为三个阶段：

第一阶段，金前期女真官学教育体系的创立阶段。太祖天辅二年（1118），令完颜希尹、耶（叶）鲁创制女真大字，太祖天辅、太宗天会年间，开始在中央和地方开办女真字学校，女真文字的颁布推行、女真字学的开办是设立女真官学教育的开始。熙宗天眷元年（1138），又创制女真小字，并与女真大字并行。熙宗、海陵时期仍设女真字学，以进一步推广女真大、小字。因此，自太祖到海陵时期，女真官学教育主要表现为女真字学的设立。在熙宗、海陵时期，女真官学没有得到更全面的发展，与这一时期女真统治者实施汉化方针、女真教育政策体现出积极的汉化特点密切相关，熙宗、海

---

① 《金史》卷51《选举志一》，中华书局点校本1975年，第1132页。

② 《金史》卷51《选举志一》，中华书局点校本1975年，第1134页。

③ 参见宋德金：《金代的学校考试和铨选考试.》，《社会科学战线》1995年第2期，第145页。

陵时期，恢复确立了科举制度，并重建了汉文化教育体系。而同一时期除女真字学外，女真太学及府州学均未设立，女真教育体系并未建立。

女真官学教育体系的创立时期，主要是金前期太祖、太宗、熙宗、海陵在位期间设女真字学，女真字学的建立为世宗、章宗时期女真官学教育的发展和兴盛奠定了基础。

第二阶段，金中期女真官学教育体系形成与发展阶段。至金世宗、章宗时期，尤其世宗在位期间，面对日益明显的女真汉化倾向，为使女真本民族的传统文化得以保存，加强女真人的民族自树意识，提高女真族人的文化水平，建立了完善的女真教育体系以发展女真民族教育。世宗大定四年（1164）至大定九年（1169），诸路广设女真字学，这是女真官学教育建立与发展的开始。大定十三年（1173）中央设女真国子学，地方设女真府学，女真官学教育更为发展，大定二十八年（1188）设立女真太学，至此，金代自上而下建立了一套比较完备的女真官学教育体系。章宗时期，增加了女真学校的数量，并进一步完善女真官学体系，女真官学教育继续发展兴盛。

第三阶段，金后期女真官学教育走向衰落的阶段。金朝后期，自卫绍王大安三年（1211）开始的金蒙战争耗费了金朝大量的财力、物力，国力日衰。加之此时朝政的腐败，没有足够的资金与稳定的政策保障女真官学发展，致使许多女真府学不知所终。同时，女真官学教育走向衰落还有一个原因，即是女真人汉化的程度日益加深。

（二）具有女真特色的教育体系

女真官学教育体系是在学习仿效汉制基础上建立的，在吸收汉文化的同时又保持了女真文化特色。

第一，女真官学均为国家投资兴办，女真子弟进入官学学习的比例远远高于其他各族，反映了女真人作为统治民族所具有的特殊地位。

金代女真官学，无论是中央官学，还是地方官学，全部由国家出资兴办。而汉族官学，国家仅投资兴办中央官学，地方汉族府、州、县学由地方政府筹资兴办。女真官学由国家出资，办学资金充足，保证了女真官学教育的稳定性和持久性。

女真贵族、女真富有者和女真平民子弟成为女真官学的招生对象。女真中央官学中，国子学所招生员必须是"宗室及外戚皇后大功以上亲、诸功臣及三品以上官兄弟子孙"。[①] 女真太学所招生员，与汉族太学来源相同，四百学生中有一百五十人以"五品以上官兄弟子孙"充之。女真地方官学，府、州学所招生员规定来源为，在每谋克中可取二人，如若每二十户女真宗室中无愿学者，再选取"有物力家子弟年十三以上、二十以下者充"。[②] 此外，在汉族官学学生中还也包括一定数量的女真人。从女真官学招生的对象来看，国家能够保证大多数女真人都能接受教育。世宗大定年间，女真官学中生员人数为 7356 人，而同时期汉族官学中有 3884 名学生，其中还包括一定数量的女真人。[③] 反映出女真人作为统治民族在教育上有着特殊地位的同时，女真生员数量增加，对于提高女真民族整体文化素质也是有利的。

第二，从实际出发，对女真人的教育以实用为主，加强民族自树意识。

女真官学教学内容与汉族官学相比，较为浅显、简略。这是由于女真人文化水平较低，且女真字的创制与使用时间也较短，所以用于教学的教材译著数量较少。女真学校的学生，要先习女真语言文字，再学习用女真字翻译的儒家经史以及诸子之学内容，以达到提高女真民族文化水平的目的。可见女真官学教育内容中，汉文化与女真传统文化并重，既学习汉家儒学经史、诸子之学，又不忘女真的文化传统。由于女真人的文化水平与汉人相比较为落后，金朝廷采取因人而异的措施，在选拔女真族治国人才时，提倡"重在实学，学必有用"，如女真策论进士考试，最初只是一篇 500 字的文章，比较简单，注重治国方略。女真策论进士科在选拔女真族优秀人才时，不十分强调文章词藻，而是以治国安邦为目的从而巩固女真国家政权。

第三，不同年龄阶段、不同阶层女真人的教育均受到朝廷重视。

女真儿童和少年的早期培养在金朝同样得到重视，金统治者积极发展小学教育。金初太祖、太宗时期所设女真字学中，以十五岁以下少年儿童为主要招生对象，教授他们学习女真文字，直至金末未有改变。世宗大定十三

---

① 《金史》卷 51《选举志一》，中华书局点校本 1975 年，第 1131 页。

② 《金史》卷 51《选举志一》，中华书局点校本 1975 年，第 1134 页。

③ 参见兰婷：《金代教育研究》，吉林大学出版社 2000 年，第 101 页。

年（1173）设立女真小学，女真小学设于女真国子学中，隶属国子监。授学对象专为女真儿童，主要学习课程有女真文字以及女真国子学的预备课程。金设立女真经童科，选拔 13 岁以下聪慧特异士庶儿童，及第后的女真少年儿童有较好的出路，进而更加刺激了女真小学教育的发展。如蒲察元衡，通过应试女真经童科，在十一岁就登科，并移籍太学，后"弱冠，擢泰和三年策论进士"，[①] 还有完颜兀不喝、孛术鲁阿鲁罕、纥石烈良弼等人，也是少年时入学，从后来都成为金朝有名的人物。许多从小就受到良好教育的平民子弟，为其将来的发展打下坚实的基础。

除女真贵族和女真平民子弟可入官学接受教育外，保卫或服务于女真统治阶层的女真人同样亦接受教育。金代侍卫亲军多宗室子弟出身，伴在君王身侧，出职后则委以各种官职。世宗、章宗时期向侍卫亲军颁发《孝经》《论语》等女真文教材，提高他们的文化水平；宫女虽出身卑微，但亦常伴君王、后妃左右，需要有一定的文化素质。金统治者在宫女教育中设专职教师"宫教"，以及专职教学管理人员"司籍""典籍""掌籍""女史"等，对宫女进行系统规范性的教育。金代对侍卫亲军和宫女教育的重视，在中国古代历史上是不多见的。

第四，金代建立了中国历史上第一个由少数民族政权建立的完整、系统、全国性的教材编印发行管理体制。

金代由国子监统一印制发行学校教材，包括女真官学所使用的女真文教材、汉族学校使用的汉文教材。国子监刊刻的经史书籍，被称为"监本"。作为金代官学教材印制发行中心的国子监，也成为中国古代历史上第一个刊印发行民族教育教材的中心。女真官学教材的管理自成体系，管理制度规范，为官学教育正常运行与发展提供了保证。

（三）女真官学教育体系建立的作用与影响

首先，金代女真官学教育体系与汉族官学教育体系并行，实现了汉、女真分学，开创了中国历史上少数民族创办民族学校的先河。

---

① 《遗山先生文集》卷20《蒲察公神道碑铭》，四部丛刊初编本，商务印书馆1919年，第214页。

辽、西夏作为少数民族建立的政权，虽也建立官学，但并未专门为本族子弟创办学校，也未建立本民族教育体系。女真政权既建立了用汉族语言文字进行教学的汉族官学教育体系，又创立了使用女真语言文字对女真族子弟进行教学的女真官学教育体系。女真族教育的正规化，对女真民族文化素质的提高、女真社会和金政权的封建化具有积极的促进作用。女真官学教育体系的建立对后来的少数民族政权，如元朝蒙古族政权、清朝满族政权的官学教育体系建设产生了深远影响。元朝设立蒙古国子学、蒙古字学，清朝设立八旗官学以及宗学、觉罗学等满族官学，显然是受到金代女真官学教育的启发，并加以借鉴的结果。

其次，女真府州学分布广泛，在中国历史上开创了边远地区设学办教育的新纪元。

金朝是教育大普及时代，不但中原诸州县设有地方学校，王朝统治的东北等北方地区也设学。金代所设的女真府州学分布在 22 个府州，其中相当大一部分在金王朝统治下的女真内地及契丹、女真民族聚居的地区，即今天的东北地区和内蒙古东部的部分地区。学校教育在中国历史上第一次普及到边远地区，提高了这些地区女真人的文化水平，改变了东北地区包括女真族在内的少数民族落后的经济、文化面貌，对北方少数民族聚居区的经济发展、文化提高起到了巨大的推动作用和深远的历史影响。

再次，女真官学教育提高了女真民族整体文化素质，促使"中华一体"观念的形成。

金朝兴办女真民族教育，女真族同汉族在文化上的差距在短时间内被缩小，女真官学教育中培养了大批可用之才，使女真人在政治、军事、文化方面都崭露头角。《金史·文艺传序》记载："世宗、章宗之世，儒风丕变，庠序日盛，士繇科第位至宰辅者接踵。当时儒者虽无专门名家之学，然而朝廷典策、邻国书命，粲然有可观者矣。金用武得国，无以异于辽，而一代制作，能自树立唐、宋之间，有非辽世所及，以文而不以武也。"[①] 到金朝中后期，女真族文臣、文人辈出。夹谷衡、尼庞古鉴、徒单镒等均出身女真学，

---

① 《金史》卷 125《文艺传序》，中华书局点校本 1975 年，第 2714 页。

后官至宰相，显示出女真族文臣治理国家的能力。

女真官学教育不但大大提高了女真族的知识文化水平，女真官学和汉族官学的并行存在，女真文字在女真官学中的使用，打破了历来以单一汉文字为主的教育系统，在文字和教育内容上均实现了多元化。在文化联系中同是中国，同是中华，同道同轨、华夷一体一风，将各民族同时置于"中华一体"之中。[1] 辽朝时，中央官学教师职务尚未见契丹人担任，而在金朝，不仅汉族学者，女真学者同样能够胜任学官，说明女真民族整体文化素质的提高，女真人与汉人之间的差距也在缩小，在元代已将汉化的女真人视为汉人了。

最后，兴办发展女真官学教育促使社会风气发生了变化。

金朝的教育熔各族文化于一炉，尤其在女真内地，传统的汉文化得到了更为广泛的传播。女真人本以武立国，经过世宗、章宗近五十年的兴学，特别是发展女真官学教育，逐渐改变了女真人一味崇尚武勇的观念，崇尚文化的风气在社会上层产生广泛影响，女真民族文化素质大为提高，即使在金朝末年吏政大盛的时期，尚文风气仍很浓厚。据《归潜志》记载："南渡后，诸女真世袭猛安、谋克往往好文学，喜与士大夫游。"[2]

女真官学教育体系的建立，对于在东北地区传播中原汉民族文化起到了潜移默化的作用。各民族文化的交流、融合，利于政局的稳定，促进了东北地区经济、文化的发展，在巩固古代中国疆域的完整、增强民族凝聚力上产生了积极的影响。

第二节　金代女真宫廷教育

金自建立，历朝统治者对汉文化抱有积极学习的态度，甚至以身示范，

---

① 张博泉：《女真教育史论》，《史学集刊》1989 年第 1 期，第 28 页。
② 《归潜志》卷 6，中华书局 1983 年，第 63 页。

大力提倡，这不仅使宗室子弟深受影响，推动宗室子弟努力向学，还在宫廷中亦营造了文化学习的良好氛围。金代宫廷教育既不同于国家教育，也不同于非国家教育，是专为太子、诸王、侍卫亲军、宫女所设，属皇室中的教育。①

一、皇族宗室教育

我国封建社会实行"家天下"，因此历朝历代对皇室成员尤其太子的教育非常重视。唐宋时期，皇族宗室子弟教育已经制度化，宋代专设"宗学""宫学"等。金初教育尚未发展，但为了适应日益发展的社会形势需要，开始注意对皇室子弟特别是完颜氏宗族子弟的文化教育，许多皇族宗室子弟，甚至皇帝本人都主动结识并求学于汉文化学者。"留心于文事"的金太祖，②"得辽旧人用之，使介往复，其言已文"。③金世宗言："教化之行，当自贵近始……使民知所效也。"④即作为统治阶层的女真贵族，自身应走在教化的前端做为民之表率。可见，统治者对于宫廷之内教育的重视。海陵时正式设立官职以负责太子教育，皇室宗族教育始具有制度化特征。

（一）家庭教育

金统治者积极学习汉文化、推进本民族教育的态度理念，使宗室子弟深受影响，宗室子弟都努力向学。如曾被软禁在十四年之久的江南名士朱弁，本以奉使见留，但在今山西大同善化寺软禁期间，"金国名王贵人多遣子弟就学"。⑤

皇族宗室家庭内部经常会有多种形式的教育：一种是作为最高统治者的

---

① 参见张博泉：《金代教育史论》，《史学集刊》1989 年第 1 期，第 22 页。

② （清）赵翼：《廿二史札记》卷 28《金代文物远胜辽元》，中国书店 1987 年，第 389 页。

③ 《金史》卷 125《文艺传上》，中华书局点校本 1975 年，第 2713 页。

④ 《金史》卷 7《世宗本纪》，中华书局点校本 1975 年，第 160 页。

⑤ 《宋史》卷 373《朱弁传》，中华书局点校本 1975 年，第 11553 页。

帝王，以身示范，亲身对皇室子弟进行教导。在日常的交谈之中往往贯穿了这种教育，且谈话内容以中原王朝历史典故为主，世宗在这方面表现最为突出。大定十六年（1176）三月，世宗与太子、亲王在广仁殿用膳时，曾说："大凡资用当务节省，如其有余，可周亲戚，勿妄费也。"① 亦曾对太子说："朕思汉文纯俭，心常慕之，汝亦可以为则也。"② 是为世宗对太子和诸王进行的节俭教育。

另一种是请家庭教师。皇族宗室家庭多聘请汉族知识分子，也有较有学问的女真人。金熙宗自幼聪慧，"适诸父南征中原，得燕人韩昉及中国儒士教之"。③ 通过学习接受汉族文化，他即位后按照中原汉族皇帝传统的承袭制，立太子，设东宫官属，并任用老成硕学之士。海陵王自幼师从汉士张用直学习儒学，后人称其："嗜习经史，一阅终身不复忘。见江南衣冠文物，朝仪位著而慕之。"④ 至海陵王即位之后，仍由张用直教授太子，并说："朕虽不能博通经史，亦粗有所闻，皆卿平昔辅导之力，太子方就学，宜善导之，朕父子并受卿学，亦儒之荣也。"⑤ 世宗时闻儒者郑松，以道德学业闻于时，特起郑松为左谕德，并诏免朝参，"令辅太子读书"。⑥ 此外尚有宣宗"设学养士，辟馆集贤……体貌以礼大臣"。⑦

皇族宗室聘请的家庭教师多为名儒，师生礼制与汉学做法相近，如大定十九年（1179）显宗选完颜匡为皇孙教师时，《金史·完颜匡传》记载："命择日，使皇孙行师弟子礼。七月丁亥，宣宗、章宗皆就学。"⑧ 皇族子弟也要对老师行拜师礼，尊师重教于此可见一斑。

金统治者对家庭教师制定了严格要求，太子以及宗室诸王的品行、学习等情况教师要时刻监督，并及时汇报。大定十二年（1172）二月，世宗对诸

---

① 《金史》卷 7《世宗本纪》，中华书局点校本 1975 年，第 164 页。
② 《金史》卷 89《孟浩传》，中华书局点校本 1975 年，第 1980 页。
③ 《大金国志校证》卷 12《熙宗孝成皇帝四》，中华书局 1986 年，第 179 页。
④ 《大金国志校证》卷 13《海陵炀王上》，中华书局 1986 年，第 187 页。
⑤ 《金史》卷 104《张用直传》，中华书局点校本 1975 年，第 2314 页。
⑥ 《金史》卷 19《世纪补》，中华书局点校本 1975 年，第 410 页。
⑦ （金）赵秉文:《滏水集》卷 18《宣宗谥议》，丛书集成初编本，中华书局 1985 年，第 185 页。
⑧ 《金史》卷 98《完颜匡传》，中华书局点校本 1975 年，第 2163 页。

王府的长史训话说："朕选汝等，正欲劝导诸王，使之为善。如诸王所为有所未善，当力陈之，尚或不从，则具某日行某事以奏。若阿意不言，朕惟汝罪。"[①]

（二）师保傅教育

太子师保傅教育制度源起于先秦时期的周朝，是为周太子、诸侯国太子及其贵族子弟进行教育所确立的一种制度。太子年少时尚无辨别是非的能力，设官员"三公"和"三孤"陪伴太子身边，以正确导引和教育其成长。据《汉书》记载：

> 昔者（周）成王幼在襁抱之中，召公为太保，周公为太傅，太公为太师。保，保其身体；傅，傅之德义；师，道之教训，此三公之职也。于是为置三少，皆上大夫也，曰少保、少傅、少师，是与太子宴者也。故乃孩提有识，三公、三少固明孝仁礼义以道习之，逐去邪人，不使见恶行。于是皆选天下之端士孝悌博闻有道术者以卫翼之，使与太子居处出入。故太子乃生而见正事，闻正言，行正道，左右前后皆正人也。[②]

自周始设的太子师保傅教育制度，历朝历代均沿袭。金海陵王天德四年（1152），"始定制宫师府三师、三少，詹事院詹事、三寺。十率府皆隶焉，左右谕德，为东宫僚属"。"三师"，为正二品，有太子太师、太子太傅、太子太保；"三少"职责为"掌保护东宫，导以德义"，[③]包括太子少师、太子少傅、太子少保，"三师"和"三少"均为太子东宫宫师府的官员，并多由朝廷重要官员兼任。金设专门的官职负责太子教育，金效汉制的宫廷教育制度正式确立。金代的师保傅制与汉制不同之处在于，金代的三师、三少的职责是"掌保护东宫"，并对太子"导以德义"，不再像周代那样时刻陪伴在太子身边随时进行教育，而是太子道德教育的教师。海陵王时，在选拔太子光

---

① 《金史》卷 7《世宗本纪》，中华书局点校本 1975 年，第 155 页。
② 《汉书》卷 48《贾谊传》，中华书局点校本 1988 年，第 2248 页。
③ 《金史》卷 57《百官志三》，中华书局点校本 1975 年，第 1300 页。

英的老师时言:"太子宜择硕德宿学之士,使辅导之,庶知古今,防过失。"①
《金史》中记载太子师保傅情况,详见下表。

金代太子师保傅一览表

官职	姓名	任职时期	同时期任职	民族	《金史》来源
太子太师	宗宪	世宗年间	摄行台尚书省事、平章政事	女真	卷70《宗宪传》
	李石	世宗年间	司徒、御史大夫	辽阳	卷86《李石传》
	完颜守道	世宗年间	尚书左丞	女真	卷88《完颜守道传》
	完颜爽	世宗年间		女真	卷69《完颜爽传》
	永德	卫绍王年间		不详	卷85《世宗诸子传》
	孙铎	宣宗年间		汉	卷99《孙铎传》
太子太傅	完颜爽	世宗年间		女真	卷69《完颜爽传》
	宗尹	世宗年间	平章政事	女真	卷73《宗尹传》
	张行简	宣宗年间	翰林学士承旨	汉	卷106《张行简传》
	完颜爽	世宗年间	判大宗正事	女真	卷69《完颜爽传》
	徒单克宁	世宗年间	枢密副使	女真	卷92《徒单克宁传》
	按答海	世宗年间		女真	卷73《按答海传》
	宗尹	世宗年间	枢密副使	女真	卷73《宗尹传》
	乌延蒲卢浑	海陵年间		女真	卷80《乌延蒲卢浑传》
	高桢	海陵年间	行御史大夫	渤海	卷84《高桢传》
	张行简	章宗、卫绍王年间	御史大夫、翰林学士承旨、礼部尚书	汉	卷13《卫绍王本纪》卷106《张行简传》
	蒲察思忠	宣宗年间	侍读、同修国史	女真	卷104《蒲察思忠传》
	阿不罕德刚	宣宗年间		女真	卷15《宣宗本纪中》

---

① 《金史》卷82《光英传》,中华书局点校本1975年,第1853页。

续表

官职	姓名	任职时期	同时期任职	民族	《金史》来源
太子少师	刘仲海	世宗年间	御史中丞	汉	卷78《刘仲海传》
	张汝霖	世宗年间	御史中丞、礼部尚书	渤海	卷83《张汝霖传》
	任熊祥	世宗年间		汉	卷105《任熊祥传》
	石琚	世宗年间	左丞	汉	卷88《石琚传》
	仆散师恭	海陵年间	工部尚书	女真	卷132《仆散师恭传》
	陁满讹里也	海陵年间	河南路统军使	女真	卷82《海陵诸子传》
	乌延蒲卢浑	海陵年间		女真	卷80《乌延蒲卢浑传》
	阿鲁罕	宣宗年间	镇国上将军	女真	卷93《庄献太子传》
	刘颖	宣宗年间	太子詹事	汉	卷78《刘颖传》
太子少傅	孟浩	世宗年间	尚书右丞	汉	卷89《孟浩传》
	奥屯忠孝	卫绍王年间	礼部尚书	女真	卷104《奥屯忠孝传》
太子少保	完颜守道	世宗年间	参知政事	女真	卷88《完颜守道传》
	高思廉	世宗年间		不详	卷6《世宗本纪上》
	完颜昂	海陵年间		女真	卷84《完颜昂传》
	赵兴祥	海陵年间		汉	卷91《赵兴祥传》
	耶律恕	海陵年间	兴中尹	契丹	卷82《耶律恕传》
	徒单永年	海陵年间	枢密副使	女真	卷5《海陵本纪》
	徒单贞	海陵年间	都点检	女真	卷132《徒单贞传》
	张行信	宣宗年间	礼部尚书	汉	卷14《宣宗本纪上》、卷17《哀宗本纪上》
	阿鲁罕	宣宗年间	镇国上将军	女真	卷93《庄献太子传》

由此表可见，在职官员兼任太子三师和三少的占大部分，多数还担任朝

廷比较重要的职务；从民族划分上看，既有女真人，也有契丹人、渤海人和汉人。可见金代统治者为太子选拔老师时不分民族，最重德行才识，说明对太子教育的重视。

除设师保傅之外，东宫还设有诸多官职以辅助太子教育，如"司经，正八品，副司经，正九品，掌经史图籍笔砚等事。……左谕德、右谕德，正五品，左赞善、右赞善，正六品，掌赞谕道德、侍从文章"等。①

（三）宗室亲王教育

除实行各种教育方式对皇室诸子尤其对东宫太子加强教育外，对宗室亲王也设置相应官职，负责其教育。宗室各亲王府设王傅一人、文学二人，"傅，正四品，掌师范辅导、参议可否，若亲王在外，亦兼本京节镇同知。……文学二人，从七品，掌赞道礼仪、资广学问"。②宗室教育也是金代宫廷教育体系的组成部分。

宗室亲王学官的选拔与东宫一样，要求德才兼备，非文辞、道德优秀者不可为。世宗曾说："今原王府官属，当选纯谨秉性正直者充，勿用有权术之人。"③章宗初年，"雅爱诸王，置王傅府尉官以傅导德义"。④对宗室子弟的学习要求也很严格，定期进行专门考试，检查他们的学业。

以下为史料中所辑的部分诸亲王宗室中选用教育之人：

孟宗献，"大定三年，乡、府、省、御四试皆第一。供奉翰林，历曹王府文学"。⑤王彦潜，皇统九年（1150）状元，"（世宗子豫王永成）以太学博士王彦潜为府文学"。⑥赵承元，为世宗大定十三年（1173）"词赋第一人"，"兼曹王府文学"。⑦完颜匡，为"德行淳谨、才学该通"者，"事豳王允成，

---

① 《金史》卷 57《百官志三》，中华书局点校本 1975 年，第 1300、1301 页。

② 《金史》卷 57《百官志三》，中华书局点校本 1975 年，第 1301 页。

③ 《金史》卷 8《世宗本纪》，中华书局点校本 1975 年，第 192 页。

④ 《金史》卷 13《卫绍王本纪》，中华书局点校本 1975 年，第 290 页。

⑤ 《续夷坚志》卷 2《孟内翰梦》，上海古籍出版社 1996 年，第 27 页。

⑥ 《金史》卷 85《世宗诸子传》，中华书局点校本 1975 年，第 1906 页。

⑦ 《中州集》卷 9《赵文学承元》，中华书局 1959 年，第 467 页。

为其府教读"。① 张暐，章宗封为原王时，选正隆五年（1160）进士张暐"兼原王府文学"。② 纳坦谋嘉，"（显宗子郓王）琼仪观丰伟，机警清辩，性宽厚，好学"，世宗时，"选进士之有名行者纳坦谋嘉教之，女真小字及汉字皆通习。及长，轻财好施，无愠色，善吟咏，不喜闻人过，至于骑射绘塑之艺，皆造精妙"。③ 雷渊，"兴定末，召为英王府文学兼记室参军，转应奉翰林文字"，④ 雷渊在宣宗时曾选为英王府文学兼记室参军，教其次子守纯。刘玑，"大定初，为太常博士，改左拾遗，兼许王府文学"。⑤

（四）教育内容

皇族宗室是国家统治阶层，是国家的中坚力量。掌握文化知识，有良好道德修养，不但利于统治，也有益于对外交往。通过学习儒家典籍、道德规范，能够恭敬顺从、安分守己，知晓忠君为臣之道，不在内部对朝廷统治构成威胁。此外，为保持女真传统，不忘旧俗，世宗朝时将教育宗室学习女真传统提上了日程。基于此，金代皇族宗室子弟的教育内容主要包括文化知识、道德品格、女真传统教育三个方面：

第一，文化知识教育。皇家宗室子弟自身文化修养的提高，需掌握一定的文化知识，既能更好地展示皇家风范，同时也利于统治的需要。金代皇室宗族的文化知识教育包括文字、儒学、文学、史学等方面内容。

1. 文字。皇族宗室子弟对于文字的学习，不仅包括创制的本民族文字女真字，也要学习汉字和契丹字。女真字的创制，是根据汉字改制的契丹字拼写而成，所以在学习女真字的过程中，女真人必须兼通契丹字和汉字。女真建国之初，尚未有本民族文字之时，在破辽的战争中已接触到契丹字与汉字，据《金史·完颜勖传》记载："女直初无文字，乃破辽，获契丹、汉人，始通契丹、汉字，于是诸子皆学之。"而宗雄在两个月的时间里便"尽通契

---

① 《金史》卷98《完颜匡传》，中华书局点校本1975年，第2163页。
② 《金史》卷106《张暐传》，中华书局点校本1975年，第2327页。
③ 《金史》卷93《显宗诸子传》，中华书局点校本1975年，第2056页。
④ 《金史》卷110《雷渊传》，中华书局点校本1975年，第2435页。
⑤ 《金史》卷97《刘玑传》，中华书局点校本1975年，第2157页。

丹大小字"。① 此外，宗雄之子阿邻，"颖悟辩敏，通……契丹大、小字及汉字"。② 完颜晏"明敏多谋略，通契丹字"，③ 女真大、小字创制后，更注重对宗室子弟的传授，如世宗时期规定"亲王府官属以文资官拟注，教以女直语言文字"。④ 世宗孙，即后来的章宗完颜珠、宣宗完颜㦙，其父太子允恭要求教师"每日先教汉字，至申时汉字课毕，教女直小字，习国朝语"，⑤ 可见自幼习汉字与女真小字，相同之事《金史》又记为：章宗为郡王时"（大定）十八年（1178），始习本朝语言小字，及汉字经书，以进士完颜匡、司经徐孝美等侍读"。⑥ 另有女真首科状元徒单镒，"镒颖悟绝伦，甫七岁，习女直字。……通契丹大小字及汉字"。⑦

2. 儒学。儒学方面的学习内容主要来自汉文典籍。金初以来，女真统治者搜集的汉文典籍，成为金皇族宗室子弟学习汉文化，尤其是学习儒学的主要书籍，世宗时曾下诏："制猛安谋克皆先读女真学经史然后承袭。"⑧ 可知经史书籍主要以儒家为主。据《三朝北盟会编》记载：靖康元年（1126）十二月"二十三日甲申，金人索监书、藏经、苏黄文及古文书、《资治通鉴》诸书。金人指名取索书籍甚多，又取苏、黄文墨迹及古文书籍。开封府大拨见（现）钱收买，又直取于书籍铺"。⑨ 世宗朝，曾组织人翻译汉人古籍文献，这些汉文典籍包括四书五经，如《易》《尚书》《论语》《孟子》《老子》《扬子》《文中子》《刘子》等，也有《新唐书》等部分史书，为宗室成员学习儒学提供了便利的条件，也成为他们学习的重要内容。

熙宗时，曾"读《尚书》《论语》及《五代》《辽史》诸书，或以夜继焉"。⑩

---

① 《金史》卷 66《完颜勖传》，中华书局点校本 1975 年，第 1558 页。

② 《金史》卷 73《宗雄传》，中华书局点校本 1975 年，第 1682 页。

③ 《金史》卷 73《阿离合懑传》，中华书局点校本 1975 年，第 1672 页。

④ 《金史》卷 70《完颜思敬传》，中华书局点校本 1975 年，第 1626 页。

⑤ 《金史》卷 98《完颜匡传》，中华书局点校本 1975 年，第 2163 页。

⑥ 《金史》卷 9《章宗本纪》，中华书局点校本 1975 年，第 207 页。

⑦ 《金史》卷 99《徒单镒传》，中华书局点校本 1975 年，第 2185 页。

⑧ 《金史》卷 8《世宗本纪》，中华书局点校本 1975 年，第 179 页。

⑨ 《三朝北盟会编》卷 73 靖康中帙四十八，上海古籍出版社 1987 年，第 548 页。

⑩ 《金史》卷 4《熙宗本纪》，中华书局点校本 1975 年，第 77 页。

世宗时，不仅注重学习儒家经典，而且强调身体力行，学以致用，世宗曾言："经籍之兴，其来久矣，垂教后世，无不尽善。今之学者，既能诵之，必须行之。然知而不能行者多矣，苟不能行，诵之何益。"① 使女真人完全接受了汉文化和儒家思想，儒家思想已浸入女真上层社会，影响到皇室。

3. 文学。金代皇族宗室子弟多学习汉族文学，并延请汉儒为师。金自熙宗始的历代皇帝，几乎在幼时都从汉族儒士习汉族的文学、诗词歌赋。章宗明昌二年（1191）四月，学士院进唐宋"杜甫、韩愈、刘禹锡、杜牧、贾岛、王建、宋王禹偁、欧阳修、王安石、苏轼、张耒、秦观等集二十六部"。②

据史书记载，熙宗幼时曾从燕人韩昉及中国儒士学习，后不仅能赋诗染翰，且"雅歌儒服，分茶焚香，弈棋象戏"，视开国旧臣则曰："无知夷狄"。及旧臣视之，见其尽失女真故态矣，则曰："宛然一汉户少年子也"。③ 显宗允恭为皇太子时，"好文学，作诗善画，人物、马尤工，迄今人间多有存者"。④ 金末刘祁在其《归潜志》中曾记载，显宗完颜允恭"读书喜文，欲变夷狄风俗，行中国礼乐如魏孝文。天不祚金，不即大位早世"。显宗之子、章宗完颜璟"聪慧有父风，属文为学，崇尚儒雅，故一时名士辈出。大臣执政，多有文采学问可取，能吏直臣，皆得显用，政令修举，文治烂然，金朝之盛极矣"。⑤ 又说章宗"天资聪悟，诗词多有可称者"。⑥

通过文学学习，金代诸多皇族子弟可赋诗写作，如海陵王作诗《书壁述怀》："蛟龙潜匿隐苍波，且与虾蟆作混和。等待一朝头角就，撼摇霹雳震山河。"显现出女真人刚刚接触汉文诗词时质拙朴野的状态。章宗作诗《宫中绝句》："五云金碧拱朝霞，楼阁峥嵘帝子家。三十六宫帘尽卷，东风无处不飞花。"更显其艺术上的细腻成熟、雍容典丽。⑦ 可见，金代帝王及皇族子弟，

---

① 《金史》卷7《世宗本纪》，中华书局点校本1975年，第164页。

② 《金史》卷9《章宗本纪》，中华书局点校本1975年，第218页。

③ 《大金国志校证》卷12《熙宗孝成皇帝四》，中华书局1986年，第179页。

④ 《归潜志》卷1，中华书局点校本1983年，第3页。

⑤ 《归潜志》卷12，中华书局点校本1983年，第136页。

⑥ 《归潜志》卷1，中华书局点校本1983年，第3页。

⑦ 参见张晶：《金代女真与汉文化》，《中州学刊》1989年第3期，第79页。

在诗词、歌赋、文学创作上已经具有较高造诣。

4.史学。皇族宗室子弟史学的学习，包括对历朝历史和本民族历史的学习。对历朝历史的学习，主要通过翻译汉文典籍如《新唐书》《辽史》《五代》等进行学习，此前所述。对女真民族历史的学习有两种方式，一是修史。女真文字尚未创制时，"未尝有记录，故祖宗事皆不载"，天会六年（1128），诏令完颜勖与耶律迪越负责"访祖宗遗事，以备国史"。完颜勖等"采摭遗言旧事，自始祖（函普）以下十帝（函普至乌雅束），综为三卷。凡部族，既曰某部；复曰某水之某，又曰某乡某村，以别识之。凡与契丹往来及征伐诸部，其间诈谋诡计，一无所隐。事有详有略，咸得其实。"① 所修史书资料翔实具体，记录直笔不讳，符合先秦以来我国史学优良传统，利于金统治阶层内部正确认识和学习本民族历史。二是设置宗庙以崇祖先。皇统三年（1143）五月"初立太庙，八年，太庙成，则上京之庙也。贞元初，海陵迁燕，乃增广旧庙，奉迁祖宗神主于新都，三年十一月丁卯，奉安于太庙。正隆中，营建南京宫室，复立宗庙，南渡因之"。② 家庙建立后，安置历代女真先祖御容，遣专人四时祭祀。通过庄严地祭祀历代先祖，除尽人子之孝外，更要借此机会怀念先祖创业之艰，以激励后世子孙的斗志。

第二，道德品格教育。对皇室子弟进行道德教育，主要是传授儒家的忠、孝、仁、义、礼等方面内容。

金代统治者为适应社会形势发展的需要，巩固政权统治，注重学习汉族的忠、孝、仁、义、礼等道德思想内容，按照中原传统封建统治者的标准去培养接班人，这也是维护皇室的和谐统一，治国安民的前提和根本。如熙宗即位后，把德育放在优先的位置，设东宫官属时以老成硕学之士任之，并"导以德义"。③

传授忠、孝、仁、义、礼等方面内容，把儒家的忠孝信义的主张放在教育的重要地位上，以加强皇室成员的道德教育，在世宗朝尤为突出。世宗大定二年（1162）四月，告诫太子说："在礼贵嫡，所以立卿。卿友于兄弟，

---

① 《金史》卷66《完颜勖传》，中华书局点校本1975年，第1558页。

② 《金史》卷30《礼志三》，中华书局点校本1975年，第727页。

③ 《金史》卷57《百官志三》，中华书局点校本1975年，第1300页。

接百官以礼，勿以储位生骄慢。日勉学问，非有召命，不须侍食。"① 大定三年（1163），世宗告诫太子少师刘仲海时说："东宫讲书或论议间，当以孝俭德行正身之事告之。"② 另据《续夷坚志·刘政纯孝》记载：孝子刘政，"母老失明，政以舌舐之，经旬复见。及病，昼夜奉医药，衣不解带，魁骨肉啖之，至于再三。母死，负土成坟，邻愿助之，不受。禽鸟哀鸣，集于墓树。庐墓侧终丧"。世宗知此事后不但嘉赏刘政，还授其太子掌饮丞，以让刘政言传身教，教授太子孝道。金世宗要求太子、太孙必尽忠孝，行正养德。在此教诲下，太子允恭在"东宫二十五年，不闻有过"，③ 形成了孝友谨厚的品性。

第三，女真传统的风俗习惯、道德品质的学习。④ 随着皇族宗室对汉文化学习的深入，汉化程度的加深，女真传统风俗逐渐被淡化。世宗时期，由于世宗本人有着强烈的以女真族为本的思想，将教育宗室学习女真传统提上了日程，以积极提倡保持女真传统风俗。

大定十一年（1171）世宗教诲太子不可忘记"祖宗纯厚之风，以勤修道德为孝，明信赏罚为治而已"。⑤

大定十三年（1173），世宗曾两次提及保持和学习女真传统。他对皇太子及诸王进行教诲，如不会女真文字是忘记女真之根本，应知晓女真旧风："汝辈自幼惟习汉人风俗，不知女直纯实之风，至于文字语言，或不通晓，是忘本也。汝辈当体朕意，至于子孙，亦当遵朕教诫也。"⑥ 又对宰臣说："会宁乃国家兴王之地，自海陵迁都永安，女直人浸忘旧风。朕时尝见女直风俗，迄今不忘。今之燕饮音乐，皆习汉风，盖以备礼也，非朕心所好。东宫不知女直风俗，第以朕故，犹尚存之。恐异时一变此风，非长久之计。甚欲一至会宁，使子孙得见旧俗，庶几习效之。"⑦

---

① 《金史》卷19《世纪补》，中华书局点校本1975年，第410页。
② 《金史》卷78《刘仲海传》，中华书局点校本1975年，第1773页。
③ 《金史》卷19《世纪补》，中华书局点校本1975年，第416页。
④ 参见李玉君：《金代宗室研究》，吉林大学博士学位论文2010年，第157、158页。
⑤ 《金史》卷6《世宗本纪》，中华书局点校本1975年，第150页。
⑥ 《金史》卷7《世宗本纪》，中华书局点校本1975年，第159页。
⑦ 《金史》卷7《世宗本纪》，中华书局点校本1975年，第158页。

大定十六年（1176），世宗与亲王、宰执、从官等论古今兴废，世宗强调女真人的传统风俗"最为纯直，虽不知书，然其祭天地，敬亲戚，尊耆老，接宾客，信朋友，礼意款曲，皆出自然，其善与古书所载无异。汝辈当习学之，旧风不可忘也"。[①]

二、侍卫亲军教育

金世宗时期，始对侍卫亲军进行文化教育。金朝，皇帝的侍卫绝大多数选拔宗室、外戚和勋臣子弟担任。侍卫亲军亲近皇帝，受帝王信任，迁官较快，有的还直接出任亲民官。加强这部分人的文化教育，更加利于统治集团的统治。

（一）侍卫亲军的选拔及教育目的

金代，主要从宗室、外戚和功勋子弟中选拔侍卫亲军，多为女真人，偶有少数契丹人。据《金史·选举志三》记载：

> 侍卫亲军长行，初收，迁一重，女直敦武，余人进义。每五十月迁一重，以次转五十人长者，则每三十月迁一重。如五十人长内迁至武义者，以五十人长本门户出职。五十人长每三十月迁一重，六十月出职，系正班，与九品除授，有荫者八品除授。如转百人长者，则三十月迁一重，六十月出职，系正班八品，有荫者七品。大定六年，百户任满，有荫者注七品都军、正将，无荫及五十户有荫者，注八品刺郡、都巡检、副将。五十户无荫者及长行有荫者，注县尉，无荫注散巡检。十六年，有荫百户，初中令，二都军、正将，三、四录事，五下令，六中令，七上令，回呈省。无荫者，初都军、正将，二录事，三、四副将、巡检，五都军、正将，六下令，七中令，八上令，回呈省。此言识字者也。不识字者，初止县尉，次主簿。二十一年，

---

① 《金史》卷 7《世宗本纪》，中华书局点校本 1975 年，第 163 页。

有荫者初中簿,二县尉。无荫者初县尉,二散巡检。已后,依本门户,识字、不识字并用差注。二十九年,定女直二百五十月出职,余三百月出职。吏格,先察可亲民、及不可者,验其资历,若已任回带明威、怀远者,验资拟注。①

由上可见,侍卫亲军出职后即可担任官职,为了使他们出职后具备一定的政治领导才能,世宗曾言:"护卫以后皆是治民之官,其令教以读书。"②在其未出职以前,专设教授对他们进行文化教育,以提升侍卫亲军的文化水平。此外,世宗对侍卫亲军进行教育的思想非常明确,即要他们知晓仁义道德:"朕所以令译五经者,正欲女直人知仁义道德所在耳。"③"但令稍通古今,则不肯为非。尔一亲军粗人,乃能言此,审其有益,何惮而不从。"④培养侍卫亲军忠君爱国的思想道德品格。

章宗朝时,又规定选任侍卫亲军教师的标准:"其护卫、符宝、奉御、奉职,侍直近密,当选有德行学问之人为之教授。"⑤即进行文化教育者需选有德行之人专门为之。泰和三年（1203）六月,统帅亲军的点检司专门设置教授,"诸亲军所设教授及授业人若干,其为教何法,通大义者几人,各具以闻"。⑥进行侍卫亲军教育。可见,侍卫亲军教育目的是培养为官本领和德行,二者缺一不可。

（二）侍卫亲军的学习内容

侍卫亲军大多数为女真人,因此首先也要学习女真文字。大定十四年（1174）三月令:"应卫士有不闲女直语者,并勒习学,仍自后不得汉语。"⑦

① 《金史》卷53《选举志三》,中华书局点校本1975年,第1188、1189页。
② 《金史》卷6《世宗本纪》,中华书局点校本1975年,第146页。
③ 《金史》卷8《世宗本纪》,中华书局点校本1975年,第185页。
④ 《金史》卷8《世宗本纪》,中华书局点校本1975年,第192页。
⑤ 《金史》卷9《章宗本纪》,中华书局点校本1975年,第210页。
⑥ 《金史》卷11《章宗本纪》,中华书局点校本1975年,第261页。
⑦ 《金史》卷7《世宗本纪》,中华书局点校本1975年,第161页。

在掌握女真字的基础上，世宗时期明确侍卫亲军的学习内容，规定以翻译为女真文字的儒家典籍作为学习教材。大定二十三年（1183）八月，"以女直字《孝经》千部付点检司，分赐护卫亲军"作为学习教材。[①] 至章宗时，继承了世宗的传统，继续侍卫亲军的教育，泰和年间诏令"亲军三十五以下令习《孝经》《论语》"。[②] 由于统治者的重视，到金代中期以后，侍卫亲军出身的女真人既具有相当的文化知识，又具有一定的政治才能。

在侍卫亲军教育制度化、规范化之后，侍卫亲军的文化水平得以较高地提升，许多人通过刻苦学习，已通晓经史律学。同时，侍卫亲军文化教育的加强，使更多人在其后历朝中，成为很好的官员，达到了巩固统治集团统治之目的。如章宗朝的龙虎卫上将军术虎筠寿，本为大定二十九年（1189）时以门人选充为亲卫军，他"尝言吾初读《律》，继而授《春秋》，因之涉猎史传"。[③] 宣宗朝时，知东平府事完颜弼也出身于护卫，他"平生无所好，惟喜读书，闲暇延引儒士，歌咏壶以为常"。[④] 同朝另一名将完颜陈和尚，在军中从王渥学习《孝经》《小学》《论语》《春秋左氏传》等经史，略通其义。[⑤]

到金中后期，侍卫亲军中的女真人文化水平已达较高水准，有些还考取了进士。如完颜仲德，"初试补亲卫军，虽备宿卫而学业不辍。中泰和三年进士第，历仕州县"。[⑥] 裴满亨，大定二十八年（1188）"擢第，世宗嘉之，升为奉御"，至章宗时"擢监察御史。内侍梁道儿恃恩骄横，朝士侧目，亨劾奏其奸。迁镐王府尉，出为定国军节度副史，三迁同知大名府事。……亨性尤谨密，出入宫禁数年，说议忠言多所裨益，有藁则焚之，谁家人辈莫知也。所历州郡，皆有政绩可纪云"。[⑦]

---

① 《金史》卷 8《世宗本纪》，中华书局点校本 1975 年，第 184 页。

② 《金史》卷 12《章宗本纪》，中华书局点校本 1975 年，第 270 页。

③ 《金文最》卷 51《龙虎卫上将军术虎公神道碑》，中华书局 1990 年，第 635 页。

④ 《金史》卷 102《完颜弼传》，中华书局点校本 1975 年，第 2255 页。

⑤ 《金史》卷 123《完颜陈和尚》，中华书局点校本 1975 年，第 2680 页。

⑥ 《金史》卷 119《完颜仲德传》，中华书局点校本 1975 年，第 2605 页。

⑦ 《金史》卷 97《裴满亨传》，中华书局点校本 1975 年，第 2144 页。

三、宫女教育

（一）宫女教育的设立

金代宫女多数为女真人，她们在宫廷内为皇亲贵族做各种各样的服务性工作，但自身文化素质很低，因此统治者比较重视宫女的教育。为提高宫女的文化素养，朝廷专门设学进行教育，以使宫女能熟知宫廷礼仪法度，更好地为宫廷服务。

对宫人（指宫廷内的女子，主要是皇帝嫔妃及宫女）设立专门的宫廷学校进行文化教育，最早在东汉时期已经出现。东汉的邓太后曾跟随著名的文学家班昭（曹大家）学习经书、天文、算学，她临政后，为教授宫人在东观（洛阳宫的殿名）设立了宫廷学校："诏中官近臣于东观受读经传，以教授宫人，左右习诵，朝夕济济。"[1] 北齐，设宫教博士，掌教习宫人书算众艺。隋代，掖庭局各属均设宫教："内侍省，……领内尚食、掖庭、宫闱、奚官、内仆、内府等局。……掖庭又有宫教博士二人。"[2] 唐朝，设"宫教博士二人，从九品下，掌教习宫人书、算众艺。初，内文学馆隶中书省，以儒学者一人为学士，掌教宫人。武后如意元年，改曰习艺馆，又改曰万林内教坊，寻复旧。有内教博士十八人，经学五人，史、子集缀文三人，楷书二人，《庄》、《老》、太一、篆书、律令、吟咏、飞白书、算、棋各一人。开元末，馆废，以内教博士以下隶内侍省，中官为之。"[3]

金代世宗、章宗时，设立专门的宫教博士，选拔行为端正、学问通达的老成之士为"宫教"以教授宫女。同时设专职人员管理宫女教育，即"司籍二人、典籍二人、掌籍二人、女史十人，掌经籍教学纸笔几案之事"。[4] 金代史籍中所见宫教博士人员如下表。

---

[1] 《后汉书》卷10《邓皇后纪》，中华书局点校本1965年，第424页。

[2] 《隋书》卷28《百官志》，中华书局点校本1973年，第775页。

[3] 《新唐书》卷47《百官志二》，中华书局点校本1975年，第1222页。

[4] 《金史》卷57《百官志三》，中华书局点校本1975年，第1297页。

金代宫教博士人员一览表

姓名	时间	资料来源
毛麾	世宗大定十六年 （1176）	举学行，特赐进士出身，"入教宫掖"。①
朱澜	世宗大定二十八年 （1188）	历诸王文学，章宗时期入教宫掖，故集中多宫词。②
张建	章宗明昌初年 （1190）	"明昌初，举才行，授绛州教官。召为宫教，应奉翰林文字。"③
左容	章宗泰和三年 （1203）	八月，"庚申，命编修官左容充宫教，赐银、币"。④
元严	未详	"（元好问）子男三人，……女五人，……次严，女冠，诏为宫教，号浯溪真隐。"⑤

（二）宫女教育的内容及方式

金代宫女教育设置专职教师、专职教学管理人员，比较正规且有一定规模。但因史料所限，有关宫女教育中所教授的具体内容，以及章宗朝以后是否还存在等问题，目前尚不得而知。不过，从世宗、章宗时期设立"宫教"的目的、选拔"宫教"的原则推断，宫女教育应包括识字、礼仪、文学词赋以及伦理观念等方面内容。

宫廷教育的具体方式也很独特。由于宫廷内男女界限森严，宫廷教育老师和学生并不像学校教育那样面对面进行，而以障碍物遮挡，隔物传授。如章宗元妃李师儿，其家因罪没入宫籍监，大定末以监户女子入宫。据《金史·元妃李氏传》中记载：

---

① 《中州集》卷7《毛宫教麾》，中华书局点校本1959年，第338页。

② 《中州集》卷7《朱宫教澜》，中华书局点校本1959年，第340页。

③ 《中州集》卷7《兰泉先生张建》，中华书局点校本1959年，第334页。

④ 《金史》卷11《章宗本纪》，中华书局点校本1975年，第261页。

⑤ （清）施国祁：《元遗山诗集笺注》卷首《大德碑本遗山先生墓铭》，人民文学出版社1958年，第31页。

张建教授宫中时,(元妃李氏) 师儿与诸宫女从之学。故事,宫教居障外,诸宫女居障内,不得面见。有不识字及问义,皆自障内映纱指字请问,宫教自障外口说教之。

由于师生互不相识,章宗问张建其中的佼佼者时,张建只能描述其声音特质。

金代统治者注重宫女教育,使得宫女整体文化水平得以提升。宫女教育的发展以及统治者对此重视的程度,在中国古代史上也是不多见的。

四、金代女真宫廷教育特点及影响

金代女真宫廷教育的对象,从皇室贵族、侍卫亲军到宫女,几乎囊括了宫廷内的各个阶层,各阶层的教育内容虽不完全相同,却都以儒家典籍为学习内容。教授儒家典籍,在女真人中普及儒家思想精髓,从统治集团层面上推动了女真旧风与中原传统儒家文化的融合。通过儒家文化的传授,以中原道统为纽带,使女真民族文化发展统一到这一个道统上来,在各民族共同生存和共同发展的条件下,形成各民族的一统关系,即多民族的教育并进和同轨于中华的特点。[①]

在女真宫廷教育中,不论是皇室,还是侍卫亲军,其教育内容更侧重于德育。这里的德,主要是儒家的伦理道德,用儒家的伦理道德来教育人,这与历代中原王朝提倡的"以德治国"宗旨是一致的。东宫官属设立之初便标明要对太子"导以德义",海陵王也曾说"上智不学而能,中性未有不由学而成者。太子宜择硕德宿学之士"。[②]金统治者注重德育,是出于自身统治的需要,他们希望宫廷中无论皇太子、宗室子弟,还是侍卫亲军,都要培养成为德才兼备、文武兼通的优秀人才,这种积极提倡德育的宫廷教育理念,

---

① 参见张博泉:《金代教育史论》,《史学集刊》1989 年第 1 期,第 28 页。

② 《金史》卷 82《海陵诸子传》,中华书局点校本 1975 年,第 1853 页。

对金代社会文化教育的传播与学习有着示范和引导作用，最终会影响到整个社会群体。

第三节　金代女真私学教育

私学是私家为进行教育设置的学校。私学教育在很大程度上弥补了官学教育制度的不足，成为我国古代极其重要的一种教育形式。辽、宋时期民间私学教育基础较好，金继承并发扬这一传统。虽然金代建立了较为完善的女真官学教育体系，但女真私学作为官学的一种补充或预备教育，分布的范围更为广泛，接受私学教育的女真学生数量也更多。女真私学既是民间私学的一部分，也是女真教育的重要组成部分，对于金代文化知识的传播和发展、科学文化教育的普及交流以及女真民族文化素质的提高，均起到重要的促进作用。

一、女真私学教育类型

金代女真人的私学教育可分为多种类型：依据创办者和办学目的不同，可分为家学、家塾、学馆、庙学、自学五类；依据传授人与受教者的不同，可分为汉人教师女真学生、女真教师女真学生、女真人自学三种；依据教学内容不同，可分为儒学知识教育私学、专科知识教育私学两类。此处依第一种分类叙述。

（一）家学

在家庭内部进行的教学被称为家学。家学在私学教育中是最普通和方便的一种教学形式。一方面，金代一些女真名门显宦、文学世家，注意对孩子幼年的文化教育，并多由父母兄长亲自督教，据史料记载，许多人是接受家学而成才。如世宗时龙虎卫上将军术虎筠寿，亲身教授三子，"夜参半，犹课诵不已，三子服教，悉能自树立"。[①]另一方面，金代女真国子学中所设小学，招收生员人数只有 200 名，不能满足广大儿童就学的需求，因此女真家学很大程度上与官学小学起到相同作用。

金代家学中，启蒙教育比较兴盛，启蒙教育的主要目的是使儿童可初步识字断句，并为之后的学习打下良好基础。启蒙教育的教材主要为"字书"，学习内容即为识字，读完字书后，方可读《孝经》《论语》等儒家经典。由于女真儿童启蒙教育的学习内容相对比较简单，因此无论在女真贵族家庭或是皇家宗室，启蒙教育多由家学来完成。如世宗十三岁时其父睿宗死，由其母贞懿皇后在家中教导，贞懿皇后"教之有义方"，[②]世宗通过在家学中接触学习汉文籍和女真文化，为他日后完成宏伟大业，打下了良好基础。由于良好的家庭教育和家学渊源，金代出现了许多博学多才之士。

女真家学中除启蒙教育外，也包括专科知识的传授。中国古代的专科学校设立多在中央，各地方设置较少，专科学校招生人数十分有限，国家对专科人才的需求不能得到充分满足，因此私学承担了培养更多的专科人才的教育任务。金代的私学特别是家学，完成了如医学、律学、数学、天文历法及兵家武学等专科教育的传承。前文所述龙虎卫上将军术虎筠寿，即在家学中学习法律和《春秋》，他尝言"吾初读《律》，继而授《春秋》"。

（二）家塾

家塾，即聘师在家教读子弟的私塾，为私学的一种。金代，一些女真贵族以及女真官宦之家在家庭内设立私塾，专门为自家子孙聘请名师授业，一般聘请有名望的汉儒为师，也有聘请女真名士，教授女真世家子弟。

史载女真大字的创始人完颜希尹，在冷山（今吉林省舒兰县小城子镇）家中设置私塾，这是金初东北典型的私塾。史载"（希尹）性尤喜文墨，征

---

① 《遗山先生文集》卷 27《龙虎卫上将军术虎公神道碑》，四部丛刊初编本，商务印书馆 1919 年，第 271 页。

② 《金史》卷 64《贞懿皇后传》，中华书局点校本 1975 年，第 1518 页。

伐所在获儒士必礼接之，访以古今成败"。① 宋人洪皓于建炎三年（1129）使金，洪皓精读经史、博览群书，金人闻其名"欲以为翰林直学士"，② 因其"力辞之"而滞留在金十五年。流放冷山的十五年间，洪皓曾在希尹家"教其八子"及其"诸孙"学习儒家经典、诗词文赋。"诸孙幼学，聚之环堵中，凿圆窦，仅能过饮食。先生晨夕教授，其义方如此"。③ "诸孙幼学，聚之环堵中"的教学形式反映了女真贵族强令子孙学习的朴素风尚。

女真贵族宗干也在家中设私塾。时临潢人名儒张用直"少以学行称。辽王宗干闻之，延置门下，海陵与其兄充皆从之学"，④ 即宗干延请张用直在家中教其子充及完颜亮。此外，其养子亶（熙宗）"自为童时聪悟"，"适诸父南征中原，得燕人韩昉及中国儒士教之"。⑤

女真贵族设立家塾多见于金初太祖、太宗两朝，史籍中相关记载在熙宗以后几不见。可能的原因是，自熙宗皇统元年（1141）金与南宋划淮而治后，因宋金战事减少，北方社会进入和平发展、比较安定的时期，一方面为女真官学的逐步建立与健全提供了保证，女真官学的发展，促使更多的女真子弟进入学校就学；另一方面，原辽、北宋时期所建的地方儒学学校也逐渐恢复正常的教学秩序，学校教育的恢复基本上可以满足一般女真贵族子弟的教育需求。到金世宗时期，自中央到地方建立起女真、汉两套教育体系，女真贵族在官学教育中享有优先特权，至此，女真贵族官僚的家塾便逐渐消失了。⑥

（三）学馆

学馆指塾师私人设馆收费教授生徒，又称门馆、教馆，为私塾的一种。

---

① 罗福颐辑：《满洲金石志》卷3《大金故左丞相金源郡贞宪王完颜公神道碑》，民国二十六年（1937）刊本，第62页。

② 《宋史》卷373《洪皓传》，中华书局点校本1977年，第11560页。

③ 《满洲金石志》卷3《大金故左丞相金源郡贞宪王完颜公神道碑》，民国二十六年（1937）刊本，第62页。

④ 《金史》卷105《张用直传》，中华书局点校本1975年，第2314页。

⑤ 《大金国志校证》卷12《熙宗孝成皇帝四》，中华书局1986年，第179页。

⑥ 参见兰婷：《金代教育研究》，吉林大学出版社2000年，第114页。

金代女真私学中的学馆,教师多为汉人,学生则一般以女真子弟为主。

金代有一类学馆是出使金朝的宋使设馆授学,他们或主动、或被动地使用汉语教授知识,所教学生中有一定数量的女真贵族子弟。据统计,自1117—1234年的百余年间,北宋派使节出使金达500多次,其中有名可查的使节为484人,[①] 金廷多次扣押来访的宋朝使节。金初被扣留的使节,他们在从事外交活动的同时,还带去了儒家传统文化思想及诗词文赋,为了糊口求生在金地设馆授学。他们是在金朝第一批开设私塾、传播文化的人,这一类私学在金朝私学教育史上占有一席重要地位。

据《宋史·朱弁传》记载,北宋太学生朱弁,其"文慕陆宣公,援据精博,曲尽事理。诗学李义山,词气雍容,不蹈其险怪奇涩之弊"。金人慕其才华,欲易其官,"不从","使就馆,守之以兵"。"金国名王贵人多遣子弟就学"。[②] 又如"张邵,其在会宁,金人多从之学",[③] 张邵在当地讲授《易经》,时"学者为之期日升僧座,鸣鼓为候,请说大义,一时听者毕至,由是生徒或有钱米帛之馈,则赖以自给"。[④] 张邵讲学收取馈赠,以此为生。

金前期私学多由南宋留金的使臣开设,到了中后期则多见本朝文士或部分汉人设学授徒。如徒单镒,"明敏方正,学问该贯,一时名士皆出其门,多至卿相",[⑤] 金宣宗时,抗蒙名将完颜陈和尚曾师从太原王渥学习"《孝经》《小学》《论语》《春秋左氏传》,略通其义"。[⑥] 女真纳邻猛安术虎邃士玄,先名玹,字伯温,曾"受学于辛敬之,习《左氏春秋》"。[⑦]

世宗、章宗时期,加强对猛安谋克继承人的教育。世宗见到当时猛安谋克官多年幼,不习教训,无长幼之礼,遂指示诸猛安谋克"依汉制置乡老,

① 参见董克昌:《宋金外交往来初探》,《学习与探索》1990年第2期,第134页。

② 《宋史》卷373《朱弁传》,中华书局点校本1977年,第11553页。

③ 《宋史》卷373《张邵传》,中华书局点校本1977年,第11556页。

④ 《三朝北盟会编》卷222炎兴下帙引《礼部尚书奉使金国待制张公行实》,上海古籍出版社1987年,第1605页。

⑤ 《金史》卷99《徒单镒传》,中华书局点校本1975年,第2191页。

⑥ 《金史》卷123《完颜陈和尚传》,中华书局点校本1975年,第2680页。

⑦ 《归潜志》卷3,中华书局1983年,第25页。

选廉洁正直可为师范者，使教导之"。① 大定二十六年（1186），规定"猛安谋克皆先读女直字经史然后承袭"。大定二十九年（1189），章宗颁诏："诸有出身承应人，系将来受亲民之职，可命所属谕使为学。"② 可见，作为女真基层组织长官的猛安、谋克及其继承人均须习女真字、读经史，且有类似私塾的学习班，这种学习班依据统治者旨令开办，但并非地方官学。

（四）庙学

所谓庙学，即在孔庙所在地设学从事教育活动的方式。庙学属于用祠堂、庙宇之地兴办的义塾，也是私塾的一种。与地方学校不同之处在于，庙学除学生之外，民家子弟亦可旁听，受众更为广泛，可作为官学教育的补充。

孔庙创立于公元前478年，是祭祀我国古代伟大的儒家学派创始人、教育家、思想家、政治家孔子建立的庙宇。唐贞观四年（630）太宗下诏："州、县学皆作孔子庙。"③ 由此"自唐以来，州县莫不有学，则凡学莫不有先圣之庙矣"。④ 唐至宋，由于儒学在意识形态领域取得的独尊地位，孔庙得到了很大的发展。金历代女真统治者皆尊奉孔子，非常重视设置孔庙，孔庙吸纳大量的女真子弟入学，根据社会地位的不同，学子可入不同等级的庙学进行学习。

金历代统治者均重视在东北地区设置孔庙。如金熙宗天会十五年（1138），立孔子庙于上京。皇统元年（1141），上观祭孔子庙，北面再释。金世宗大定元年（1161），以颜歆从祀庙廷。十四年（1175），因国子监言，参酌唐开元礼，定释奠仪数，乐用登歌，迁孟子像于宣圣右，与颜子相对，是年，加宣圣像十二旒，十二章。金章宗明昌二年（1191），诏诸郡邑，文宣王庙毁废者复之。孔子庙门置下马碑。章宗泰和四年（1204），诏令"刺史，州郡无宣圣庙学者并增修之"，⑤ 这一诏令督促地方政府官员兴办庙学，对金代孔庙的发展起到了推波助澜的作用，东北地区的庙学也得到发展。

---

① 《金史》卷88《纥石烈良弼传》，中华书局点校本1975年，第1953页。

② 《金史》卷9《章宗本纪》，中华书局点校本1975年，第210页。

③ 《新唐书》卷15《礼乐志》，中华书局点校本1975年，第373页。

④ 《文献通考》卷43《学校考四》，中华书局1986年，第411页。

⑤ 《金史》卷12《章宗纪四》，中华书局点校本1975年，第267页。

据《金史·章宗本纪》中载，明昌元年（1190）三月下诏修曲阜孔子庙学。金代女真猛安、谋克户曾进行过迁徙，熙宗时期已完成移住华北，今山东地有猛安谋克分布聚居，[①] 因此，女真子弟在曲阜孔子庙学受学可能性也很大。

（五）自学

女真贵族中也存在好学、无师自通之人。

金开国重臣完颜宗雄，因狩猎时被误伤在家休息，他"好学嗜书"，[②] 休息两月中苦学契丹文字，达到很高水平。仆散忠义，本名乌者，宣献皇后侄、元妃之兄也，仆散忠义年轻时因投身金宋战争，无暇学习，其人"喜谈兵，有大略。……皇统四年，除博州防御使，公余学女直字，及古算法，阅月，尽能通之"。[③] 宗强之子阿邻，"颖悟辩敏，通女直、契丹大小字及汉字"。[④]

二、女真私学教育内容及特点

（一）教育内容与教材

我国古代的教育从级别上来看，可以分为启蒙教育与高等教育。金代女真私学教育对象包括儿童、成人，二者的学习内容及使用的教材各不相同。

金代由私学完成的儿童启蒙教育，教学内容以识字为主，蒙学教材主要是"字书"。据研究，在金以前，我国古代蒙学教材有《史籀篇》《急就章》《千字文》《百家姓》和《三字经》，这些是流传最为广泛的启蒙教材。[⑤] 唐李瀚的《蒙求》是金代私学中主要使用的课本，至金末，元好问仍记有"安平李

---

① 参见 [日] 三上次男：《金代女真研究》，黑龙江人民出版社 1984 年。

② 《金史》卷 73《宗雄传》，中华书局点校本 1975 年，第 1680 页。

③ 《金史》卷 87《仆散忠义传》，中华书局点校本 1975 年，第 1935 页。

④ 《金史》卷 73《宗雄传》，中华书局点校本 1975 年，第 1682 页。

⑤ 参见李西亚：《试论金代图书的流通渠道——以学校为研究对象》，《吉林师范大学学报（人文社会科学版）》2010 年第 6 期，第 63 页。

瀚撰《蒙求》二千余言，……迄今数百年之间，孩幼入学，人挟此册，少长则遂讲授之"。[①] 女真私学启蒙教育中，还使用译有女真字的《百家姓》。说明女真人的私学很可能也使用上述教材传授教学。

在启蒙教育完成，可以识字后，女真子弟方可读《孝经》《论语》等儒家经典，教学内容相对比较简单。完颜希尹的家塾中，洪皓在教授其八子时，据载由于缺乏纸张，以桦叶为纸，在上面忆写出"《论语》《大学》《中庸》《孟子》传之，时谓桦叶《四书》"。[②] 洪皓在金教学期间，极有可能忆写过这四部书，并作为教材使用，使这些儒家经典得以在私学流传。[③]

女真私学的成人教育，内容同儿童相比更为丰富，但并未脱离以儒学为主要内容的四书五经。在宋使或是其他汉人设馆教授女真人的私学中，宋使张邵，曾在当地讲授《易经》；太原王渥，教授完颜陈和尚《孝经》《小学》《论语》《春秋左氏传》；辛敬之，传授虎瓃《左氏春秋》。至于庙学，其教育的主要目的，在于宣传和普及儒家的道德伦理，庙学内的学科设置均仿中原之制，以儒家经典为主要学习内容。看来，在女真私学的成人学习中，儒学经典及儒家教材成为主要学习内容。

（二）教学方法

私学的教学方法灵活，不少私学的教者能采取因材施教、因势利导的教学方法。其教学方法在继承前人的基础上，又有女真人自身之民族特色。

1. 讲授法

讲授教学法是指通过教师的讲解，传授给学生系统连贯的知识，使学生

---

① （金）元好问：《元好问全集》下册，卷 36《十七史蒙求序》，山西人民出版社 1990 年，第 28、29 页。

② 丁傅靖辑：《宋人轶事汇编》卷 16《洪皓》，中华书局 1981 年，第 879 页。近年有学者认为洪皓使金时还没有"四书"之说，此说法为后人杜撰，参见刘浦江：《文化的边界——两宋与辽金之间的书禁及书籍流通》，张希清：《10—13 世纪中国文化的碰撞与融合》，上海人民出版社 2006 年。

③ 参见李西亚：《试论金代图书的流通渠道——以学校为研究对象》，《吉林师范大学学报（人文社会科学版）》2010 年第 6 期，第 63 页。

理解和掌握所学内容。讲授法是我国古代教学中最常用的一种方法，并一直应用到现在。金代女真私学教育及皇族宗室子弟教育均采用此法。

皇家宗室教育常用讲授法。熙宗、海陵王、章宗等皇帝都曾延请汉儒为师，为其讲授儒家经典及历朝正史。熙宗幼时"得燕人韩昉及中国儒士教之"，[①]世宗在位期间，常召校书郎毛麾到宫中讲解《资治通鉴》。至金代末帝哀宗继位后，也经常诏太常卿、翰林学士等官员讲授儒家经典，且经常达到"上听忘倦"[②]的程度。对皇太子教育同样采用讲授法和讨论法，如世宗曾说："东宫讲书或论议间，当以孝俭德行正身之事告之。"[③]

女真各类私学教育中讲授法也比较普遍。如完颜希尹家塾，"诸孙幼学，聚之环堵中"，先生早晚进行讲授教学，"晨夕教授，其义方如此"。[④]在学馆中，如汉人张邵讲授《易经》，"学者为之期日升僧座，鸣鼓为候，请说大义，一时听者毕至"。[⑤]

2. 讨论法

讨论法是一种活跃教学，增强学术气氛的教学方法。一般在教师的指导下，学生通过讨论或辩论所学的中心问题，获得知识或者巩固知识的一种教学方法。学生在互相讨论的过程中，领会学习内容，加深印象，提高学生学习的独立性。讨论法在金代女真私学教育中使用较多。如上所述，在太子教育中也常采用。

3. 韵语教学和音乐辅助教学法

韵语教学和音乐辅助教学法是金代颇有特色的教学方法，[⑥]韵语教学是

---

① 《大金国志校证》卷 12《熙宗孝成皇帝四》，中华书局 1986 年，第 179 页。

② 《金史》卷 110《杨云翼传》，中华书局点校本 1975 年，第 2423 页。

③ 《金史》卷 78《刘仲诲传》，中华书局点校本 1975 年，第 1773 页。

④ 《满洲金石志》卷 3《大金故左丞相金源郡贞宪王完颜公神道碑》，民国二十六年（1937）刊本，第 62 页。

⑤ 《三朝北盟会编》卷 222 炎兴下帙引《礼部尚书奉使金国待制张公行实》，上海古籍出版社 1987 年，第 1605 页。

⑥ 参见程方平：《辽金元教育史》，重庆出版社 1993 年，第 101 页。

指运用韵语的形式，根据儿童的认知规律，把文字编成符合儿童特点且含适当密度生字的韵文，这些韵文一般句式整齐、合辙押韵、短小精炼、通俗有趣，再辅以歌唱的形式进行教授。此教学法主要应用于女真儿童及小学教育阶段。

女真人在蒙养教育中，依据儿童身心发展之特点，在启蒙教材中编写一些朗朗上口、容易记忆的内容，教授时以歌唱的形式进行，使儿童在轻松愉快的气氛中学习并获得了知识。世宗时期，完颜匡以《睿宗皇帝实录》为基础编写了《睿宗功德歌》，歌词四言一句，合辙押韵，易于记忆："我祖睿宗，厚有阴德。国祚有传，储嗣当立。满朝疑惧，独先启策。徂征三秦，震惊来附。富平百万，望风奔仆。灵恩光被，时雨春旸。神化周浃，春生冬藏。"[1] 时太子完颜允恭（即显宗）教其子（即金章宗）诵读歌唱，既能从中学到文化知识，又可了解女真民族的历史。《睿宗功德歌》受到世宗的赞赏，"卿等亦当诵习，以不忘祖宗之功"，[2] 大定二十三年（1183），被定为金朝诸王及侍臣必咏习的颂歌。

启蒙教材以韵语来编写，通过音乐歌唱进行教学的方法，体现了女真人在儿童教育中，已注意到应根据儿童身心发展的特点进行施教。这种较为先进"寓教于乐"的教学方法，收到良好的教学效果，在当今的学前教育中也经常被使用。

4. 伴读法

伴读，中国历代在帝王和诸皇子身边设读书学习的侍从，专门辅助帝王及皇子理解学习内容、解决疑难问题，后世亦称"教习"。伴读法是古代贵族教育主要的辅助方法之一，也是金代皇族宗室子弟教育重要的方法。[3]

金代专为皇室子弟设"侍读"，相当于皇帝、太子及诸王的教师，陪伴他们读书、学习，没有官阶。如章宗幼时，"以进士完颜匡、司经徐孝美等

---

[1] 《金史》卷98《完颜匡传》，中华书局点校本1975年，第2164页。

[2] 《金史》卷98《完颜匡传》，中华书局点校本1975年，第2165页。

[3] 程方平认为辽、元两代的贵族教育中采用伴读法，但没有提到金代。参见程方平：《辽金元教育史》，重庆出版社1993年，第96页。

侍读"。① 完颜撒速、讹可亦为此时期侍读。② 宣宗时，蒲察思忠为侍读。③

5.示范法

示范法，即儒家所提倡导的"以身作则"的道德教育方法。教师是学生的榜样，对学生有潜移默化的影响，正如《论语全解》卷7中所说："不能正其身，如正人何？""其身正，不令而行；其身不正，虽令不从。"因此教师以身作则对学生进行教育，才能有更好的效果。自孔子提出两千多年来，示范法在教学中一直应用。

在对皇族宗室子弟进行教育时示范法得到广泛运用。教授东宫的三师、三少的职责包括对太子"导以德义"，是太子道德教育的教师。海陵王为太子光英选拔老师时曾言："太子宜择硕德宿学之士，使辅导之，庶知古今，防过失。"④"硕德宿学"，表明教师本身不但要有较高的文化水平，更要品德兼备，这样才能身正为范，承担教育太子的职责。

金代帝王在教育中也运用示范法。在《金史·世宗本纪》中，就有诸多关于金世宗对太子、诸王进行节俭教育的记载，世宗躬自俭约，他自己的日用生活多能取法于国初的淳风。

6.即时教育法

即时教育法，指利用机会随时随地、灵活的教育方法。在金代女真人的私学教育中，主要用于女真贵族子弟。

金世宗时期，他经常利用各种时机，对太子、宗室、诸王以及侍卫亲军，乃至一般的猛安谋克子弟，因时、因地进行教育。如大定十六年（1176）三月，世宗与太子、亲王一同进膳时说："大凡资用当务节省，如其有余，可周亲戚，勿妄费也。"⑤这是利用共同进食时机，世宗对太子和诸王进行节

---

① 《金史》卷9《章宗本纪》，中华书局点校本1975年，第207页。
② 《金史》卷98《完颜匡传》，中华书局点校本1975年，第2163页。
③ 《金史》卷104《蒲察思忠传》，中华书局点校本1975年，第2300页。
④ 《金史》卷82《光英传》，中华书局点校本1975年，第1853页。
⑤ 《金史》卷7《世宗纪中》，中华书局点校本1975年，第164页。

俭教育；大定八年（1168）四月，世宗在常武殿击球，时司天马贵中劝谏世宗"为天下主，系社稷之重，又春秋高，围猎击球危事也，宜悉罢之"，上曰："朕以示习武耳。"[①]这是世宗利用常武殿击球、春秋围猎时机，教育女真人习武。

（三）教育特点及影响

金代继承了宋、辽时期私学的良好传统，金政府对私人办学采取了较为开明的态度，私人办学有着宽松的政治氛围和学术环境。上至高官，下至贫民，只要有能力，皆可授徒讲学。只要不违反国家政策，不违背伦理纲常，不宣传异端邪说，金政府都允许其存在并自由发展。金代女真私学在发展中也有其自身特色，并起到了积极作用。

第一，女真私学教育中民族成分和阶级成分的多样化。

对金代女真人创办的私学教育进行分类可发现，依据创办者和办学目的不同，可分为家学、家塾、学馆、庙学、自学五类，各类型私学中从师生的民族和阶层上看，传授者中，既有汉人，也有女真人。接受教育的女真人，既包括女真贵族子弟、官绅，还包括一般知识分子（儒者及掌握专科知识的学者）。不同民族、不同阶层的教师和学生构成了私学教育的主体。在女真官学教育中，特别是中央官学教育，授学对象的限制非常严格。女真国子学招收对象为女真贵族或官宦、功臣子弟，国子生生员资格"以宗室及外戚皇后大功以上亲、诸功臣及三品以上官兄弟子孙"入学，[②]入女真太学的生员要求"五品以上官兄弟子孙百五十人，曾得府荐及终场人二百五十人"。[③]同官学相比，女真私学真正深入到了社会各个角落和不同阶层，私学教育对象的普及程度远远超过官学，贯彻了孔子"有教无类"的教育原则。

第二，女真私学教育内容的广泛性。

女真私学教育从其教学内容角度看，既有儒学知识教育，也有天文历法、律学、医学、武学等专科知识教育；从教学阶段看，既有以教授文字为

---

① 《金史》卷 6《世宗纪上》，中华书局点校本 1975 年，第 142 页。

② 《金史》卷 51《选举志一》，中华书局点校本 1975 年，第 1131 页。

③ 《金史》卷 51《选举志一》，中华书局点校本 1975 年，第 1131 页。

主的小学阶段教育（儿童启蒙教育），也有包括儒学、史学、专科类内容的大学阶段教育。而在各阶段教学中，小学教育所占比重较大。这是由于女真官学教育中仅女真国子学设小学，招生人数也仅200人，太学和地方官学均不设小学，小学教育所占比例较小，因此，蒙学与小学阶段的教育弥补了官学中小学教育不足。

第三，女真私学对于女真人的文化教育普及起到了积极作用。

设于太祖天辅、太宗天会年间的女真字学是金代最早的女真官学。一方面，金建国伊始，由于与辽、宋的战争，严重毁坏了原辽、宋地区地方官学，促使私学教育先于官学教育发展。另一方面，金本朝的女真官学还未建立之时，汉人私学就已存在，女真私学也已出现并发展，如前所述完颜希尹的家塾、宗干的家塾等，即是早期的女真贵族官僚家塾，女真私学对于女真人的文化教育普及起到了积极作用。

女真私学在发展中体现出时代和民族特色，并产生了积极的影响。但同时也应看到，金代女真私学与其他朝代私学一样：大多类型的私学中，没有固定的校舍、教育设施和长期的经济来源；私学中没有专门的图书藏所，更不具备印刷图书、讲义的条件；没有规范的教学计划、规章制度以及任何形式的考核体系；没有制定长期稳定完备的教育规则等。但金代女真私学活动仍十分活跃，女真私学不仅数量多，而且在办学类型、教育阶段、教育对象、教育内容等方面，均对金代女真官学起到较好的补充作用。

第五章　金代女真科举体系

　　金朝虽由少数民族女真人建立，但汉化程度较高，对儒家思想十分推崇。金代不但沿袭并发展了唐、宋时期的科举制度，建立以汉字为基础的汉科举，同时，也创设了以女真文字为基础的女真进士科，形成了一代双元特点的科举制度。设立女真进士科，既是我国古代少数民族政权在科举取士制度方面的一项创举，也是女真族对中国文化教育事业和选官制度作出的重要贡献，对后世产生了深远的影响。[①]

第一节　金代女真科举的创设与沿革

　　宋代的科举取士科目有进士、诸科、武举。常选之外，又有制科，有童子举。据《宋史·选举志》记载："宋初承唐制，贡举虽广，而莫重于进士、制科，……三百余年，元臣硕辅，鸿博之儒，清疆之吏，皆自此出，得人为最盛焉。"表明进士科在宋科举各科中最受重视，中进士者最多，得人最盛。金统治者大致遵循宋代科举制度，所试科目、考试内容与之相仿。据《金史》记载："金承辽后，凡事欲轶辽世，故进士科目兼采唐、宋之法而增损之。其及第出身，视前代特重，而法亦密焉。若夫以策论进士取其国人，而用女直文字以为程文，斯盖就其所长以收其用，又欲行其国字，使人通习而

---

① 　参见都兴智：《金代科举的女真进士科》，《黑龙江民族丛刊》2004 年第 6 期，第 63 页。

不废耳。终金之代，科目得人为盛。"①金亦以进士科为最盛，每次录取数额颇多。

一、女真科举的创设

（一）女真科举的创设背景

女真进士科，是在具备了一定历史条件的基础上创设的，并与日益发展的社会形势需要密不可分：

首先，社会安定、经济发展为文化教育事业的发展创造了前提。自辽天庆四年（1114）阿骨打举兵反辽，女真人一直处在与辽战争的状态，金天会三年（1125），天祚帝被金将完颜娄室寝俘，辽朝灭亡。1127年金灭北宋，之后金军继续南下入侵南宋，自宋建炎元年（金天会五年，1127）至绍兴十年（金天眷三年，1140），金朝连年发动进攻，宋金双方处于战争时期。绍兴十一年（金皇统元年，1141）十月，南宋与金签订"绍兴和议"：双方以东自淮水中流、西至大散关为界，南宋向金称臣，每年贡银25万两、绢25万匹。此后，宋金维持了和平的政治关系。②至此，金结束了近30年的战事。连年战事的结束，有利于社会的安定，南宋每年大量贡银为金朝社会各方面的发展提供了经济条件。至世宗时期，"群臣守职，上下相安"。③而且，金初在与辽、宋战争中，女真人多以军功入仕，随着金灭辽、与宋结束战事，女真人以军功入仕者越来越少，门荫成为女真人入仕的主要途径。仿汉制开设女真科举，选拔一般女真人群中的优秀人才，业已提上日程。

其次，大批女真猛安谋克南迁、汉人北迁，女真人与汉人杂居交流，促进了女真汉文化水平的提高。

金朝统治者组织女真人徙居内地，在对辽宋用兵过程中就已开始。一方

---

① 《金史》卷51《选举志一》，中华书局点校本1975年，第1129、1130页。
② 程妮娜主编：《中国地方史纲》，吉林大学出版社2007年，第464页。
③ 《金史》卷8《世宗本纪》，中华书局点校本1975年，第204页。

面，金占据了原属辽宋旧土的黄淮以北的地区后，"虑中国（中原地区）怀二三意"，从便于统治的目的出发，将大批的女真户"自本部徙居中土，与百姓杂处"。① 在太宗末年、熙宗皇统初年和海陵王贞元年间，曾出现三次由北向南的移民高潮，大量女真人由原住地被迁往原辽宋汉人、渤海人和契丹人地区。另一方面，在与辽宋作战胜利后，金统治者也将大量汉族人口北迁到金境以"实内地"，即金上京（今黑龙江阿城）及周围地区。如天会五年（1127），金兵从北宋汴京（今河南开封）北撤时，"华人（即汉人）男女，驱而北者，无虑十余万"。② 迁居到东北的汉人，多分布在北京路（今辽西、东蒙）、东京路（今辽东）、咸平路（今辽北）、上京路（今吉林及黑龙江省），与女真猛安谋克杂居而处。

女真人受汉文化风俗影响日益加深，世宗时期即使在女真故地会宁，也有许多女真人不通晓女真的语言文字，"至于文字语言，或不通晓，是忘本也"。③"吾（世宗）来数月，未有一人歌本曲者"，④ 没有人唱女真歌曲，显示出在汉人先进经济文化的影响和熏染下，女真人汉化比较明显，女真族汉文化水平普遍得到提高。

再次，与金世宗个人的思想及施行的政策密不可分。一方面，世宗本人有着强烈的以女真族为本的思想，面对女真人汉化程度的加深，他积极提倡保持女真传统风俗，普遍设置女真学是他意图维持女真旧风的政策之一。⑤ 随着女真学的发展，为进一步延伸推行女真学政策，设置女真进士科便成为必然，体现了金世宗维护女真旧俗的思想。⑥ 另一方面，对于女真民族教育的发展，世宗非常重视。他深知天下"可以马上得之，不可马上治之"的道理，培养和选拔女真族人才对于国家长治久安具有重要意义，女真人若想长

---

① 《大金国志校证》卷36《屯田》，中华书局1986年，第520页。

② 《建炎以来系年要录》卷4，中华书局1956年，第92页。

③ 《金史》卷7《世宗本纪》，中华书局点校本1975年，第159页。

④ 《金史》卷8《世宗本纪》，中华书局点校本1975年，第189页。

⑤ 刘浦江：《女真的汉化道路与大金帝国的覆亡》，《松漠之间——辽金契丹女真史研究》，中华书局2008年，第235—273页。

⑥ 闫兴潘：《金代女真进士科非"选女直人之科"考辨》，《湖北民族学院学报（哲学社会科学版）》2013年第1期，第107页。

久地保持统治民族地位，适应日益发展的社会需要，女真人的文化水平就必须迅速提高。

最后，女真教育体系的建立为女真科举的创设提供了必要条件。金初无文字，建国之后创立了女真文字，为推广女真文字广设女真字学，大定四年（1164）设译经所，专将汉文儒家经典译为女真文字，并选拔一批女真贵族子弟学习女真文字。金政权大力发展和普及女真学，在中央设女真国子学、太学，地方设女真府、州学，自上而下设立了汉人和女真两套教育体系，女真学取得了与汉学同等的地位。女真文字的推广普及和女真学的发展，成为女真进士科设立的必需因素。

世宗时期大力发展女真学，全国女真学生达 3000 人，超过了汉学生的数量。随着大量女真子弟完成学业，对于其去向和待遇也必须采取相关措施，培养的目的在于选拔，随着女真学的空前普及与发展，创设女真科举已水到渠成，设置女真进士科为女真官学中的学生提供了由学校转入仕途的途径。大定九年（1169），完颜思敬上书论五事，其中之一即为"女真人可依汉人以文理选试"。[①] 同年，从诸路女真字学学生中"选异等者得百人，鉴于京师，廪给之"，并命温迪罕缔达"教以古书，作诗、策"，[②] 为女真科举的设立做了准备。

（二）女真科举的创设过程

1.女真进士科

女真进士科，又称策论进士。据《金史·选举志一》记载，金大定"十一年，始议行策选之制"。然而对世宗行女真人开科取士之事，诸臣却有不同意见，其中礼部即认为"所学不同"，"未可概称进士"，[③] 反对设立女真进士科。但完颜思敬、乌古论元忠、移剌履等人却极力赞成之。移剌履与世宗曰："进士之科，起于隋大业中，始试以策。唐初因之，高宗时杂以箴铭赋诗，至文宗始专用赋。且进士之初，本专试策，今女真诸生以试策论称进

---

① 《金史》卷 70《思敬传》，中华书局点校本 1975 年，第 1626 页。

② 《金史》卷 51《选举志一》，中华书局点校本 1975 年，第 1140 页。

③ 《金史》卷 95《移剌履传》，中华书局点校本 1975 年，第 2099 页。

士，又何疑焉。"① 从诸臣所持不同观点来看，礼部之所以反对，是因其坚持的是唐、宋科举以诗赋取士的内容，这与当时女真民族整体文化的实际状况显然不符，诗赋考论是没有优势的，所以耶律履主张女真以策试进士，世宗欣然允准，女真策论进士遂实行。

《金史·选举志》对女真进士科设立的过程进行了比较详细的记载：

> 策论进士，选女直人之科也。始大定四年，世宗命颁行女直大小字所译经书，每谋克选二人习之。寻欲兴女直字学校，猛安谋克内多择良家子为生，诸路至三千人。九年，选异等者得百人，鉴于京师，廪给之，命温迪罕缔达教以古书，作诗、策，后复试，得徒单镒以下三十余人。十一年，始议行策选之制，至十三年始定每场策一道，以五百字以上成，免乡试府试，止赴会试御试。且诏京师设立女直国子学，诸路设女真府学，拟以新进士充教授，以教士民子弟之愿学者。俟行之久，则同汉进士三年一试之制。②

女真进士科于大定十三年（1173）正式设立，在中京（今北京市）悯忠寺举行的首科女真进士考试，应试考生主要是四年前选拔入京学习的 100 名学生，考试的内容为作策一篇，策论题大意为"论天下贤才与进天下贤才用之"，③ 这一策试题目比较容易，也适合女真考生的水准，录取了徒单镒以下 27 人为进士。此后，金廷确立了每三年行一次策论考试的制度，策论考试正式成为金代女真科举的一科。

2. 女真经童科

金仿唐、宋设经童科。经童科又称童子科、神童科，主要选拔 13 岁以下的聪慧特异士庶儿童。太宗天会八年（1130），金始立教养经童科，之后

---

① 《金史》卷 95《移剌履传》，中华书局点校本 1975 年，第 2100 页。
② 《金史》卷 51《选举志一》，中华书局点校本 1975 年，第 1140 页。
③ 李文泽：《金代女真族科举考试制度研究》，《四川大学学报（哲学社会科学版）》2003 年第 3 期，第 96 页。《金史》卷 51《选举志一》，中华书局点校本 1975 年，第 1141 页。

时兴时废。天会十四年（1136）熙宗即位后，颁定经童考试之制，海陵王天德年间废止，大定二十九年（1189），章宗时又恢复了经童科。

金朝经童科分为汉经童科和女真经童科，金章宗明昌元年（1190）始"兼试女直经童"。[①] 对于考取经童科，金在年龄、考试内容、考试原则上规定："凡士庶子年十三以下，能诵二大经、三小经，又诵《论语》诸子及五千字以上，府试十五题，通十三以上，会试每场十五题，三场共通四十一以上，为中选。"[②] 考取女真经童科的弟子，据《资善大夫集庆军节度使蒲察公神道碑铭》中记载，章宗明昌、承安年间，女真经童科有中举者蒲察元衡："使应童子科，十一登科，移籍太学，弱冠，擢泰和三年策论进士。"

二、女真科举的发展

自大定十三年（1173）正式设立女真进士科，金代女真科举经历了不同的发展阶段。女真科举制产生、完善、兴盛时期主要在世宗、章宗两朝，章宗之后，随着金王朝进入统治后期，由于政治、经济逐渐衰落，世风日下，科举考试也弊端丛生。金朝末期，随着朝廷腐败、社会凋敝，女真科举最终走向衰落。

（一）世宗时期的初创与完善

首次女真策论选举之后，因生源不足，女真进士科未能在三年后进行第二次招考。金世宗一方面在京师和各府继续积极推广、发展女真学，以保证生源日益充足；同时令新进士任女真官学教授，以应策论选士之需，确保策

[①] 《金史》卷51《选举志一》，中华书局点校本1975年，第1146页。关于女真经童科的设置时间，学界尚有不同观点，有学者认为在创设女真进士科的同时，创立了女真经童科。参见都兴智：《金代科举的女真进士科》，《黑龙江民族丛刊》2004年第6期，第64页。也有学者认为世宗后期又增设女真经童科。参见李西亚：《金代图书出版研究》，吉林大学博士学位论文2011年，第33页。此处以史料中有明确记载设置时间为准。

[②] 《金史》卷51《选举志一》，中华书局点校本1975年，第1149页。

论选举的正常进行。另一方面，不断修缮女真进士策选制度。

大定十六年（1176），女真进士科增设府试。

大定二十年（1180）定考试程式与时间："今后以策、诗试三场，策用女直大字，诗用小字。""程式之期皆依汉进士例。省臣奏，汉人进士来年二月二十日乡试，八月二十日府试，次年正月二十日会试，三月十二日御试。敕以来年八月二十五日子中都、上京、咸平、东平府等路四处府试，余从前例。"① 在以女真文字作诗的问题上，世宗曾初存疑虑，认为："契丹文字年远，观其所撰诗，义理深微，当时何不立契丹进士科举？"契丹字创制日久尚未立契丹进士科，而"女真字创制日近，义理未如汉字深奥，恐为后人议论"。因之屡咨臣下，时丞相完颜守道答："汉文字恐初亦未必能如此，由历代圣贤渐加修举也。圣主天资明哲，令译经教天下，行之久亦可同汉人文章矣。"②

此外，还为皇族和女真政要子弟专门定制，以鼓励女真贵族子弟参与考试。皇家两从以上亲以及宰相之子可"直赴御试"，皇家祖免以上亲及执政官子等可"直赴会试"，③ 鼓励他们以科举入仕。

世宗朝经过近十年时间的准备，女真学大为发展，为女真进士科提供了众多人才。大定二十二年（1182）"三月，策试女真进士。至四月癸丑，上谓宰臣曰：'女直进士试已久矣，何尚未考定？'参知政事斡特剌对曰：'以其译付看故也。'上令速之。"④

世宗时期不仅创建了女真进士科，还为之制定了较为完善的规章制度，使女真科举步入了正轨。世宗之后，金历朝皇帝虽对之进行了一定的改革发展，但大体均沿袭了世宗时的制度。

（二）章宗时期的充实与发展

金章宗时期对女真进士科也十分重视，促进了女真科举的继续发展。

---

① 《金史》卷51《选举志一》，中华书局点校本1975年，第1141页。
② 《金史》卷51《选举志一》，中华书局点校本1975年，第1141、1142页。
③ 《金史》卷51《选举志一》，中华书局点校本1975年，第1141页。
④ 《金史》卷51《选举志一》，中华书局点校本1975年，第1142页。

　　章宗于大定二十九年（1189）即位，是年即下诏扩宽参与策论考试人员的资格，同时对考试时间予以放宽，因诸人试策论进士举，如若诗、策、论俱作一日程试，恐力有不逮。改为诗、策作一日，论作一日，诗、策合格为中选，最终以论确定名次。上曰："论乃新添，至第三举时当通定去留。"①这里的"诸人"，是指女真人以外的各少数民族，将女真进士科对其他民族开放，不再仅限于女真族人应试，以笼络各族士子，考试时间也在两天内进行。

　　明昌元年（1190），进一步放宽了女真进士科的参试资格，猛安谋克可直接参加御试的特权被取消，五品散阶或官职俱至五品者则被允许直接参加御试，这是对在职官员实行的特殊优惠，提高了一般女真官宦参加科举的积极性。

　　明昌四年（1193），章宗诏令："敕女直进士及第后，仍试以骑射，中选者升擢之。"②即女真进士在及第后，又增加试骑射科目，合格方可中选。

　　承安二年（1197），施行限丁习学的考试制度，"策论进士限丁习学"，对猛安谋克参考女真进士科的人数比例做了严格限制："内外官员、诸局分承应人、武卫军、若猛安谋克女直及诸色人，户止一丁不许应试，两丁者许一人，四丁二人，六丁以上者止许三人。三次终场，不在验丁之限。"③

　　承安三年（1198），针对猛安谋克染习中原文弱之风而才武不及前辈的现实，在女真进士科加试射箭，确定女真人年四十五岁以下者，试进士举，在府试十日前，委左贰官善射者试射。具体规定为："以六十步立垛，去射者十五步对立两竿，相去二十步，去地二丈，以绳横约之。弓不限强弱，不计中否，以张弓巧便、发箭迅正者为熟闲。射十箭中两箭，出绳下至垛者为中选。余路委提刑司，在都委监察体究。如当赴会试御试者，大兴府佐贰官试验，三举终场者免之。"④在文举考试中增加试射的制度，这在中国科举史上是极为少见的。从这个诏令中可见，"弓不限强弱，不计中否"，说明女真

---

① 《金史》卷51《选举志一》，中华书局点校本1975年，第1142页。
② 《金史》卷10《章宗纪二》，中华书局点校本1975年，第229页。
③ 《金史》卷51《选举志一》，中华书局点校本1975年，第1142页。
④ 《金史》卷51《选举志一》，中华书局点校本1975年，第1143页。

进士科对射箭技能的要求并不高。这项考试内容当时在朝廷官员中引发了争论:"四年,礼部尚书贾铉言:'策论进士程试弓箭,其两举终场及年十六以下未成丁者,若以弓箭退落,有失贤路。乞于及第后试之,中者别加任使,或升迁,否者降之。'省臣谓:'旧制三举终场免试,今两举亦免之,未可。若以未成丁免试,必有妄匿年者,如果幼,使徐习未晚也。至于及第后试验升降,则已有定格矣。'诏从旧制。"①

泰和三年(1203),汇集总结了汉人及女真科举制度的各种条例,改革了科考科目,修复了金初经童科,并在各个考试院专门设置女真进士科考试院。在会试和御试中规定,女真进士科考试会试和御试的"弥封官"由不懂女真文字的汉族文官担任。这一系列措施对女真科举发展有着重要意义。

(三)金后期女真进士科的衰落

章宗之后,金朝进入发展的后期,历经卫绍王、宣宗、哀宗之后最终被蒙古所灭。进入金后期,随着国家日趋衰弱,女真进士科也面临凋敝。

自卫绍王之后,女真进士科便日渐衰落。宣宗南迁(1213)后,先是对女真进士科的策试地点进行了调整,兴定元年(1217)"制中都、西京等路,策论进士及武举人权于南京、东平、婆速、上京四处府试"。②因当时京师府学,每月仅给通宝五十贯而已,为促使女真人积极参加科考,金统治者又给予一定激励政策,"于诸路总管府及有军户处置学养之","中京、亳州、京兆府并置学于总府,以谋克内不隶军籍者为学生,人界地四十亩。汉学生在京者亦乞同此,余州府仍旧制"。③

对于这一时期的政治形势,《金史·选举志序》评价说:"宣宗南渡,吏习日盛,苛刻成风,殆亦多故之秋,急于事功,不免尔欤!自时厥后,仕进之歧既广,侥幸之俗益炽,军伍劳效,杂置令录,门荫右职,迭居朝著,科举取士亦复泛滥,而金治衰矣。"④从这段评述可见,自卫绍王起,由于官场

---

① 《金史》卷51《选举志一》,中华书局点校本1975年,第1143页。
② 《金史》卷51《选举志一》,中华书局点校本1975年,第1143页。
③ 《金史》卷51《选举志一》,中华书局点校本1975年,第1143、1144页。
④ 《金史》卷51《选举志一》,中华书局点校本1975年,第1130页。

政治腐败、仕途录取晋升混乱，金朝国势已逐渐出现衰微的态势。蒙古军队南侵后，宣宗南迁，金国疆域日蹙。处于这种政治形势下，有所谓的"自泰和、大安以来，科举之文其弊益甚""有司惟守恪法，所取之文卑陋陈腐，苟合程度而已，稍涉奇峭，即遭绌落"①等说法，可见科举考试弊端凸显，科举制度走向衰落，女真进士科一蹶不振也在情理之中。②

金哀宗时期，由于战事频仍，朝廷用度困难，竟于天兴元年（1232）允许"买进士第"，③金代的科举完全走入了穷途末路。天兴二年（1233），哀宗入归德，赐终场进士王辅等 16 人及第，这一次考试就已经与女真人全然无关了。随着金代最终被蒙古铁骑所灭，女真科举也随之退出了历史舞台。

第二节　金代女真科举考试程式与考试内容

金代汉人科举、女真科举的各项制度大抵依照宋代科举制度而设，女真科举的考试程序也是如此。但女真科举的考试内容则未完全沿袭宋制，而是从女真人实际出发，制定了适合本民族文化发展水平、具有女真民族特色的策试内容，并根据实际情况进行调整，使之愈加完善。

一、女真科举考试程式

宋初有一年一试或间年一试的情况，后来才实行"三年大比"的制度。金代女真科举与之相同，大定十三年（1173）规定，策论考试"同汉进士三年一试之制"，④实行逐级考试的制度。

---

① 《金史》卷 110《赵秉文传》，中华书局点校本 1975 年，第 2426 页。
② 张鑫：《金代女真进士研究》，渤海大学硕士学位论文 2013 年，第 7 页。
③ 《金史》卷 17《哀宗纪上》，中华书局点校本 1975 年，第 389 页。
④ 《金史》卷 51《选举志一》，中华书局点校本 1975 年，第 1140 页。

女真进士科的考试分为府试、省试（会试）、殿试（御试）三级。[①] 女真学生必须通过逐级考试，获得荐举资格，才能继续参加上一级的应试。关于各级考试时间的规定，世宗时要求考生要在一日内完成策、诗、论题。章宗即位后增加一日，改为两日，第一日试策和诗，第二日试论。策、诗的成绩合格可中选，再以论定名次。[②] 大定十三年举行第一次策论考试时，允许考生直接会试，这是因当时地方各级考试机构尚未建立而采取的权宜措施。

（一）府试

女真进士科府试于大定二十年（1180）首次实行，考试的地点共设四处：中都（今北京市）、上京（会宁府，今黑龙江阿城县白城）、咸平府（今辽宁开原）、东平府（今山东东平）。章宗明昌元年（1190），为发展女真科举，又增加三处府试地点，分别为北京（大定府，今内蒙古昭乌达盟宁城大明公社大明城）、西京（大同府，今山西大同市）、益都府（今山东益都），府试地点至此共设七处，并兼试女真经童：

> 凡府试策论进士，大定二十年定以中都、上京、咸平、东平四处，至明昌元年，添北京、西京、益都为七处，兼试女真经童，凡上京、合懒、速频、胡里改、蒲与、东北招讨司等路者，则赴会宁府试。咸平、隆州、婆速、东京、盖州、懿州者，则赴咸平府试。中都、河北东西路者，则赴大兴府试。西京并西南、西北二招讨者，则赴大同府试。北京、临潢、宗州、兴州、全州者，则赴大定府试。山东西、大名、南京者，则赴东平府试。山东东

---

① 关于金朝女真科举中的乡试，目前学界有两种观点，都兴智在《辽金史研究》中认为："女真进士科的考试方法基本是仿照汉进士科，也有乡、府、省、殿四级考试。"人民出版社2004年，第59页。赵鹏在其硕士学位论文《金元时期女真科举和蒙古科举比较研究》中认为："金代女真人的基层社会组织是猛安谋克，与汉人的州县并行，即便是居住在中原的女真人也与州县（节度州除外）没有隶属关系，恐怕女真人从未有过乡试之设。"吉林大学硕士学位论文2008年，第23页。

② 《金史》卷51《选举志一》，中华书局点校本1975年，第1142页。

路则试于益都。①

金代女真科举府试地点记载如下：

会宁府府试考生，居于上京、速频、合懒、蒲与、胡里改、东北招讨司等地，今属东北地区；

咸平府府试考生，居于咸平、东京、婆速、隆州、懿州、盖州等处，今属东北等地；

大兴府府试考生，居于中都、河北东西路等地，今属北京、河北；

大同府府试考生，居于西京并西南、西北二招讨者等处，今属山西；

大定府府试考生，居于北京、临潢、宗州、兴州、全州等地，今属东北、内蒙古等地；

东平府府试考生，居于山东西、大名、南京等处，今属山东、河北、河南等地；

益都府府试考生，居于山东东路之地，今属山东。

金代女真进士的府试地点，三处在东北地区（会宁府、咸平府、大定府），两处在山东（东平府、益都府），北京及河北一处，山西一处。从地理位置分布上来看，府试考试设置的地点，多为女真猛安谋克分布地，女真人口聚居的京、府，或者是女真南迁后的人口居住密集之地。

金末宣宗迁都南京（开封府，今河南开封市）以后，由于蒙古军队攻破河北诸州县，金廷将女真进士、武举的府试地点改为南京、东平、婆速（今辽宁丹东市九连城）和上京四个地点。②

（二）省试（会试）

由礼部主持在京师举行的全国性统考，被称为省试，又叫会试。会试通常于府试第二年举行，一般于正月二十日试策，隔三日再试诗、论，合格后便可参加御试。

---

① 《金史》卷51《选举志一》，中华书局点校本1975年，第1146页。

② 《金史》卷51《选举志一》，中华书局点校本1975年，第1143页。

金代，设置了相应官职以负责会试的具体事务："凡会试，知贡举官、同知贡举官，词赋则旧十员，承安五年为七员。经义则六员，承安五年省为四员。诠读官二员。泰和三年，上以弥封官渫语于举人，敕自今女直司则用右选汉人封，汉人司则以女直司封。"① 会试考试院分为汉人司和女真司，分别负责汉人和女真人的考试事宜。

（三）殿试

殿试，又称御试，是由皇帝主持的最高一级的科举考试："凡御试，读卷官、策论、词赋进士各七员，经义五员，余职事官各二员。制举宏词共三员。"②

科举考试中殿试的实行始定于宋开宝八年（975），宋太祖曾对近臣语："昔者，科名多为势家所取，朕亲临试，尽革其弊矣。"③ 可见，其设殿试的目的是为革除贵族世家子弟多取进士科名的弊病，不问出身选拔人才。金朝女真统治者承宋制，自海陵天德二年（1150）增殿试之制，女真进士科自设立始同样有殿试。

金代殿试与会试举行时间在同一年，殿试在府试第二年的三月二十日试策，二十三日试诗、论。殿试考试合格后，即可直接授进士及第出身。金初设女真进士科时，对皇室、官僚子弟，实行优厚的待遇，免去乡、府试的程序，规定："皇家两从以上亲及宰相子，直赴御试。皇家祖免以上亲及执政官之子，直赴会试。"④ 同时也有防止皇家贵族和显赫重臣的子弟在考试中徇私舞弊之目的。章宗时期完善发展女真科举，于明昌元年（1190）下诏明确规定，不是所有女真考生均有资格直接参加殿试，"不可令直赴御试"，仅官、职均在五品以上的可以直赴御试，有官职的、五品以上散职的可以直赴会试，⑤ 不在规定内的女真考生，则必须通过逐级考试，获得荐举资格，才

---

① 《金史》卷51《选举志一》，中华书局点校本1975年，第1145页。
② 《金史》卷51《选举志一》，中华书局点校本1975年，第1145页。
③ 《宋史》卷155《选举志一》，中华书局点校本1975年，第3606页。
④ 《金史》卷51《选举志一》，中华书局点校本1975年，第1130页。
⑤ 《金史》卷51《选举志一》，中华书局点校本1975年，第1142页。

被允许参加上一级应试。这是借鉴了宋代对宗族子弟、高官的直系亲属所采取的锁厅试、宗子试等分别考试的办法。

二、女真科举考试内容

初设女真进士科时，专门针对女真生员，考试内容初为策，后又增考论、诗，这是专门对女真官学中生员的学业而置，故女真进士又被称为策论进士。

用以阐述对政局时务见解的文体，称为策。策与经义、词赋比较而言，相对简单且易于掌握。世宗大定十三年（1173），女真进士科首次考试内容，只试策一篇，所试程文要求以女真大字书写，并限字数五百以上，"策"的题目为：

> 贤生于世，世资于贤。世未尝不生贤，贤未尝不辅世。盖世非无贤，惟用兴否，若伊尹之佐成汤，傅说之辅高宗，吕望之遇文王，皆起耕筑渔钓之间，而其功业卓然，后世不能企及者，盖殷、周之君能用其人，尽其才也。本朝以神武定天下，圣上以文德绥海内，文武并用，言小善而必从，事小便而不弃，盖取人之道尽矣。而尚忧贤能遗于草泽者，今欲尽得天下之贤而用之，又俾贤者各尽其能，以何道而臻比乎？①

最初女真策选的考题相对简单，多紧扣时政，向参选者求对策，因"行之既久，人能预备"。② 大定二十年（1180），在原策试上，又增加了考试内容，试策、诗、论，诗使用女真小字，策、论继续使用女真大字。③ 鉴于此前命题的范围狭窄，且考生可以预先准备，大定二十八年（1188），又对女真进士科策试的命题范围进行了调整，世宗咨询宰臣："女直进士惟试以

---

① 《金史》卷 51《选举志一》，中华书局点校本 1975 年，第 1141 页。
② 《金史》卷 51《选举志一》，中华书局点校本 1975 年，第 1142 页。
③ 《金史》卷 51《选举志一》，中华书局点校本 1975 年，第 1141 页。

策""今若试以经义可乎?"宰臣答曰:"五经中《书》《易》《春秋》已译之矣,俟译《诗》《礼》毕,试之可也。"①遂令考论时可以从经文中出题。同年,世宗又规定在五经之中出一道论题加试,以防止考生猜题和押题,明昌二年(1191),章宗全面恢复经义考试。在北宋时期,经义作为科举的主要科目逐步确立,宋仁宗时"患词赋致经术不明,初置明经科"②,至宋神宗"始罢诸科,而分经义、诗赋以取士,其后遵行,未之有改"。③ 金朝的经义科目承袭了北宋明经科目。章宗试以经义,意在拓宽考试的范围、增加御试策题的难度,同时也有助于消除对汉族进士的轻视和不平,女真策选之制更加完善。

自大定四年(1164)开始,金首次颁行了用女真字翻译的汉文典籍。大定二十三年(1183),经书《易》《书》《论语》,诸子典籍《孟子》《老子》《扬子》《文中子》《刘子》,以及史书《新唐书》等,多种汉书经典被译经所译为女真文。金代策论考试在儒家经典、诸子、正史范围内出题,考试钦定书目即以这些译为女真字的典籍为主,包括《书》《论语》《春秋》《易》《孝经》《孟子》,正史,以及部分子部门典籍,如《荀子》《老子》《扬子》等。章宗时期,于明昌元年(1190)诏令在六经、《孝经》《论语》,及《孟子》《老子》《荀子》《扬子》等,还有十七史内出题,要求答题时要在题下注其引经据典的根据,这种要求考生的答题所引用资料必注明来源的方法,对考生提出了更高的要求,也是金代的创新。辽、宋科举考试主要从四书、五经中寻找答案,金代应试的命题范围扩充到经、史、百家之言,与之相比是大大地扩展了。

在今山东蓬莱,曾发现一块金代女真文《奥屯良弼诗刻石》,刻碑时间约在章宗承安五年(1200),石刻的诗文正是策论诗试题所要求的创作规格,从诗内容所见,诗刻第二、三、四句中的一些用语即取自《诗》《礼》等,女真人学习并应试儒学经典史籍,在《诗刻石》中得到充分印证。④

---

① 《金史》卷 51《选举志一》,中华书局点校本 1975 年,第 1142 页。

② 《宋史》卷 342《王岩叟传》,中华书局点校本 1977 年,第 10891 页。

③ 《宋史》卷 155《选举一》,中华书局点校本 1977 年,第 3604 页。

④ 和希格、穆鸿利:《从奥屯良弼女真文石刻看金代民族文字的演变》,《北方文物》2002 年第 3 期,第 74 页。

　　章宗时期，在策论进士试中增设了骑射的考试内容。女真族兴起于北方，有习武之风，尚骑射。进入中原后，随着社会逐年稳定、经济发展，尤其汉化程度日益加深，女真人习武之风渐弱。明昌四年（1193），章宗下令女真进士在及第后加试骑射，"中选者升擢之"。[①] 承安三年（1198）又增规定，射箭为参试人的必考项目："女直人以年四十五以下，试进士举，于府试十日前，委佐贰官善射者试射。……如当赴会试御试者，大兴府佐贰官试验，三举终场者免之。"[②] 如射未中选，将不再具有继续参加考试的资格。承安五年（1200），又颁布了女真策论进士试箭格，"弓不限强弱，不计中否，以张弓巧便、发箭迅正者为熟闲"。[③] 这时的骑射考试已经趋向于象征性，并没有太大的实际效用。策论进士加试骑射仅延续了十余年的时间，泰和七年（1207）被废止，史载："泰和七年十二月戊午，诏策论进士免试弓箭、击球。"[④]

　　从女真进士科的考试内容来看，首先，金统治者重策论而轻诗赋，这与女真人文化水平发展和具体国情是息息相关的。前面已有论述，一方面，由于女真文字创立时日较短，其义理不深，难以如汉字一样进行诗词创作；女真族人的文化水平较之汉族士子也稍逊一筹，策论较之词赋、经义相对简单，易于掌握。而另一方面，女真进士科设立，规定所试程文必须或者部分使用女真文字，极大地促进了女真文字的传播使用。其次，金统治者对女真族的要求，主要侧重治国方略能力的考察，即试"策"，而非辞藻华丽的赋诗作词能力，希望由女真进士科选拔出有实际能力的女真族治国人才。再次，女真科举考试内容以儒家经典为出题范围，说明金统治者对儒学文化的教化作用还是比较认同的。最后，有举进士而试弓箭，同时还加试骑射，实为其独创。这也进一步显示出女真科举的目的在于选拔文武兼备的人才，体现了女真人注重实用的思想。

---

① 《金史》卷 10《章宗本纪》，中华书局点校本 1975 年，第 229 页。
② 《金史》卷 51《选举志一》，中华书局点校本 1975 年，第 1143 页。
③ 《金史》卷 51《选举志一》，中华书局点校本 1975 年，第 1143 页。
④ 《金史》卷 12《章宗本纪》，中华书局点校本 1975 年，第 282 页。

第三节　金代女真科举考试应试对象与考试管理

　　金代女真科举考试最初为女真人所设立，应试对象主要是女真人。章宗时期，向境内所有民族开放女真进士科，但直至金末，参加考试的仍然以女真人为主。金代，女真科举考试的管理继承了宋代科举各项制度，比较严格和规范，这也说明金统治者对女真科举考试的重视。

一、女真科举考试应试对象

（一）民族身份的限定

　　女真进士科应试对象，初以女真人为主，后允许其他各民族参加。

　　世宗初设女真进士科时，专为女真族人设立："策论进士，选女直人之科也。"①仅向女真官学学生、皇室贵族子弟和宰执之子开放："命皇家两从以上亲及宰相子，直赴御试。皇家袒免以上亲及执政官之子，直赴会试。"②女真官学的学生，俱选择"猛安谋克内良家子弟为生"。可知，可参加科举考试的仅为女真贵族子弟及女真官学学生，一般女真平民子弟和非女真人尚未被允许参加该科的考试。实际上，虽然对参试考生的阶层有限定，但女真进士科考生的民族成分并非严格限制，向宰执之子开放，显示宰执子弟如非女真族在制度上也允许参加此科考试。

　　章宗时期，在即位之初即向境内所有人开放女真进士科，允许女真人以外的其他民族参加，诏令"诸人试策论进士举"，③这里的"诸人"，即指包括女真族在内的各民族。在允许"诸人"应举这一重要政策中，未使用"诸

---

① 《金史》卷51《选举志一》，中华书局点校本1975年，第1140页。
② 《金史》卷51《选举志一》，中华书局点校本1975年，第1141页。
③ 《金史》卷51《选举志一》，中华书局点校本1975年，第1130页。

色人",是因为比较而言,"诸人"的范围更广泛。在此后的制度调整中,女真进士科的这种开放政策一直延续到金朝灭亡。

有学者专门对"诸人"与"诸色人"两词进行了阐述,对二者所指人群范围进行了区分。①"诸色人"在《金史》中是一个概念明确的词,即指金朝境内除女真族外的其他各族人。而"诸人"既包括女真人,也包括非女真人。金代尚有"本国人""本朝人""自家人"等称呼,都是指女真人而言。如熙宗时期,左丞相宗贤、左丞禀认为州县官员应称"本国人",熙宗答曰:"四海之内,皆朕臣子,若分别待之,岂能致一。谚不云乎:'疑人勿使,使人勿疑。'自今本国及诸色人,量才通用之。"②世宗大定九年(1169)二月令:"甲寅,诏女直人与诸色人公事相关,只就女直理问。"③至宣宗贞祐元年(1213)十月,诏令:"应迁加官赏,诸色人与本朝人一体。"④哀宗末年,"女直人无死事者。长公主言于哀宗曰:'近来立功劾命多诸色人,无事时则自家人争强,有事则他人尽力,焉得不怨。'"⑤这几处记载中,将女真人与"诸色人"对举,诸色人自然不包括女真人,而指除女真人之外的其他各族人。女真进士科专为女真设置,扩大招选范围,自然应该包括女真人在内的所有其他民族,所以使用"诸人"一词。

据统计,金代女真进士科设立后,录取进士的数字估计约在800-1000人,其中有姓名的策论进士登第者88人。⑥虽放宽民族限制,有金一代女真进士多为女真族人,汉人中女真进士者,目前有史料可查只有赵守忠一人。⑦

① 闫兴潘:《金代女真进士科非"选女直人之科"考辨》,《湖北民族学院学报(哲学社会科学版)》2013年第1期,第109页。
② 《金史》卷4《熙宗纪》,中华书局点校本1975年,第84、85页。
③ 《金史》卷6《世宗纪上》,中华书局点校本1975年,第144页。
④ 《金史》卷14《宣宗纪上》,中华书局点校本1975年,第302页。
⑤ 《金史》卷124《毛佺传》,中华书局点校本1975年,第2705页。
⑥ 依据都兴智:《金代科举的女真进士科》,《黑龙江民族丛刊》2004年第6期,第65页。金代科举中有姓名的女真人中进士者91人,其中1人为经义进士,2人中武举。其余88人均为策论进士。
⑦ 根据《秋涧先生大全文集》卷48《卢龙赵氏家传》记载,赵守忠,卢龙人,赵侃子,"正大间策论进士"。

（二）参试资格的限定

明昌元年（1190），放宽了女真进士科的参试资格，取消猛安谋克直接参加御试的特权，"余官第五品散阶，令直赴会试，官职俱至五品，令直赴御试"，[①] 对在职官员实行特殊优惠。承安二年（1197），颁布包括女真人及诸色人的限丁习学策论考试诏书："勑策论进士限丁习学。遂定制，内外官员、诸局分承应人、武卫军、若猛安谋克女直及诸色人，户止一丁者不许应试，两丁者许一人，四丁二人，六丁以上止许三人。三次终场，不在验丁之限。"[②] 即规定学习策论进士的额数，限制猛安谋克参考比例，这既是对策论进士科的推动，也是防止策论进士科的过分发展的举措。

明昌元年与承安二年颁布的两条诏令，看似矛盾，实则有着一致的目的，即维护女真政权。放宽参与策论考试人员的身份资格范围，是为了笼络其他各族士人，巩固女真政权。而限制猛安谋克参考比例，则是为了避免女真族人过分热衷科考，荒废了骑射武功。世宗最初设女真科举，欲令女真人保持优良、俭朴的女真传统习俗。但随着女真科举取士的推行，女真人在加速女真族文明进程的同时，女真民族的文化传统如纯朴、尚武等逐渐丧失，弃武习文的女真子弟、参与科举考试的女真人都越来越多。此种形势必然导致从军人数减少，进而削弱国家的军事力量。章宗即位之初，尚书省曾上奏请求允许猛安谋克中愿习进士业者，均可入太学学习，章宗就此事询问太尉徒单克宁："其应袭猛安谋克者学于太学可乎？"徒单克宁答曰："承平日久，今之猛安谋克其材武已不及前辈，万一有警，使谁御之？习辞艺，忘武备，于国弗便。"[③] 因此，章宗时期虽然放宽了参与策论考试的学生范围，但数年后便又作出了限丁习学的决定。

历代草原少数民族政权入主中原之后，均面临在选择汉化、效仿汉制的同时，逐渐丧失民族传统的问题。辽代的契丹族为了保存其民族传统，即规

---

① 《金史》卷51《选举志一》，中华书局点校本1975年，第1142页。

② 《金史》卷51《选举志一》，中华书局点校本1975年，第1142页。

③ 《金史》卷92《徒单克宁传》，中华书局点校本1975年，第2052页。

定契丹族人不得参加科举考试；金代既开女真科举，又令"限丁习学"也是为了维护女真族传统，两种措施是基于从文、武两方面维护国家统治，其巩固女真政权之目的是一致的。

二、女真科举考试管理

金代女真科举考试的管理是比较严格和规范的，大多方面是借鉴了汉科举，继承了宋代科举管理的各项制度。

（一）科举考试时间的规定

女真进士科的考试时间，在科举之年同时进行。大定二十年（1180）规定，女真进士科举行府试时间在殿试前一年的八月二十五日。又据《金史·选举志》"御试条"载："旧制，试女直进士在再试汉进士后，大定二十九年以复设经义科，再定是制。"即女真进士的考试时间在大定二十九年（1189）之后又重新调整，府、省、殿试皆先试女真进士，然后再试汉进士。规定府试日期为八月二十日试策，间隔三日试诗。会试的日期定于府试后的第二年，正月二十日试策，二十五日试词赋，二十八日试经义。御试日期，在会试结束后的同年三月二十日试策，二十三日试诗、论，二十五日同试词赋科和经义科。

《金史·选举志》记载，金代女真进士科对各级考试日期的规定为：

> 府试之期，若策论进士则以八月二十日试策，间三日试诗。词赋进士则以二十五日试赋及诗，又间三日试策论。经义进士又间词赋后三日试经义，又三日试策。次律科，次经童，每场皆间三日试之。会试，则策论进士以正月二十日试策，皆以次间三日，同前。御试，则以三月二十日策论进士试策，二十三日试诗论，二十五日词赋进士试赋诗论，而经义进士亦以是日试经义，二十七日乃试策论。若试日遇雨雪，则候晴日。御试唱名后，试策则禀奏，宏词则作二日程试。旧制，试女真进士在再试汉

进士后，大定二十九年以复设经义科，更定是制。①

考试日期虽然有明确的规定，但并非一成不变。如金末哀宗正大元年（1224），女真进士科的御试延至四月，十五日试策，十七日试论、诗。监试官为尚书右丞赤盏尉忻，读卷官共四员，其中三名女真人，一名汉官。②

（二）各项考场规则

1. 考官的委派。女真进士科的考试，对于考官的委派，根据考试级别和考生人数的不同而有所变化。如章宗承安四年（1199）时曾规定，府试考场，女真进士和女真经童应考者超过 1000 人，派四名考官；超过 500 人，派三名考官；不足 500 人则派两名。后来又对不同地方派遣考官的人数进行规定，上京、咸平、东平三处各派三名考官，北京、西京、益都则派两名考官。几名考官中，以职高者为主考官，其余为同考官。

《金史·选举志》对考官的委派，有详细规定：

> 凡考试官，大定间，府试六处，各差词赋试官三员，策论试官二员。明昌初，增为九处，路各差九员，大兴府则十一员。承安四年，又增太原为十处。有司请省之，遂定策论进士女直经童千人以上差四员，五百人以上三员，不及五百二员。各以职官高者一人为考试官，余为同考试官。词赋进士与律科举人共及三千以上五员，二千四员，不及二千三员。经义进士及经童举人千人四员，五百以上三员，百人以上二员，不及百人以词赋考官兼之。后又定制，策论试官，上京、咸平、东平各三员，北京、西京、益都各二员。律科，监试官一员，试律官二员，隶词赋考试院。经童，试官一员，隶经义考试院，与会试同。其弥封并誊录官、检搜怀挟官、自余修治试院、监押门官，并如会试之制。大定二十年，上以往岁多以远地官考试不便，遂命差近者。③

---

① 《金史》卷51《选举志一》，中华书局点校本 1975 年，第 1146、1147 页。
② 《金史》卷 73《完颜守贞传》，中华书局点校本 1975 年，第 1688 页。
③ 《金史》卷 51《选举志一》，中华书局点校本 1975 年，第 1144、1145 页。

2.监考制度。金代女真策论考试与其他科目考试一样，在考试的组织与防范舞弊方面有诸多规定，这些措施大多借鉴了宋代科举制度，有的甚至直接将宋代科场考试规则原封照搬。

金代举行科举考试时，监考制度极严，进考场之前对考生实行严格搜检、监视措施，用以防范考生舞弊，甚至"解发祖衣，索及耳鼻"。[①] 后因有人提出此种做法乃非待士之礼，章宗泰和元年（1200），改行应举者试前需沐浴、更换官衣，"既可防滥，且不亏礼"。[②] 在考试时候为了防止考生作弊，自府以上一律差遣军兵监视，每四名考生差一名军士看守。这些军士往往专门挑选不识字者充当。会试监察更为严格，除监视军兵以外，在殿廷上还另差侍卫、亲军 100 人往还巡视。

殿试进士，考规更加严密，专设"廷试搜检官"，又称殿试搜检官。殿试时，委派皇帝的亲军监考，每名举子派一兵负责，进行严密监视。盖州女真人温迪罕达，"性敦厚，寡言笑。初举进士，廷试搜阅官易达貌小，谓之曰：'汝欲求作官耶？'达曰：'取人以才学，不以年貌。'众咸异之。明昌五年中第"。[③]

3.试官规定。为了防止考试官与考生舞弊串通，对试官也有限制措施。在金章宗泰和之前，试官不论有无亲属参考均不回避，于是有的官吏在阅卷时或不敢秉公录取，或是多方回护。泰和七年（1207），礼部尚书张行简请求施行回避制度："旧例，读卷官不避亲，至有亲人，或有不敢定其去留，或力加营护，而为同列所疑。若读卷官不用与进士有亲者，则读卷之际得平心商确。"这一提议得到了章宗许可，遂"命临期多拟，其有亲者汰之"。[④] 对读卷官、阅卷官实行回避亲属制度，先期多预选考试官员，到时凡有亲属参考者一律罢之。

此外，弥封、誊录、对读等皆仿宋制，对女真进士也不例外。后来发展到女真、汉官相互对易，女真官吏封弥汉人考生试卷，汉人官吏封弥女真考

---

① 《金史》卷 51《选举志一》，中华书局点校本 1975 年，第 1147 页。

② 《金史》卷 51《选举志一》，中华书局点校本 1975 年，第 1147 页。

③ 《金史》卷 105《温迪罕缔达传》，中华书局点校本 1975 年，第 2321 页。

④ 《金史》卷 51《选举志一》，中华书局点校本 1975 年，第 1146 页。

生试卷:"泰和三年,上以弥封官渫语于举人,敕自今女直司则用右选汉人封,汉人司则以女直司封。宣宗贞祐三年,以会试赋题已曾出,而有犯格中选者,复以考官多取所亲,不怒其不公,命究治之。"[1]

实行严厉的监考制度,一方面表明金统治者对科举考试的重视,另一方面也透露出金代科举考试中确实存在严重的舞弊行为,这才需要朝廷如此严加防范。但到金末,政治腐败,金哀宗时甚至明确规定,允许买官、买进士第。女真科举考试已成为官僚贵族的特权,对一般士子不再有意义。

第四节　金代女真科举的录取与成就

金自设立女真进士科,建立本民族的选士制度后,拓宽了女真人的入仕途径,女真进士置身于国家的行政运作,在各级政权机构中效力,为国家统治尽其职责,为政权巩固提供了可靠的人才保证。由于设立女真进士科,出现很多精通汉文和女真文的少数民族学者,促进了有金一代文教事业的发展。

一、女真科举的榜次与录取

女真进士科始设于世宗大定十三年(1173),结束于哀宗正大七年(1230),近 60 年中共开科 20 次,取士 800—1000 人左右。[2]

(一)女真进士科的录取优势

女真进士科的录取比例总是优于汉人进士,这是因为女真考生人数相对

---

① 《金史》卷 51《选举志一》,中华书局点校本 1975 年,第 1145 页。

② 都兴智:《金代科举的女真进士科》,《黑龙江民族丛刊》2004 年第 6 期,第 66 页。

较少，录取比例才更高。章宗泰和二年（1202），命贡举官确定省试诸科的录取人数时，司空完颜襄说："试词赋经义者多，可五取一。策论绝少，可四取一。恩榜本以优老于场屋者，四举受恩则太优，限以年则碍异才可五举则受恩。"此后确定，"策论三人取一，词赋经义五人取一，五举终场年四十五以上、四举终场年五十以上者受恩"。①

在考取科目上，女真进士科对女真学生没有严格限定。女真学生既可以试策论，也可以试词赋或是经义，甚至可以参加两种科目考试。已录为策论进士的女真族人，也准许其再参加其他科目的考试。如承安五年（1200）经义科及第进士33人，有石抹世勣、伯德维、岩葛希弼等三名女真族生员，其中的石抹世勣即同时"登词赋、经义两科进士第"。②又如完颜匡，大定二十五年（1185）已中策论进士，又于二十八年试诗赋，因为漏写诗题下注字未被录取，世宗特赐其及第。③

在金代所设各类科举考试中，策论、词赋进士要比经义、恩榜等科进士更受朝廷重视，各科进士授官上，策论、词赋进士所授官职阶品也往往高出一阶。因女真人考取策论的人数及录取比例都更高，所以女真进士所授官职明显优于其他科，这也是作为统治民族的优势。如宣宗贞祐三年（1215）下诏，策论、词赋进士的状元迁奉直大夫，官阶为从六品上；经义科状元授儒林郎，官阶为从七品下；而恩榜及第者只能授将侍郎，官阶为从九品。

（二）历朝女真科举考试录取人数变化

世宗大定十三年（1173）首开女真策论考试，录取人数27，大定二十五年（1185）初取45人，后来增加5人，达到50人。章宗时期，策论考试录取的人数最多。泰和二年（1202）规定，各科进士的录取比例，按策论进士三人取一，词赋、经义五人取一。如按此比例推算，此前在承安五年，章宗曾令会试录取策论、词赋、经义三科的进士数量不得超过600人，合格者人数不及其数阙之，则当时所取策论进士应为200名左右，录取人数

---

① 《金史》卷51《选举志一》，中华书局点校本1975年，第1144页。
② 《金史》卷114《石抹世勣传》，中华书局点校本1975年，第2517页。
③ 《金史》卷98《完颜匡传》，中华书局点校本1975年，第2166页。

也不为少。

女真科举考试在世宗、章宗两朝完善发展并达于极盛，策论考试录取数额也呈现出递年上升的趋势。尤其到大定、明昌年间，人才辈出，女真进士立传者以大定、明昌年间进士所占比例较大，39 人中就有 28 人，约占立传女真进士总数的 72%。

卫绍王之后，随着国势渐衰，女真科举取士日渐衰落，取士数量也急剧递减。兴定五年（1221）的策论考试，仅录取 28 人。在金哀宗正大元年（1224），曾举行过一次女真进士的考试。据今保存于开封文庙的金代《女真进士提名碑》内容所见，考试时间为四月十五日、十七日，考试地点在汴京皇宫的明俊殿前，阅卷官为温迪罕惹夫、乌吉孙卜吉等人，录取了孛术鲁长河等 30 人为女真进士，并赐孛术鲁长河为状元。[1] 至正大四年（1227）、七年（1230），两次科举考试仅仅保留了词赋、经义二科，而无策论科。推论应是同蒙古作战军力吃紧，作为军事力量重要组成部分的女真人已无暇顾及文事，而专意注重武功去了。[2]

在录取的女真进士中，多来自金代上京、东京、咸平、北京诸路等所在的北方地区，这与金统治者对上京等地的重视不无关系。世宗时期提倡发扬女真旧俗，世宗本人也于大定二十四年（1184）巡上京，停留一年时间并留太子监国。而这一时期正是创始发展女真进士科时，所以上京等地女真人考取进士较多亦不足为奇。

（三）女真策论进士及第榜次

设立女真进士之始即别为一榜，分上、中、下三甲，其中上甲第一名即俗称的女真状元。首次策论考试时，因各地急需女真字教官，因此当年及第的 27 人均除各路教授。大定二十二年（1182），对策论进士及第实行分甲授官，状元除应奉文字，上甲第二、三人除上县主簿，中甲除中县主簿，下

---

① 金光平：《女真文字对史学的贡献》，《爱新觉罗氏三代满学研究论集》，远方出版社 1996 年，第 75 页。

② 李文泽：《金代女真族科举考试制度研究》，《四川大学学报（哲学社会科学版）》2003 年第 3 期，第 98 页。

甲除下县主簿。到大定二十五年（1185）又改为中甲、下甲进士各授随路教授。此外，策论进士另一入仕途径为担任尚书省令史，"省令史选取之门有四，曰文资，曰女直进士，曰右职，曰宰执子。其出仕之制各异"。① 大定二十八年（1188）规定，枢密院等部的令史转省，须为女真策论进士。②

据都兴智先生辑录，金代女真科举中，策论进士中准确及第榜次的女真人数为：中进士者有姓名的女真人共 91 人，除中经义进士科 1 人、中武举 2 人，其余 88 人均为策论进士。③91 人中，在《金史》上对其有相关记载的共 50 人，其中武举 2 人、文科进士 48 人。记载的 50 人当中，因《金史·粘割奴申传》记："以任子入官，或曰策论进士。"即粘割奴申 1 人尚不能确定，如果将粘割奴申算为进士，则共 47 人为正式考中者，特赐 3 人。策论进士及第榜次女真人见下表。

金代女真进士及第榜次一览表

历朝	时间	状元	进士
世宗	大定十三年（1173）	徒单镒	尼庞古鉴、夹谷衡
	大定二十二年（1182）	奥屯忠孝	蒲察郑留、夹谷守中
	大定二十五年（1185）		蒲察思忠、乌古论仲温、完颜匡（完颜匡为章宗的老师，最初落第，后增加名额而被录取。）
世宗	大定二十八年（1188）		裴满亨、完颜宇、抹撚尽忠、和速嘉安礼、兀颜讹出虎、乌林答乞住、奥屯阿虎、粘割贞
章宗	明昌二年（1191）		完颜伯嘉、乌古论德升、完颜间山、乌古论荣祖、纥石烈德、女奚烈守愚
	明昌五年（1194）		赤盏尉忻、温迪罕达、完颜阿里不孙、夹谷石里哥、尼庞古蒲鲁虎、纥石烈胡失门、颜盏世鲁。
	承安二年（1197）	纳兰胡鲁剌	乌古孙仲端、纳合蒲剌都、裴满思忠

---

① 《金史》卷 52《选举志二》，中华书局点校本 1975 年，第 1168 页。
② 《金史》卷 52《选举志二》，中华书局点校本 1975 年，第 1170 页。
③ 参见都兴智：《金代科举的女真进士科》，《黑龙江民族丛刊》2004 年第 6 期，第 65 页。

续表

历朝	时间	状元	进士
章宗	承安五年（1200）		岩（粘）割希（经义进士）、蒙古纲
	泰和三年（1203）		蒲察元衡、蒲察世达、夹谷土剌、裴满阿虎带、完颜仲德、蒲察娄室、纥石烈鹤寿（中武举）、粘割完展
	泰和六年（1206）		蒲察桓端
卫绍王	至宁元年崇庆二年（1212）	完颜素兰	
	兴定二年（1218）		乌古论胡屯出、温迪罕喜剌
	兴定五年（1221）		斡勒业
哀宗	正大元年（1224）	勃术鲁长河	进士 29 人
	正大四年（1227）		乌古论蒲鲜

据汉进士开科之年对照，在大定十六年、十九年，大安元年，以及贞祐三年和正大七年，共计五年，未见女真进士的相关记载，是停科未考还是失于记载，尚不得而知。

二、女真科举及第者的政绩与学术成就

经科举考试而进士及第者，都可按其成绩等第授官，并且可以通过这一阶梯爬到高位，"世宗、章宗之世，儒风不变，庠序日盛，士由科举位至宰相者接踵"。[①] 通过女真进士及第授官，对包括女真在内的各族士大夫都充

---

① 《金史》卷 125《文艺传序》，中华书局点校本 1975 年，第 2713 页。

满吸引力，他们屡次应试，力争得志。有的女真贵族放弃门荫之路甚至世爵而去参加女真科举，如赤盏尉忻"当袭父谋克，不愿就，中明昌五年策论进士第"。①完颜仲德"读书习策论，有文武才。初试补亲卫军，虽备宿卫而学业不辍。中泰和三年进士第，历仕州县"。②

考取进士的女真人与汉进士一样，人才辈出。既有入仕后政绩突出者，在国家政权运行中发挥了积极的作用；亦有在文化传播、践行、弘扬上做出贡献者，取得了诸多学术成就。

（一）对国家政权巩固的重要作用

女真进士科创立后，及第女真进士开始逐渐进入各级官僚机构担任官职。据都兴智先生统计，史籍中有记载的女真进士，有50人官至三品，有16人升任宰执。在章宗朝，女真三品以上高官中出身科举者占20%，13名女真宰相，有3名是进士出身。宣宗朝至金末，出身科举任三品以上高官者则高达40%，37名女真宰相中有12名出身科举。③一些原来多由汉人任职的机构，女真进士也担任官职并得到重用。如翰林院中，多数官员都是汉进士，女真进士科设立后，女真状元也和汉状元一样，释褐例受翰林应奉文字，也有女真一甲进士在首任官职考满之后进入翰林院，女真进士在金代政治舞台上扮演了重要的角色。

尼庞古鉴，首科及第的女真进士。金世宗曾经对宰臣说："新进士中如徒单镒、夹谷衡、尼庞古鉴，皆可用也。"④他特别提到："（尼庞古）鉴尝近侍，朕知其正直干治，及为东宫侍丞，保护太孙，礼节言动犹有国俗旧风，朕甚嘉之。"⑤尼庞古鉴曾任县主簿、国子助教、太孙侍丞等职，最终升任为应奉翰林文字兼右三部司正。尼庞古鉴任女真学教授、太孙侍丞，不但用其所学辅佐君主，他的礼节言行也"国俗纯厚旧风"，既符合金世宗选拔女真

① 《金史》卷115《赤盏尉忻传》，中华书局点校本1975年，第2532页。
② 《金史》卷119《完颜仲德传》，中华书局点校本1975年，第2605页。
③ 都兴智：《金代科举的女真进士科》，《黑龙江民族丛刊》2004年第6期，第67页。
④ 《金史》卷95《尼庞古鉴传》，中华书局点校本1975年，第2119页。
⑤ 《金史》卷95《尼庞古鉴传》，中华书局点校本1975年，第2119页。

人才的标准，又得到世宗的嘉许，其行为势必成为女真官吏甚至是其他各族官吏的表率。

蒲察郑留，大定二十二年（1182）进士。官至尚书省令史、监察御史，累迁北京、临潢按察副使，户部侍郎等。① 蒲察郑留任监察御史之时，"西京人李安兄弟争财，府县不能决，按察司移郑留平理。月余不问，会释奠孔子庙，郑留乃引安兄弟与诸生叙齿，列坐会酒，陈说古之友悌数事。安兄弟感悟，谢曰：'父母也，誓不复争。'乃相让而归"。② 此事显示蒲察郑留熟知中原的孝悌，能够很好地处理法律案件，这类女真进士对国家的法治建设起到积极促进作用。

乌古论仲温，大定二十五年（1185）进士。曾任太学助教、应奉翰林文字、河东路提刑判官等。御史荐前任提刑称职，迁同知顺天军节度使事，签上京、东京等路按察司事等。③ 史载："仲温尝治平阳，吏民争留之，仲温曰：'平阳巨镇，易为守御，于私计得矣，如岚州何。'遂还镇。"④ 官吏和百姓争相留乌古论仲温，反映了他在治理平阳时必有功绩，也说明女真进士在地方建设上颇有建树。乌古论仲温后"元兵攻城，坚守城池，城破而死"。在国家生死存亡时刻，虽为文官也能为捍卫疆土挺身而出。

裴满亨，大定二十八年（1188）进士。裴满亨曾在金世宗身边奉职，考中进士后，被世宗擢升为奉御。据记载："亨性尤谨密，出入宫禁数年，说议忠言多所裨益，有藁则焚之，谁家人辈莫知也。所历州郡，皆有政绩可纪云。"⑤《金史·裴满亨传》中对他评价："以进士选奉御，能陈唐、虞致治之道于宫庭燕私之地，又能斥中贵梁道儿之奸。"⑥ 表明裴满亨无论在中央或是地方，都对国家治理做出了贡献，这也符合金统治者希望通过选拔女真进士巩固政权之目的。

---

① 《金史》卷 128《蒲察郑留传》，中华书局点校本 1975 年，第 2767 页。
② 《金史》卷 128《蒲察郑留传》，中华书局点校本 1975 年，第 2768 页。
③ 《金史》卷 121《乌古论仲温传》，中华书局点校本 1975 年，第 2650 页。
④ 《金史》卷 121《乌古论仲温传》，中华书局点校本 1975 年，第 2650 页。
⑤ 《金史》卷 97《裴满亨传》，中华书局点校本 1975 年，第 2144 页。
⑥ 《金史》卷 97《裴满亨传》，中华书局点校本 1975 年，第 2152 页。

和速嘉安礼，大定二十八年（1188）进士，泰安州刺史。据载，和速嘉安礼"颖悟博学，淹贯经史，金末，大元兵至，战旬日不能下，谓之曰：'此孤城耳，内无粮储，外无兵援，不降无遗类矣。'安礼不听。城破被执，初不识其为谁，或妄以酒监对，安礼曰：'我刺史也，何以讳为？'使之跪，安礼不屈，遂以戈撞其胸而杀之"。①面对国家生死存亡的局面，和速嘉安礼坚守孤城，即使被俘亦不屈，同样是为捍卫疆土挺身而出的女真进士。

完颜伯嘉，明昌二年（1191）进士。曾任中都左警巡判官、补尚书省令史、监察御史、同知西京留守、权本路安抚使、顺义军节度使等。②完颜伯嘉担任御史中丞时，不畏权贵，即使面对宰执术虎高琪与高汝砺，他也毫不留情地进行批评，为防备外敌入侵宰相请求翻修山寨的时候，伯嘉谏言："建议者必曰据险可以安君父，独不见陈后主之入井乎？假令入山寨可以得生，能复为国乎。人臣有忠国者，有媚君者，忠国者或拂君意，媚君者不为国谋。臣窃论之，有国可以有君，有君未必有国也。"③在中央担任监察御史职务时，在严肃法纪上发挥了重要作用。

女奚烈守愚，明昌二年（1191）进士。先是调深泽主簿，治有声。后迁怀仁令，改弘文校理，秩满为临沂令。④据《金史》记载："朝廷括河朔、山东地，隐匿者没入宫。告者给赏。莒州刺史教其奴告临沂人冒地，积赏钱三百万，先给官锸乃征于民，民甚苦之。守愚列其冤状白州，州不为理，即闻于户部而征还之，流民归业，县人勒其事于石。"⑤在括地之时，根据地方的实际情况女奚烈守愚能做出应对措施，为救百姓疾苦上疏朝廷，说明女真进士作为地方官，在地方经济建设方面也颇有作为。

从上述从政的女真进士可见，他们对君主、对国家效忠，出任官职时处理政务合情合理，无论在中央或地方的建设中都业绩突出，在国家官僚体系中发挥了较大作用。在国家危难时刻，也敢于担当，毫不退缩。这也正符合

---

①　《金史》卷 121《和速嘉安礼传》，中华书局点校本 1975 年，第 2646、2647 页。

②　《金史》卷 100《完颜伯嘉传》，中华书局点校本 1975 年，第 2208—2214 页。

③　《金史》卷 100《完颜伯嘉传》，中华书局点校本 1975 年，第 2212 页。

④　《金史》卷 128《女奚烈守愚传》，中华书局点校本 1975 年，第 2769 页。

⑤　《金史》卷 128《女奚烈守愚传》，中华书局点校本 1975 年，第 2769 页。

金世宗推行女真进士科之目的。

（二）对金代文化发展的促进作用

金代女真策论考试以儒家典籍内容为主，考取进士的女真人，多数熟悉并能够较好运用儒家文化，在及第授官后，对儒家文化的传播、女真教育的发展、金代史学的进步，都起到了积极的促进作用。

徒单镒，女真进士科的首科状元。徒单镒出身女真贵族家庭，历仕世宗、章宗、卫绍王和宣宗四朝，终官至宰相（左丞相）。徒单镒不仅为官时明敏方正，学术方面亦很有成就，著有《学之急》《道之要》各一篇，太学诸生刻之于石作为经典，有《弘道集》六卷传于世，在传播、推扬儒家文化方面做出了贡献。

金章宗时淑妃李氏擅宠，其兄弟恣横，徒单镒上疏章宗：

> 仁、义、礼、智、信谓之五常，父义、母慈、兄友、弟敬、子孝谓之五德。今五常不立，五德不兴，缙绅学古之士弃礼义，忘廉耻，细民违道畔义，迷不知返，背毁天常，骨肉相残，动伤和气，此非一朝一夕之故也。今宜正薄俗，顺人心，父父子子夫夫妇妇，各得其道，然后和气普洽，福禄荐臻矣。
>
> 为政之术，其急有二。一曰，正臣下之心。窃见群下不明礼义，趋利者众，何以责小民之从化哉。其用人也，德器为上，才美为下，兼之者待以不次，才下行美者次之，虽有才能，行义无取者，抑而下之，则臣下之趋向正矣。其二曰，导学者之志。教化之行，兴于学校。今学者失其本真，经史雅奥，委而不习，藻饰虚词，钓取禄利，乞令取士兼问经史故实，使学者皆守经学，不惑于近习之靡，则善矣。
>
> 凡天下之事，丛来者非一端，形似者非一体，法制不能尽，隐于近似，乃生异论。孔子曰："义者天下之断也。"记曰："义为断之节。"伏望陛下临制万机，事有异议，少凝圣虑，寻绎其端，则裁断有定，而疑可辨矣。[1]

---

[1] 《金史》卷 99《徒单镒传》，中华书局点校本 1975 年，第 2187 页。

从此上疏可见，徒单镒的奏疏将儒家理论应用到辅助君王中，希望最高统治者在引导臣民时用儒家的核心理念，以达到维护良好的社会秩序之目的，具有政治价值；又是颇具文采的高水平文学作品，文字表达明快疏直，语言刚劲质朴。所以《金史》中评价他："学问该贯，一时名士，皆出其门，多至卿相。"①

徒单镒在世宗时被选为国史院编修官，后又兼修起居注，在金章宗、卫绍王两朝，参与编修国史，前后兼任史官有二十余年。徒单镒文字功底较好，曾师从编修官温迪罕缔达学习经、史、诗等，有着深厚的史学功力。他曾参与金实录的修纂，以及编修实录相关的组织工作，以他的学识，担任相关史书编写，有利于金代史学的进步。

女真首科策论进士 27 人及第后，即被派往各路担任女真学教授之职："镒授两官，余授一官，上三人为中都路教授，四名以下除各路教授。"② 这些女真进士在各级女真学校任职，提升、扩大了女真教育的层次，为女真学的普及和振兴做出了卓越的贡献，促进了女真地方官学教育的发展，"至（大定）二十年，以徒单镒等教授中外，其学大振"。③

奥屯忠孝，大定二十二年（1182）的女真状元。他在担任滑州长官时，重视发展教育。他认为："王道之基，莫先教化；教化之源，始于学校；学校不立，何以化人？"带领僚属捐己俸作为修学之资，又动员境内乡绅富户捐资，将郡学重新修建起来，"建立学校，兴修教化，劝导士民有方，虽古之循吏何以加之。……可谓爱国忧民之良吏也"。④ 他还利用政事之暇，定期亲自讲学，组织学生讨论经史，把自己注解的《孝经》发给官学生作为课本，甚至发给邻郡的读书人，对郡内乡民进行普及教育，使滑州民风为之一变。可见奥屯忠孝也是一位政绩突出、非常重视教育事业的女真状元。

蒲察思忠，大定二十五年（1185）进士及第。金历代统治者都特别重视

① 《金史》卷 99《徒单镒传》，中华书局点校本 1975 年，第 2185 页。

② 《金史》卷 99《徒单镒传》，中华书局点校本 1975 年，第 2180 页。

③ 《金史》卷 51《选举志一》，中华书局点校本 1975 年，第 1141 页。

④ （金）靳一玉：《滑州重修学记》，阎凤梧主编：《全辽金文》中册，山西古籍出版社 2002 年，第 2132 页。

对史书的编撰，女真进士中有多人都担任过史官，促进了史官队伍的庞大。蒲察思忠也参与了国史的编修，史载他"本名畏也，隆安路合懒合兀主猛安人。大定二十五年进士"，是年，"迁大理寺卿，兼左司谏，同修国史"。①此外蒲察思忠曾"调文德、溵阴主簿，国子助教，应奉翰林文字，太学博士"，②为金代的女真教育发展也起到了积极作用。

第五节　金代女真科举的特点及影响

金代的科举制是仿汉制建立的，既继承了宋、辽之制，又有许多不同之处，尤其为本民族创设的女真进士科，具有非常鲜明的时代和民族特色。金代女真科举不仅对金代历史发展起到了一定作用，对后世也产生了深远影响。

一、女真科举的特点

元人在总结金代科举时，针对女真进士科言道："若夫以策论进士取其国人，而用女直文字以为程文。斯盖就其所长以收其用，又欲行其国字，使人通习而不废耳。"③即认为女真进士科的特点是录取女真人，并以女真文字为考试所用文字。实际上，女真科举的特点并非仅至于此。

（一）女真科举显示出明显的族群区别对待之特点

金朝是以女真人为统治民族的多民族政权，作为封建的阶级社会，为维护统治阶层以及本民族的利益，势必存在很多偏重于统治阶层、统治民族女

① 《金史》卷104《蒲察思忠传》，中华书局点校本1975年，第2300页。
② 《金史》卷104《蒲察思忠传》，中华书局点校本1975年，第2299页。
③ 《金史》卷51《选举志一》，中华书局点校本1975年，第1130页。

真族的政策，这在女真科举上表现得尤为明显。

　　为女真人所设的女真进士科，在考生资格上对女真人予以格外的优待。世宗初兴女真学，命择猛安谋克内良家子弟为学生，选举的权力被猛安谋克贵族把持，选送的绝大多数是贵族子弟。"若宗室每二十户无愿学者，则取有物力家子弟年十三以上、二十以下充。"① 这里的"有物力家子弟"，无疑是指富有的贵族家庭子弟。女真国子生也皆选官僚贵族子弟，"选贵胄之秀异就学焉"。② 可见女真官学中能预女真学生之选者，多系贵族子弟。

　　女真进士科的考试内容、考试程式也比汉族进士简单，大定十三年（1173），首科女真进士的策论考试，应考者可直接参加会试和御试，免去府试。又定皇家五服以内亲及执政官之子及散阶至五品的官员，亦可免府试，直赴会试，即在科举考试中仍为女真贵族提供特权。章宗明昌年间，令猛安谋克举进士时更特别强调："是只许女真进士，毋令试汉进士。"③

　　女真进士能升高官者，贵胄居多。史料中能查到的 62 名有履历的女真进士中，有据可考的 12 人出身于官僚贵族家庭。女真进士的升迁时间和任职高低，显现出民族间的不平等也是比较明显的。女真进士及第入仕后升迁的速度要比汉进士快得多，据都兴智先生"金代汉族、女真进士及第至升迁至宰相年数一览表"可知，女真进士升迁至宰相的平均时间要比汉进士少将近 10 年左右。金代历朝任宰相者，女真人约占三分之二，并在每个时期都占绝对多数的优势。元好问评论说："金朝官制，大臣有上下四府之目。自尚书令而下，左右丞相、平章政事二人为宰相；尚书左右丞、参知政事二人为执政官。凡在此位者，内属外戚与国人有战伐之功、豫腹心之谋者为多，潢雸之人以阀阅见推者次之，参用进士则又次之。其所谓进士者，特以示公道系人望焉。"④ 这里的"潢雸之人"，指契丹人和奚人。充分说明，在金代，汉进士当中只有极少数人经过漫长的宦途跋涉，才能获得相位，多数以女真

---

① 《金史》卷 51《选举志一》，中华书局点校本 1975 年，第 1130 页。

② 《金文最》卷 108《尚书右丞耶律公神道碑》，中华书局 1983 年，第 1555 页。

③ 《金史》卷 51《选举志一》，中华书局点校本 1975 年，第 1130 页。

④ 《遗山先生文集》卷 16《平章政事寿国张文贞公神道碑》，四部丛刊初编本，商务印书馆 1919 年，第 164 页。

进士任职。

从考取女真进士科的汉人数量看，金初创女真学时，有汉人曹望之以秀民子选为女真字学生，但他并没有参加女真进士科考试，在海陵时得"特赐进士及第"。[①] 章宗时女真进士科打破民族界线，"诏许诸人试策论进士举"，[②] 但直至金末是否有汉人中女真进士，缺乏实例。据《女真进士提名碑》中所记，哀宗正大元年（1224）中第的女真进士有"洺州曲周县王奴失""中都宛平县张住兀塔""东京辽阳县张阿海"，从籍贯和姓氏来看，很像是汉人。但究竟是汉人还是改为汉姓的女真人，缺乏佐证史料。所以，女真进士科是为女真人所设立的民族特点比较明显。

金代汉族、女真进士及第至升迁宰相年数一览表[③]

汉进士	年数	女真进士	年数
贾铉	30	夹谷衡	18
孙锋	34	尼庞古鉴	21
孙即康	33	裴满亨	17
李革	31	完颜匡	18
耿端义	28	徒单镒	17
高霖	29	完颜伯嘉	28
贾益谦	41	抹然尽忠	25
高汝砺	35	蒙古纲	17
张行信	29	完颜阿里不孙	23
胥鼎	25	奥屯忠孝	26
侯挚	24	完颜素兰	17
师安石	29	赤盏尉忻	29
		完颜仲德	29
平均	30.7	平均	21.9

---

① 《金史》卷92《曹望之传》，中华书局点校本1975年，第2035页。

② 《金史》卷51《选举志一》，中华书局点校本1975年，第1130页。

③ 都兴智：《金代科举的女真进士科》，《黑龙江民族丛刊》2004年第6期，第66页。

（二）除女真进士科外，女真人仍有成为进士的其他途径可供选择

金代女真人除考取女真进士科，仍然有其他途径成为进士：

1. 女真恩赐进士

恩赐，由"恩例"和"特恩"两部分组成。恩例，北宋时首设，"开宝三年，诏礼部阅贡士及十五举尝终场者，得一百六人，赐本科出身。特奏名恩例，盖自此始"。[1] 特恩，"至廷试五被黜，则赐之第，谓之恩例。又有特命及第者，谓之特恩。恩例者但考文之高下为第，而不复黜落"。[2] 金朝时承袭了北宋的恩赐科，将恩例作为金朝科举取士科目之一，明昌元年（1190）确定"省元直就御试，不中者许缀榜末。解元但免府试，四举终场依五举恩例，所试文卷惟犯御名庙讳、不成文理者则黜之，余并以文之优劣为次。仍一日试三题，其五举者止试赋诗，女直进士亦同此例"。[3] 女真进士同此例，指的是一些女真族知识分子在参加数次考试后仍然没有及第，这些人由朝廷特别批准录取，并赐予进士及第；也有部分女真贵族，虽然没有参加策论进士考试，但因在中央或地方长期担任官职期间为国家做出了贡献，为褒奖他们的功绩，这些人也会被赐予进士及第。

前文提及的完颜匡便是受到恩例的一个典型人物。完颜匡本名撒速，是金始祖函普的九世孙，曾为金世宗子幽王允成的侍读，金章宗、金宣宗的老师。完颜匡曾数次参加策论进士考试，但结果都不理想。大定二十一年（1181）参加府试，未中；四年后，大定二十五年（1185）显宗监国时，特别增加五个名额，完颜匡又未及第；到大定二十八年（1188），完颜匡再次应试，却因漏写诗题下注字，仍然未被录取。最后以特恩"特赐及第"的方式取得进士，并"除中都路教授，侍读如故"。[4]

---

① 《宋史》卷155《选举志一》，中华书局点校本1977年，第3606页。

② 《金史》卷51《选举志一》，中华书局点校本1975年，第1134页。

③ 《金史》卷51《选举志一》，中华书局点校本1975年，第1147、1148页。

④ 《金史》卷98《完颜匡传》，中华书局点校本1975年，第2166页。

2.考取汉进士举的女真人

金代女真人也可考取汉进士，中汉进士举者，仅查到粘割希剻一人，中承安五年（1200）经义进士第二十四名。粘割希剻籍贯为"婆速路五里甲海下"，"五里甲海"应为猛安名。

（三）文举科目中增加试射内容

金章宗承安三年（1198），在女真进士科加试射箭，定年四十五岁以下者试女真进士举，府试前十日增试骑射项目。在文举考试中增加试射的制度，这在中国科举史上是极为少见的。女真以武立国，自金与宋战事逐渐减少，社会比较稳定后，在汉人先进经济文化的影响和熏染下，以儒家文化为主的汉文化逐渐被女真各个阶层所接受。女真科举取士也试以儒家经义，进入统治集团的女真人的汉文化水平很高，女真传统的尚武精神越来越弱。在文举考试中增加试射，既是为了保持女真传统，使女真人不丢掉传统的尚武精神，同时也反映了少数民族虽仿汉制实行科举制度，但也保留了自己的民族特色。

二、女真科举的影响

金代女真科举取士，在历代少数民族政权中都是创举，对金代和后世都产生了重大而深远的影响。

（一）女真科举促进了女真民族文化水平的提高

女真进士科的建立，是对女真文化的承认和肯定，它使女真文化和汉文化在科考中取得了同等地位，使少数民族进入到被汉族士子推崇至高的科考之中，提升了少数民族文化的地位，改变了"尊华贱夷"的传统观念，从而推动了"华夷同是中华"观念的诞生。元人王恽评说："金源氏倔起海东，当天会间方域甫定，即设科取士，急于得贤，故文风振而人才辈出，治具张而纪纲不紊，有国虽百年，典章文物至比隆于唐、宋之盛。"①

　　女真进士科创设后，规定应试程文必须或者部分必须使用女真文字，女真人要想参加科考，必先习女真文字。女真文字应用到了选拔官吏的科考之中，极大地促进了女真文字的传播使用，打破了汉文字独霸科举考试的境况，同时也促进科举制度开始向多民族多元化方向发展。

　　女真进士科的建立，进一步促进了女真教育的发展。女真进士科设立后，为了适应科举选拔人才的需要，金统治者积极发展教育事业，女真官学中央设女真国子学、女真太学，地方设女真府州学。官学的发展，形成了从中央到地方较为系统的女真学校教育体系，为国家培养了大批可用之才，并使就读于女真官学的女真学子有了明确的目标和去向。世宗大定年间，设立女真地方官学的地点，包括今东北地区黑龙江省境内的上京、胡里改路、泰州，俄罗斯境内的恤品路，朝鲜北部的曷懒路，内蒙古境内的丰州等地。设立女真进士科后，又在这些地方设立了女真人会试地点。在边远落后地区出现女真进士，开创了这些地区教育和科举事业的新纪元，金梁在《黑龙江通志纲要》中提到："黑龙江自金创举女真科，是为科举之始。"② 教育科举事业的发展最终提高了整个女真族的文化水平。

　　设立女真进士科，使传统的汉文化在女真人中得到了进一步传播，普遍提高了女真人的文化水平。女真进士科举考试的内容主要出自以女真字翻译的儒家典籍等汉文经典，女真人从贵族到平民，业科举、考进士，学习汉文的传统经典蔚然成风，尤其是一些女真贵族，学习汉文化成就斐然，如世宗子璹，少时曾从学于汉士朱澜、任询，精通各种汉文经典，"真积之久，遂擅出兰之誉"；③ 子永成，曾有文集传世；永功，"涉书史，好书法名画"。④ 章宗之父显宗允恭，"好文学作诗，善画人物"；⑤ 女真贵族完颜承晖，

① 李修生编：《全元文》第六册，卷191，王恽《浑源刘氏世德碑铭》，江苏古籍出版社1998年，第503页。

② 金梁：《黑龙江通志纲要》，台湾成文出版社有限公司1974年影印本，第56页。

③ 《遗山先生文集》卷36《如庵诗文集》，四部丛刊初编本，商务印书馆1919年，第375页。

④ 《金史》卷85《永功传》，中华书局点校本1975年，第1902页。

⑤ 《归潜志》卷1，中华书局1983年，第3页。

"好学，淹通经史"；^① 蒲察琦，袭其兄谋克，"性沉静，好读书"，并与元好问过从甚密。^② 女真纳邻猛安术虎邃与刘祁交厚，"虽贵家，刻苦为诗如寒士"。女真世袭谋克乌林答爽，"性聪颖，作奇语"，从刘亭子学诗，十分用功，"抄写讽咏终日"。^③ 这些女真贵族具有相当高的文学素养，几与汉士无别。

（二）女真科举促进、加速了女真族与汉民族的融合

女真科举考试虽规定女真人使用女真字，但出于学习的需要，女真人不得不同时学习汉文，通汉语，方能精通女真文。语言是构成民族特征的重要因素之一，由于与汉族长期杂居，女真语言逐渐被汉语所代替，标志着女真人与汉人之间的民族界线正在逐渐模糊，语言文化上渐趋一致，促进了女真族与汉族在文化上的融合。世宗时期，就出现女真人不会讲本族语言的现象，女真人已"强效华风"。^④ 章宗时，女真科举考试"诏许诸人试策论进士举"，^⑤ 打破了民族界线，不仅针对女真人，境内各族人均可应试女真进士科。金代晚期，已有个别汉人中女真进士科，如前文曾叙及卢龙人赵守忠，为正大间的策论进士。女真中汉进士者亦不乏其例，前文所提之承安五年（1200）中经义进士的婆速路女真人粘割希奭，与汉人李俊民同榜。^⑥ 在元人王恽的《秋涧先生大全文集》卷59《碑阴先友记》中记，另有徒单公履，为金正大年间中经义进士，入元后仕为翰林学士承旨。女真科举制度对女真族自身封建化和汉化起到了催化剂的作用。在科举选拔和使用人才的问题上，女真人不仅继承宋、辽之制，而且根据不同时期的政治需要又有所发展与创新，在这一方面远胜辽朝的契丹人。

女真人与汉人通婚是民族融合的重要因素，这种民族间的融合首先是

---

① 《金史》卷101《承晖传》，中华书局点校本1975年，第2223页。

② 《金史》卷124《蒲察琦传》，中华书局点校本1975年，第2703页。

③ 《归潜志》卷3，中华书局1983年，第25页。

④ 《说郛三种》引范成大《揽辔录》第二册，上海古籍出版社1988年，第7页。

⑤ 《金史》卷51《选举志一》，中华书局点校本1975年，第1130页。

⑥ （金）李俊民：《庄靖集》卷8《题登科记后》，文渊阁四库全书本，台湾商务印书馆1986年，第22、23页。

在文人进士间发生的。如大定十九年（1179）的进士李楫，其长女"适山东东路总管判官徒单喜僧"；[1] 泰和三年（1203）女真策论进士蒲察元衡，"夫人王氏，燕郡大族"。[2] 同一年的策论进士夹谷土刺，其次子斜烈"夫人殷氏，尤尽妇道"。[3] 在章宗时就曾明令规定，允许女真人与汉人通婚，因此到金后期女真"故家遗俗，存复无几"。[4] 不同民族文人之间通婚现象的普遍，正是女真进士的文化、心理素质等方面与汉文人进士渐趋一致的结果。

（三）选拔优秀的女真人才就任官职，加强了国家政权建设

金前期，多为女真军功贵族参与把持国家政权。因与辽、宋连年战事，女真人多靠军功、世袭、门荫等途径入仕并升任高官，如完颜阿离补"宗室子，系出景祖。屡从征伐，灭辽举宋皆有功"，[5] 冶诃子讹古乃，皇统元年（1141）"以功授宁远大将军，迭刺唐古部节度使"，[6] "初，蒲鲁虎（宗雄子）袭猛安。蒲鲁虎卒，赠金紫光禄大夫，子桓端袭之，官至金吾卫上将军。桓端卒，子袅频未袭而死。章宗命宗雄孙蒲带袭之"，[7] 等等。

金历朝统治者选拔官吏时，尤其至世宗时期，对候选人的品德和出身最为注重，尤重进士，他曾说："夫儒者操行清洁，非礼不行。以吏出身者习为贪墨，至为官，习性难改。政道兴废，实由于此。""起身刀笔者，虽才力可用，其廉介之节，终不如进士。"[8] 女真进士科设立后，选拔出众多优秀的

① 《遗山先生文集》卷 16《沁州刺史李君神道碑》，四部丛刊初编本，商务印书馆 1919 年，第 171 页。

② 《遗山先生文集》卷 20《资善大夫集庆军节度使蒲察公神道碑铭》，四部丛刊初编本，商务印书馆 1919 年，第 214 页。

③ 《遗山先生文集》卷 20《资善大夫武宁军节度使夹谷公神道碑铭》，四部丛刊初编本，商务印书馆 1919 年，第 215 页。

④ （元）许有壬：《至正集》卷 51《奥屯公神道碑》，清宣统三年（1911）聊城邹道沂石印本。

⑤ 《金史》卷 80《阿离补传》，中华书局点校本 1975 年，第 1180、1181 页。

⑥ 《金史》卷 68《讹古乃传》，中华书局点校本 1975 年，第 1599 页。

⑦ 《金史》卷 73《宗雄传》，中华书局点校本 1975 年，第 1681 页。

⑧ 《金史》卷 8《世宗本纪》，中华书局点校本 1975 年，第 179 页。

女真人才，他们的出仕改变了女真官员队伍的成分，逐渐扭转了武人专权的局面，使女真官僚队伍发生了质的变化。许多女真进士后来都成为难得的政治人才。

世宗曾对宰相石琚说："女直人往往径居要达，不知闾阎疾苦。"① 大定十三年（1173）设立女真进士科后，大定后期女真进士开始受到重用。据记载："尚书省女直令史，原为三十五人，大定二十四年为三十人，进士十人，宰执子、宗室子十人，密院台部统军司令史十人。"② 说明在朝廷开女真进士科录取女真人之前，为尚书省令史的女真人多数是通过勋贵、荫庇等途径。到朝廷女真进士科取士后，改变了这种情况。如大定二十四年（1184），尚书省令史中的女真进士、宰执子与宗室子、密院台部统军司令史各占三分之一。众多的女真族英彦之士通过科举被选拔，充实到各级官僚机构中。

章宗朝，女真进士开始进入高官集团。前已叙及，在章宗时期，出身科举的女真人占朝廷三品官的 20% 以上，宣宗至金末，三品以上官中出身科举者则高达 40% 以上，三十七名女真宰相中，出身科举者十二人。据都兴智先生从《金史》和其他相关史料中辑录，及第女真进士者有任官履历的六十二人，其中官至三品者有五十人，任宰执者十六人。③ 从根本上改变了女真族高官队伍的成分构成。

至金末，出身女真进士科的女真官员在朝政中已充当十分重要的角色，对当时的政治、军事都产生了较大的影响。在朝中任职者如女真首科状元徒单镒，历仕四朝，任宰相二十余年，为官明敏方正；夹谷衡，章宗时任参知政事，"忠实公方，审其是则执而不回，见其非则去而能果。度其事势有若权衡"。④ 在金末抗击蒙古南侵的军事活动中，甚至有以宰相身份去统帅军队者，如完颜匡、蒙古纲、完颜仲德、完颜素兰、完颜奴申等，说明女真进士多有文武兼备之才。

---

① 《金史》卷 88《石琚传》，中华书局点校本 1975 年，第 1958 页。
② 《金史》卷 55《百官志一》，中华书局点校本 1975 年，第 1218 页。
③ 都兴智：《金代科举的女真进士科》，《黑龙江民族丛刊》2004 年第 6 期，第 67 页。
④ 《金史》卷 94《夹谷衡传》，中华书局点校本 1975 年，第 2092 页。

金代女真科举出身任三品以上官员统计一览表

时间	熙宗		海陵		世宗		章宗		宣宗至金末		合　计		
类别	人数	科举出身	人数	科举出身	人数	科举出身	人数	科举出身	人数	科举出身	总人数	科举出身	
												人数	百分比
数量	61		53		79		47	10	104	41	344	51	14.8

（四）女真科举改变了女真人尚武的传统思想，促进了"中华一体"观念的形成

女真人初兴之时，以武力统一女真各部，后又以武力征服辽和北宋。在反辽斗争中，女真各部的氏族豪酋及其子弟，凭略城野战之功，在金初建国时被授以官职，且绝大多数获得显赫的官爵和世袭特权。因此，《金史》中有建国之初的官僚贵族和猛安谋克贵族"皆太祖创业之际，于国勤劳有功之人。其世袭之官，不宜以小罪夺免"的记载。[①] 由于可凭军功获得官职封赏，女真贵族子弟出身亲军者有强烈的优越感，在女真人当中形成了崇尚勇武的传统观念。

随着金与辽、宋的战事逐渐减少和结束，金社会趋向安定，以军功入仕的机会越来越少。女真学教育逐渐普及，尤其女真科举制的实行，使女真族各个阶层都发生了深刻变化。世宗时期下令女真猛安谋克必须学习女真字，"凡承袭人不识女直字者，勒令习学"。[②] 大定二十六年（1186），世宗诏令："以亲军完颜乞奴言，制猛安谋克皆先读女直字经史然后承袭。"[③] 诸猛安谋克需习读译为女真字的汉文典籍，后方能享受世袭权利。出身武职的女真人开始攻读经史、习进士之业，女真贵族逐渐兴起习文风气。如大定二十八年

---

① 《金史》卷 8《世宗本纪》，中华书局点校本 1975 年，第 179 页。

② 《金史》卷 73《宗尹传》，中华书局点校本 1975 年，第 1674 页。

③ 《金史》卷 8《世宗纪下》，中华书局点校本 1975 年，第 179 页。

的女真进士裴满亨，本在世宗身边奉职，"性敦敏习儒"，^①世宗知其业进士举，鼓励他在供职期间"其勿忘为学也"。^②

到章宗朝，明确女真人必须文武兼备："欲国人兼知文武，令猛安谋克举进士。"^③弃武习文的现象在女真贵族中已不鲜见，如宗室贵族完颜匡，年龄未及三十已为太子侍读，恩宠可谓隆矣，他却多次参加科举考试，说明女真贵族非常看重金榜题名。这一时期甚至出现女真贵族不愿世袭官职而去就科举的实例，如明昌五年（1194）进士赤盏尉忻"当袭其父谋克，不愿就，中明昌五年策论进士第"。^④蒲察元衡，大贵族家庭出身，十一岁中女真神童科，后"移籍太学，弱冠擢泰和三年策论进士第"。^⑤上述例子表明女真传统的尚武观念已发生了明显转变，以习文为主，并逐渐视科举为正途。

许多女真人原任武职，在中进士后仍不辍学习，成为统治者希望的文武兼备之才。如完颜仲德，"少颖悟不群，读书习策论，有文武材。初试补亲卫军，虽备宿卫而学业不辍，中泰和三年进士第"。后居官，"虽在军旅，手不释卷"。^⑥完颜斜烈之弟陈和尚，本为护卫亲军，"雅好文史，自居禁卫中，人以秀才目之"。"军中无事，则于窗下作牛毛细字，如寒苦之士"。后因事系狱，仍然"取书狱中读之"。^⑦

随着女真人重视科举入仕，传统汉文化借助科举在女真人中广泛传播，"每读书见古人忠义事，未尝不嗟叹赏慕，喜动颜色，故临难死所事云"。^⑧这种道德观念的转变，和整个社会长期读书、业科举的风气有密切关系。

在女真人逐渐接受传统的汉文化过程中，"忠、孝、仁、义"等封建伦理道德观念，最深入女真人的心中，并逐渐在他们的思想意识领域占据了统

---

① 《金史》卷 97《裴满亨传》，中华书局点校本 1975 年，第 2143 页。

② 《金史》卷 97《裴满亨传》，中华书局点校本 1975 年，第 2143 页。

③ 《金史》卷 44《兵志》，中华书局点校本 1975 年，第 997 页。

④ 《金史》卷 115《赤盏尉忻传》，中华书局点校本 1975 年，第 2532 页。

⑤ 《遗山先生文集》卷 20《资善大夫集庆军节度使蒲察公神道碑铭》，四部丛刊初编本，商务印书馆 1919 年，第 214 页。

⑥ 《金史》卷 119《完颜仲德传》，中华书局点校本 1975 年，第 2605 页。

⑦ 《金史》卷 123《完颜陈和尚传》，中华书局点校本 1975 年，第 2680 页。

⑧ 《金史》卷 121《石抹元毅传》，中华书局点校本 1975 年，第 2643 页。

治地位。完颜匡在考取进士之前，一次世宗出巡路上，寝殿小底驼满久住问侍读完颜匡："伯夷、叔齐何如人？"完颜匡答曰："孔子称夷、齐求仁得仁。"[1] 二人在就伯夷、叔齐不食周粟、双双饿死首阳山下的行为是不是"仁"而发生争论。皇帝的侍卫能就"仁"的含义发表自己的见解，说明当时精通汉文典籍、熟悉历史典故的不仅是女真族知识分子。到金代晚期，"忠"的观念不但深深扎根于女真人的思想意识中，在实际行动方面表现得也很突出。尤其是女真进士，他们重名节、死王事、殉国家，义无反顾。据《金史·忠义传》记载，金末以身殉国的女真义士共43人，其中科举出身者竟有17人之多。元朝人评论说："金源国士多国人，与国俱死。"[2] 这正是接受了中原传统文化的结果。

女真人尚武传统观念转变，并完全接受了中原传统的"忠孝仁义"等封建伦理道德，从观念上与汉人已经一致，达成"不分华夷，同为中华"的中华文化认同，促进了"中华一体"观念的形成。

（五）女真科举对后世少数民族政权建设科举制度的深远影响

金作为少数民族政权，首次为本民族设立科举制度，金代的汉人和女真人分学、分科取士之法对后世少数民族政权包括西夏、元、清等都产生了深远影响。

西夏政权实行了科举取士制度。与金朝相同，分为蕃、汉两类，而且蕃学科举也和汉进士科一样，设词赋、经义两科，蕃、汉考生分别使用本民族文字答卷。"夏设蕃、汉二科以取士，蕃科经赋与汉等，特文字异耳。"[3] 西夏的蕃学，是指党项学，其内容为以西夏文字为载体的中原传统儒家经典。仁宗人庆四年（1147）八月，"策举人，立唱名法，复设童子科，于是取士日甚"。[4] 西夏科举也设童子科，与金代的汉进士科与女真进士科、汉经童

---

① 《金史》卷98《完颜匡传》，中华书局点校本1975年，第2163页。

② （元）郝经：《陵川集》卷11，《摛藻堂四库全书荟要》影印本，台湾世界书局1985年，第14页。

③ 王颋点校：《庙学典礼》卷1《秀才免差发》，浙江古籍出版社1992年，第10页。

④ （清）吴广成补撰：《西夏书事》卷36，《续修四库全书》影印本，上海古籍出版社2002年，第583页。

科与女真经童科并举都一样。值得注意的是，西夏政权是党项族为统治民族，却以汉学为国学，而以党项学为蕃学。

元代世宗时期依照前代专为本民族人设蒙古学："依前代立国学，选蒙古人诸职官子弟子孙百人，专命师儒教习经书，俟其成然后试用。庶几勋旧之家人材辈出，以备超擢。"[①] 在科举取士时亦分别录取，蒙古、色目人为一榜，曰右榜。汉人、南人为一榜，曰左榜，会试时两榜各取五十人。

清顺治八年（1651）针对八旗子弟开科取士，亦分两榜："定顺天乡试满洲、蒙古为一榜，汉军、汉人为一榜，会试、殿试如之。"[②] 康熙二十六年（1687）两榜始合为一体。可见金代对少数民族政权下科举制度的影响。

金朝在文化没有真正统一的情况下，实行汉、女真分科取士，为多民族国家科举取士开了先河。这种科举制度对选拔各民族杰出人才，促进民族团结与文化发展，加强多民族中央集权统治的统一，起到积极的促进作用，为后世少数民族政权设立科举制度也起到了示范作用。

第六节　金代武学教育与女真武举

女真人入主中原后，一方面继承了前代中原王朝武学教育的一些特点，如设立武举；另一方面又表现出自己独特的民族特性，即开展全民骑射体育活动。金代虽没有设立作为军事院校的武学机构，但受女真少数民族的民族特性影响，武学教育极其发达。通过金统治者的大力提倡，不仅在军民中讲武修武，还出现了盛况空前的全民骑射活动热潮，具有强烈的军事色彩，形成金代武学教育的显著特点。金代武学教育的普及为金代武举的实施提供了

---

① 《元史》卷81《选举志一》，中华书局点校本1983年，第2015页。
② 《清史稿》卷5《世祖本纪》，中华书局1976年，第126页。

大量的人才储备。金熙宗时期，金在北方的统治已基本稳定，国家政策转向笼络广大习武者。熙宗皇统年间（1141—1149），借鉴唐及宋两朝的武举制度，金实行武举考试，对境内女真族、汉族以及其他各族习武之人，考核其武艺的高低，根据其考试成绩授官。[①] 迄金朝灭亡，金朝的武举前后共实行了九十年之久。[②]

金代武学教育与女真武举的设立，对后世元清等少数民族政权产生了重要影响，它是中国古代武学教育发展史中不可或缺的重要一环，具有重要的历史意义。

一、金代武学教育的特点

金代以武立国，武学教育因植根于其特殊的民族文化，表现出"全民尚武"的典型特征，与自汉唐、尤其是自宋代以来日益明显的"重文抑武"历史走向，形成鲜明的对照。同时，金入主中原前后，与辽宋文化不断接触，从而在武学教育方面对辽宋体育文化有所吸纳，具有开放性的特点。

（一）以"全民尚武"为特征的传统民族体育

金代传统民族体育建立在其以狩猎为主要生产、生活方式的基础上，这

---

① 《续文献通考》卷 39《选举考》"武举"条："章宗泰和元年定试武举之制"："自皇统时始设武举，至帝承安四年十一月，诏许诸色人就试。"有学者据此断言，以金章宗承安四年（1199）十一月为界，之前金朝只有女真人才能有资格参加武举考试（见许友根《古代武举的实施与存废特点》，《盐城师专学报》（哲学社会科学版）1992 年第 3 期）；而后金朝武举考试者的民族身份限制才被取消。笔者查找史料发现《金史·宣宗纪》载贞祐二年十一月"丙子，许诸色人试武举"，而《金史·章宗纪》中并无该记载，可能《续文献通考》误记。而众所周知，金熙宗时，全真祖师王喆即参加了金朝始设不久的武举，可见金武举在实施过程中，曾经有过对参考者实行民族身份限制一说不能成立。

② 许友根：《古代武举的实施与存废特点》，《盐城师专学报》（哲学社会科学版）1992 年第 3 期。

决定了其民族体育必然以骑射和狩猎为主要特征。另外，受辽代体育和中原体育的深刻影响，射柳、击球等活动也是其重要组成部分。总之，军事武艺性体育活动占据极其重要地位。

1. 骑射体育活动

金人"以武得国"，^①《金史·兵志》记载："金兴，用兵如神，战胜攻取，无敌当世，曾未十年遂定大业。原其成功之速，俗本鸷劲，人多沉雄，兄弟子姓才皆良将，部落保伍技皆锐兵……劳其筋骨以能寒暑，征发调遣事同一家。是故将勇而志一，兵精而力齐，一旦奋起，变弱为强，以寡制众，用是道也。"^②女真人因武力强横而得以建立国家，进而入居中原，与其全民尚武的民族文化底蕴密不可分。女真人善骑射，《三朝北盟会编》记载："善骑，上下崖壁如飞。济江不用舟楫，浮马而渡。精射猎，每见巧兽之踪，能蹑而摧之，得其潜伏之所。"^③像金太祖完颜阿骨打就是女真族的神射手，他"十岁，好弓矢。甫成童，即善射。一日，辽使坐府中，顾见太祖手持弓矢，使射群鸟，连三发皆中"。^④有一次，他"散步门外，南望高阜，使众射之，皆不能至。太祖一发过之，度所至逾三百二十步"。^⑤金世宗完颜雍青年时期"善骑射，国人推为第一"。^⑥可见，女真民俗之中尚武、习武之风盛行，成为女真民族日后立国的内在军事基础。

女真人喜欢围猎，与女真民族的游牧、狩猎生产和生活方式分不开。金源内地"一望平原旷野，间有居民数十家，星罗棋布，纷揉错杂，不成伦次。更无城郭，里巷率皆背阴向阳。便于放牧，自在散居"。^⑦在这种生存环境下，通过围猎获得生活资料是最佳的选择。除了谋生目的外，围猎活动类似行军布阵，是一种绝佳的军事训练活动，故为女真人所喜爱。金太祖曾

---

① 《金史》卷44《兵志》，中华书局点校本1975年，第992页。
② 《金史》卷44《兵志》，中华书局点校本1975年，第991页。
③ 《三朝北盟会编》，上海古籍出版社1987年，第1754页。
④ 《金史》卷1《世纪》，中华书局点校本1975年，第19页。
⑤ 《金史》卷2《太祖本纪》，中华书局点校本1975年，第19页。
⑥ 《金史》卷6《世宗本纪》，中华书局点校本1975年，第121页。
⑦ (宋)确庵：《靖康稗史笺证》，中华书局2010年，第38页。

说："我国中最乐无如打围。"①有金一代，史书中关于围猎或打围的直接、间接记载不胜枚举。

"春水秋山"与金统治者的秋冬围猎活动。《三朝北盟会编》"田猎"条记载："昔都会宁之际，四时皆猎焉。至亮徙燕，以都城之外皆民田，三时无地可猎，候冬月则出，一出必踰月，后妃、亲王、近臣皆随焉。每猎则以随驾之军密布四围，名曰围场。待狐、兔、猪、鹿散走于围中，虏主必射之，或以雕鹰击之。次及亲王、近臣。出围者许人捕之。饮食阴处而进，或以亲王近臣共食，遇夜，则或宿于州县，或宿于郊外无定。亮以子光英年十二获獐，取而告太庙。衰②立尤甚，有三事令臣谏，曰饮僧，曰作乐，曰围场，其重田猎也如此。"③又《大金国志》卷 11《纪年·熙宗孝成皇帝三》记载皇统三年（1143）七月，"主谕尚书省，将循契丹故事，四时游牧，春水秋山，冬夏剌钵（剌钵者，契丹语，所在之意）"。剌钵，即捺钵，系因袭自辽代的四时捺钵制度："契丹主有国以来，承平日久，无以为事，每岁春，放鹅于春水，钓鱼于混同江，避暑于永安山，或长岭子河；秋射鹿于庆州黑岭秋山；冬射虎于显州。"④对照上面几条史料，可知金代的春水秋山，即围猎活动，在熙宗时期成为定制，而在制度上直接承袭辽代的四时捺钵文化，在秋冬时期射猎是历代统治者必做的重大事情。海陵迁都燕京，因都城外均民田，三时无时可猎，只好冬季出猎。世宗继位后，每年夏秋都去金莲川射猎。章宗、卫绍王二朝则最重视春捺钵，在燕京近郊的建春宫等地。宣宗贞祐迁都汴京，当地环境不宜射猎，田猎之风才告中止。金统治者重视围猎活动，除了该活动能提供乐趣外，最主要的目的应该是，围猎活动可以让参加者进行练兵布阵的演习训练，这对于女真人维护女真政权统治具有重要意义。

---

① 《金史》卷 2《太祖本纪》，中华书局点校本 1975 年，第 29 页。
② 《大金国志》附录二《田猎》作"褒"，指的是金世宗。又据同书卷 16《纪年》："世宗圣明皇帝初名褒，后改名雍。"考察上下文意，《三朝北盟会编》误，当改作褒。
③ 《三朝北盟会编》卷 244 炎兴下帙一四四《起绍兴三十一年十一月二十八日丙申尽其日》，上海古籍出版社 1987 年，第 1754 页。《大金国志校证》卷 36 "田猎"："金国酷喜田猎。"中华书局 1986 年。
④ 《大金国志校证》卷 11《纪年·熙宗孝成皇帝三》，中华书局 1986 年，第 166 页。

2. 射柳

金代的射柳也属于射猎文化范畴。《金史·礼志》记载"拜天"礼："射柳、击球之戏，亦辽俗也，金因尚之。凡重五拜天礼毕，插柳球场为两行，当射者以尊卑序，各以帕识其枝，去地约数寸，削其皮而白之。先以一人驰马前导，后驰马以无羽横簇射之。既断柳，又以手接而驰去者，为上。断而不能接去者，次之。断其青处，及中而不能断，与不能中者，为负。每射，必伐鼓以助其气。"[①] 与辽代射柳为祈雨的目的不同，金代射柳更注重骑射技术的精湛，对在比赛中裁判胜负的方法区分得更加细致。《金史·世宗纪》记载了大定三年（1163）皇太子带领亲王、百官射柳的事，[②] 射柳也成了每年端午节皇宫里乐于举办的体育运动。金章宗在泰和三年（1203）重五时"射柳，上三发三中"。[③] 反映出金统治者通过端午射柳，在统治阶级上层中提倡骑射的尚武意图。

3. 击球

《金史·礼志》中记载金代在重五（即端午）射柳活动后，还要举行击球体育活动，具体做法是："各乘所常习马，持鞠杖。杖长数尺，其端如偃月。分其众为两队，共争击一球。先于球场南立双桓，置板，下开一孔为门，而加网为囊，能夺得鞠击入网囊者为胜。或曰：两端对立二门，互相排击，各以出门为胜。球状小如拳，以轻韧木枵其中而朱之。皆所以习跷捷也。即毕赐宴，岁以为常。"[④] 但击球活动不是女真民族中原有的体育活动，《金史·礼志》中记载金统治者在实行拜天礼后，"更衣行射柳、击球之戏，亦辽俗也，金因尚之"。[⑤] 这说明射柳是辽、金民族共有的习俗，而击球则是女真族向契丹族学习来的。

---

① 《金史》卷 35《礼志八》，中华书局点校本 1975 年，第 826 页。

② 《金史》卷 6《世宗纪上》，中华书局点校本 1975 年，第 131 页。

③ 《金史》卷 11《章宗纪三》，中华书局点校本 1975 年，第 260 页。章宗朝多次举行射柳活动，如章宗本纪记载，曾分别于明昌元年、承安三年、承安五年、泰和三年、泰和七年举行射柳活动。

④ 《金史》卷 35《礼志八》，中华书局点校本 1975 年，第 827 页。

⑤ 《金史》卷 35《礼志八》，中华书局点校本 1975 年，第 826 页。

但打马球也并非是契丹族固有的传统活动，它是经由中原传入的。① 马球运动传入女真社会后，因女真人善骑，故该体育项目很快风行，出现了许多善击马球之人。如《金史·宗弼等传》记载，金朝宗室完颜亨"击鞠为天下第一，常独当数人，马无良恶皆如意"。女真人重视马球运动，除了娱乐性外，主要是看重其在军事训练中的价值，即可以把骑术和驯马运用在实践中。由于可以作为练兵的手段，故金朝历代统治者对马球运动都是十分提倡的。尤其是海陵王迁都燕京后，先后修筑常武殿、广武殿、临武殿为击球场所，② 以后常有皇帝在这些地方组织马球活动。如《金史·世宗纪》记载世宗于"大定三年（1163）五月己未，复临常武殿赐宴击球，自是岁以为常。"世宗甚至因为太热衷于打马球而被大臣当面批评。对此，世宗说："祖宗以武定天下，岂以承平遽忘之耶？皇统尝罢此事，当时之人皆以为非，朕所亲见，故示天下以习武耳。"反映出世宗想通过马球运动宣告崇尚武力的尚武精神。

4. 摔跤

《金史》中称为"角力"，也作"角抵"或"角牴"，摔跤手称为"拔里速"，因此摔跤在金代也被称为"拔里速"③ 戏。它既是一项娱乐竞技活动，也是一项习武活动。《金史》中关于"角力"的记载很多，如完颜昂（奔睹）、石抹荣、蒲查世杰④ 等都是摔跤高手，各本传中关于他们摔跤的记载都很生动传神，反映出女真人摔跤运动的兴盛与普及。《金史·海陵纪》记载在贞元三年（1155）、正隆元年（1156）都举行过大规模的摔跤比赛，⑤ 可见摔跤运动除了在女真贵族中流行，统治者也大力提倡，除了看中它的娱乐性外，更重要的是把它看作是一项重要的习武活动，是尚武精神的重要体现。

---

① 《辽史》卷6《穆宗记》应历三年（953）三月丁酉："（北）汉遣使进球衣及马。"中华书局点校本1974年。故辽朝的马球传自北汉。袁学军：《论金代和清朝马球文化的反差》，《山西师范大学体育学院学报》1996年6月第11卷第1期。
② 《金史》世宗、章宗、宣宗诸本纪，均可查到皇帝于诸殿击球的记载，大臣传中也有提及。
③ 《金史》卷135《金国语解》，中华书局点校本1975年，第2893页。
④ 见《金史》个人本传。
⑤ 见《金史》卷5《海陵纪》各年记载。

（二）军事武艺

女真人能先后灭亡拥有先进生产方式的辽与北宋政权，军事力量发挥了绝对性的作用。因此，军事武艺的发达是金代武学的一个鲜明特征。

女真人生活的北方气候寒冷，生产方式以狩猎为主，饮食上以肉食为主，这些外在因素使女真人形成体格强健和性格剽悍的特征，骑射、围猎、摔跤等日常生产、生活过程中经常进行的活动，容易转化成军事武艺，从而形成全民皆兵的生产方式及军事体制，即猛安谋克制度。

《金史·兵制》记载："金之初年，诸部之民无它徭役，壮者皆兵，平居则听以佃渔射猎习为劳事，有警则下令部内，及遣使诣诸孛堇征兵，凡步骑之仗粮皆取备焉。其部长曰孛堇，行兵则称曰猛安、谋克，从其多寡以为号，猛安者千夫长也，谋克者百夫长也。谋克之副曰蒲里衍，士卒之副从曰阿里喜。……部卒之数，初无定制，至太祖即位之二年，……始命以三百户为谋克，谋克十为猛安。"[1] 在建国前，猛安、谋克已经是女真部落中寓兵于农、兵农合一的制度。建国后第二年，金太祖确定猛安谋克制度为固定的军事组织，随着金人不断地开境拓土，它又以行政组织的结构形式不断铺设开来，以后虽有各种调整，但它的存亡一直与金代国祚相始终。

猛安谋克作为寓兵于农、兵农合一的生产组织，在大规模进入中原前，狩猎一直是其最重要的生产活动。《金史·兵制》记载：猛安者千夫长也，谋克者百夫长也。谋克之副曰蒲里衍，士卒之副从曰阿里喜，《金史·金国语解》又解释："阿里喜，围猎也。"[2] 从中可以窥见猛安谋克作为生产组织，其主要的职能是狩猎。《大金国志》言"金国酷喜田猎"，[3] 宋人分析其原因为"虏人无他技，所喜者莫过于田猎"。[4] 显然没有认识到，金人离不开围猎，是因其特殊的生产、生活方式使然。金统治者对围猎的政治态度在不同历史时期有所不同。《金史·扫合传》："复州合厮罕关地方七百余里，因围猎，

---

① 《金史》卷 44《兵志》，中华书局点校本 1975 年，第 992 页。

② 《金史》卷 135《金国语解》，中华书局点校本 1975 年，第 2893 页。

③ 《大金国志校证》卷 36 "田猎" 条，中华书局 1986 年，第 521 页。

④ 《大金国志校证》附录二，中华书局 1986 年，第 601 页。

禁民樵捕。齐言其地肥衍，令贼民开种则公私有益。上然之，为弛禁。即牧
民以居，田收甚利，因名其地曰合厮罕猛安。"①可见，金初统治者划分女真
人围猎之地，禁止其他民族人民进入谋生。金中期猛安谋克大量迁入中原
后，生产生活环境发生重大变化，为保护农业的发展，金统治者开始禁猎活
动，对违反者进行劝惩。如明昌二年（1191），章宗叔父兖王永成"坐率军
民围猎，解职"，章宗在训诫中说他"偶因时猎，颇扰部民，法所不宽，宪
台闻上"。②可见当时金代的国家法律已经禁止统治阶层进行围猎活动了。

金中叶以后，作为金朝尚武精神旗帜的猛安谋克开始浸染华风，不事生
产，奢华享乐，逐渐抛弃了以前勤劳、勇武之风，金统治者从中感受到统治
阶层堕落气息，忧患之余，开始大力倡导恢复猛安谋克以前的尚武精神。如
大定二十六年（1186）九月，世宗谓宰臣曰："西南、西北两路招讨司地隘，
猛安人户无处围猎，不能闲习骑射。委各猛安谋克官依时教练，其弛慢过期
及不亲监视，并决罚之。"③西南、西北两路招讨司为金朝北方战线上的主要
军事重镇，士兵勇武与否，关系到金代的国运，因而统治者严令其习武练军
以备战事。对中原地区的猛安谋克，生产方式虽由原来的狩猎转变为务农，
但为保持其勇武精神，金统治者也希望其能适当地训练武艺，如明昌三年二
月"甲戌朔，敕猛安谋克许于冬月率所属户畋猎二次，每出不得过十日"。④
显然统治者对猛安谋克在中原地区是否从事围猎活动持一种矛盾的态度，既
希望他们不要因围猎活动而干扰正常的农业活动，又希望他们进行适当的围
猎活动以加强武艺训练，保持军事战斗力。

金代士兵的日常军事训练主要由猛安谋克官来监督实施。金代对士兵的
选择已有规定。据《金史·兵志》记载："凡选弩手之制，先以营造尺度杖，
其长六尺，谓之等杖，取身与仗等，能踏弩至三石，铺弦解索，登踏娴习，
射六箭皆上垛，内二箭中贴者。又选亲军，取身长五尺五寸，善骑射者。猛
安、谋克以名上兵部，移点检司、宣徽院试补之。又设护卫二百人，近侍之

<hr />

① 《金史》卷 66《扫合传》，中华书局点校本 1975 年，第 1564 页。

② 《金史》卷 85《永成传》，中华书局点校本 1975 年，第 1906、1907 页。

③ 《金史》卷 8《世宗纪下》，中华书局点校本 1975 年，第 194 页。

④ 《金史》卷 9《章宗纪一》，中华书局点校本 1975 年，第 220 页。

执兵仗者也，取五品至七品官子孙，及宗室并亲军诸局分承应之人，身长五尺六寸者，选补试之。"①可见金朝统治者对士兵的身体素质和技艺已很重视。这些都促进了金朝军事武艺的发达。金代监督猛安谋克练习武艺的机构还有按察司。章宗明昌四年（1193）四月，改提刑司为按察司，其最高长官"（按察）使，正三品，镇抚人民，讥察边防军旅之事，仍专管猛安谋克，教习武艺及令本土纯愿风俗不致改易"。②

（三）金代武学教育的普及化与不设武学学校

金继承唐宋尤其是北宋设立武举，以适应战争对军事人才的需要。金统治者对武举考试非常重视，其设置直至金亡才被迫停止。但金代却未仿效北宋在中央、地方设立武学学校。究其原因，北宋设武学专门学校，与其外患重重、军事不振有很大关系，是基于现实的军事需要。而金是由女真人建立的政权，以武立国，骑射对其而言不仅是一种军事武艺，更是一种生活方式，故武术和兵法等武学教育普及化程度极高。正因如此，对于女真这个尚武民族而言，不设武学学校也就不难理解了。

金立国后，统治者对习武活动的愈加重视，如宣宗兴定四年（1220）五月、十月，"上击鞠于临武殿"；十二月诏"军官许月击鞠者三次，以习武事"。③充分显示出金统治者对武学教育的重视。

金代武学教育的承担主体，多是民间家学和私学。家学可视作是家庭渊源，多由父兄等长辈将武学理念与技艺就近传授给其子孙。私学属于私人立学，并通过收徒，专业性地教授武学知识。金代家学和私学培养出很多人才，如《金史·庞迪传》记载熙宗、海陵、世宗三朝的庞迪，"少倜傥，喜读兵书，习骑射，学推步孤虚之术，无所效用"。④如陕西咸阳人王哲，自幼好读书，才思敏捷，擅长骑射。金熙宗时应试武举，考中上甲，慨然有经略天下之志。后因长期担任小吏，遂愤然辞职，隐栖山林。大定七年（1167），

---

① 《金史》卷 44《兵志》，中华书局点校本 1975 年，第 1001、1002 页。

② 《金史》卷 57《百官志三》，中华书局点校本 1975 年，第 1309 页。

③ 《金史》卷 15《宣宗纪中》，中华书局点校本 1975 年，第 355、371 页。

④ 《金史》卷 91《庞迪传》，中华书局点校本 1975 年，第 2012 页。

赴山东宁海（今牟平）传道，筑全真庵，遂创立全真教，主张道、佛、儒三教合一，并先后收马钰、丘处机等七人为徒。陈郡人李夷，出于兵家，能刻苦为学。喜读史书，究古今成败治乱。尤喜武事，习兵法、击剑、驰射，有志于功名……以武举进身。[1]

二、女真武举考试程序及考试内容

女真武举考试程序，仿照宋武举制，三年一试，考试层级上共分为府试、省试、殿试三级。府试时间通常在三年一间隔的次年八月二十日，地域上划分为六处：河北东、西路以及中都路的考试点设在大兴府（今北京）；临潢府路、会宁府路、东京路的考试点设于中京大定府（今内蒙古昭乌达盟宁城西大名城）；河东南、北路及西京路的考试点设于西京大同府（今山西大同）；山东东、西路及大名府路的考试点设于东平府（今山东东平）；南京路等考试点设于开封府（今河南开封）；西北诸路如京兆府路、鄜延路、庆原路、熙秦路等考试点设于河中府（今山西运城县蒲州镇）。金朝将省试的时间设于第三年的正月二十日，当时各路应试武科举子毕集于中都，由中央吏部尚书省统一举行考试。殿试时间在省试的三个月后，即三月二十日举行，皇帝亲临考试现场，对武科举子们进行面试。

《金史·选举志》记载："武举，尝设于皇统（1141—1149）时，其制则见于《泰和式》，有上中下三等。能挽一石力弓，以重七钱竹箭，百五十步立贴，十箭内，府试欲中一箭，省试中二箭，程试中三箭。又远射二百二十步埓，三箭内一箭至者。又百五十步内，每五十步设高五寸、长八寸卧鹿二，能以七斗弓、二大凿头铁箭驰射，府试则许射四反，省试三反，程试二反，皆能中二箭者。又百五十步内，每三十步，左右错置高三尺木偶人戴五寸方板者四，以枪驰刺，府试则许驰三反，省试二反，程试三反，左右各刺落一板者。又依荫例问律一条，又问《孙》《吴》书十条，能说五者，为上等。

---

[1]　《归潜志》卷2，中华书局1983年，第20页。

凡程试,若一有不中者,皆黜之。若射贴弓八斗,远射二百一十步,射鹿弓六斗,《孙》《吴》书十条通四,为中等。射贴弓七斗,远射二百五步,射鹿弓五斗,《孙》《吴》书十条通三,为下等。解律、刺板,皆欲同前。凡不知书者,虽上等为中,中则为下。凡试中中下,愿再试者听。旧制,就试上等不中,不许再试中下等。泰和元年,定制,不分旧等,但从所愿,试中则以三等为次。"①可见,女真武举的考试内容具有文武兼顾的特点,不但考察应试者的武艺高低,还要考核他们对兵法和解律知识的掌握程度。具体看,武艺方面要考察举子在步射、马射和刺板方面的水平;兵法方面,重点考核应试者对《孙子》《吴子》等兵书的掌握情况。考试成绩分为上等、中等和下等三个等级。

上等成绩标准:步射考核——应试者在力量上要能拉动一石力弓,并且用七钱重的竹箭,去射立于一百五十步外的立靶,举子共可射十箭,府试成绩只要求射中一箭即可,而省试需要射中两箭,殿试需要射中三箭。同时,还需要考察举子的垛射水平,即在举子的二百二十步外立一垛子(高于墙或向上突出的部分),共射三箭,射中一箭即可。马射考核——在距离举子一百五十步之内,每间隔五十步的地方放置两只五寸高、八寸长的卧鹿,而举子在策马奔驰的同时,需要拉动七斗力弓,以形如凿状、长六七寸的铁箭头去射击卧鹿共四次,省试只准骑马射三次,殿试只准骑马射二次,要求能中两箭。刺板考核——在应试者一百五十步内,每间隔三十步放置两个高约三尺的木制假人,每个假人头上放置两块五寸见方的木板(两个假人头上共放四块木板)。应试者骑马冲入场地,需要连续刺击这四块木板,府试允许冲刺木板三次,省试可冲刺两次,殿试只能冲刺一次,而举子必须能刺中左右放置的两个木人头上的一块木板。解律考核——主考官向举子提问一条金朝法令,举子需要能流利地回答出内容。兵法考核——主考官向举子提问《孙子》和《吴子》书中的十条兵法,举子只需要能答出五条即可。

中等成绩标准:步射考核——应试者在力量上要能拉动八斗力弓,并且用七钱重的竹箭,去射立于一百五十步外的立靶,同时,还需要远射距离自

---

① 《金史》卷51《选举志一》,中华书局点校本1975年,第1151页。

己二百一十步外的垛子。马射考核——在距离举子一百五十步之内，每间隔五十步的地方放置两只五寸高、八寸长的卧鹿，而举子在策马奔驰的同时，需要拉动六斗力弓，以形如凿状的铁箭头去射中卧鹿。兵法考核——主考官向举子提问《孙子》和《吴子》书中的十条兵法，举子只需要能答出四条即可。在解律和刺板考核方面上，要求与上等成绩标准相同。

下等：步射考核——应试者在力量上要能拉动七斗力弓，并且用七钱重的竹箭，去射立于一百五十步外的立靶。同时，还需要远射距离自己二百零五步外的垛子。马射考核——在距离举子一百五十步之内，每间隔五十步的地方放置两只五寸高、八寸长的卧鹿，而举子在策马奔驰的同时，需要拉动五斗力弓，以形如凿状的铁箭头去射中卧鹿。兵法考核——主考官向举子提问《孙子》和《吴子》书中的十条兵法，举子只需要能答出三条即可。在解律和刺板考核方面上，要求与上等成绩标准相同。

另外，还规定：

第一，殿试中，如果五项考核中有一项达不到标准，就会被贬退。五项考核合格的应试者，要按考核成绩划分为上等、中等、下等，三等成绩的获得者都会被朝廷赐予"敕命章服"。按规定，取得上等成绩者，会被赐予绯红色，取得中、下等成绩者，会被赐予绿色。

第二，在府试和省试中，在兵法考核中没通过的应试者，即使其他几项考试成绩名列上等，最后也只能授予中等成绩；而其他几项考试成绩名列中等的，最后的考核成绩只能被授予下等。

第三，在考试中已经取得中等、下等合格成绩的应试者，如果愿意继续尝试，以取得上等、中等成绩的，允许他们进行第二次考试。但已参加上等考试、却没达到合格要求的应试者，不再允许他们参加第二次考试，以取得中等、下等成绩。泰和元年（1201），对上述规定作出了修改，规定不分先前就试的是哪一等第，再试时，哪一等第合乎要求，即按哪一等第予以取中。

从上述女真武举考试的内容、程序及录取可知，金设武举的目的是选拔文武双全、能领兵打仗的军官。因此，金武举既重武艺，又重兵法，尤其注重实际应用。对于不切实际的兵法理论知识只作一般了解，不作为考试内容。如承安四年（1199），章宗与宰臣对话说："朕尝观宋白所集《武经》，具载攻守之法，亦多难行。"右丞相（夹谷）清臣对曰："兵书一定之法，难以应变，本朝行兵惟用正奇二军，临敌制变，以正为奇，以奇为正，故无往不克。"上曰："自古用兵亦不出奇正二法耳。且学古兵法如学弈棋，未能自得于心，欲用旧阵势以接敌，疏矣。敌所应与旧势异。则必不可支。然《武经》所述虽难遵行，然知之犹愈不知。"①

依据不同时期的具体情况，金代每次武举及第的人数不定。最多一次是宣宗兴定二年（1218）四月，由于当时面临蒙古大军压境，急需军事人才，因此，"特赐武举温迪罕缴住以下一百四十人及第"，② 并授予官职。史籍中关于女真武举的记载，并不多见。据笔者掌握，女真武举中举者有五人，见下表。

金代女真武举中举者一览表

中举者姓名	中举时间	史料来源
王哲	金熙宗皇统年（1141—1149）	《归潜志》卷 22
纥石烈鹤寿	金章宗泰和三年（1203）	《金史》卷 122《纥石烈鹤寿传》
李夷	金宣宗贞祐二年（1214）	《归潜志》卷 22
古里甲石伦	金宣宗贞祐二年（1214）	《金史》卷 111《古里甲石伦传》
温迪罕缴住	金宣宗兴定二年（1218）	《金史》卷 15《宣宗纪》

三、女真武举中举者授官

金对于女真武举中举者，在授官规定方面大体上借鉴北宋。章宗承安元年（1196）规定：上甲"第一名所历之职，初都巡、副将，二下令，三中令，四、五上令。第二、第三名，初巡尉、部将，二上簿，三下令，四中令，五、六上令。余人，初副巡、军辖，二中簿，三下令，四中令，五、六上

---

① 《金史》卷 44《兵志》，中华书局点校本 1975 年，第 997 页。
② 《金史》卷 15《宣宗纪中》，中华书局点校本 1975 年，第 336 页。

令"。① 上等中武举者，第一名所授之官，最初通常为都巡、副将之职，接下来会任职下令，以后会任职中令，最后会任职上令。上等第二名和第三名所授之官，最初通常任巡尉、部将之职，接下来会任职为上簿，以后又会任职为下令，接着会任职为中令，最后会任职为上令。二等、三等中武举者，所授任之职，最初通常为副巡、军辖，接下来会任职为中簿，以后又会任职为下令、中令，最后会任职为上令。每一任的任期是三十个月，任期期满后再开始下一任的任期。以后所规定的任职都经历完后，再重新上呈吏部，听从朝廷的安排，去就任更高的官职。

泰和三年（1203）后，金制规定又有所调整："上甲第一名迁忠勇校尉，第二、第三名迁忠翊校尉。中等迁修武校尉，收充亲军，不拘有无荫，视旧格减一百月出职。下等迁敦武校尉，亦收充亲军，减五十月出职。"② 上等中举者第一名授予忠勇校尉，第二、三名授予忠翊校尉。二等中举者授予修武校尉，三等中举者授教武校尉。他们都被朝廷收充亲卫军，职责为禁卫宫城诸门，并在皇帝出行时担任行从宿卫。等其任职期限届满，即予以外放，出任地方上刺史、同知、县令等地方官职或军职职务。

贞祐三年（1215），金又重新规定：武举中举者，在待遇上向文进士看齐，也赐予他们敕命章服，从而提高了武举中举者的地位。如兴定二年（1218）五月，"策论词赋经义进士及武举人入见，赐告命章服"。③

综合分析女真武举中举者的官职授任情况可知，在贞祐三年以前，与文科举授官情况相比，中武举者的授官等级比较低，反映出当时重文轻武的思想倾向在科举中有所体现。即使以后金统治者认识到了这个问题，对其有意识地进行提高，却始终不及对文科举的重视。

而在女真武举中的确诞生了一些武艺高强、骁勇善战的将帅之才，他们在金后期军政统治中发挥了积极的作用。如纥石烈鹤寿，为河北西路山春猛安（今河北正定）人，曾中金泰和三年（1203）武举，于大安三年（1211）出任西南路马军万户。兴定中，鹤寿率军进攻枣阳（今湖北枣阳），三败宋

---

① 《金史》卷52《选举志二》，中华书局点校本1975年，第1165、1166页。

② 《金史》卷52《选举志二》，中华书局点校本1975年，第1165页。

③ 《金史》卷15《宣宗纪中》，中华书局点校本1975年，第336页。

兵，先后迁同知归德府事、武胜军节度使、元帅左都监，行元帅府于既州（今陕西富县），成为金朝有名的将帅。兴定五年末，山西解州城被蒙古军攻破，纥寿战死。[①] 又如隆安人古里甲石伦，亦以中武举而入戎伍。宣、哀时期，石伦以精通武艺、骁勇无比而屡蒙朝廷重用：贞祐四年（1216），累迁为解延路兵马都总管。正大八年（1231），蒙古攻入河南，哀宗任其为昌武军节度使，后战不胜，投井而殉国。

四、女真武举的特点

第一，女真武举策艺并重、文武兼及。从金武举考试内容看，既重视步射、骑射，又重视远射及击刺，这是要求应试者具备基本的战斗技能，拥有最基础的身体素质。同时，考试内容涉及朝廷解律和兵法，这是对宋武举重视兵法武略的继承。但从考试要求来看，兵法考试趋向简单，恐怕难以适应培养优秀军事人才的需要。

第二，女真武举的制度化。女真武举从借鉴唐宋武举制度出发，形成府试、省试、殿试三级考试制度，在考试时间、考试程序以及考试内容和录取员额、授官制度等方面，都有较具体和固定的规定，形成了制度化的特点。

第三，金代试武举者，有武艺高强者，如纥石烈鹤寿、古里甲石伦等，也有许多文科举不第者，转而从武举，这使得金武举中举者往往具有较高的文化素质。如陈郡人李夷，累举词赋、试经义不中，转而以武举进身。真定府学教授常仲明，因累试文举不中，转而弃文从武，后中武举。常君其父"自以不习儒业为愧。一意课二子学"。[②]

第四，女真武举同中国历代武举一样，一方面地位远不及文科举（中举后授官级别比较低）；另一方面，选拔出的武学人才，虽有武艺，但因不历战阵，缺乏实战经验，故难以适应现实的军事需要。

---

① 《金史》卷 122《纥石烈鹤寿传》，中华书局点校本 1975 年，第 2669 页。
② 《金文最》卷 100，中华书局 1990 年，第 1448 页。

第六章　金代女真教育体系与
女真科举体系的关系

金朝统治民族女真族为本民族建立了专门的教育体系与科举体系。女真教育体系为女真科举体系的发展与完善提供了人才保障，女真官学培养了众多女真子弟，是开科取士的前提条件；试科举考取进士及第授官，激发了女真子弟学习的积极性，女真进士被派往女真学任职又充实了学校的教师队伍，促进了学校教育的发展。金代的女真教育体系与女真科举体系相辅相成，促进了女真文化的发展，提升了少数民族文化地位。

第一节　金代女真官学教育与女真进士科

金太祖、太宗天会年间，在京师设女真字学，这是最早的女真中央官学。世宗时期，女真官学教育从中央到地方建立了一套比较完善的教育体系，在大力发展女真官学教育的基础上，世宗大定年间开设女真进士科，并逐渐发展与完善。以女真字的创制为契机，最终建立起女真官学教育体系与女真科举考试体系，使女真族的教育模式发生了巨大变革。

一、女真官学教育目的与女真进士科

（一）女真官学教育的初设

金代女真人最早的官学是女真字学。天辅二年（1118），太祖令完颜希尹（又名谷神）、耶（叶）鲁在汉字和契丹字基础上，结合女真语言，创制女真文字，[①] 即女真大字。天眷元年（1138），熙宗时又创制了女真小字，与完颜希尹所创制的女真字相较，笔画更为简单，希尹所撰之字称为女真大字，两种女真文字并行使用。[②] 女真文字创制和颁布后，为了推广和普及本民族文字，国家在中央和地方设立女真字学，教授女真子弟学习。世宗时提倡保持女真传统风俗，在皇室亲王、诸猛安谋克中推进女真字学，以令女真人学习，如"亲王府官属以文资官拟注，教以女直语言文字"，[③] 又规定"诸王小字未尝以女直语命之，今皆当更易"，[④]"凡承袭人不识女直字者，勒令习学"。[⑤] 世宗时期是女真字学迅速发展的阶段，女真字学的数量增多、规模扩大，而且学生的数量提高、范围更广。

女真字学设立后，在尚未开设女真进士科情况下，女真字学有学业优良者，送京师深造，毕业后授官入仕。如纥石烈良弼："年十四，为北京教授，学徒常两百人，时人为之语曰：'前有谷神，后有娄室。'其从学者，后皆成名。年十七，补尚书省令史。簿书过目，辄得其隐奥。虽大文牒，口占立成，词理皆到。时学希尹之业者称为第一。除吏部主事。"[⑥] 完颜兀不喝："会宁府海姑寨人。年十三选充女真字学生。补上京女真吏，再习小字兼通契丹文字。充尚书省令史。"[⑦] 另有纳合椿年、耨盌温敦兀带，亦被选为尚书省令

[①]《金史》卷 73《希尹传》，中华书局点校本 1975 年，第 1684 页。

[②]《金史》卷 73《希尹传》，中华书局点校本 1975 年，第 1684 页。

[③]《金史》卷 70《完颜思敬传》，中华书局点校本 1975 年，第 1626 页。

[④]《金史》卷 7《世宗纪中》，中华书局点校本 1975 年，第 165 页。

[⑤]《金史》卷 73《宗尹传》，中华书局点校本 1975 年，第 1675 页。

[⑥]《金史》卷 88《纥石烈良弼传》，中华书局点校本 1975 年，第 1949、1950 页。

[⑦]《金史》卷 90《完颜兀不喝传》，中华书局点校本 1975 年，第 1998 页。

史，海陵、世宗朝时均官至宰执。[①] 此外也有因习女真字、契丹字而入仕的女真人，如海陵贞元初年（1153），平章政事粘割斡特剌"以习女直字试补户部令史，转尚书省令史"。[②]

女真字学初设时期，因习女真字而入仕的途径虽没有形成常制，但女真字学中学业优良者毕业后授官入仕，促使更多女真子弟入学学习本民族文字，达到了设立女真字学的目的；另一方面也反映了统治者对具有一定文化水平的女真官员的重视，进而刺激了人们学习的积极性，对建立系统的官学教育体系起到了积极的促进作用。

（二）女真官学教育的发展与女真进士科

女真字的创制、女真字学的建立，使较多的女真人掌握本民族的文字。世宗大定四年（1164）至大定九年（1169），为推行女真字，金廷在中央和诸路广设女真字学。大定十三年（1173），在女真字普及前提下，又增设女真官学，中央设女真国子学，地方诸路设女真府州学，大定二十八年（1188）又设立女真太学。在世宗时期，金自上而下建立了完善的女真官学教育体系。章宗时期，进一步完善了女真官学教育体系，增加了女真学校的数量，女真官学的设立，促进了女真民族教育发展兴盛。

世宗时期设立译经所，将汉文儒家经典译为女真大小字，大定四年（1164）诸路设女真字学，选三千名女真良家子弟入学学习。[③] 学习五年后，在大定九年（1169），从这三千名女真字学生中，挑选了百余名优秀者送往京师继续深造。这百余名女真学生，师从女真学出身的国史院编修温迪罕缔达，学习作诗、策等内容，学习期间并由国家供给。学习结束后，通过复试在百余名学生中再选出更为优秀者，这是由女真人自己培养出来的第一批女真族子弟。有了本民族的人才，金统治者在此基础之上创设女真进士科："策论进士，选女直人之科也。……十三年始定每场策一道，以五百字以上

---

① 《金史》卷 83《纳合椿年传》，第 1872 页；卷 84《耨盌温敦兀带传》，第 1884 页，中华书局点校本 1975 年。

② 《金史》卷 95《粘割斡特剌传》，中华书局点校本 1975 年，第 2107 页。

③ 《金史》卷 51《选举志一》，中华书局点校本 1975 年，第 1133 页。

成，免乡试府试，止赴会试御试。且诏京师设女直国子学，诸路设女直府学，拟以新进士充教授，以教士民子弟之愿学者。俟行之久、学者众，则同汉进士三年一试之制。"① 并举行首科女真进士考试，徒单镒获女真状元，另有进士及第共 27 人。

世宗大定十三年（1173），中央设女真国子学，"以策、诗取士，始设女直国子学。……国子学策论生百人，小学生百人"。② 同年，在中都、上京、合懒、胡里改、蒲与、婆速、恤频、西京、咸平、临潢、泰州、冀州、开州、北京、丰州、东京、盖州、东平、隆州、河南、益都、陕西诸路，设立二十二处女真府学和女真州学。③ 因随处设学，并赡以钱米，在泰和年间又例又授地六十亩，女真学生员待遇优渥，入学女真子弟众多，④ 保证了官学中的生源，促进了女真官学教育的发展。完成学业的女真官学学员，成为女真科举制度考生的主要来源，而女真进士科也是女真官学教育学子入仕的最佳途径。

大定二十八年（1188），中央又设女真太学，女真官学教育系统愈加完备。同时，第一批女真进士科录取的徒单镒以下 27 人，被任以各女真学的教授，通过女真科举选拔出的人才，又被充实到女真官学的教师队伍中，女真官学的师资水平得到提高，促进了女真官学教育的发展。

策论进士科，为选拔女真族文人的科举科目，如应试则必须掌握女真文字，并要有一定的文化水平。女真进士科设立之前，世宗在将近 10 年的时间里，通过实行一系列教育措施，来提高女真人的文化水平、培养女真族人才，为女真科举作了充分的人才准备。大定中后期能够参加女真进士科考试者，主要是女真学中的学生。参加首科女真进士及第的如徒单镒等人，其后几乎都于政权机构中任重要职务，他们在发展女真文化教育、巩固国家政权方面做出了重大贡献。有学者认为，世宗时期发展女真教育的举措既是要提高女真人的学术与道德修养，同时也是在提高女真人整体素质的前提下，为

① 《金史》卷 51《选举志一》，中华书局点校本 1975 年，第 1140 页。

② 《金史》卷 51《选举志一》，中华书局点校本 1975 年，第 1133 页。

③ 《金史》卷 51《选举志一》，中华书局点校本 1975 年，第 1133、1134 页。

④ 《金史》卷 51《选举志一》，中华书局点校本 1975 年，第 1143 页。

女真有学养的人士开辟入仕之路。①

女真学的兴衰发展，直接影响到参加女真进士科人数的多少。兴定五年（1221），宣宗"赐进士斡勒业德等二十八人及第"时，怪其数少，宰臣向宣宗提出了重振女真学的建议："今京师虽存府学，而月给通宝五十贯而已。若于诸路总管府及有军户处置学养之，庶可加益。"②说明了女真学与女真进士科之间的紧密关系。

二、女真官学教育内容与女真进士科

女真官学教育内容与女真进士科策试内容，均以儒家经典为主；同时，又有着比较一致的侧重点，即以学习、试策论为主，这与女真统治者办女真官学的出发点、设立女真进士科的目的有关。

（一）以儒家经典为主的女真官学教育与女真进士科

女真官学教育内容以儒家经典为主，兼学《老子》及历朝正史。儒学为历代汉族统治阶层的主导思想，但其所宣传的忠君、孝悌、等级观念对女真统治阶层同样适用，作为治国安邦的重要思想武器，从意识形态方面控制被征服民族，汉家儒学为主的典籍备受金统治者所推崇，并被确定为培养女真人才的主要内容，应用于女真官学中。女真学校的学生，在学习以女真字翻译的儒家经史以及诸子之学内容的同时，还要学习女真语言文字。可见女真官学教育内容，是将汉文化与女真传统文化并重，既学习儒家经史、诸子之学，又不忘本民族传统文化。

世宗初兴女真学时，能预女真学生之选者，多系贵族子弟，尤其女真国子生皆为官僚贵族之子，选举的权力被猛安谋克贵族把持，"若宗室每二十户无愿学者，则取有物力家子弟年十三以上、二十以下充"。③所谓"有物

① 李桂芝：《辽金科举研究》，中央民族大学出版社 2012 年，第 269 页。
② 《金史》卷 51《选举志一》，中华书局点校本 1975 年，第 1143、1144 页。
③ 《金史》卷 51《选举志一》，中华书局点校本 1975 年，第 1130 页。

力家子弟",也是指富有的贵族家庭子弟。元好问也曾记:"以女真字译汉文,选贵胄之秀异就学焉。"①在女真进士中,能升高官者也是贵胄居多。现查到的六十二名有履历的女真进士中,有据可考的十二名皆出身于官僚贵族家庭。在官学教育中,向女真贵族子弟教授儒学,宣扬忠孝思想,灌输作为调节君臣、宗族和家庭关系准则的忠孝等观念,也是金统治者为了避免当这些女真贵族子弟进士及第授官后,发生如熙宗和海陵王时期臣弑君的现象。

金代女真进士考试的内容范围,与女真官学教育内容是相同的,以译为女真字的典籍为主,在儒家经典、诸子、正史范围内出题。在答试中,还要在题下注其引经据典的根据,这种要求考生的答题引用的资料必注明来源,是金代的创新。比起辽、宋科举考试主要从四书、五经中寻找答案,扩充到经、史、百家之言的范围,对考生提出了更高的要求。

中国古代的科举制度,原本就是以儒家思想为基石的封建教育选拔方式,女真科举制度是仿照汉族科举而建,考试内容自然呈现出汉化的色彩。女真进士科首科仅试策论,大定二十年(1180),又增加了诗、论。大定二十八年(1188),世宗问宰臣:"女真进士惟试以策,行之既久,人能预备。今若试以经义可乎?"可见世宗也想仿汉制试以经义,但又不知是否可行。宰臣回答:"五经中书、易、春秋已译之矣,俟译诗、礼毕,试之可也。"②从回答中可知,女真科举亦可试以经义,而女真进士科的考试内容来源于儒家传统的五经。世宗时,又规定于五经之中加试一道论题。以防考生提前猜题和押题。女真科举考试内容以儒家经典为出题范围,说明金统治者对儒学文化的教化作用还是比较认同的。

女真子弟在以儒家经典为主要教育内容的女真官学中学习,成为他们参加女真进士科考试的文化基础。

(二)女真官学教育的侧重内容与女真进士科主考科目

女真官学教育尤其中央官学侧重策论。

---

① 《金文最》卷108《尚书右丞耶律公神道碑》,中华书局1990年,第1555页。
② 《金史》卷51《选举志一》,中华书局点校本1975年,第1142页。

主要阐述对政局时务见解的文体称为策，同词赋、经义相较更为简单，易于掌握。女真国子学虽以儒家典籍等为学习内容，因女真文字创制与学习时间较短，没有汉字精深，同汉族国子生主攻词赋和经义相较，以女真文字翻译汉文的诗赋、经义内容不够精准，所以义理较为浅显的策论更容易理解接受；另一方面，女真统治者办女真官学的出发点在于通博、实用，金政权采取因人而异的措施，在选拔女真族治国人才时，提倡"重在实学，学必有用"。女真国子生学成后主要进入统治阶层，而历三年仍不能充贡之人，可通过参加学官考试后，到尚书省所属各机关补任官职，再按资迁转。① 主攻策论，可以培养学生治国安邦的能力，有实际效用。而"教化之行，兴于学校"，因此在官学教育中"使学者皆守经学，不惑于近习之靡"。②

女真进士科初设时，专门针对女真生员，考试内容亦专门对女真生员学业而置，初为策，后又增考论、诗。

大定十三年（1173），女真进士科举行首次考试，考试内容为试五百字以上策一篇，注重治国方略，比较简单，所试程文用女真大字书写。女真策选最初，考题相对简单，多紧扣时政，向参选者求对策，因"行之既久，人能预备"，③ 通过不十分强调文章词藻的女真策论进士科，来选拔女真族优秀的治国安邦的人才，既提高了女真民族的文化素质，保持了女真民族的文化传统；同时，注重治国方略也利于取士入仕后巩固女真国家政权。

从女真进士科的考试内容来看，金统治者重策论而轻诗赋，与女真人官学教育侧重策论教育的原因相符，和女真族的文化发展水平及具体国情是息息相关的。上已述及，由于女真文字创立时日较短，其义理不深，难以如汉字一样进行诗词的创作，女真族人的文化水平较之汉族士子也稍逊一等，策论较之词赋、经义相对简单，易于掌握。其次，金统治者对女真族的要求，主要侧重治国方略能力的考察，即试"策"，而非辞藻华丽的赋诗作词能力，希望由女真进士科选拔出有实际能力的女真族治国人才。

---

① 《金史》卷51《选举志一》，中华书局点校本1975年，第1132页。
② 《金史》卷99《徒单镒传》，中华书局点校本1975年，第2188页。
③ 《金史》卷51《选举志一》，中华书局点校本1975年，第1142页。

（三）女真官学教育与女真进士科使用的文字与典籍

女真官学教育自始至终坚持使用女真文字，其教材均为翻译成女真文字的儒家经典文籍。

在最早的女真官学女真字学中，"颁行女直字书"，① 将《女真字母》颁行到各个学校，以作为女真字学的教材使用，《女真字母》也成为金最早出版的图书。在掌握女真文字的基础上，由女真官学的授课内容决定，女真授课教材使用译成女真文字的儒学类、史书类等汉籍。

世宗、章宗时期，是金代女真文书籍翻译出版的高峰期。世宗时设立了从事经史翻译的机构——译经所，译经所专门负责将汉文经书及科技文献典籍等译写为女真文："大定初朝廷无事，世宗锐意经籍，诏以小字译《唐史》，成，则别以女直字传之，以便观览。公（耶律履）在选中，独主其事。书上，大蒙赏异，擢国史院编修官兼笔砚直长。改置经书所，径以女直字译汉文。"② 大定五年（1165），"翰林侍讲学士徒单子温进所译《贞观政要》《白氏策林》"，大定六年（1166），"复进《史记》《西汉书》"。③ 大定二十三年（1183），译经所献上了所译的经书《易》《书》《论语》，诸子百家《孟子》《老子》《扬子》《文中子》《刘子》，以及史书《新唐书》等多部翻译为女真文的汉书经典。④ 由于女真官学中译著的种类数量较少，故与汉族国子学相比其教学内容也更为简略。

女真进士科也坚持在科考中使用女真文字，"策用女直大字，诗用小字"。⑤ 科考出题范围使用的典籍，有《书》《论语》《春秋》《孟子》《易》《孝经》，正史，以及部分子部门典籍等。章宗明昌元年，下诏令在《论语》、六经、《孟子》、《荀子》、《扬子》及《老子》、《孝经》、十七史等儒家典籍内出题。

女真官学中教授学习女真字，女真进士科则规定所试程文必须或者部分

---

① 《金史》卷 70《宗宪传》，中华书局点校本 1975 年，第 1615 页。

② 《元好问全集（增订本）》卷 27《尚书右丞耶律公神道碑》，山西古籍出版社 2004 年，第 584 页。

③ 《金史》卷 99《徒单镒传》，中华书局点校本 1975 年，第 2185 页。

④ 《金史》卷 8《世宗本纪》，中华书局点校本 1975 年，第 184 页。

⑤ 《金史》卷 51《选举志一》，中华书局点校本 1975 年，第 1141 页。

使用女真字。世宗兴女真学,用女真字译儒家经史,五经中的《书》《易》、《论语》、子书和史书等都翻译女真文字,设女真进士科规定考试文字为女真字,女真统治者推广使用女真文字,其主要目的均在于将儒家伦理观念与女真民族旧风结合,通过女真旧风来实践儒家伦理思想,而对治理国家没有实际效用的内容,如儒家繁琐、复杂的礼仪等,则加以摒弃,这既极大地促进了女真文字的传播使用,也促进了以儒学为主的汉文化在女真人中的传播。

三、女真官学教育方式与女真进士科

女真人在建国以前,主要进行生产技能内容教育,或者是并不普及的本族历史传统、萨满巫术知识的教育。由于没有文字,教育方式还是口耳相传,如"宗翰好访问女直老人,多得祖宗遗事"。[①] 建国后,随着女真官学教育体系的建立与完备,知识的传授已经由简单的口耳相传,发展为女真人进入学校中跟随教师学习。

女真官学教育分为中央官学国子学、太学,地方官学府州学,以及专为教授女真文字的女真字学。世宗大定二十八年(1188)设女真太学后,金代自上而下建立了一套较为完备的女真官学教育体系,女真官学的普及、女真学教育的发展,不仅女真贵族子弟可以入学校学习,一些中下层女真人也能到女真府、州学接受学校教育。女真统治者通过设立本民族的国子学、太学、府州学,不仅使女真人能够大规模地接受正规的学校教育,更重要的是可以培养女真族的统治人才。

作为正规的学校教育,女真官学的各项制度继承了唐、宋时期的学校教育制度,教学人员设置比较完备,学官各司其职。在各级官学中,设置学官进行教授与管理。学官,包括教师和教辅人员,如女真国子学设博士、助教、教授、国子校勘、国子书写官等,[②] 其中作为专职教学人员的教授、博

---

① 《金史》卷66《完颜勖传》,中华书局点校本1975年,第1558页。
② 《金史》卷56《百官志二》,中华书局点校本1975年,第1271页。

士和助教，负责"教诲诸生"，考核评判学生的学习成绩。在女真进士科创设之前，世宗曾广设女真学，并选取各处女真良家子弟3000人入学学习，而学官尤其是教授的数量尚未充足时，其教育方式应以集中多数女真子弟进行授课，以讲授法为主，不太可能出现个别单独授课的方式。据《金史》中记载，自太宗时期到金末，任女真学教授一职的有讹离剌、耶（叶）鲁、纥石烈良弼、曹望之（汉族）、完颜匡、夹谷衡、尼庞古鉴、徒单镒、粘割贞、纳合蒲刺都、纥石烈德、纳坦谋嘉、蒲察胡里安、粘割斯邻，历朝各级各地女真官学中教授仅十几人。世宗大定九年（1169）选拔的首批百余名各地女真子弟入京学习，由温迪罕缔达一人教授，因此女真官学中采取的无疑是多数生员集中授课的教育方式。

首批入京学习中的优秀者最终成为女真进士科录取的第一批进士，并授职到各级女真官学中。这也反映了在金代，为了有更多的学官传授知识，以培养更多的女真子弟，自然促使女真进士取士，选拔更多的人才充实到女真官学教育中。

金代女真官学教育体系与女真科举体系在世宗时期几乎同时设立，说明金统治者已经认识到教育与科举之间相互促进的关系。学校教育是培养人才的场所，为科举制度提供了人才，是科举制度的前提条件；科举取士是通过分科考试选拔人才的制度，科举制度的实行促使更多女真人进入学校学习，提高了他们学习积极性，以科举进士充实到学校教师队伍中，又为学校教育发展提供了良好的师资保障，提升了学校教育的水平。女真官学与女真科举相互促进发展，二者相辅相成，为女真政权的巩固和发展发挥着重要作用。

第二节　金代女真儿童教育与女真经童科

金朝女真人非常重视儿童教育。女真统治阶层在创办官学教育时，即在官学中设小学教育，由于小学名额有限，在一些女真贵族和官僚中，也通过私学对儿童进行教育。世宗时期，在创设女真进士科的同时，创设了女真经童科（神童科），选拔的对象是士庶子年十三岁以下，是为选拔优秀的女真儿童所设立的科目，对发展女真儿童教育起到积极促进作用。

一、女真儿童教育形式与女真经童科

金代女真儿童教育形式分为官学和私学两种，官学中由教授集中传授，私学中又分为家学、家塾和学馆教育。

（一）女真官学中的儿童教育与女真经童科

金统治者重视对女真儿童和少年的培养，因此积极发展小学教育。金太祖、太宗时期，为推行女真文字设女真字学，专门教授不超过十五岁的少年儿童学习，这种传统一直延续至金末。

女真国子学正式设立于世宗大定十三年（1173），国子学相当于大学阶段的教育，但设立同时在国子学中专设小学，以对女真儿童进行教育。小学生名额为 100 人："十三年，以策、诗取士，始设女直国子学。…… 国子学策论生百人，小学生百人。"[1] 女真小学为女真国子学的预备学校和附属教育机构，同由国子监管理。女真国子学招收对象均为女真贵族或官宦、功臣子弟，"以宗室及外戚皇后大功以上亲、诸功臣及三品以上官兄弟子孙年十五以上者入学"，其中"国子生不及十五者入小学"。[2] 在女真地方官学女真府学、女真州学，生员招收中"每谋克取二人，若宗室每二十户内无愿学者，则取有物力家子弟"，年龄规定为"年十三以上、二十以下者充"。[3] 即在女真地方官学中未立小学。

由于女真贵族子弟中有相当一部分人在十五岁以下、十三岁左右，他们年龄较小，还无法理解和掌握国子学的课程。专门设立女真小学，对十五岁以下的女真儿童另外传授知识，既有助于女真贵族子弟提高文化知识水平，

---

[1]　《金史》卷 51《选举志一》，中华书局点校本 1975 年，第 1133 页。

[2]　《金史》卷 51《选举志一》，中华书局点校本 1975 年，第 1131 页。

[3]　《金史》卷 51《选举志一》，中华书局点校本 1975 年，第 1134 页。

也利于之后在国子学中的继续学习。

金代除设立女真进士科，还设有女真经童科。女真经童科专为选拔优秀的女真少年儿童。与女真进士科相同，应试经童科及第后，也会有较好的出路，因此对女真小学教育的发展起到了积极作用。如蒲察元衡，"使应童子举，十一登科，移籍太学，弱冠，擢泰和三年策论进士"。[①] 其他还有纥石烈良弼、完颜兀不喝、孛术鲁阿鲁罕等人，都是从小就受到良好的教育，为以后的发展打下坚实的基础，后来都成为金朝有名的人物。

（二）女真私学中的儿童教育与女真经童科

女真人非常重视少年儿童的教育，但女真官学中的小学教育，名额有限，所以在各种类型的女真私学如家学、家塾或是学馆中对少年儿童进行教育。

世宗时的龙虎卫上将军术虎筠寿，在家中亲自传授："亲授三子者学，夜参半，犹课诵不已，三子服教，悉能自树立。"[②] 完颜希尹则请洪皓在家中教授子孙："（希尹）诸孙幼学，聚之环堵中，凿圆窦，……先生晨夕教授，其义方如此。"[③] 也有将子弟送去学馆学习，如金人仰慕宋人朱弁的才华，欲易其官"使就馆，守之以兵"，"金国名王贵人多遣子弟就学"。[④]

女真私学中，分为女真人亲自传授和汉师传授两种。女真经童科因与女真进士科同时设立，其考试也应使用女真文字。在女真私学中，由汉人传授女真儿童者，则不太可能使用女真文字。因此这部分的儿童教育，虽然很大程度上与官学小学起到相同作用，但因文字的限制，从私学中直接考取经童科的可能性不大，更可能的是接受教育后，进入女真官学中，为以后考取女真进士做准备。而在私学中学习女真文字具有一定文化水平，是否有直接考取经童科的，由于史料缺乏，还不得而知。

---

① 《遗山先生文集》卷20《资善大夫集庆军节度使蒲察公神道碑》，四部丛刊初编本，商务印书馆1919年，第214页。

② 《遗山先生文集》卷27《龙虎卫上将军术虎公神道碑》，四部丛刊初编本，商务印书馆1919年，第271页。

③ 罗福颐辑：《满洲金石志》卷3《大金故左丞相金源郡贞宪王完颜公神道碑》，民国二十六年（1937）刊本，第62页。

④ 《宋史》卷373《朱弁传》，中华书局点校本1977年，第11553页。

二、女真儿童教育目的与女真经童科

在女真中央官学中学习的女真儿童，由各路选女真优秀子弟学习，包括贵族子弟、平民子弟，对于这些女真儿童，教育的首要目的是学习女真文字。

《金史》中记载，入女真字学的宗宪、温迪罕缔达、纥石烈良弼、纳合椿年、耨碗温敦兀带、完颜兀不喝、徒单镒、孛术鲁阿鲁罕、汉人曹望之等等，俱以少年俊秀入选。[①] 徒单镒，"本名按出，上京路速速保子猛安人。……镒颖悟绝伦，甫七岁，习女直字"。[②] 纥石烈良弼，"天会中，选诸路女直字学生送京师，良弼与纳合椿年皆童卯，俱在选中"。[③] 完颜兀不喝入学时十三岁，"年十三，选充女直字学生"。[④] 孛术鲁阿鲁罕，"年八岁，选习契丹字，再选习女直字"。[⑤] 在学习女真文字的基础上，教授与国子学相关的知识，有助于女真贵族子弟在国子学中的学习及考取经童科。

女真经童科是为选拔优秀的女真儿童而设立的，这里的优秀显然更多指的是文化水平，经童科设立的目的又促使女真儿童积极学习，更好地掌握女真文字及一定文化知识，以通过学习成绩展示才能。

三、女真儿童教育内容与女真经童科

在女真官学的小学中，主要教授儿童女真文字和国子学的预备课程。女真国子学教学内容以儒学为主，在女真官学教材的选用上，使用女真文

---

① 《金史》卷 105《温迪罕缔达传》，第 2321 页；卷 83《纳合椿年传》，第 1872 页，中华书局点校本 1975 年。

② 《金史》卷 99《徒单镒传》，中华书局点校本 1975 年，第 2185 页。

③ 《金史》卷 88《纥石烈良弼传》，中华书局点校本 1975 年，第 1949 页。

④ 《金史》卷 90《完颜兀不喝传》，中华书局点校本 1975 年，第 1998 页。

⑤ 《金史》卷 91《孛术鲁阿鲁罕传》，中华书局点校本 1975 年，第 2024 页。

字翻译的五经中《书》《易》、《论语》、子书和史书等，世宗所说："朕所以令译五经者，正欲女直人知仁义道德所在耳。"可见，金代女真学所学的是融合了女真传统文化的儒学，但对于小学阶段的十三岁以下的女真弟子来说，仍然有一定难度，因此，女真官学儿童教育显然为之后国子学的课程做准备，在掌握女真文字的基础上，涉及与儒家典籍相关的较为浅显的内容。

金代还有由私学完成的儿童教育。私学中有启蒙教学，内容以识字为主，蒙学教材主要是"字书"，女真私学的启蒙教育中有使用译为女真字的《百家姓》，说明私学在启蒙教学上，与官学儿童教育相似，均有学习女真文字的内容。在可以识字后，女真子弟方可读《孝经》《论语》等儒家经典，教学内容也相对比较简单。

章宗明昌元年（1190），经童科的应试内容规定："凡士庶子年十三以下，能诵二大经、三小经，又诵《论语》诸子及五千字以上，府试十五题，通十三以上，会试每场十五题，三场共通四十一以上，为中选。所贵在幼而诵多者，若年同，则以诵大经多者为最。"① 即要求能够诵读经、子、论语，并以能诵读内容较多者为好。女真官学与私学中儿童教育内容，有一定的相似度，在学习女真文字的基础上，学习《孝经》《论语》等儒家经典，显然与经童科考试内容相符，为女真儿童考取女真经童科奠定了基础。

第三节　金代宫廷教育与女真科举

金代的宫廷教育，专为太子、诸王、侍卫亲军、宫女设置，几乎囊括了宫廷内的各阶层。加强宫廷各阶层的文化教育，宗室、侍卫的文化水平提高后，参加女真科举考试，同样为女真进士科提供了人才保障，又利于统治集团的统治。

---

① 《金史》卷51《选举志一》，中华书局点校本1975年，第1149页。

一、宗室教育与女真科举

金代宗室采取多种不同的教育形式，宗室子弟既有接受帝王的亲身教育，或延请家庭教师，也有师保傅教育，还有宗室子弟进入女真国子学。通过不同形式的教育，学习包括文化知识、道德品格、女真传统等方面内容。在有一定的文化基础上，也有宗室子弟参加女真科举，并进士及第。

（一）官学教育与女真科举中的宗室子弟

《金史·选举志》记载："凡养士之地曰国子监，始置于天德三年（1151），……以宗室及外戚皇后大功以上亲、诸功臣及三品以上官兄弟子孙年十五以上者入学，不及十五者入小学。"[1] 大定十六年（1176）又设置了府学："凡十七处，共千人。初以尝与廷试及宗室皇家袒免以上亲、并得解举人为之。"[2] 上述记载可知，国子监所录取的生员大部分都是宗室子弟，或者是非宗室的贵族子弟。

世宗大定十三年（1173），始设女真国子学，诸路设女真府学，"凡取国子学生、府学生之制，皆与词赋、经义生同。又定制，每谋克取二人，若宗室每二十户内无愿学者，则取有物力家子弟年十三以上、二十以下者充"。[3] 可见，在女真国子学、女真府学之中也要有一定比例的宗室子弟，如果宗室子弟不愿意就学，要以有物力的贵族子弟充。金代设立女真地方官学的府州地区，多有女真宗室居住，特别是金上京是女真宗室聚居区，因此很多宗室子弟入府学接受教育。

设女真进士科后，大定十六年（1176），"命皇家两从以上亲及宰相子，直赴御试。皇家袒免以上亲及执政官之子，直赴会试"。[4]"袒免"亲，指五服以外的远亲，"袒免以上亲"主要指五服以内亲，皇家两从以上亲可以直接

① 《金史》卷51《选举志一》，中华书局点校本1975年，第1131页。
② 《金史》卷51《选举志一》，中华书局点校本1975年，第1131页。
③ 《金史》卷51《选举志一》，中华书局点校本1975年，第1134页。
④ 《金史》卷51《选举志一》，中华书局点校本1975年，第1141页。

参加御试、皇家袒免以上亲可以直接参加会试，这显然是金廷在科举考试中，对宗室近支赐予的特殊权力，可见金朝是提倡宗室子弟参加科举考试的。

金朝作为以少数民族为主的多民族封建政权，势必为维护统治阶层以及本民族的利益，实行很多偏重于统治阶层、统治民族女真族的政策。不论是在女真官学教育中，还是女真科举中，对宗室子弟给予了诸多特权，而这些权利，也提高了女真宗室子弟的文化水平，并通过科举考试进入仕途，如宗宪，"年十六，选入学。太宗幸学，宗宪与诸生俱谒，宗宪进止恂雅，太宗召至前，令诵所习，语音清亮，善应对"。[1] 据《金文最》记载，宗室完颜从郁"章宗试一日百篇，赐第"。[2] 另据《金史》中记载的"女直人试进士，夹谷衡、尼庞古鉴、徒单镒、完颜匡辈"等均为宗室子弟，皆由进士致宰相。[3]

（二）宗室教育的学官与女真科举

宗室的私学教育，除作为最高统治者的帝王，以身示范，亲身对皇室子弟进行教导，尚有延请家庭教师。皇室延请的家庭教师，多为汉学名儒，如熙宗"得燕人韩昉及中国儒士教之"。[4]世宗时儒者郑松，以道德学业闻于时，世宗闻其名，特起为左谕德，"令辅太子读书"。[5]

金代宗室教育仿汉制设立师保傅教育。金海陵王天德四年（1152），专设官职负责太子教育，"始定制宫师府三师、三少，詹事院詹事、三寺。十率府皆隶焉，左右谕德，为东宫僚属"。[6]"三师"和"三少"均为于太子东宫宫师府的官员，职责为"掌保护东宫，导以德义"，[7]"三师"为太子太师、

---

① 《金史》卷70《宗宪传》，中华书局点校本1975年，第1615页。

② 《金文最》卷114《宗室文卿小传》，中华书局1990年，第1639页。关于完颜从郁，据《金史》卷126《文艺传下》记载：泰和初，"会掌书大中与贾铉漏言除授事，为言者所劾，狱辞连（刘）昂。章宗震怒。一时闻人如史肃、李著、王宇、宗室从郁皆谴逐之，铉寻亦罢政"。中华书局点校本1975年，第2733页。

③ 《金史》卷70《思敬传》，中华书局点校本1975年，第1626页。

④ 《大金国志校证》卷12《熙宗孝成皇帝四》，中华书局1986年，第179页。

⑤ 《金史》卷19《世纪补》，中华书局点校本1975年，第410页。

⑥ 《金史》卷57《百官志三》，中华书局点校本1975年，第1300页。

⑦ 《金史》卷57《百官志三》，中华书局点校本1975年，第1300页。

太子太傅、太子太保，"三少"为"太子少师、太子少傅、太子少保，并多由朝廷重要官员兼任。另外，宗室各亲王府也设官员负责宗室子弟的教育，设王傅一人、文学二人，"傅，正四品，掌师范辅导、参议可否，……文学二人，从七品，掌赞道礼仪、资广学问"。①

负责东宫教育的三师、三少，他们对太子的教导成绩关系到统治集团的政权建设与稳定，因此对任三师、三少者的要求更为严格。东宫及宗室亲王任用的学官，需德才兼备，非文辞、道德优秀者不可为。学官需时刻监督太子以及宗室诸王的品行、学习等情况，定期进行专门考试，检查他们的学业，并及时汇报。世宗大定十二年（1172），在对诸王府长史训话时说："朕选汝等，正欲劝导诸王，使之为善。如诸王所为有所未善，当力陈之，尚或不从，则具某日行某事以奏。若阿意不言，朕惟汝罪。"②

世宗时创设女真进士科，选拔女真族当中的英彦之士，这些及第的女真进士符合统治者期望的德才兼备，恰为东宫学官提供了较好的人才。如大定二十二年（1182）女真进士魁首奥屯忠孝，任太子少傅。③大定二十五年（1185）进士蒲察思忠，累迁至太子太保兼翰林侍读学士。④此外，曾襄助世宗设女真科举的完颜守道，任太子少保、太子少师。

（三）宗室教育内容与女真科举

女真宗室子弟学习的内容，仅文化知识教育即包括文字、儒学、文学、史学等方面内容。皇族宗室子弟对于文字的学习，不仅包括本民族创制的女真字，也要学习汉字和契丹字。儒学、史学方面的学习，包括四书五经和部分史书，世宗朝组织人翻译的汉人古籍文献，经书如《易》《尚书》《论语》《孟子》等，子书如《老子》《扬子》等，以及《新唐书》等史书，成为宗室成员学习儒学的重要内容。

教授儒家典籍，在女真人中普及儒家思想精髓，一方面，从统治集团的

---

① 《金史》卷57《百官志三》，中华书局点校本1975年，第1301页。

② 《金史》卷7《世宗纪中》，中华书局点校本1975年，第155页。

③ 《金史》卷104《奥屯忠孝传》，中华书局点校本1975年，第2298页。

④ 《金史》卷104《蒲察思忠传》，中华书局点校本1975年，第2300页。

层面上推动了女真旧风与中原传统儒家文化的融合。这与设立女真进士科，以女真字应试策论内容，起到了相同效果。另一方面，女真进士及第者，对女真文字、汉字已经掌握，且经过策论应试，在儒家典籍的学习上较一般女真人水平更进一层，以他们中的优秀者作为宗室的学官，对于女真宗室子弟的教授与学习无疑有更积极的作用。有女真贵族子弟应试女真进士科及第，如蒲察元衡，世为女真贵族，十一岁应童子举，泰和三年（1203）中进士，官至集庆军节度使。[①]

无论是统治阶层内部的学习教育，或是制定女真科举，最终的目的都是为巩固政权统治，同时都达到了推广女真本民族习俗与以儒家为主的汉文化相融合的效果。

二、侍卫亲军教育与女真进士科

金朝皇帝的侍卫绝大多数都是选拔宗室、外戚和勋臣子弟来担任的，侍卫亲军亲近皇帝，加强这部分人的文化教育，提升他们的文化水平，利于统治集团的统治。设立女真进士科后，促使部分侍卫亲军考取进士，进一步加强文化上的学习。

侍卫亲军伴在皇帝及皇室成员身边，培养他们忠君爱国的思想和道德品格，对统治者来讲是非常必要的。章宗朝时曾规定："其护卫、符宝、奉御、奉职，侍直近密，当选有德行学问之人教之。"[②]侍卫亲军出职后即可担任官职，为了使他们具备一定的政治领导才能，在其未出职以前，专设教授对他们进行文化教育，提升其文化水平也非常有必要。世宗曾言："护卫以后皆是治民之官，其令教之以读书。"[③]可见侍卫亲军教育目的是培养为官的本领和德行，二者不可或缺。泰和三年（1203）六月，"又诘点检司，诸

---

① 《遗山先生文集》卷 20《资善大夫集庆军节度使蒲察公神道碑铭》，四部丛刊初编本，商务印书馆 1919 年，第 214 页。

② 《金史》卷 9《章宗纪一》，中华书局点校本 1975 年，第 210 页。

③ 《金史》卷 6《世宗纪上》，中华书局点校本 1975 年，第 146 页。

亲军所设教授及授业人若干，其为教何法，各具以闻"。即统帅亲军的点检司专门设置教授，进行侍卫亲军的教育。在侍卫亲军的教育渐行上正规后，其中有很多人学习勤奋刻苦，通经史律学，侍卫亲军的文化水平得以较大提升。

章宗朝的龙虎卫上将军术虎筠寿，为"大定二十九年，以门人选充亲卫军"，"尝言吾初读《律》，继而授《春秋》，因之涉猎史传"。他不仅自己学识很深，还曾"亲授三子者学，……三子服教，悉能自树立"。[1] 宣宗朝的名将完颜陈和尚，"天资高明，雅好文史，自居禁卫日，人以秀才目之。至是，渥授以《孝经》《小学》《论语》《春秋左氏传》，略通其义。军中无事，则窗下作牛毛细字，如寒苦之士，其视世味漠然"。[2]

随着文化水平的提高，一些侍卫亲军本身已具备一定的能力，他们在出职后，也参加科举考取进士。在金代科举考试中，女真人进士科考取策论的人数及录取比例都更高，女真进士所授官职也明显优于其他科，这也促使侍卫亲军积极学习以应试女真科举。完颜匡一次随世宗出巡，路上和驰满九住争论"伯夷叔齐"的典故，显宗听后颇有感慨地说："不以女直文字译经史，何以知此。主上立女真科举，教以经史，乃能得其深奥如此哉。"[3] 考取进士的侍卫亲军，如完颜匡、仆散讹可均为太子侍读，同为大定二十五年（1185）进士。完颜匡又于二十八年试诗赋，因为漏写诗题下注字未被录取，世宗特赐其及第。[4] 仆散讹可登科后曾授书画直长。[5] 到金中后期，侍卫亲军中的女真人考取进士者更多，完颜仲德"中泰和三年进士第，历仕州县"。[6] 裴满亨，大定二十八年（1188）"擢第，世宗嘉之，升为奉御"，至章宗时"擢监察御史。……三迁同知大名府事"。

① 《遗山先生文集》卷27《龙虎位上将军术虎公神道碑》，四部丛刊初编本，商务印书馆1919年，第271页。
② 《金史》卷123《完颜陈和尚传》，中华书局点校本1975年，第2680页。
③ 《金史》卷98《完颜匡传》，中华书局点校本1975年，第2163页。
④ 《金史》卷98《完颜匡传》，中华书局点校本1975年，第2166页。
⑤ 《金史》卷98《仆散讹可传》，中华书局点校本1975年，第2163页。
⑥ 《金史》卷119《完颜仲德传》，中华书局点校本1975年，第2605页。

结　论

　　本研究从科举与教育相互促进关系的角度，重点研究金代两大教育体系：汉族教育体系和女真教育体系；金代两大科举体系：汉科举体系和女真科举体系；两大体系之间的关系；以及金代武学教育与武举及其关系等问题。

　　金代两大教育体系，即汉族教育体系和女真教育体系。主要研究内容有：第一，官学教育。重点研究金代汉族官学教育和女真官学教育，提出金代官学的划分标准：即按照行政隶属关系分为中央官学和地方官学；按照人才培养的类型和教学内容分为传统儒学学校和专科学校。提出金代女真地方官学设有女真州学的观点，并分析总结女真官学教育的特点、历史作用及影响。同时还对金代宫廷教育进行了比较全面、深入的研究。第二，私学教育。重点研究金代私学发展的原因、类型、特点等问题，提出金代私学教育有家学、私塾、讲学、自学等四大类型。第三，书院教育。重点研究金代书院数量、分布特点、办学途径、建筑、藏书情况等。研究认为金代至少有 11 所书院，其中新建 6 所，修复和延续前朝书院 5 所。第四，教材教法。重点研究金代教材教法建设及其与科举考试的关系。研究提出按照教材内容和文字划分教材种类的标准，前者划分为经史教材、字韵教材、文学教材、专科教材、蒙学教材；后者划分为汉文教材、女真文教材、契丹文教材。

　　金代汉科举体系及其与汉族教育体系的关系。本研究对金代自太宗至哀宗期间，汉科举所经历的草创、发展、鼎盛、衰落四个阶段进行了全面详细的研究，认为金代汉科举从考试内容、考试时间、考试程序、应试对象、考试管理等方面来看，已形成一个较为完善的体系，并促进汉族官学教育体系的形成。自金太宗天会元年（1123）十一月依汉制开设科举，从汉人士大夫中选拔官吏，使科举成为汉族士人入仕的主要途径始，科举就刺激了文化教育事业的发展。随着科举制度的发展和完善，金于海陵天德三年（1151）始设国子监，至大定、明昌年间，建立健全了一套自上而下完整的汉族官学教育体系，同时私学教育也随之兴盛。还重点研究了汉儿经童科与儿童教育的关系，认为经童科的设立，提高了人们对儿童教育的重视程度，促使金代小学教育的普及。但因金仅在中央官学中设置小学，且学生数量有限，很难满足儿童就学的需求，故金代小学教育主要靠私学完成。

金代女真科举体系及其与女真教育体系的关系。本研究对女真科举体系的形成、完善及其与女真官学教育的关系进行研究，提出女真科举是女真人入仕汉官的途径之一的观点。在金朝开设女真进士科之前，女真人曾以习女真字的学生出身入仕，后来也有因习女真字、契丹字而入仕的女真人。这种入仕途径虽没有形成常制，却反映了金统治者对具有一定文化水平的女真官员的重视，进而刺激了人们学习的积极性，也促进了官学教育的发展。女真科举就是在女真官学教育充分发展的基础上建立起来的。大定十三年（1173），金世宗正式创设女真进士科后，为了保证女真科举有充足的人才资源，建立了一套与汉族官学教育体系并行的女真官学教育体系，并将女真科举选拔出来的人才，充实到女真官学教育师资队伍中，提高了女真官学的师资教育水平，促进了女真官学教育的发展。研究认为，金代女真官学教育体系与女真科举体系几乎同时设立，说明金统治者已经认识到科举与教育之间相互促进的关系。

金代武学教育与武举及其关系。本研究在对金代武举的设立、考试程序、考试内容、武举中举者授官、武举的特点等问题展开研究的基础上，重点研究金代武学教育及金代武举与武学教育二者之间的关系和社会作用等问题。研究认为，金承袭唐宋设武举，选拔军事人才，直至金亡。但与此密切相关的武学教育，由于金所特有的军政合一的猛安谋克制度，而没有像北宋那样在中央和地方设立武学学校。金代民间武学教育由私学承担。金代武举与武学教育对金代社会产生了积极作用。金不仅通过武举选拔出军事人才以巩固统治，而且还促进了武学教育的发展，为广大练武之人敞开了晋升之门。同时也使部分读书人走出书斋，骑马习武，造就出一大批文武兼备的有用之才。

总之，金代教育具有走发展本民族教育之道路，学校教育存在严格的等级性，汉、女真双轨并行的教育和科举体系的建立及其在实施过程中采取双重标准，儒学教育内容融入了女真国俗，发展儒学、发展本民族教育的文教政策充分发挥指导性作用、成效明显等特色。研究认为，学校教育是科举制度的前提条件，要保证科举制度的正常运转，必须发展学校教育。反之，科举制度又刺激了人们学习的积极性，充实了学校教育的教师队伍，为学校教育提供了良好的师资保障，促进了学校教育的发展，促使金代形成了养士与选士相配套的体系，共同为女真政权的巩固和发展发挥着重要作用。特别指出，女真进士科的创立，是金代教育一大特色，也是科举取士制度方面的一项创举，对后世产生了深远的历史影响。

参考文献

一、古籍文献类

(东汉) 班固:《汉书》,中华书局点校本 1988 年。

(南朝宋) 范晔:《后汉书》,中华书局点校本 1965 年。

(北齐) 魏收:《魏书》,中华书局点校本 1974 年。

(唐) 姚思廉:《梁书》,中华书局点校本 1973 年。

(唐) 姚思廉:《陈书》,中华书局点校本 1972 年。

(唐) 魏征:《隋书》,中华书局点校本 1973 年。

(唐) 长孙无忌等撰,刘俊文点校:《唐律疏议》,中华书局 1983 年。

(唐) 李林甫等撰,陈仲夫点校:《唐六典》,中华书局 1992 年。

(唐) 韩愈:《韩昌黎集》,上海中央书店 1935 年。

(唐) 李肇:《唐国史补》,上海古籍出版社 1957 年。

(唐) 杜佑:《通典》,上海古籍出版社 2007 年。

(唐) 封德彝:《封氏闻见记校注》,中华书局 2005 年。

(唐) 李肇:《唐国史补》,上海古籍出版社 1957 年。

(后晋) 刘昫等:《旧唐书》,中华书局 1975 年。

(五代) 王定保:《唐摭言》,中华书局 1959 年。

(宋) 王溥:《唐会要》,中华书局 1955 年。

(宋) 宋祁、欧阳修等:《新唐书》,中华书局点校本 1975 年。

(宋) 司马光:《司马光奏议》,山西人民出版社 1986 年。

(宋) 王栐:《燕翼贻谋录》,中华书局 1981 年。

(宋) 宇文懋昭撰,崔文印校证:《大金国志校证》,中华书局 1986 年。

(宋) 叶隆礼撰,李西宁点校:《契丹国志》,齐鲁书社 2000 年。

(宋) 徐梦莘:《三朝北盟会编》,上海古籍出版社 1987 年。

(宋) 黎靖德:《朱子语类》,中华书局 1986 年。

(宋) 李焘著,(清) 黄以周等辑补:《续资治通鉴长编》,中华书局 1979 年。

（宋）张端义：《贵耳集》，中华书局 1958 年。

（宋）王应麟：《玉海》，江苏古籍出版社 1987 年。

（宋）张田编：《包拯集》，中华书局 1963 年。

（宋）李心传：《建炎以来系年要录》，中华书局 1956 年。

（宋）洪皓：《松漠纪闻》，丛书集成初编本，中华书局 1985 年。

（宋）楼钥：《攻媿集》，丛书集成初编本，中华书局 1985 年。

（宋）范成大：《揽辔录》，上海古籍出版社 1988 年。

（宋）周密撰，张茂鹏点校：《齐东野语》，中华书局 1983 年。

（宋）确庵：《靖康稗史笺证》，中华书局 2010 年。

（金）王寂撰，张博泉注释：《辽东行部志》，黑龙江人民出版社 1984 年。

（金）王若虚：《滹南遗老集》，丛书集成初编本，中华书局 1985 年。

（金）元好问：《遗山先生文集》，四部丛刊初编本，商务印书馆 1919 年。

（金）元好问：《续夷坚志》，上海古籍出版社 1996 年。

（金）元好问撰，姚奠中主编，李正民增订：《元好问全集（增订本）》，山西古籍出版社 2004 年。

（金）元好问：《中州集》，中华书局 1959 年。

（金）赵秉文：《滏水集》，丛书集成初编本，中华书局 1985 年。

（金）李俊民：《庄靖集》，文渊阁四库全书本，台湾商务印书馆 1986 年。

（元）马端临：《文献通考》，中华书局 1986 年。

（元）魏初：《青崖集》，永乐大典本，台湾商务印书馆 1986 年。

（元）王鹗：《汝南遗事》，丛书集成初编本，中华书局 1985 年。

（元）王恽：《秋涧先生大全文集》，四部丛刊初编本，商务印书馆 1919 年。

（元）脱脱：《辽史》，中华书局点校本 1974 年。

（元）脱脱：《金史》，中华书局点校本 1975 年。

（元）脱脱：《宋史》，中华书局点校本 1977 年。

（元）同恕：《榘庵集》，山西古籍出版社，2003 年。

（元）刘祁撰，崔文印点校：《归潜志》，中华书局 1983 年。

（元）许有壬：《至正集》，清宣统三年（1911）聊城邹道沂石印本。

（元）苏天爵：《元代名臣事略》，中华书局 1996 年。

（元）郝经：《陵川集》，《摛藻堂四库全书荟要》影印本，台湾世界书局 1985 年。

（元）欧阳玄：《圭斋文集》，文渊阁四库全书本，台湾商务印书馆 1986 年。

（元）李道谦：《终南山仙真祖庭内传》，文物出版社 1988 年。

（明）宋濂：《元史》，中华书局点校本 1983 年。

（清）张金吾：《金文最》，中华书局 1990 年。

（清）赵翼：《廿二史札记》，中国书店 1987 年。

（清）施国祁：《元遗山诗集笺注》，人民文学出版社 1958 年。

（清）吴广成补撰：《西夏书事》，《续修四库全书》影印本，上海古籍出版社 2002 年。

（清）赵尔巽等：《清史稿》，中华书局 1976 年。

（清）王昶：《金石萃编》，光绪癸巳年（1893）上海宝善石影印本。

（清）纪昀等：《四库全书总目》，中华书局 1981 年。

（清）毕沅：《续资治通鉴》，中华书局 1957 年。

（清）毕沅：《山左金石志》，江苏古籍出版社 1998 年。

（清）袁枚撰，王英志点校：《袁枚全集》，江苏古籍出版社 1993 年。

（清）丁傅靖：《宋人轶事汇编》，中华书局 1981 年。

（清）黎翔凤撰，梁运华整理：《管子校注》，中华书局 2004 年。

（清）郭元𬘓原编，康熙五十年敕编：《御订全金诗增补中州集》，文渊阁四库全书本，台湾商务印书馆 1986 年。

（清）石麟等修纂：《山西通志》，雍正十二年（1734）刻本。

（清）唐执王、刘于义、李卫修，陈仪、田易纂：《畿辅通志》，雍正十三年（1735）刻本。

（清）陈懋主修，张庭诗、李埏主纂：《日照县志》，光绪十二年（1886）刻本。

（清）杨潮观等纂辑：《林县志》，清光绪二十八年（1902）补刻本。

（清）田文镜、孙灏等修纂：《河南通志》，清光绪二十八年（1902）刻本。

（清）叶昌炽：《藏书纪事诗》，上海古籍出版社 1999 年。

（清）李有棠著，崔文印整理：《金史纪事本末》，中华书局 1980 年。

（清）徐松编撰：《宋会要辑稿·选举》，永乐大典本。

（清）董诰等：《全唐文》，中华书局 1983 年。

（清）顾炎武：《日知录》，康熙三十四年（1696）刻本。

（清）庄仲方：《金文雅》，吉林人民出版社 1998 年。

（清）杨士骧、孙葆田等修纂：《山东通志》，凤凰出版社 2010 年。

（高丽）郑麟趾等：《高丽史》，国立汉城大学奎章阁档案馆本。

佚名：《大金吊伐录》，丛书集成初编本，商务印书馆 1936 年。

倪灿：《补辽金元艺文志》，丛书集成初编本，商务印书馆 1936 年。

金毓黻主编：《辽海丛书》（第一册），辽海书社 1985 年。

罗福颐辑：《满洲金石志》，民国二十六年（1937）刊本。

陈述辑：《辽文汇》，中国科学院影印本 1953 年。

金梁：《黑龙江通志纲要》，台湾成文出版社有限公司 1974 年。

阎凤梧主编:《全辽金文》,山西古籍出版社 2002 年。

李修生主编:《全元文》,江苏古籍出版社 1998 年。

王颋点校:《庙学典礼》,浙江古籍出版社 1992 年。

向南辑:《辽代石刻文编》,河北教育出版社 1995 年。

国家图书馆善本金石组编:《辽金元石刻文献全编》,北京图书馆出版社 2003 年。

二、著作类

B

白钢主编:《中国政治制度史》,天津人民出版社 1991 年。

白新良:《中国古代书院发展史》,天津大学出版社 1995 年。

C

陈述:《辽代史话》,河南人民出版社 1981 年。

陈述主编:《辽金史论集》第 4 辑,书目文献出版社 1989 年。

程方平:《辽金元教育史》,重庆出版社 1993 年。

程妮娜:《金代政治制度研究》,吉林大学出版社 1999 年。

程妮娜主编:《中国地方史纲》,吉林大学出版社 2007 年。

D

都兴智:《辽金史研究》,人民出版社 2004 年。

G

国家图书馆善本金石组编:《辽金元石刻文献全编》(三),北京图书馆出版社,2003 年。

L

兰婷:《金代教育研究》,吉林大学出版社 2010 年。

李桂芝:《辽金科举研究》,中央民族大学出版社 2012 年。

李桂芝著,达力扎布(丛书主编):《中国边疆民族地区历史与地理研究丛书·辽金科举研究》,中央民族大学出版社 2012 年。

李国钧、王炳照总主编:《中国教育制度通史》(第三卷 宋辽金元),山东教育出版社 2000 年。

M

毛礼锐、沈灌群主编:《中国教育通史》(第三卷),山东教育出版社 1987 年。

Q

乔卫平:《中国教育制度通史》(第三卷),山东教育出版社 2000 年。

S

[日]三上次男:《金代女真研究》,黑龙江人民出版社 1984 年。

孙培青主编:《中国教育史》(修订版),华东师范大学出版社 2000 年。

T

陶增骈主编:《东北民族教育史》,辽宁大学出版社 1994 年。

W

王鸿宾、向南、孙孝恩主编:《东北教育通史》,辽宁教育出版社 1992 年。

吴宗国:《唐代科举制度研究》,北京大学出版社 2010 年。

X

熊承涤:《中国古代学校教材研究》,人民教育出版社 1996 年。

薛瑞兆:《金代科举》,中国社会科学出版社 2004 年。

新文丰出版公司编辑部:《元人文集珍本丛刊》,台湾新文丰出版公司 1985 年。

Z

张博泉:《金代经济史略》,辽宁人民出版社 1981 年。

张博泉:《金史简编》,辽宁人民出版社 1984 年。

中国大百科全书总编辑委员会《教育学》编辑委员会:《中国大百科全书》(教育卷),中国大百科全书出版社 1985 年。

张博泉等:《金史论稿》(第一卷),吉林文史出版社 1986 年。

张希清、毛佩琦、李世愉主编,武玉环、高福顺、都兴智、吴志坚等著:《中国科举制度通史·辽金元卷》,上海人民出版社 2017 年。

张秀民:《张秀民印刷史论文集》,印刷工业出版社 1988 年。

张秀民:《中国印刷史》,上海人民出版社 1989 年。

中国大百科全书总编辑委员会《教育学》编辑委员会:《中国大百科全书》(教育卷),中国大百科全书出版社 1985 年。

三、论文类

C

蔡春娟:《元代的蒙古字学》,《中国史研究》2004 年第 2 期。

蔡荣生:《唐代明法科考试制度研究》,南京师范大学硕士学位论文 2011 年。

岑家梧:《金代女真和汉族及其他民族的经济文化联系》,《民族研究》1979 年第 2 期。

程妮娜:《女真人与汉官制》,《吉林大学社会科学学报》1990 年第 6 期。

D

董克昌:《宋金外交往来初探》,《学习与探索》1990 年第 2 期。

都兴智:《金朝教育述论》,《辽宁师范大学学报(社科版)》1988 年第 2 期。

都兴智:《金代科举的女真进士科》,《黑龙江民族丛刊》2004 年第 6 期。

F

范寿琨:《论金代的孔庙建置及其作用》,《社会科学辑刊》1993 年第 2 期。

冯方:《辽金刻书的发达及其原因》,《古籍整理研究学刊》1994 年第 2 期。

G

高福顺:《辽朝私学教育初探》,《求是学刊》2010 年第 4 期。

顾吉辰:《宋金科举制度比较研究》,《固原师专学报》1987 年第 4 期。

关玉华等:《金代女真民族文化整合原因探析》,《蒲峪学刊》1997 年第 2 期。

H

和希格、穆鸿利:《从奥屯良弼女真文石刻看金代民族文字的演变》,《北方文物》2002 年第 3 期。

侯震:《金章宗明昌进士研究》,吉林大学博士学位论文 2015 年。

花文凤:《金代科举体制下少数民族教育公平问题及其解决策略》,《内蒙古大学学报(教育科学版)》2010 年第 10 期。

黄凤歧:《论金朝的教育与科举》,《北方文物》2002 年第 2 期。

J

金宝丽:《论金代女真文字在创制和推广中存在的问题》,《中国边疆民族研究》(第二辑),2009 年。

金宝丽:《论女真文字与金源文化的关系》,《吉林省教育学院学报》2009 年第 9 期。

金光平、金启孮:《女真语言文字研究:女真进士题名碑译释》,《内蒙古大学学报》1964 年第 1 期。

金光平、金启孙:《〈朝鲜庆源郡女真国书碑〉译释》,《女真语言文字研究》,内蒙古大学出版社 1964 年;文物出版社 1980 年。

金光平:《女真文字对史学的贡献》,《爱新觉罗氏三代满学研究论集》,远方出版社 1996 年。

金滢坤:《唐五代童子科与儿童教育》,《西北师范大学学报》2002 年第 4 期。

金适、凯和:《近年来女真大字石刻的新发现》,《辽金历史与考古国际学术研讨会论文集(下)》,2011 年。

矫石:《浅析女真文字中的大小字问题》,《黑龙江史志》2013 年第 21 期。

景爱:《金代石刻概述》,《北方文物》2009 年第 4 期。

L

兰婷、王一竹:《金代书院考》,《史学集刊》2011 年第 6 期。

老森、穆晓青:《帝王教育家完颜雍》,《黑龙江民族丛刊》1998 年第 1 期。

李芳:《宋代明法考试制度探析》,西南政法大学硕士学位论文 2013 年。

李文泽:《金代女真族科举考试制度研究》,《四川大学学报（哲学社会科学版)》2003年第3期。

李西亚:《试论金代女真人的民族文化教育》,《东北史地》2006年第2期。

李西亚:《试论金代图书的流通渠道——以学校为研究对象》,《吉林师范大学学报（人文社会科学版)》2010年第6期。

李西亚:《金代图书出版研究》,吉林大学博士学位论文2011年。

李秀莲:《金代女真人的汉化及其误失问题初探》,《黑龙江农垦师专学报》,2002年第1期。

李玉君:《金代宗室研究》,吉林大学博士学位论文2010年。

李玉君:《金代宗室教育与历史文化认同》,《社会科学战线》2012年第8期。

刘辉:《金代的女真人与儒家思想文化》,东北师大学报2013年第3期。

刘丽丽:《略论女真文字》,《世纪桥》2009年第12期。

刘浦江:《女真的汉化道路与大金帝国的覆亡》,《松漠之间——辽金契丹女真史研究》,中华书局2008年。

刘增丽:《宋代私学教育及其对当代民办教育发展的启示》,《天中学刊》,2009年第3期。

M

孟东风:《金代女真人的汉化与民族融合》,《东北师大学报（哲学社会科学版)》1994年第6期。

穆鸿利:《女真文字史料摘抄》,《内蒙古大学学报（哲学社会科学版)》1979年第2期。

Q

齐春风:《金源女真文化与各族文化之交融与影响》,《大连教育学院学报》1994年第2期。

齐红深:《东北地区孔庙考述》,《辽宁教育史志》1993年第3辑。

綦岩:《微探女真文字的流传》,《黑龙江史志》2009年第19期。

裘士京、张翅:《略论两汉察举制度与人才选拔》,《安徽师范大学学报》2002年第5期。

S

[日]三上次男:《金代中期における女真文化の作兴运动》,《史学杂志》49卷第9号,1938年9月。

舒焚:《金初女真族知识分子群》,《北方文物》1986年第1期。

宋德金:《金代的学校考试和铨选考试》,《社会科学战线》1995年第2期。

宋馥香:《论金代女真族文化对汉族的影响》,《西南师范大学学报（人文社会科学版)》2001年第5期。

孙昌伟:《从"天下一体"到"中华一体"——金代女真官学教育及科举制度研究》,西北师范大学硕士学位论文2012年。

T

谭其骧:《金代路制考》,历史研究编辑部编:《辽金史论文集》,辽宁人民出版社1985年。

W

王崇时:《论金代女真族文化教育的发展》,《延边大学学报(社会科学版)》1995年第2期。

王德朋:《论金代女真人的民族传统教育》,《辽宁大学学报(哲学社会科学版)》2010年第3期。

王金平:《风土环境与建筑形态——晋西风土建筑形态分析》,《建筑师》2003年第1期。

王金平、张莹莹:《山西省书院建筑初探》,《太原理工大学学报》2007年第1期。

王利霞:《金代西京地区的教育文化探析》,《山西大同大学学报(社会科学版)》2005年第4期。

王峤:《金代县学述论》,《内蒙古大学学报》2015年第5期。

王万志:《金代区域文化研究》,吉林大学博士学位论文2009年。

王文东:《试论金代女真人对儒家伦理的吸收》,《满族研究》2003年第1期。

王洋:《金朝教育制度刍议》,《黑河学院学报》2015年第5期。

吴凤霞:《金代兴学与教育发展》,《史学集刊》2005年第1期。

吴凤霞:《金代文教政策探析》,《辽宁师范大学学报》2005年第2期。

吴凤霞:《金代女真学的兴衰及其历史意义》,《社会科学辑刊》2005年第4期。

乌拉熙春:《韩国国立中央所藏〈庆源郡女真大字碑〉》,乌拉熙春、吉本道雅《韓半島から眺めた契丹・女真》,京都大学学术出版会2011年。

吴霓:《从古代私学的发展看中国文化重心南移现象》,《北京大学教育评论》2005年第3期。

X

薛瑞兆:《论金代社会的藏书风尚》,《求是学刊》2006年第6期。

薛瑞兆:《论女真字文化的兴衰》,《民族文学研究》2011年第6期。

Y

亚明:《女真进士题名碑研究述略》,《中原文物》1990年第4期。

闫兴潘:《金代女真进士科非"选女直人之科"考辨》,《湖北民族学院学报(哲学社会科学版)》2013年第1期。

杨军:《女真文字、女真科举与女真汉化》,《长春大学学报》2006年第1期。

于学斌、孙雪坤:《金代孔庙的发展、成因及作用》,《北方丛论》2003年第4期。

Z

曾泽:《汉代地方官学研究》,陕西师范大学硕士学位论文 2014 年。

赵俊杰等:《金朝女真民族教育研究》,《河北师范大学学报(教育科学版)》2010 年第 1 期。

赵鹏:《金元时期女真科举和蒙古科举比较研究》,吉林大学硕士学位论文 2008 年。

张博泉:《论金代文化发展的特点》,《社会科学战线》1986 年第 1 期。

张博泉:《金代教育史论》,《史学集刊》1989 年第 1 期。

张帆:《金代地方官学略论》,《社会科学辑刊》1993 年第 1 期。

张晶:《金代女真与汉文化》,《中州学刊》1989 年第 3 期。

张晶:《试论金代女真文化与汉文化的融合与排拒》,《社会科学辑刊》1991 年第 2 期。

张居三:《金代女真进士科》,《文史知识》2007 年第 2 期。

张鸣岐:《金元之际的庙学考论》,《北京师范大学学报》1990 年第 6 期。

张鑫:《金代女真进士研究》,渤海大学硕士学位论文 2013 年。

朱红梅:《唐宋童子科研究》,陕西师范大学硕士学位论文 2005 年。

后 记

2001 年笔者攻读硕士学位，开始了金代教育的研究工作，在吉林大学历史系赵永春教授的指导下完成了题为《金代女真教育制度研究》的硕士学位论文。2004 年攻读博士学位后继续进行该领域的研究，在吉林大学历史系程妮娜教授的指导下完成了题为《金代教育制度研究》的博士学位论文。

近 20 年研究期间，笔者主持完成相关国家社科基金项目 1 项，全国高校古籍整理项目 1 项，省哲学社会科学规划项目、省教育厅重点项目等 3 项。在《社会科学战线》《史学集刊》《东北师范大学学报》《黑龙江民族丛刊》等期刊发表相关学术论文 19 篇，其中被 CSSCI（含扩展板）收录 11 篇。获省高校优秀成果三等奖 2 项。2011 年成功获批国家社会科学基金一般项目：《金代教育与科举研究》（11BZS038），由于工作繁忙等原因，该项目于 2017 年底顺利结项，鉴定结果为良好。本书即为该项目的研究成果。

该成果的完成除了要感谢项目组成员的辛勤付出外，还要特别感谢我的恩师程妮娜教授，一日为师，终身为师。博士毕业虽已多年，但每当在学术研究遇到困惑、项目进行走入瓶颈之时，都是恩师及时给予指点、提供破解难题之法，使研究工作柳暗花明，由衷感谢恩师的指导与帮助！

师弟师妹们的大力支持、鼎力相助，令我这个大师姐终生难忘！

孙久龙师弟、辛时代师弟、沈岩师妹（已病故，谨以此书缅怀师妹）、杨清华师妹对于项目的完成、著作的撰写给予大力支持。周爽师妹、郭威师弟、谢婉莹博士、朱叶硕士对于著作的统稿、校对等提供很大帮助，在此一并表示感谢！

该书的完成正值新中国成立 70 周年之际，谨以此书作为祖国 70 华诞的学术献礼。中国特色社会主义进入新时代，也是哲学社会科学繁荣发展的时代。新时代哲学社会科学工作者要坚持以习近平新时代中国特色社会主义思想为指导，弘扬中华优秀传统文化，为中华民族伟大复兴中国梦的实现做出应有的贡献！

笔者 2019 年 5 月于杭州

责任编辑：刘　畅

封面设计：汪　阳

图书在版编目（CIP）数据

金代教育与科举研究／兰婷 著．—北京：人民出版社，2019.10

ISBN 978－7－01－021463－4

I.①金… II.①兰… III.①教育史－研究－中国－金代 ②科举制度－研究－
中国－金代　IV.① G529.464

中国版本图书馆 CIP 数据核字（2019）第 230679 号

金代教育与科举研究

JINDAI JIAOYU YU KEJU YANJIU

兰　婷　著

人民出版社 出版发行

（100706　北京市东城区隆福寺街 99 号）

北京汇林印务有限公司印刷　新华书店经销

2019 年 10 月第 1 版　2019 年 10 月北京第 1 次印刷

开本：710 毫米 ×1000 毫米 1/16　印张：21.25

字数：325 千字

ISBN 978－7－01－021463－4　定价：66.00 元

邮购地址 100706　北京市东城区隆福寺街 99 号

人民东方图书销售中心　电话（010）65250042　65289539